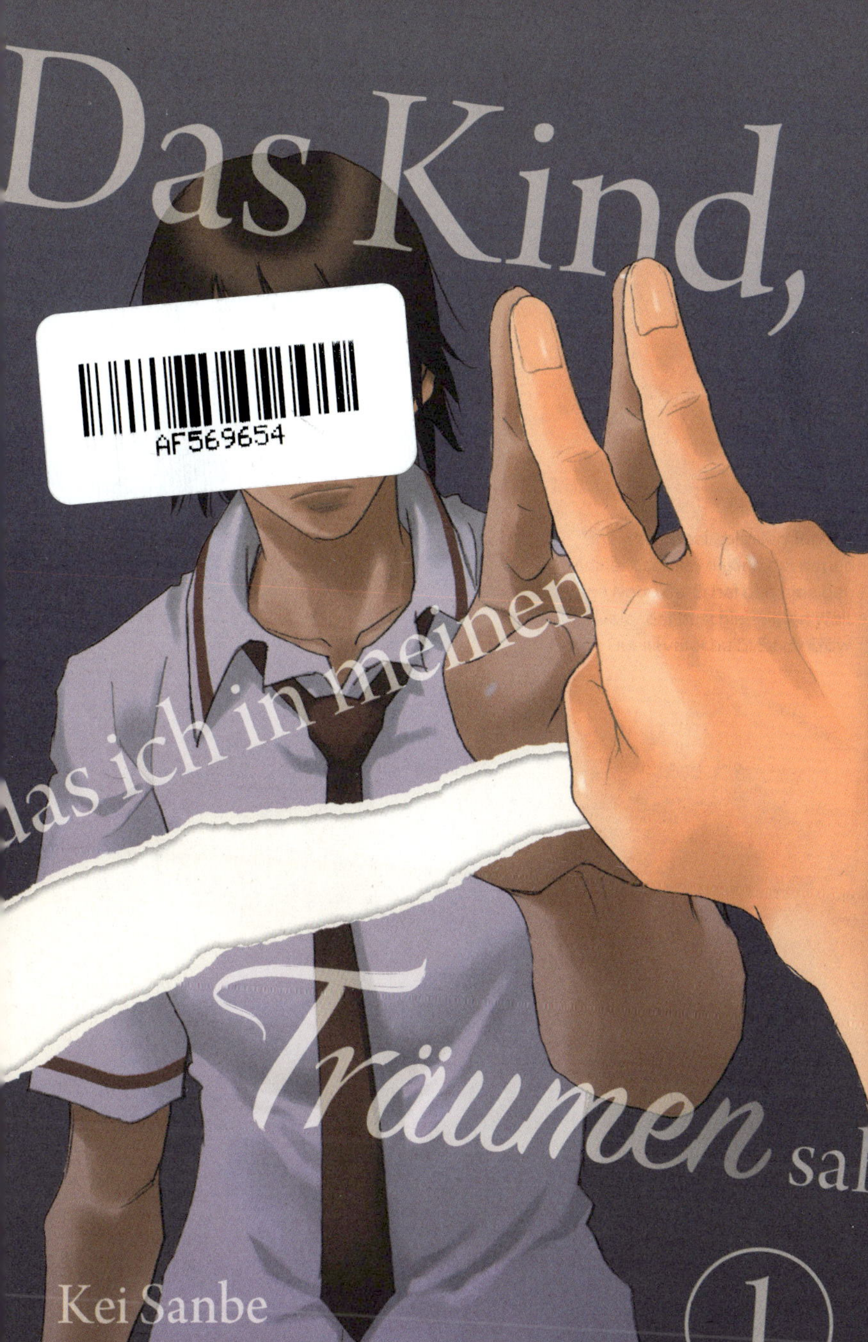
Das Kind,
das ich in meinen
Träumen sa
Kei Sanbe
1

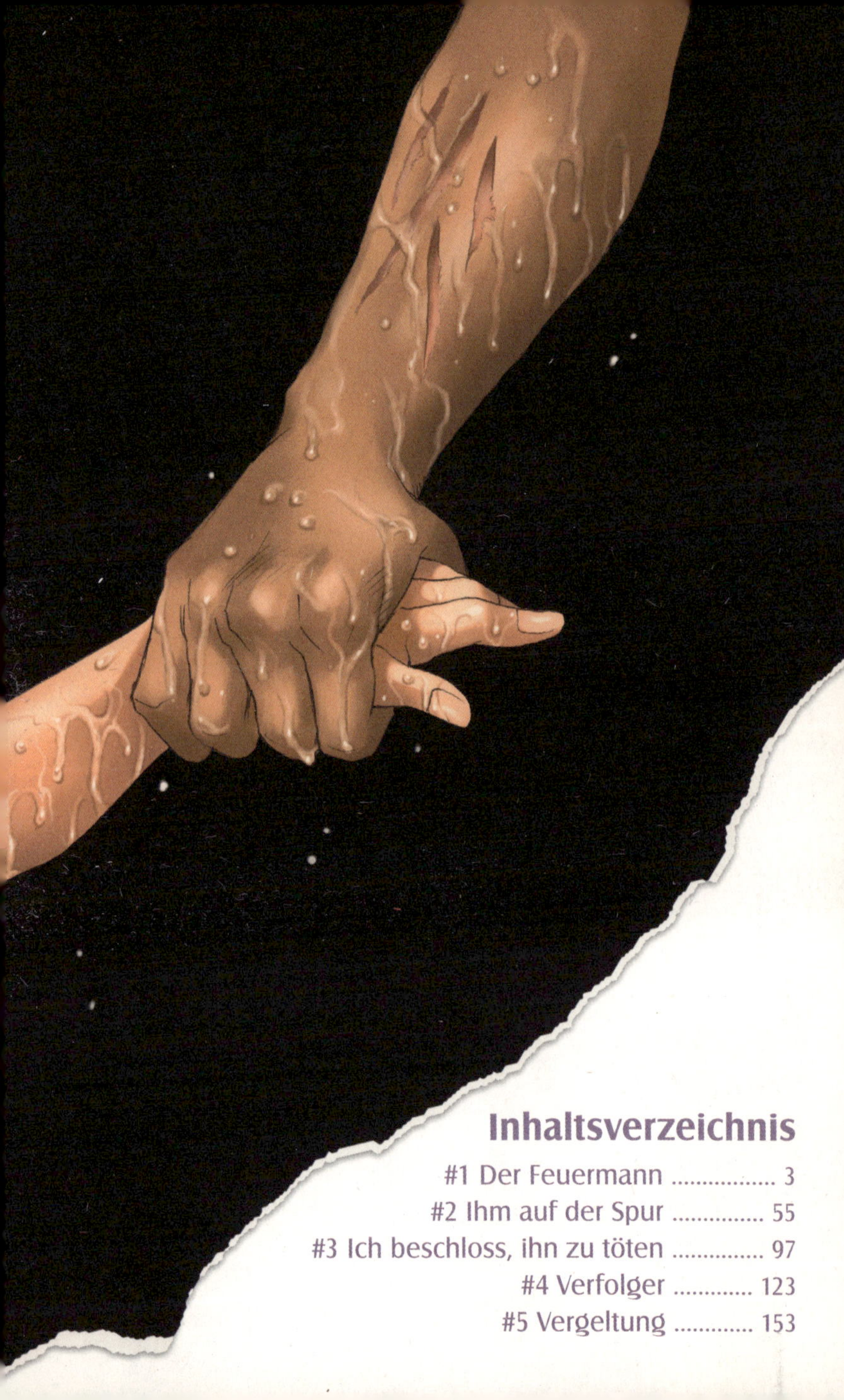

Inhaltsverzeichnis

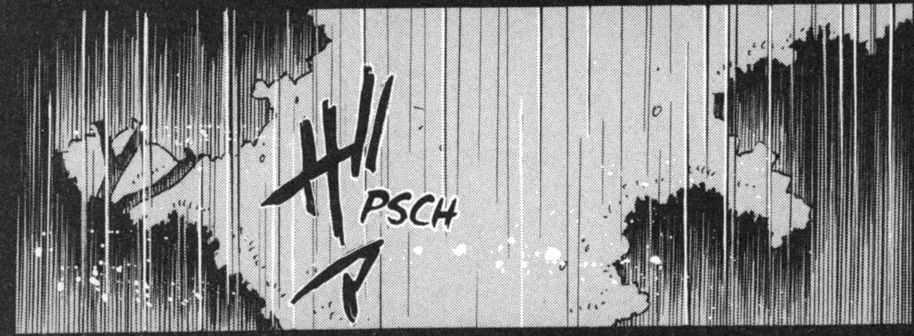
PSCH

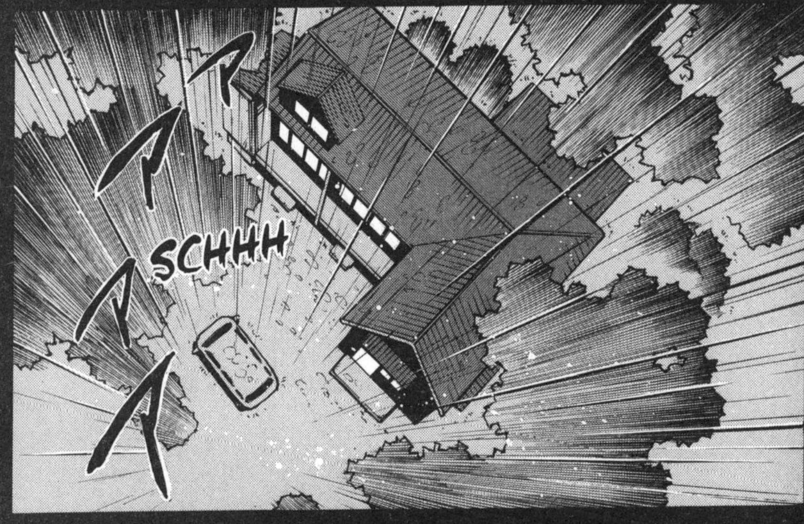
SCHHH

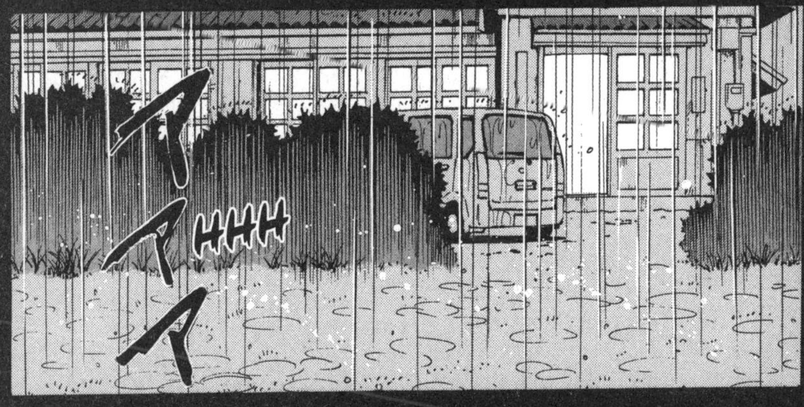
HHH

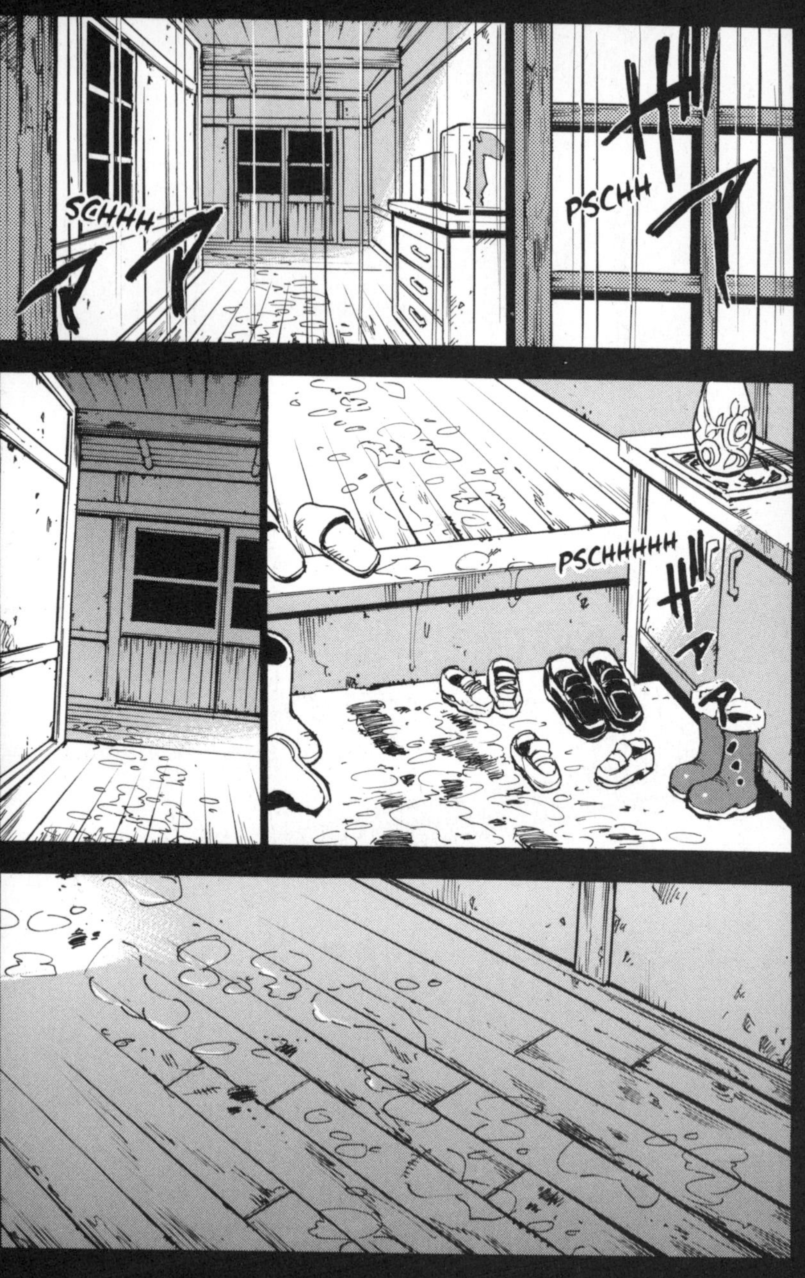
PSCHH
SCHHH
PSCHHHHH

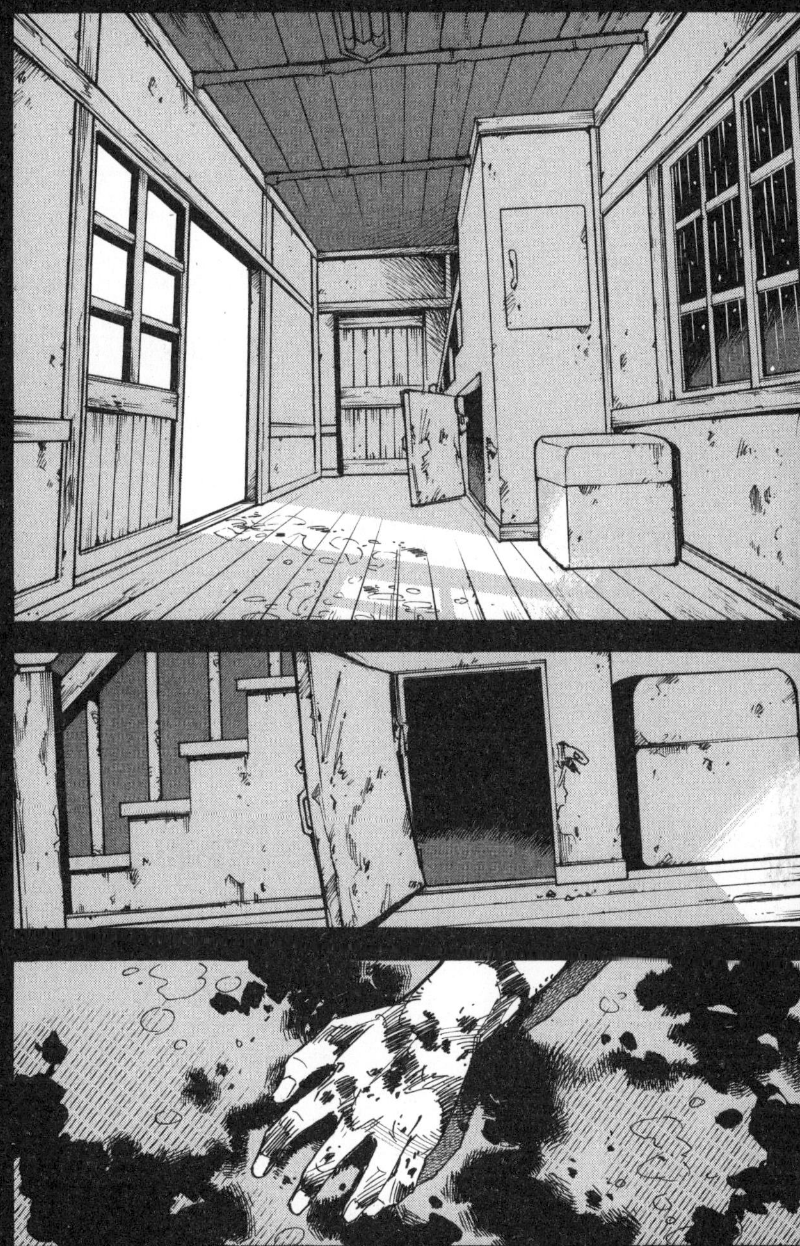

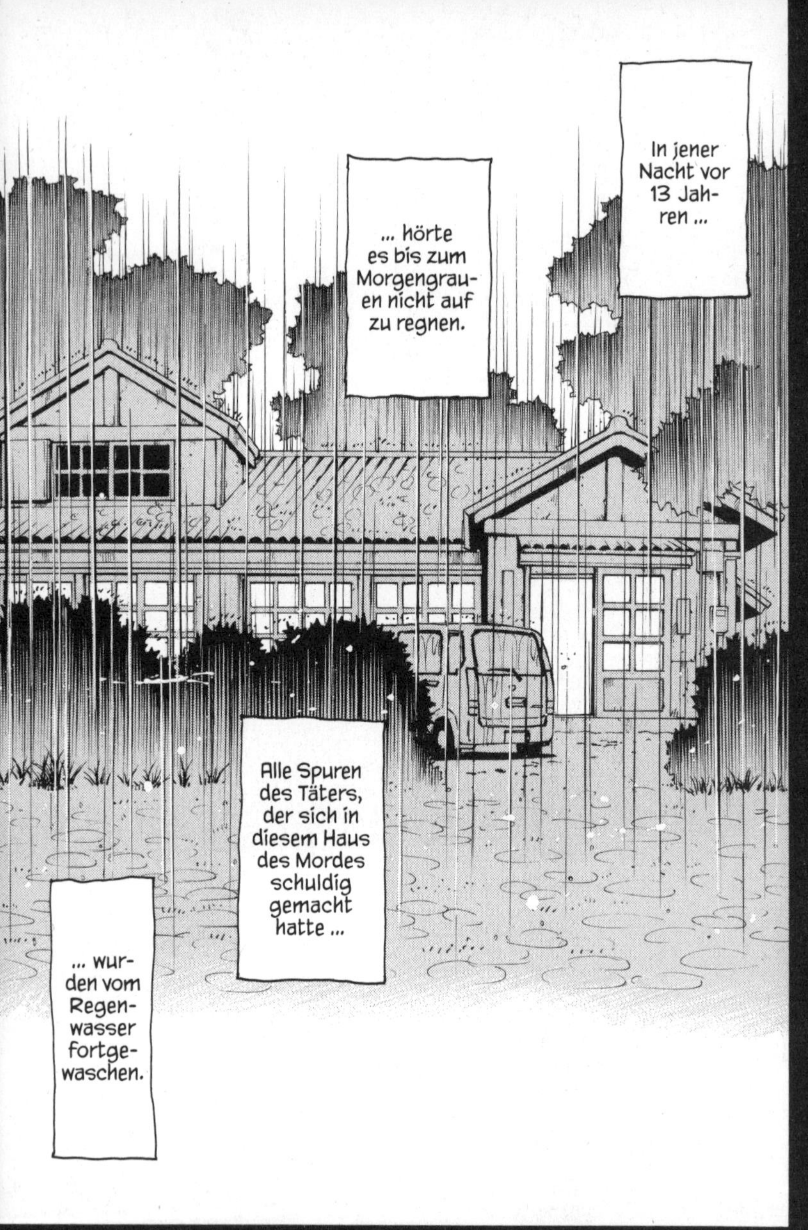
In jener Nacht vor 13 Jahren ...
... hörte es bis zum Morgengrauen nicht auf zu regnen.
Alle Spuren des Täters, der sich in diesem Haus des Mordes schuldig gemacht hatte ...
... wurden vom Regenwasser fortgewaschen.

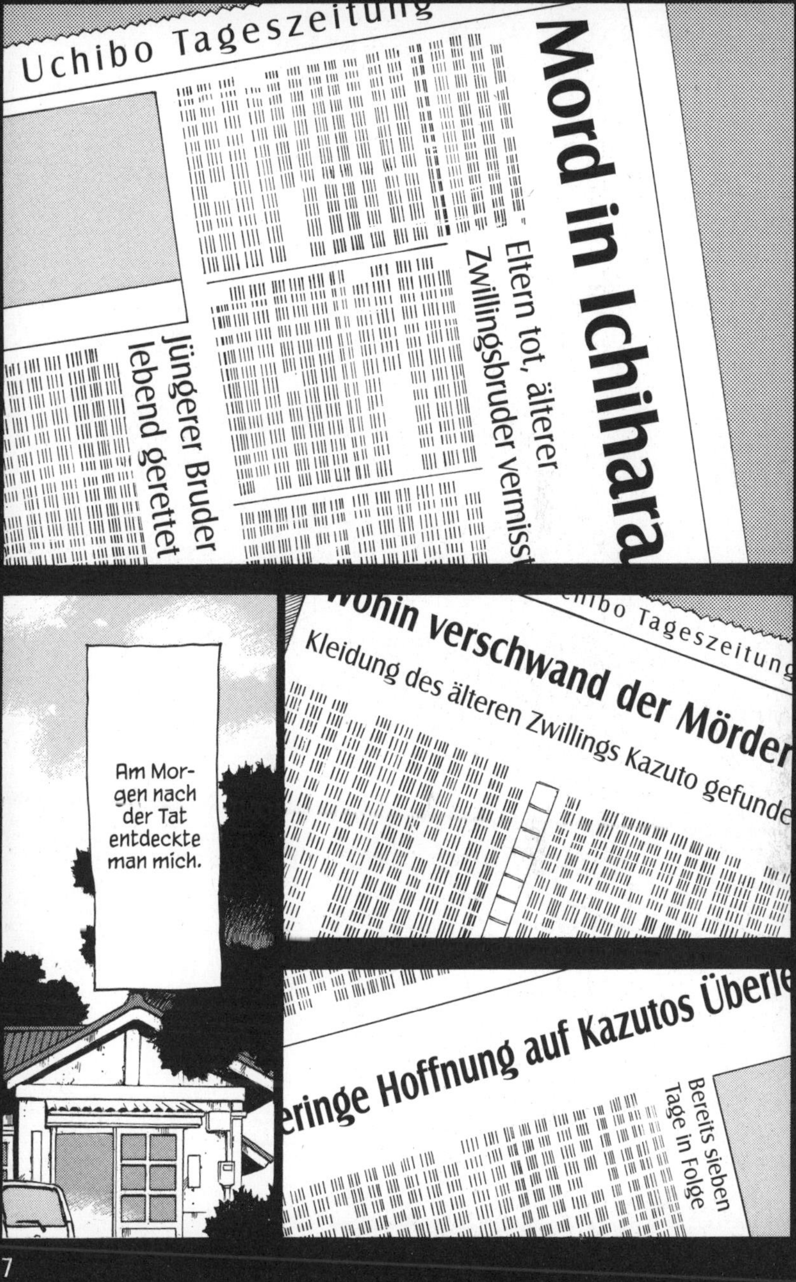

Uchibo Tageszeitung

Mord in Ichihara

Eltern tot, älterer Zwillingsbruder vermisst

Jüngerer Bruder lebend gerettet

Am Morgen nach der Tat entdeckte man mich.

chibo Tageszeitung

Wohin verschwand der Mörder

Kleidung des älteren Zwillings Kazuto gefunde

eringe Hoffnung auf Kazutos Überle

Bereits sieben Tage in Folge

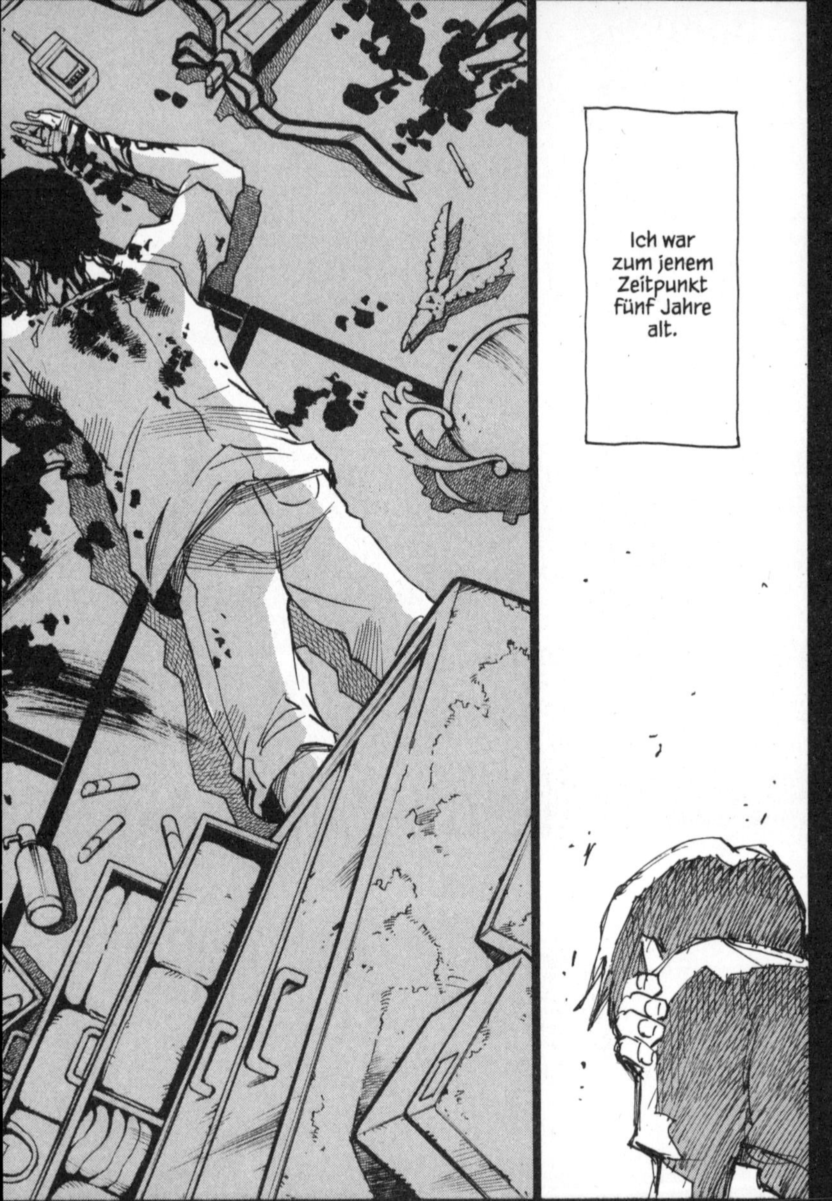

Ich war zum jenem Zeitpunkt fünf Jahre alt.

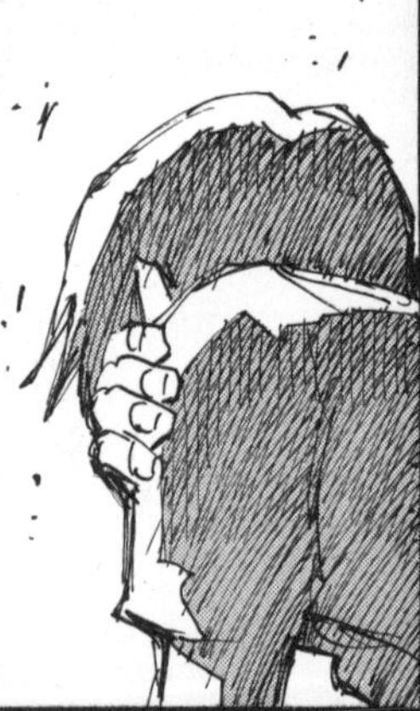

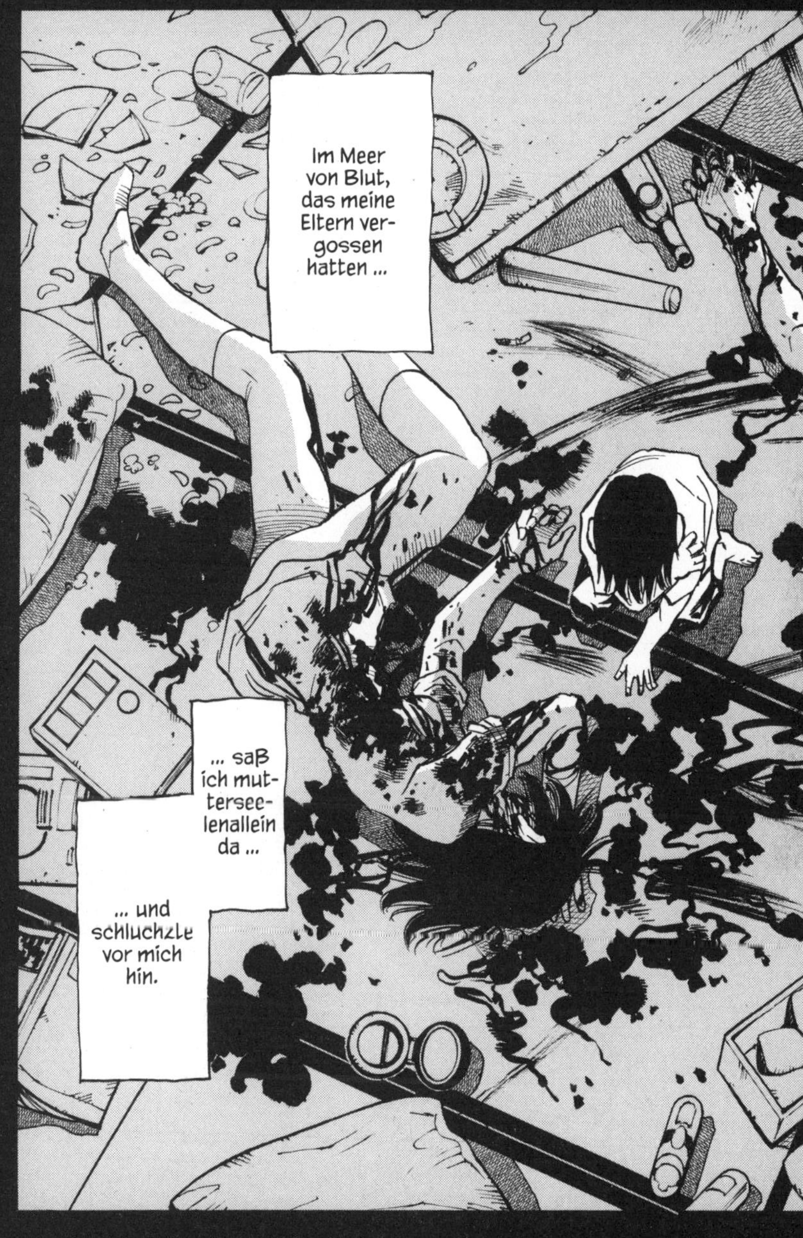
Im Meer von Blut, das meine Eltern vergossen hatten ...
... saß ich mutterseelenallein da ...
... und schluchzte vor mich hin.

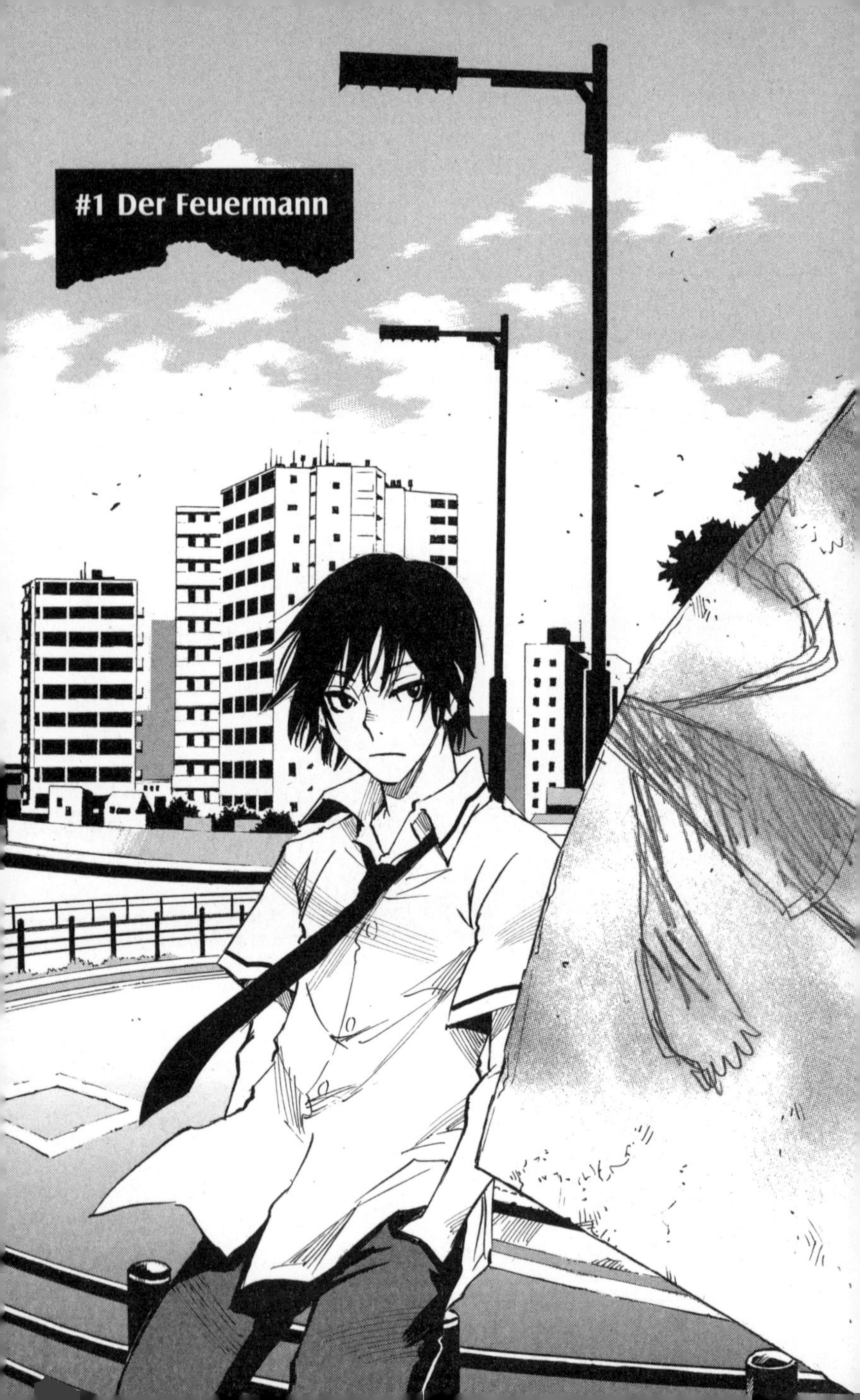
#1 Der Feuermann

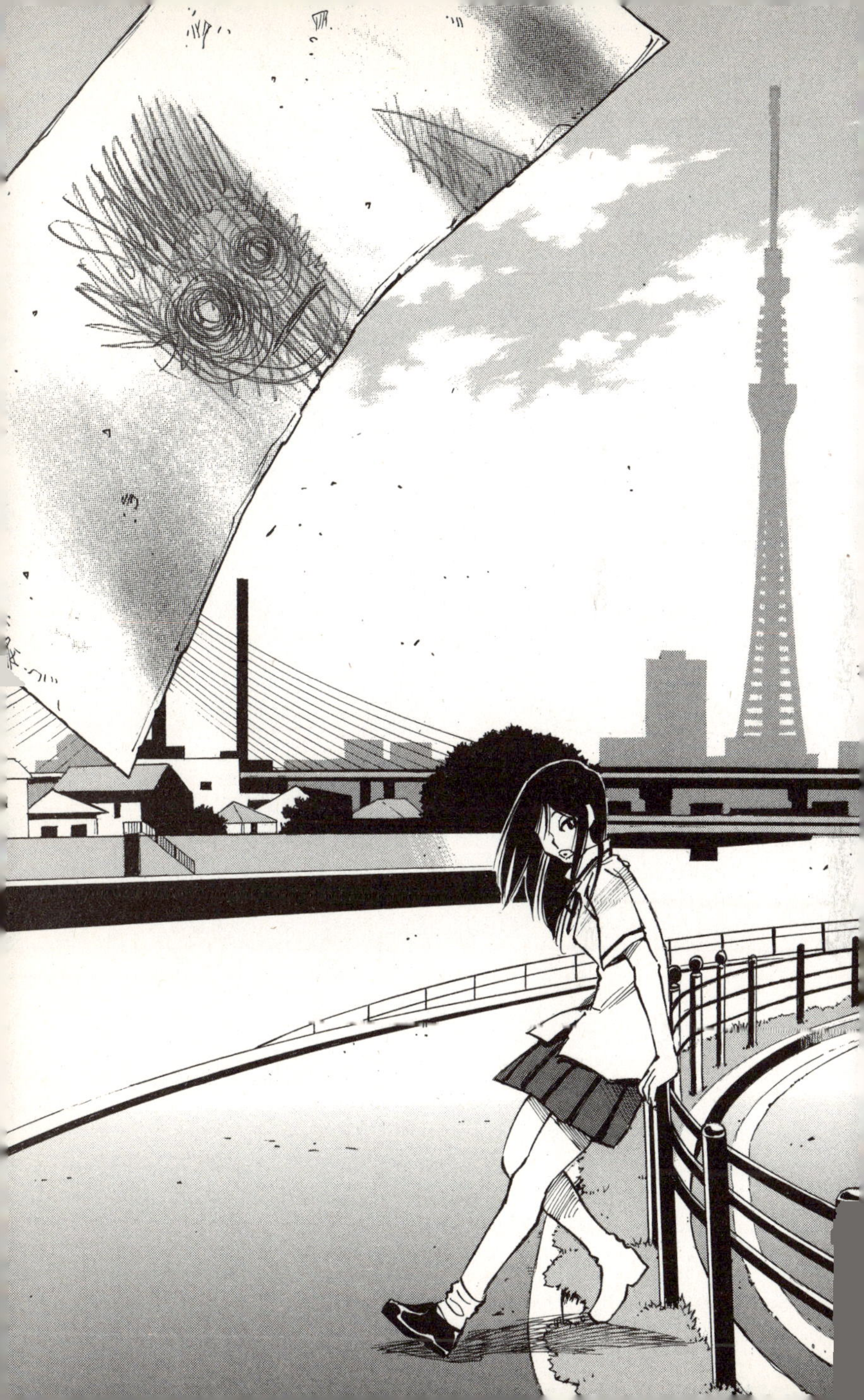

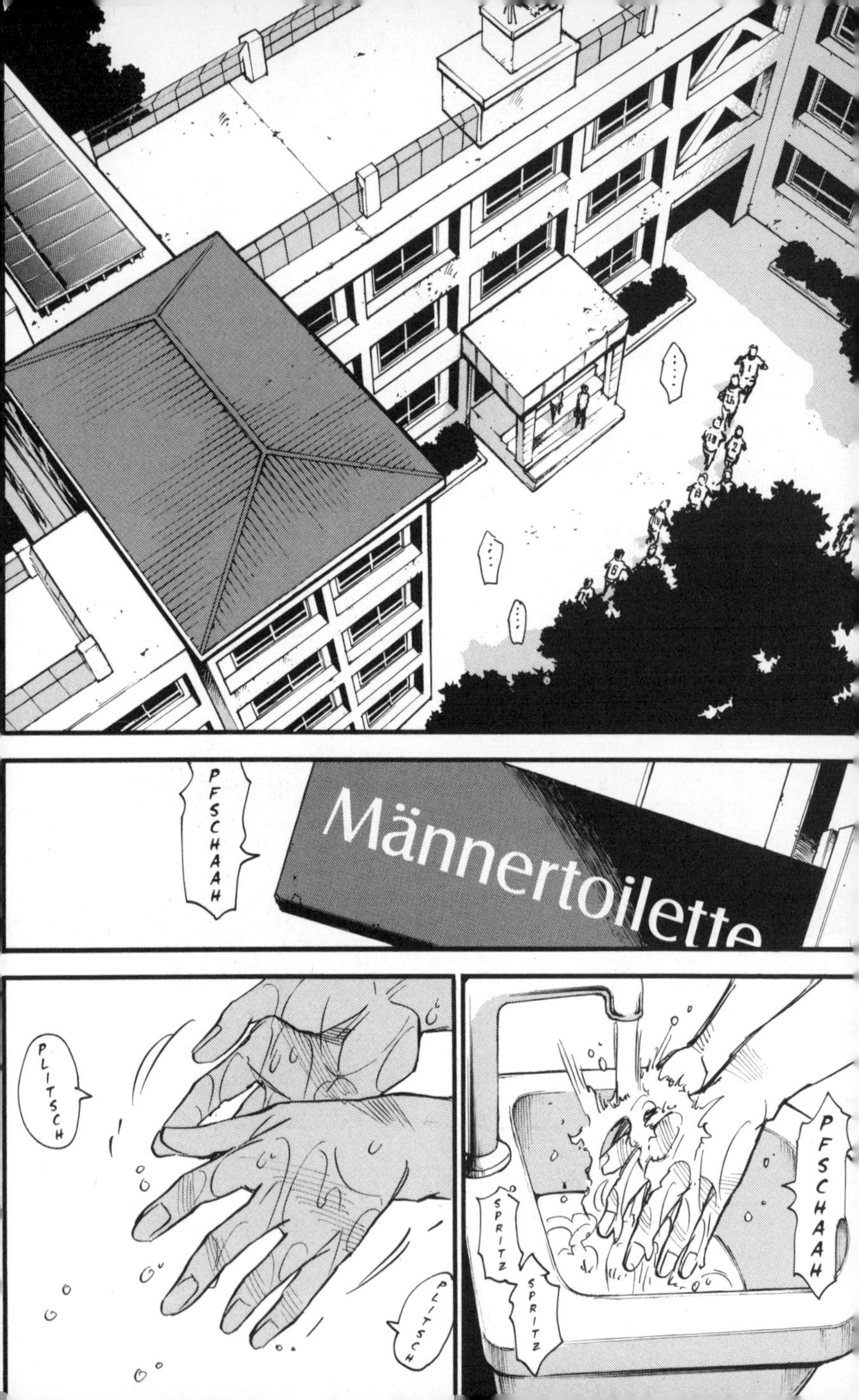

.....

....

...

Männertoilette

PFSCHAAH

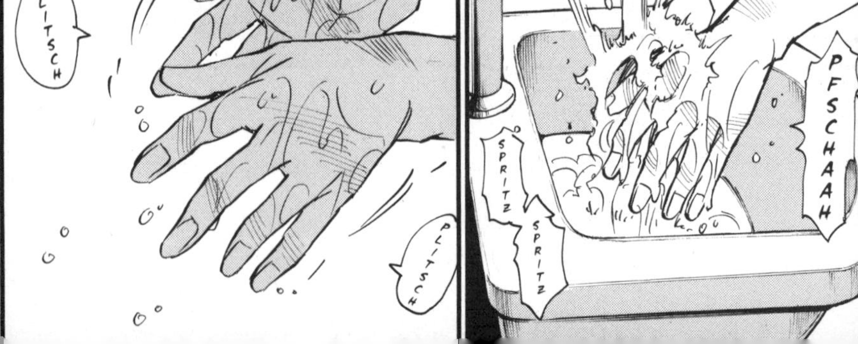

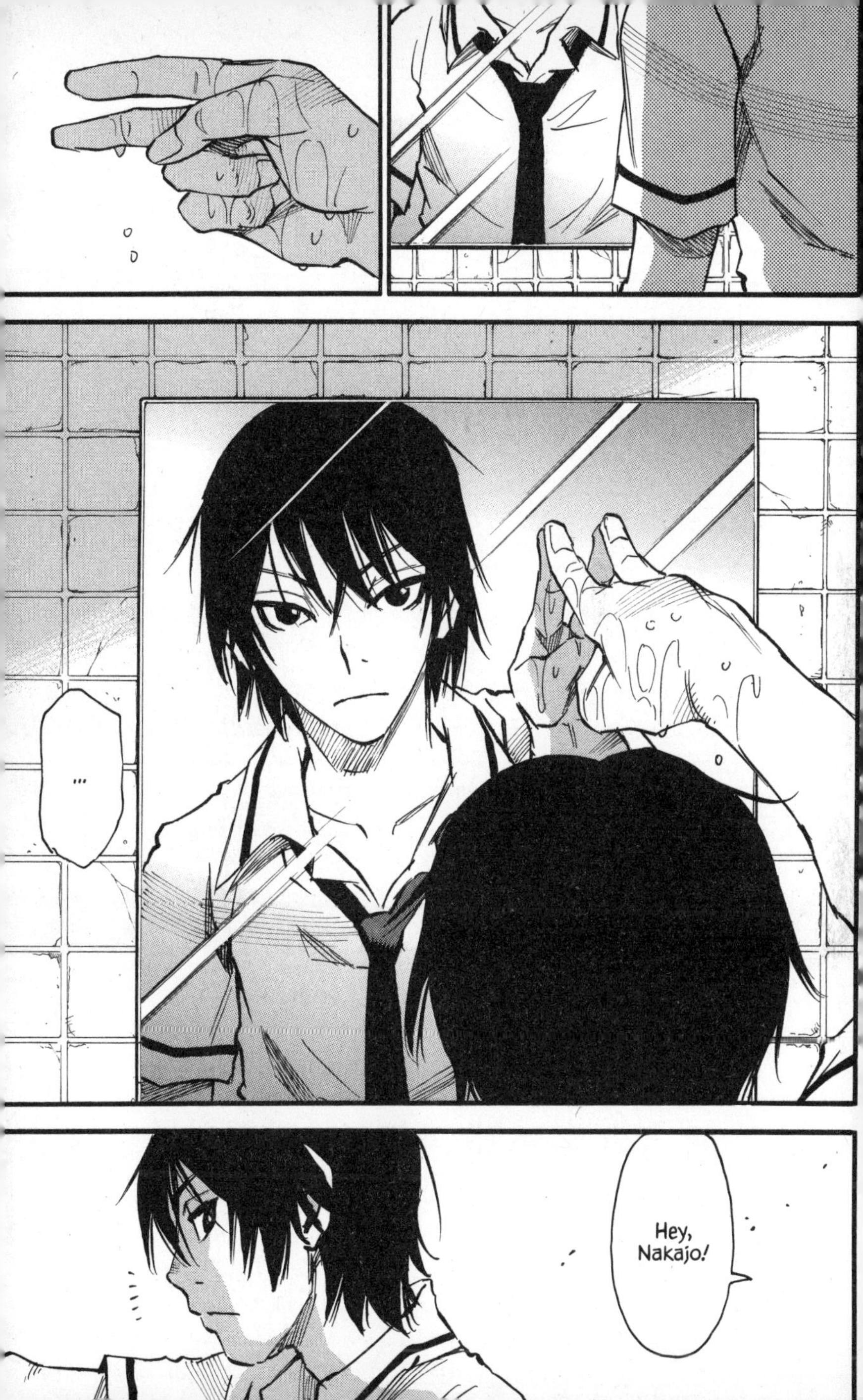
...
Hey, Nakajo!

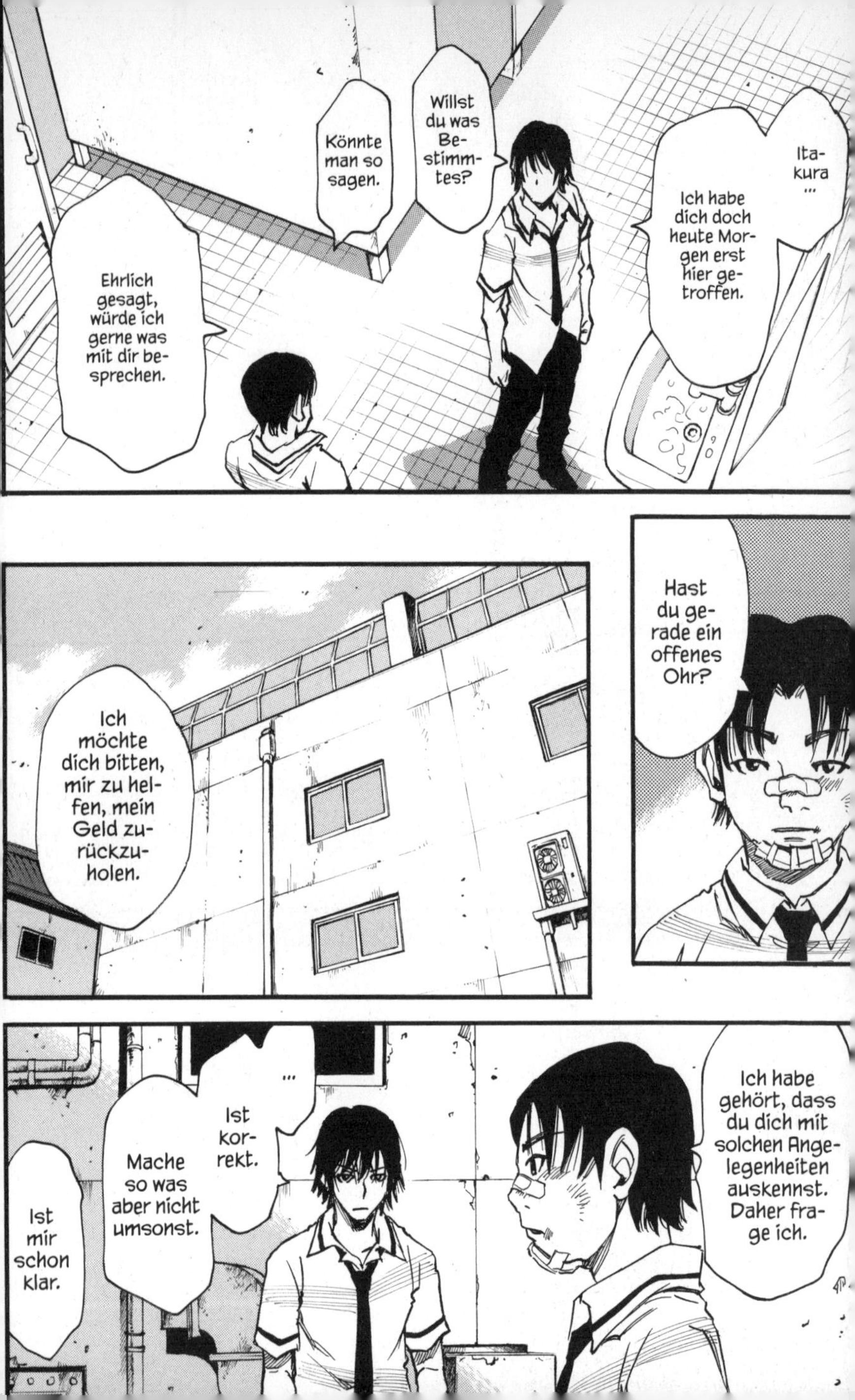

Itakura ...
Ich habe dich doch heute Morgen erst hier getroffen.
Willst du was Bestimmtes?
Könnte man so sagen.
Ehrlich gesagt, würde ich gerne was mit dir besprechen.

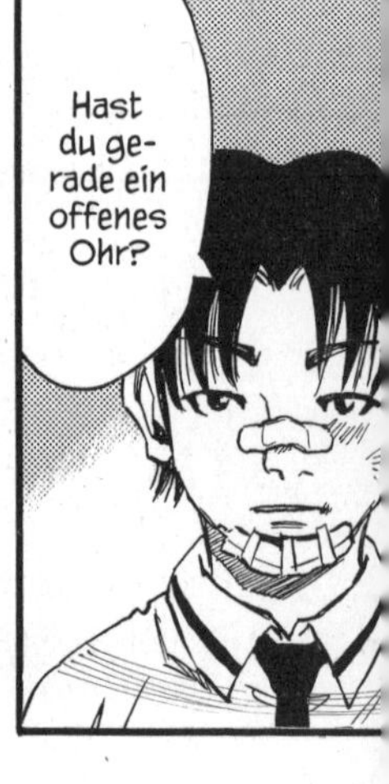

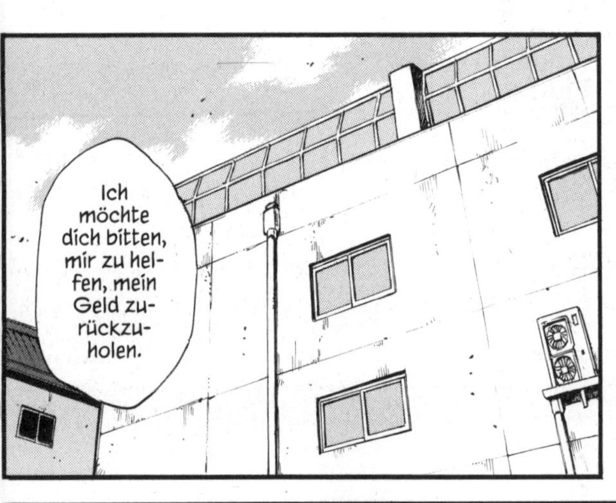

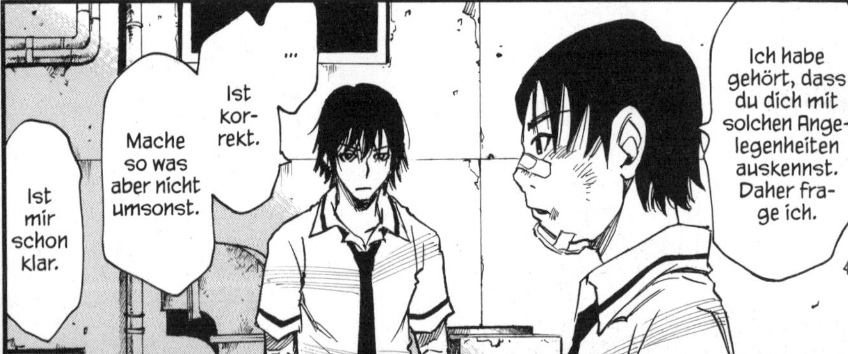

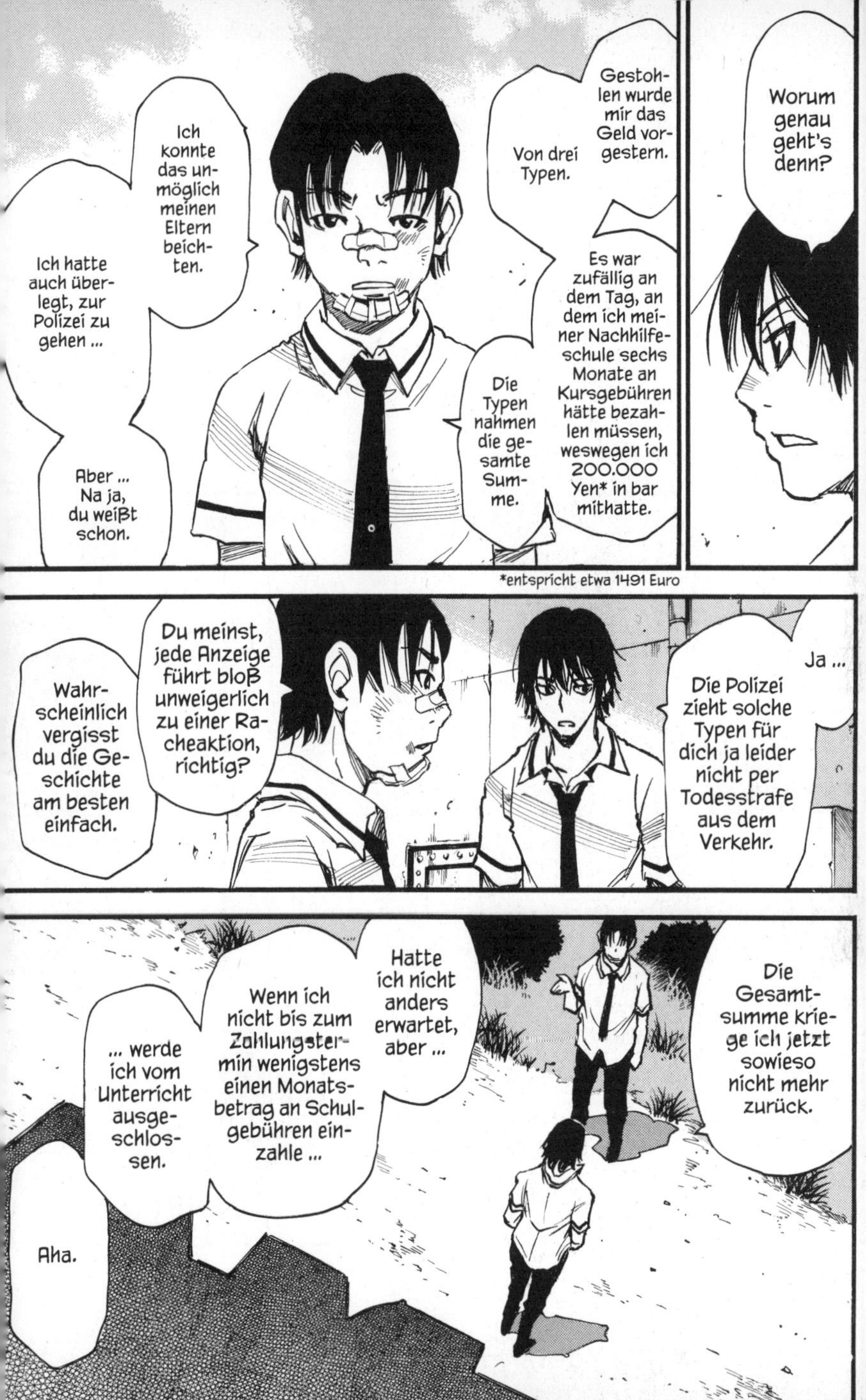

*entspricht etwa 1491 Euro

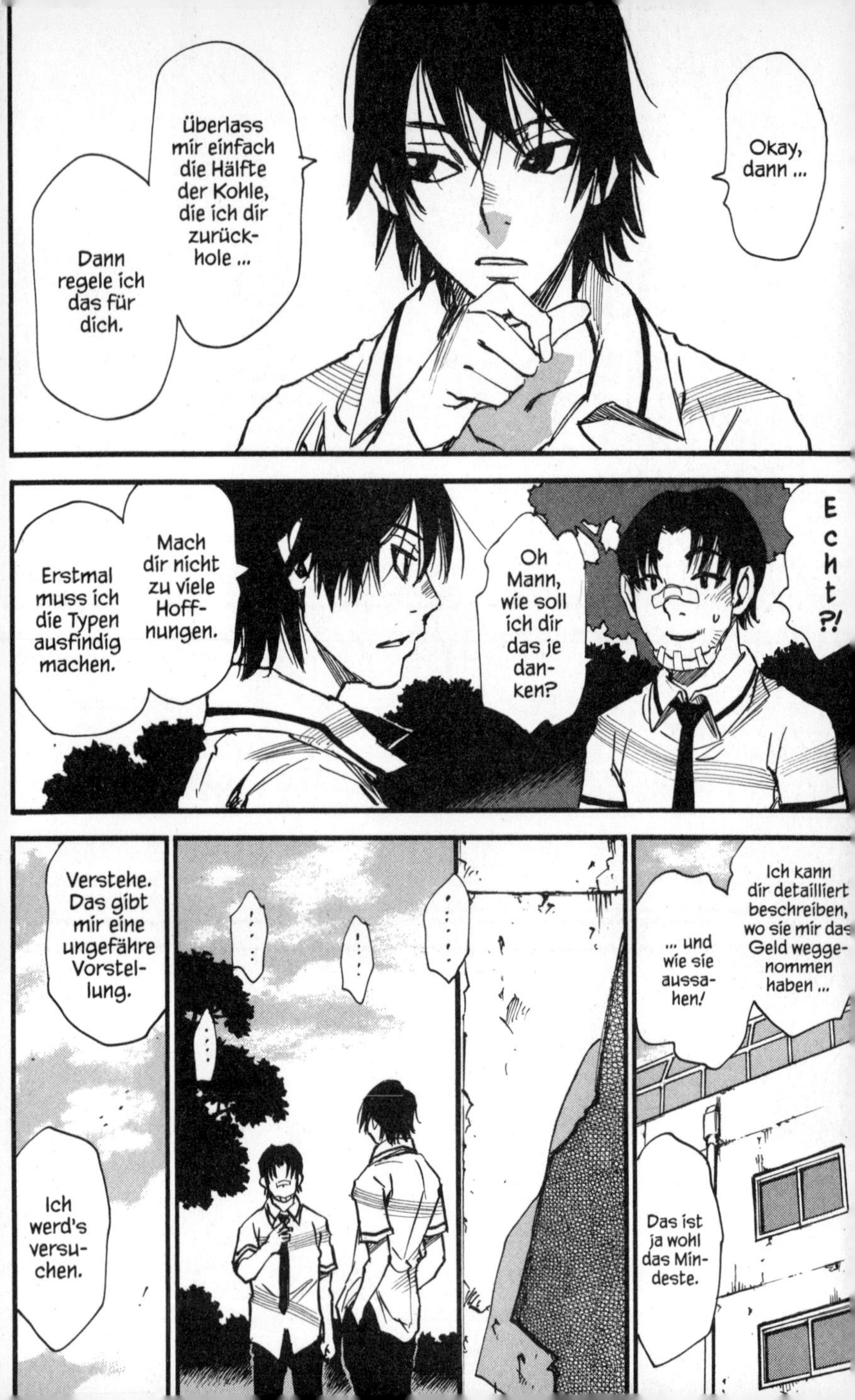

Okay, dann ...
Überlass mir einfach die Hälfte der Kohle, die ich dir zurückhole ...
Dann regele ich das für dich.

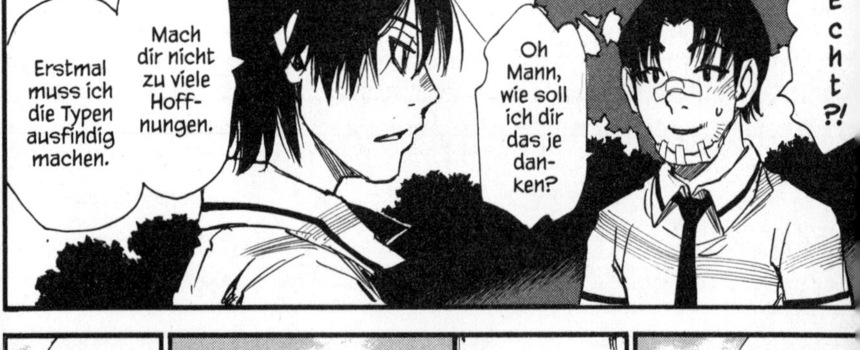

Ich kann dir detailliert beschreiben, wo sie mir das Geld weggenommen haben ...
... und wie sie aussahen!
Das ist ja wohl das Mindeste.
Verstehe. Das gibt mir eine ungefähre Vorstellung.
Ich werd's versuchen.

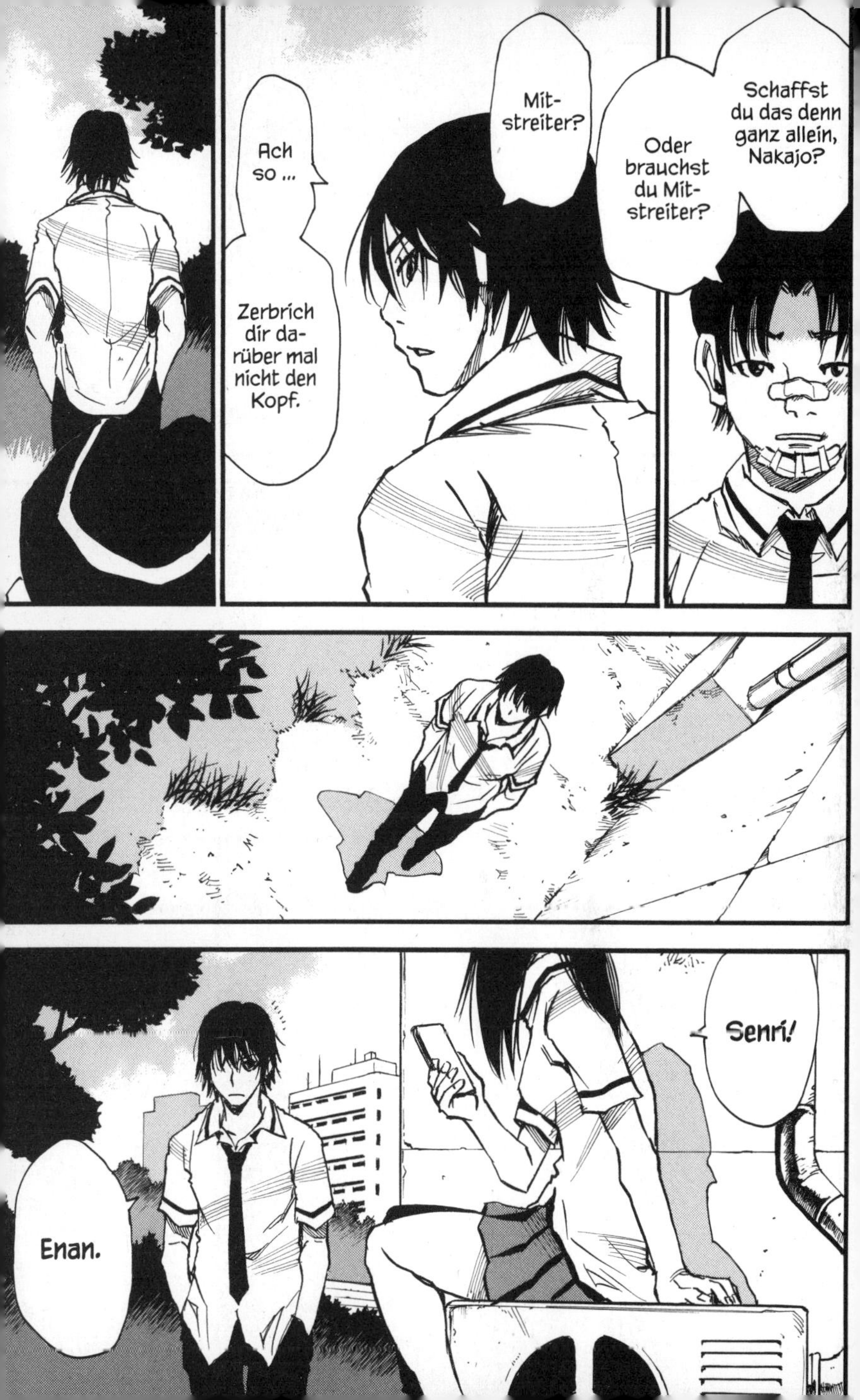

Schaffst du das denn ganz allein, Nakajo?
Oder brauchst du Mitstreiter?
Mitstreiter?
Ach so ...
Zerbrich dir darüber mal nicht den Kopf.

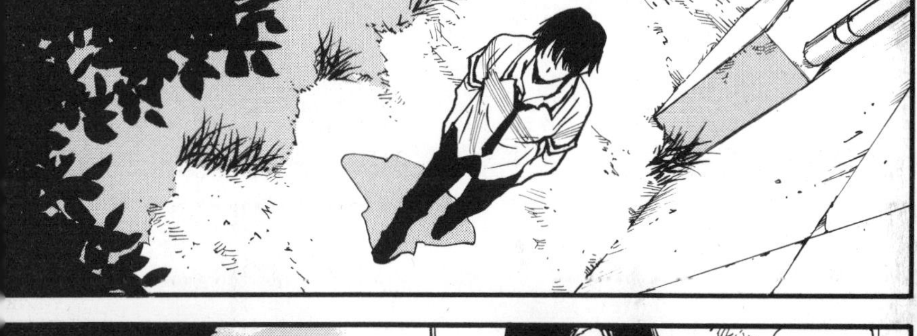

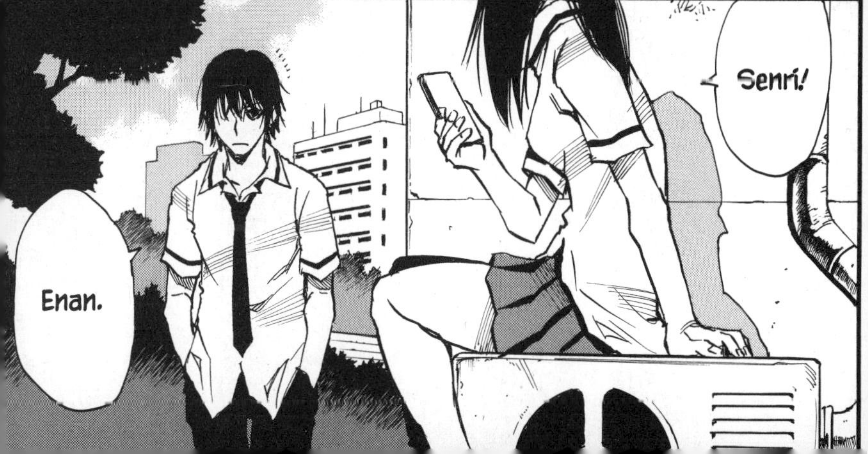

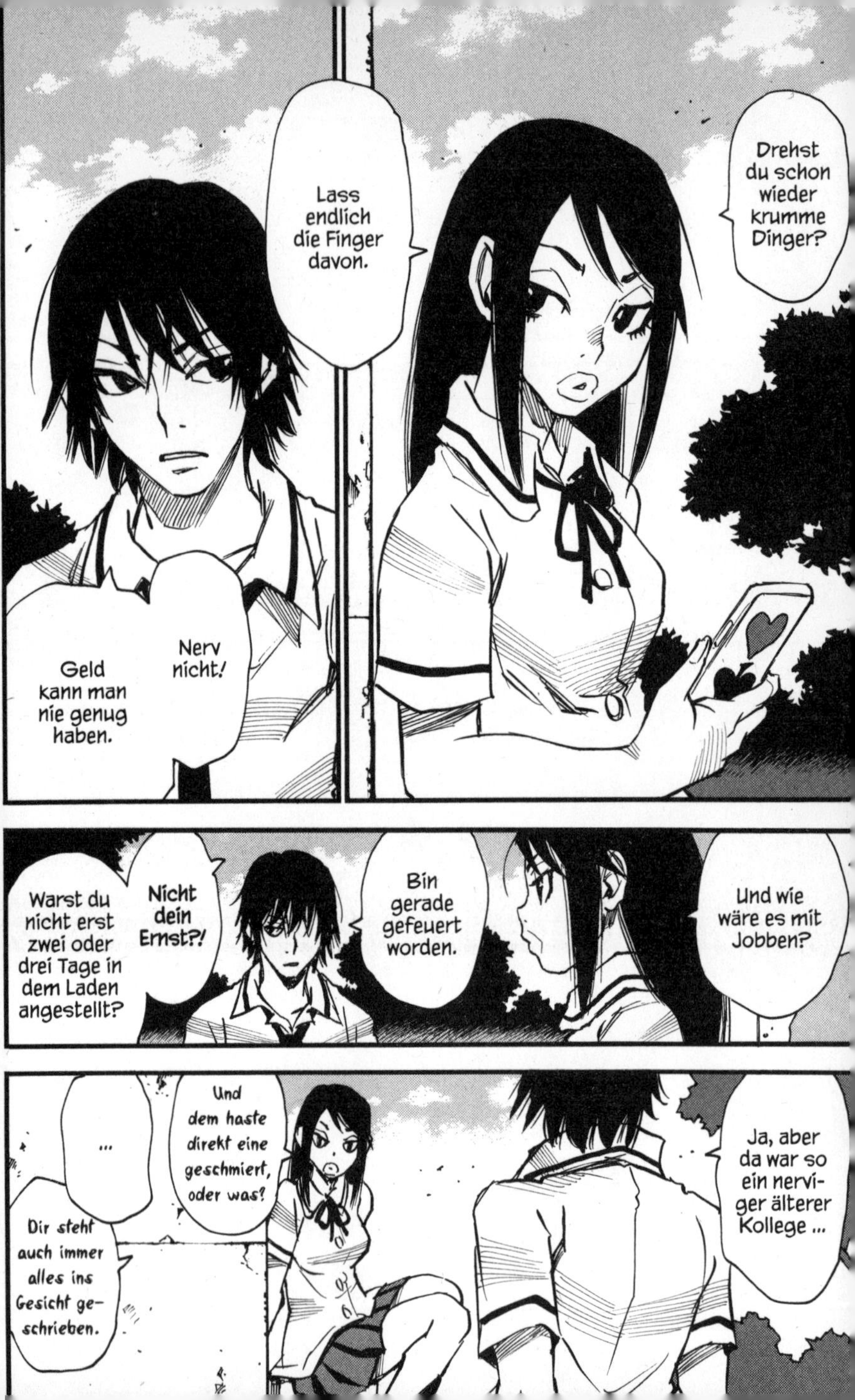

Drehst du schon wieder krumme Dinger?
Lass endlich die Finger davon.
Nerv nicht!
Geld kann man nie genug haben.

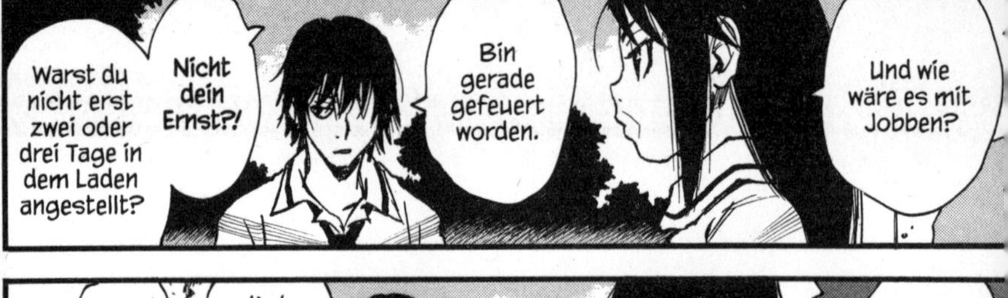

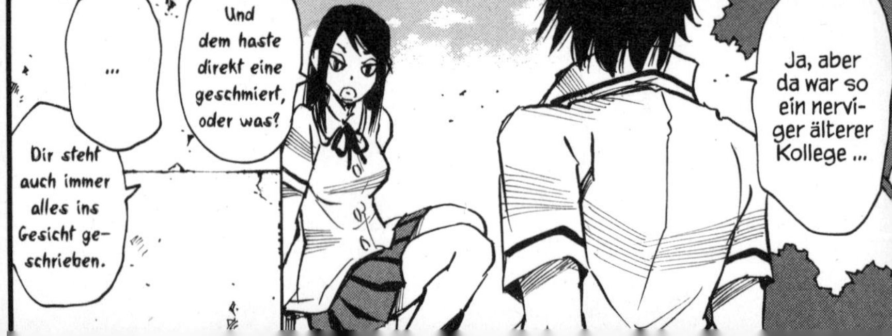

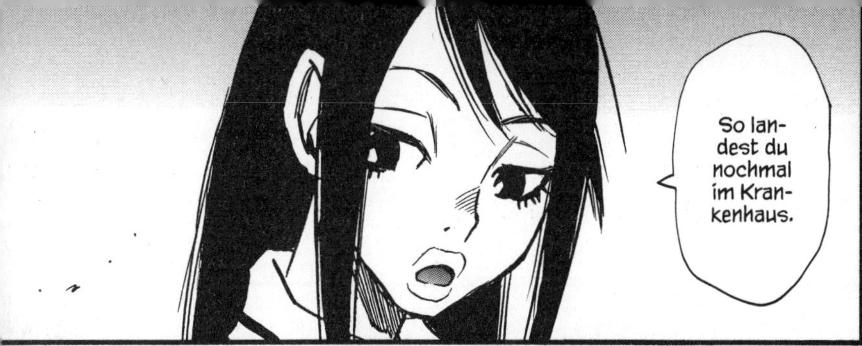
So lan-dest du nochmal im Kran-kenhaus.

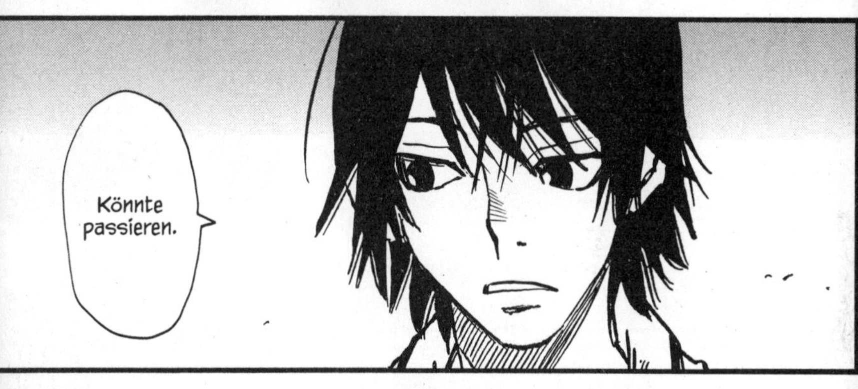
Könnte passieren.

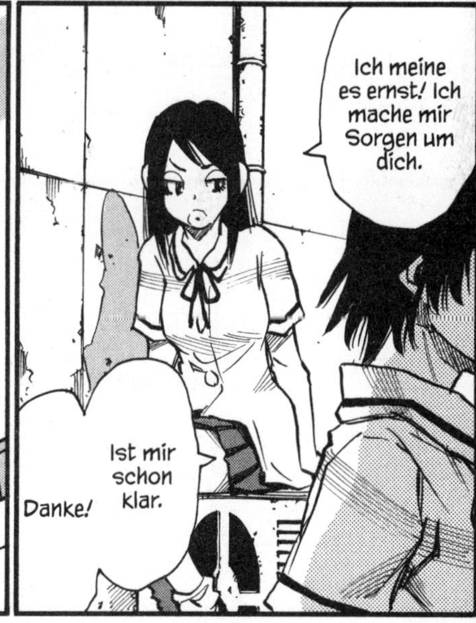
Ich meine es ernst! Ich mache mir Sorgen um dich.
Ist mir schon klar.
Danke!

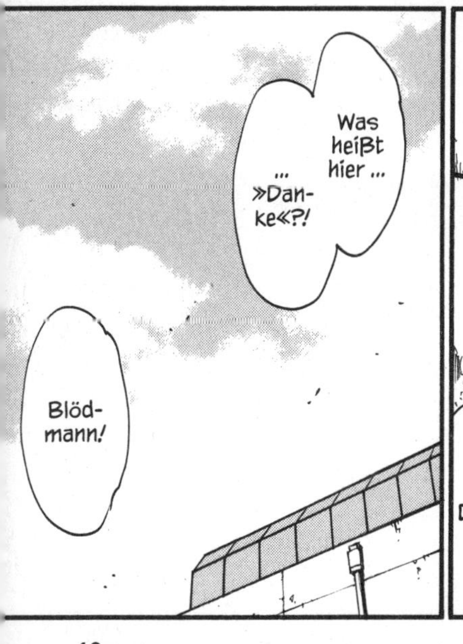
Was heißt hier ...
... »Dan-ke«?!
Blöd-mann!

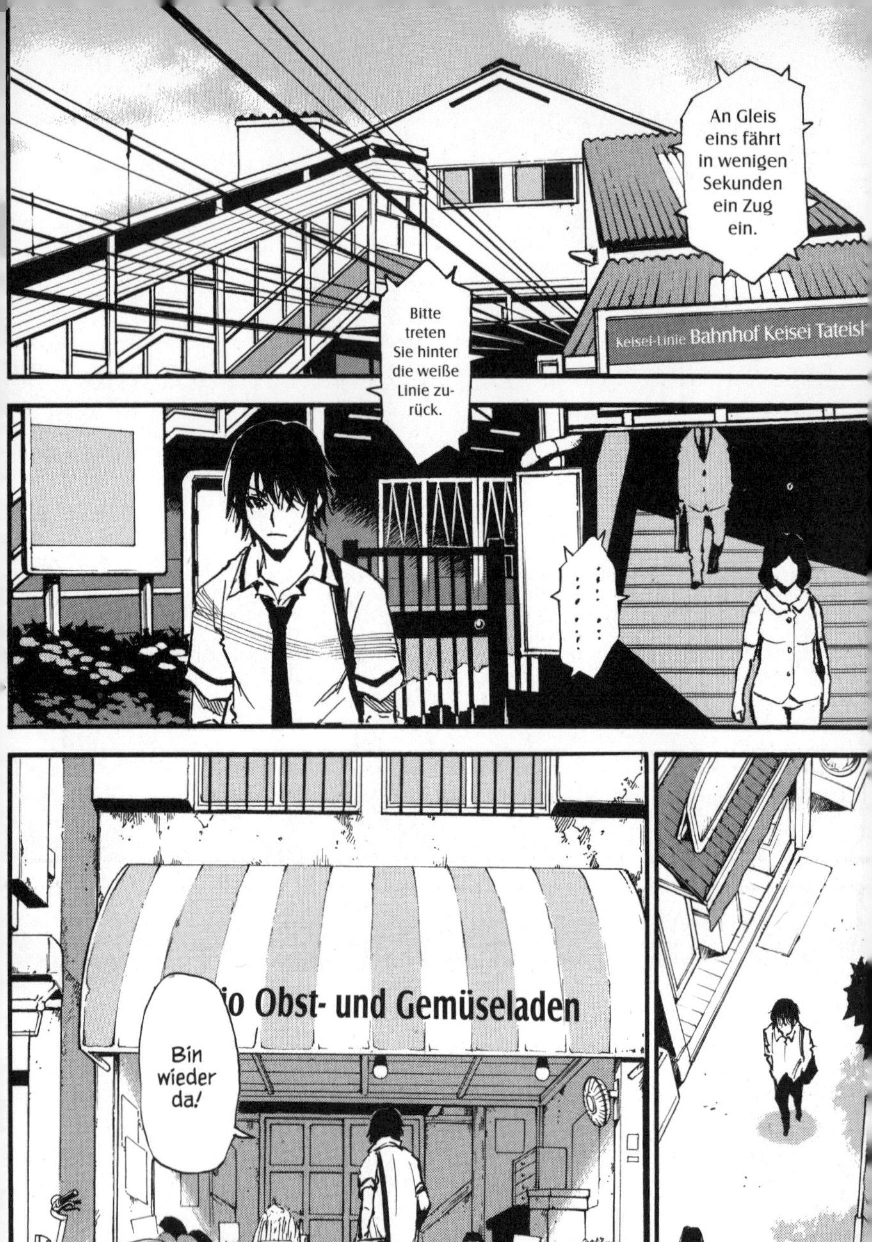
An Gleis eins fährt in wenigen Sekunden ein Zug ein.
Keisei-Linie Bahnhof Keisei Tateish
Bitte treten Sie hinter die weiße Linie zurück.
……
io Obst- und Gemüseladen
Bin wieder da!

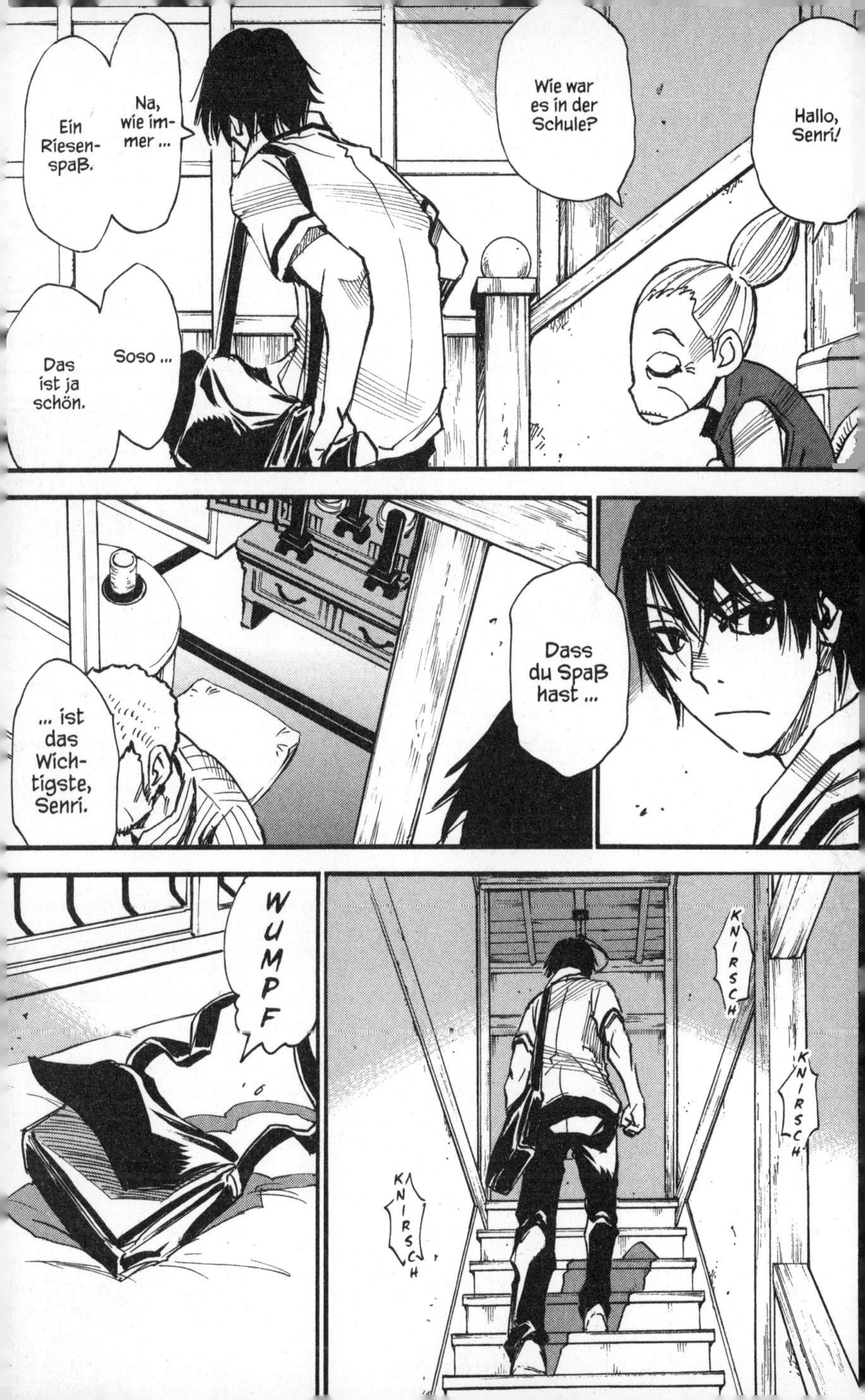

Hallo, Senri!

Wie war es in der Schule?

Na, wie immer ...

Ein Riesenspaß.

Soso ...

Das ist ja schön.

Dass du Spaß hast ...

... ist das Wichtigste, Senri.

KNIRSCH

KNIRSCH

KNIRSCH

WUMPF

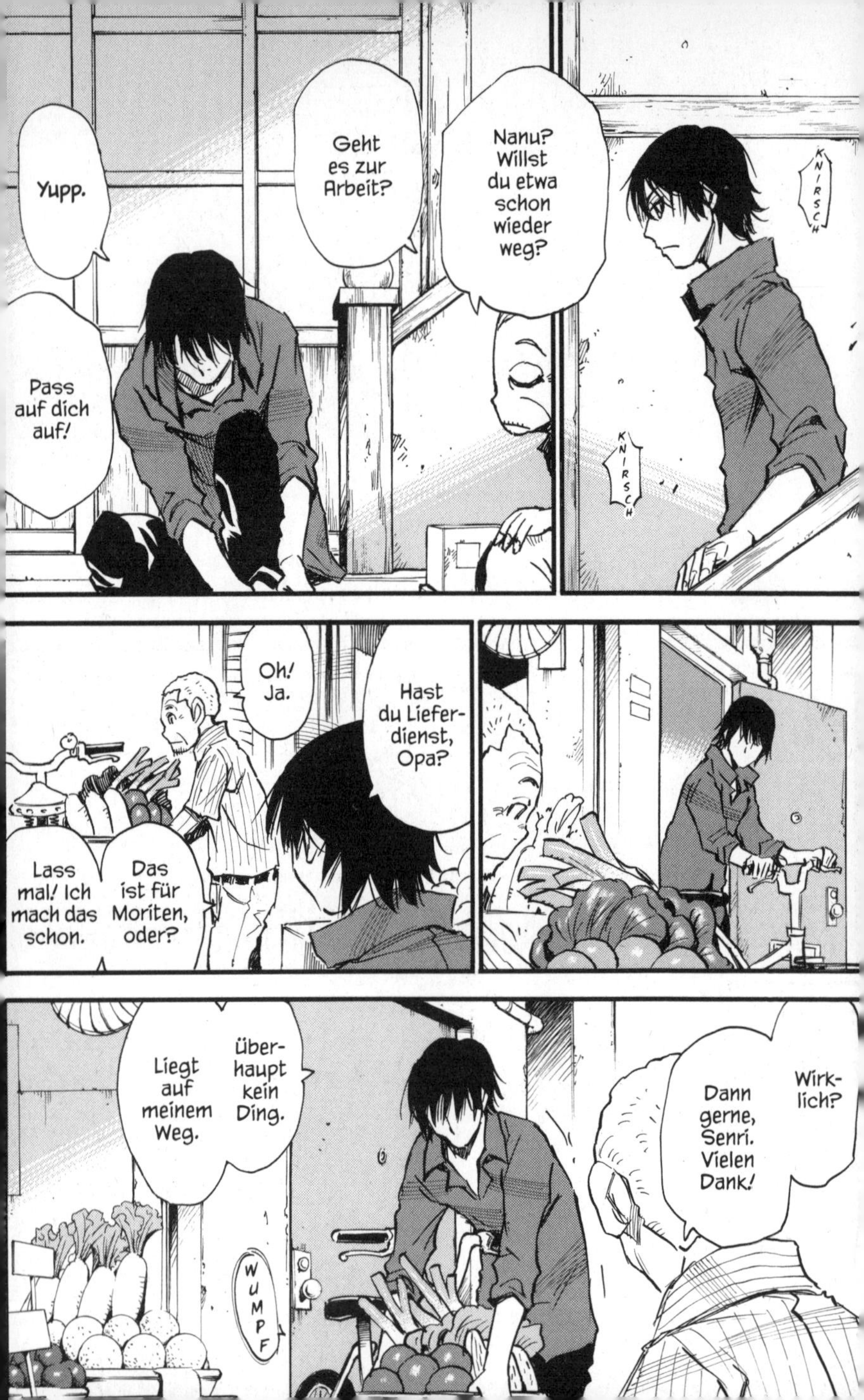
KNIRSCH
KNIRSCH
Nanu? Willst du etwa schon wieder weg?
Geht es zur Arbeit?
Yupp.
Pass auf dich auf!
Hast du Liefer-dienst, Opa?
Oh! Ja.
Das ist für Moriten, oder?
Lass mal! Ich mach das schon.
Wirk-lich?
Dann gerne, Senri. Vielen Dank!
Über-haupt kein Ding.
Liegt auf meinem Weg.
WUMPF

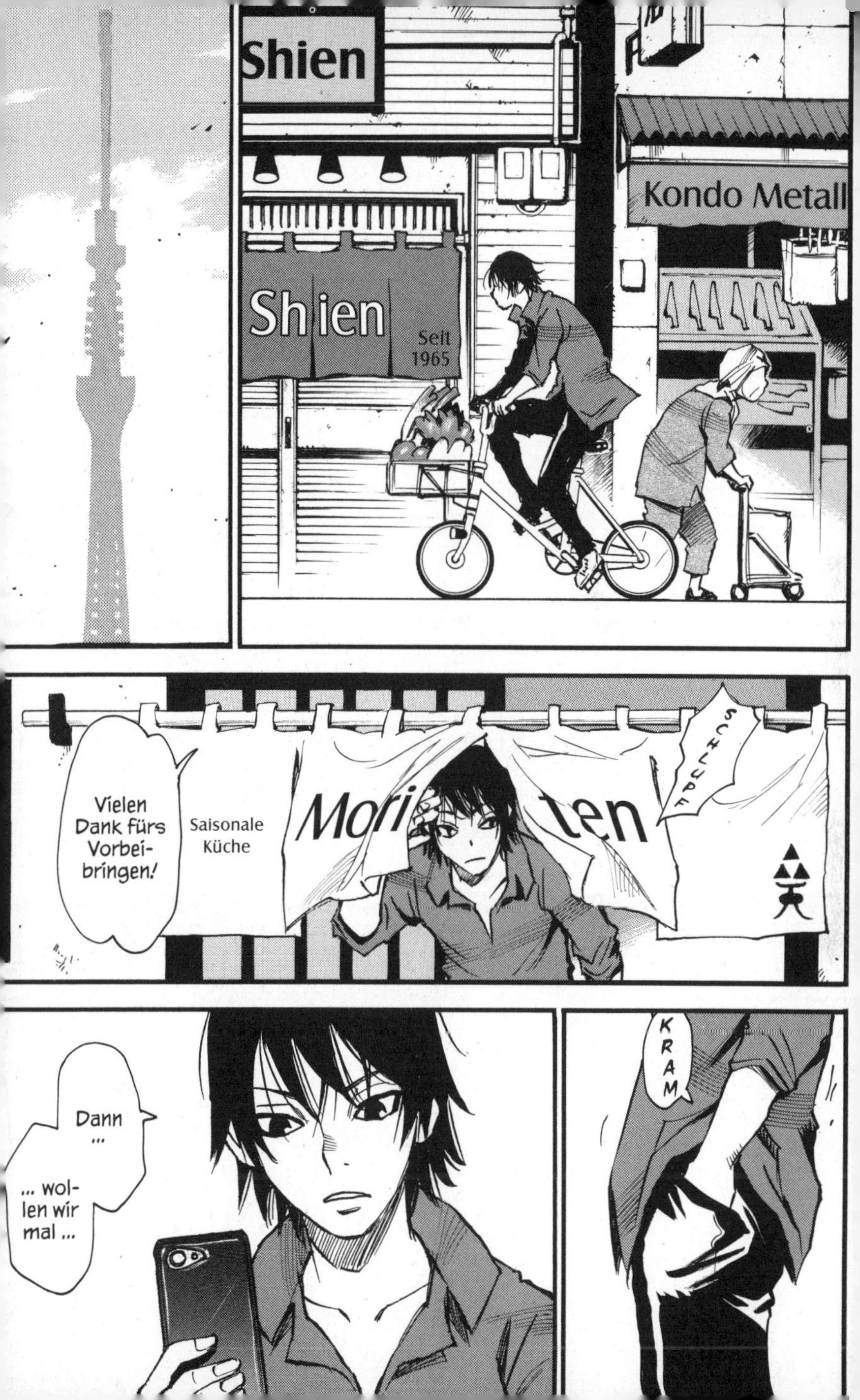

Shien

Kondo Metall

Shien

Seit 1965

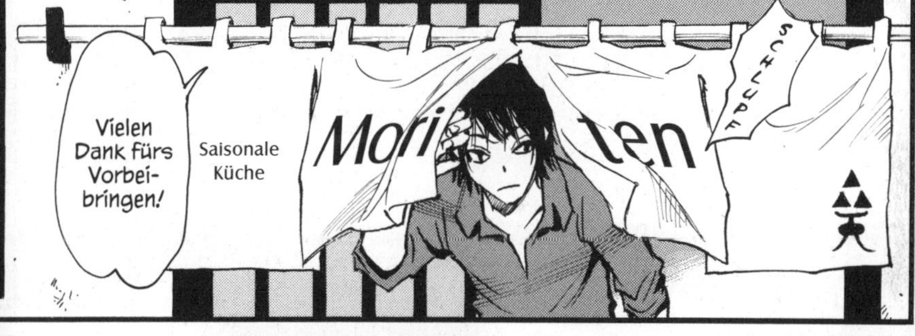

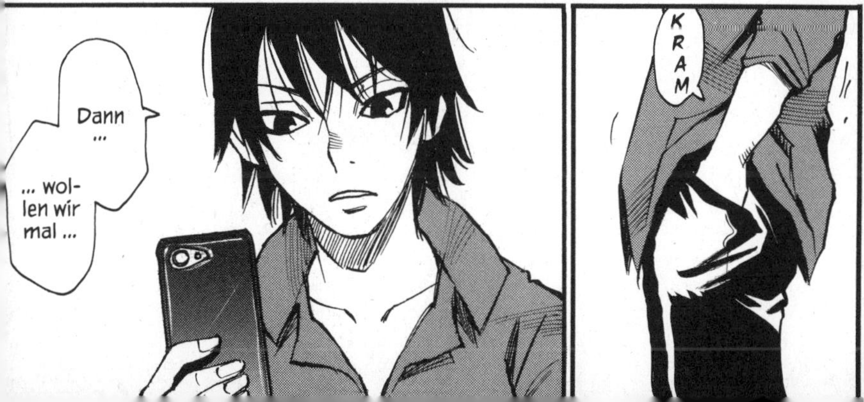

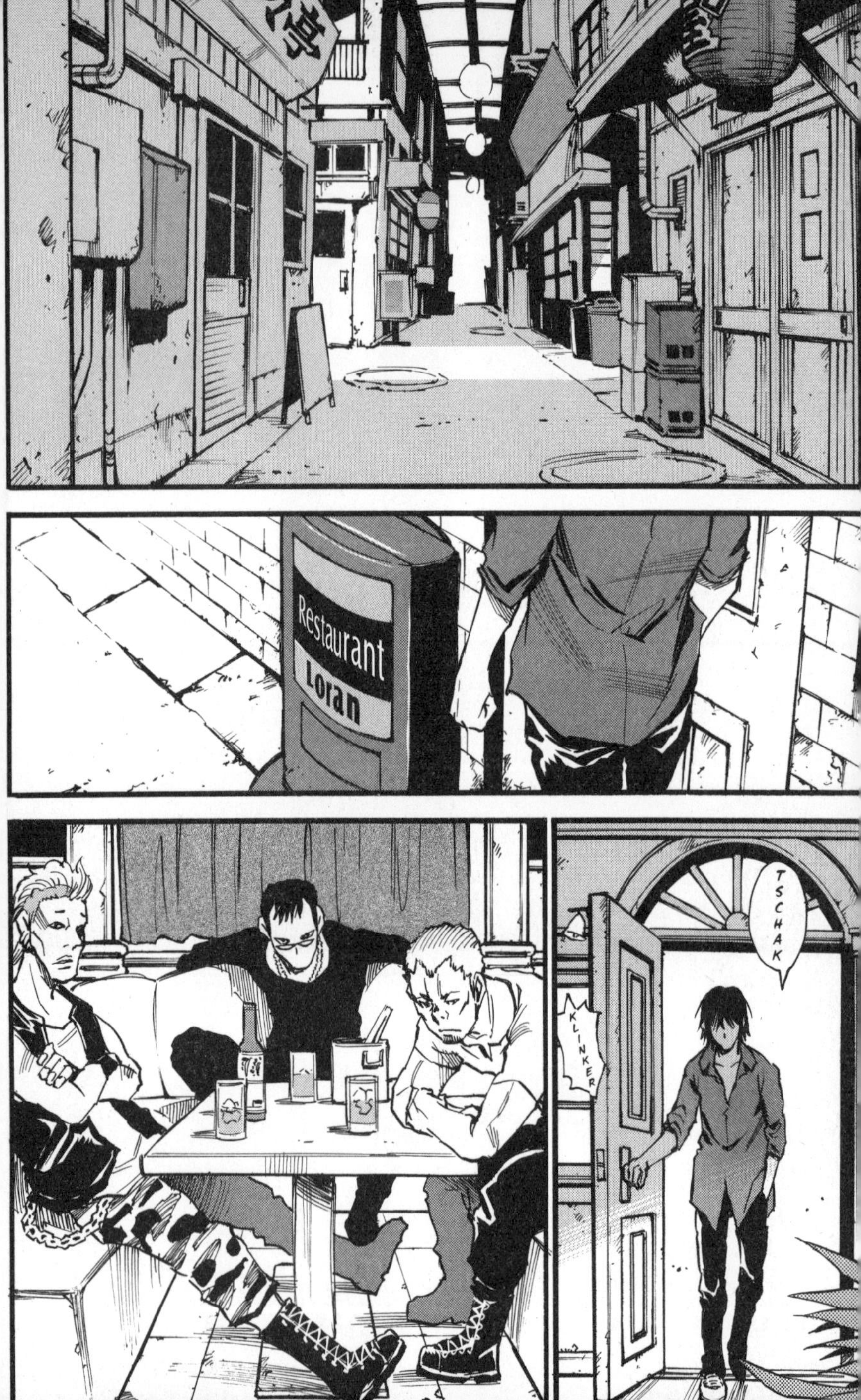

Restaurant
Loran

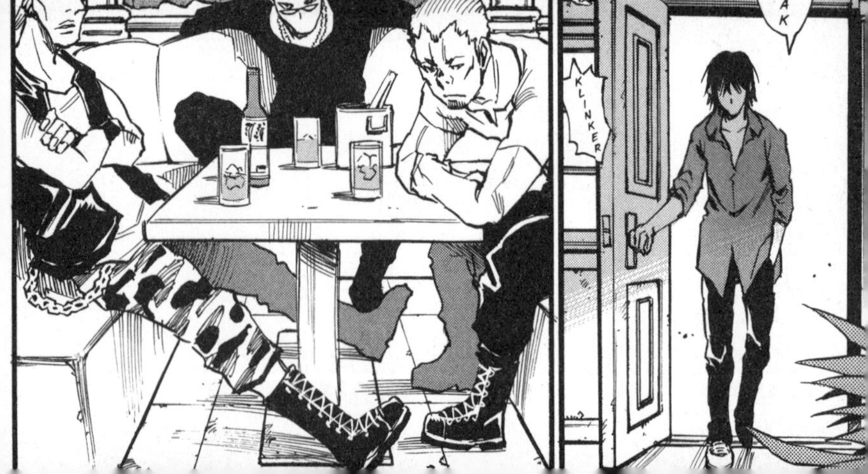
TSCHAK
KLINKER

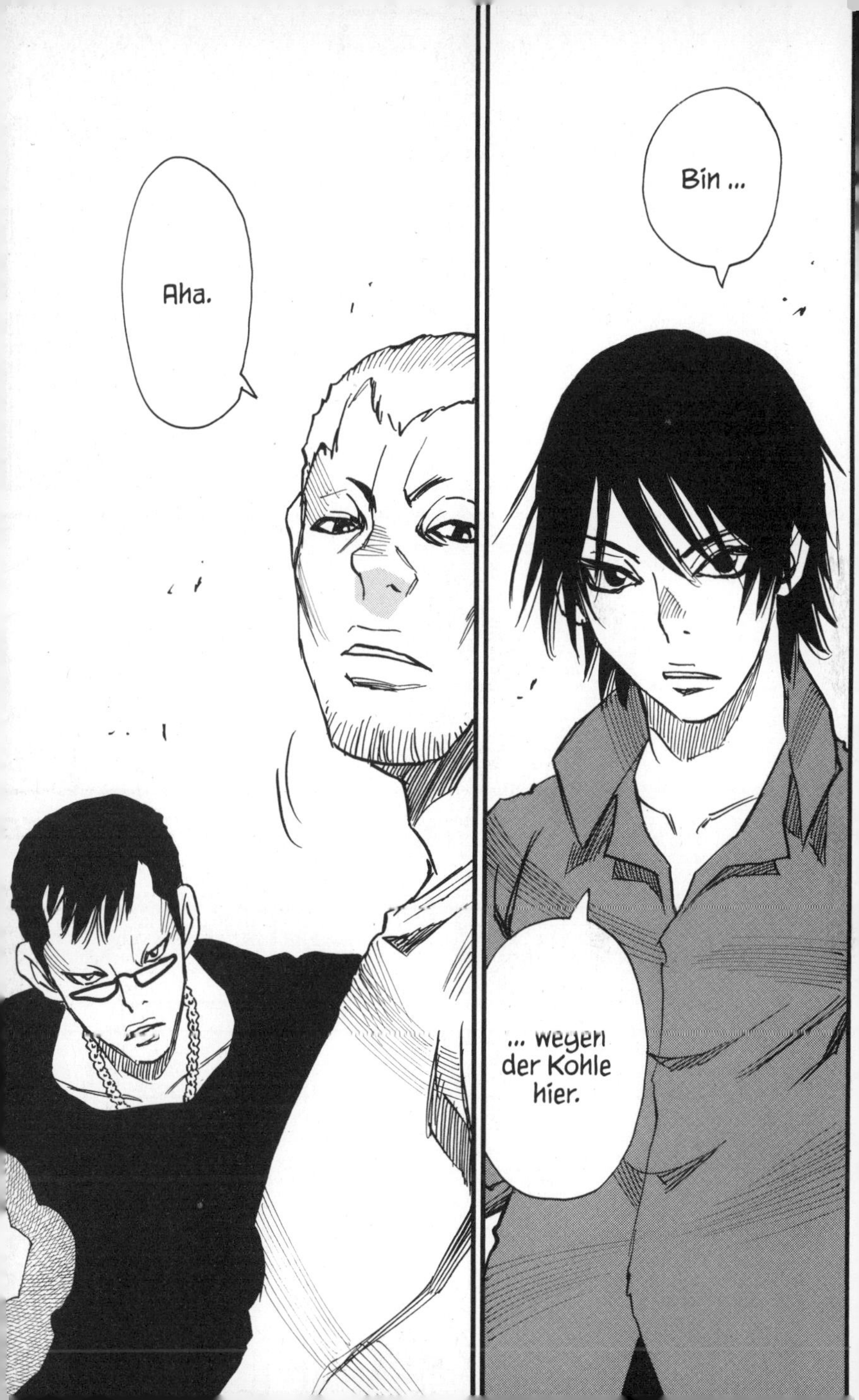
Bin ...
... wegen der Kohle hier.
Aha.

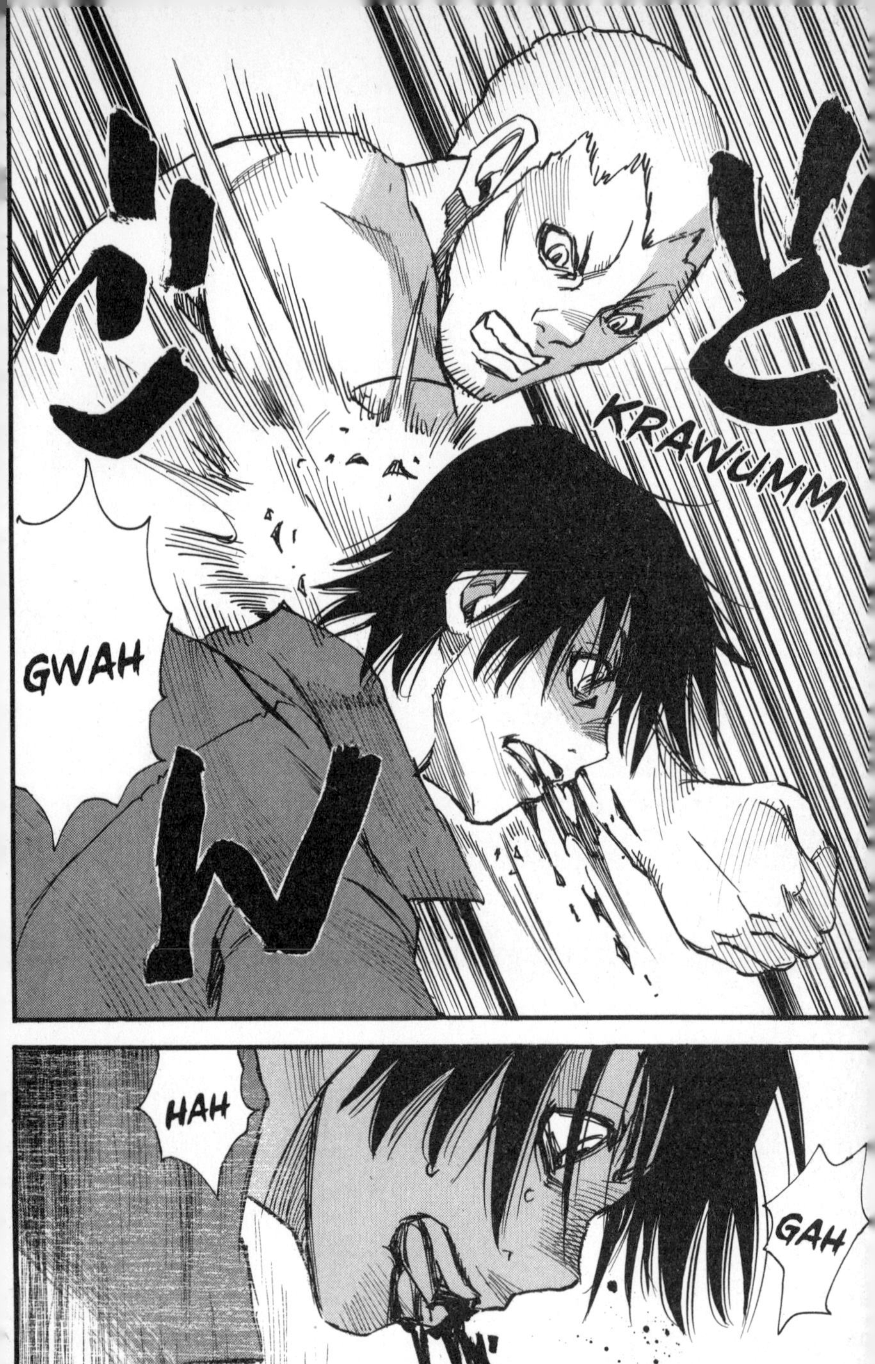
ど
KRAWUMM
ご
GWAH
ん
GAH
HAH

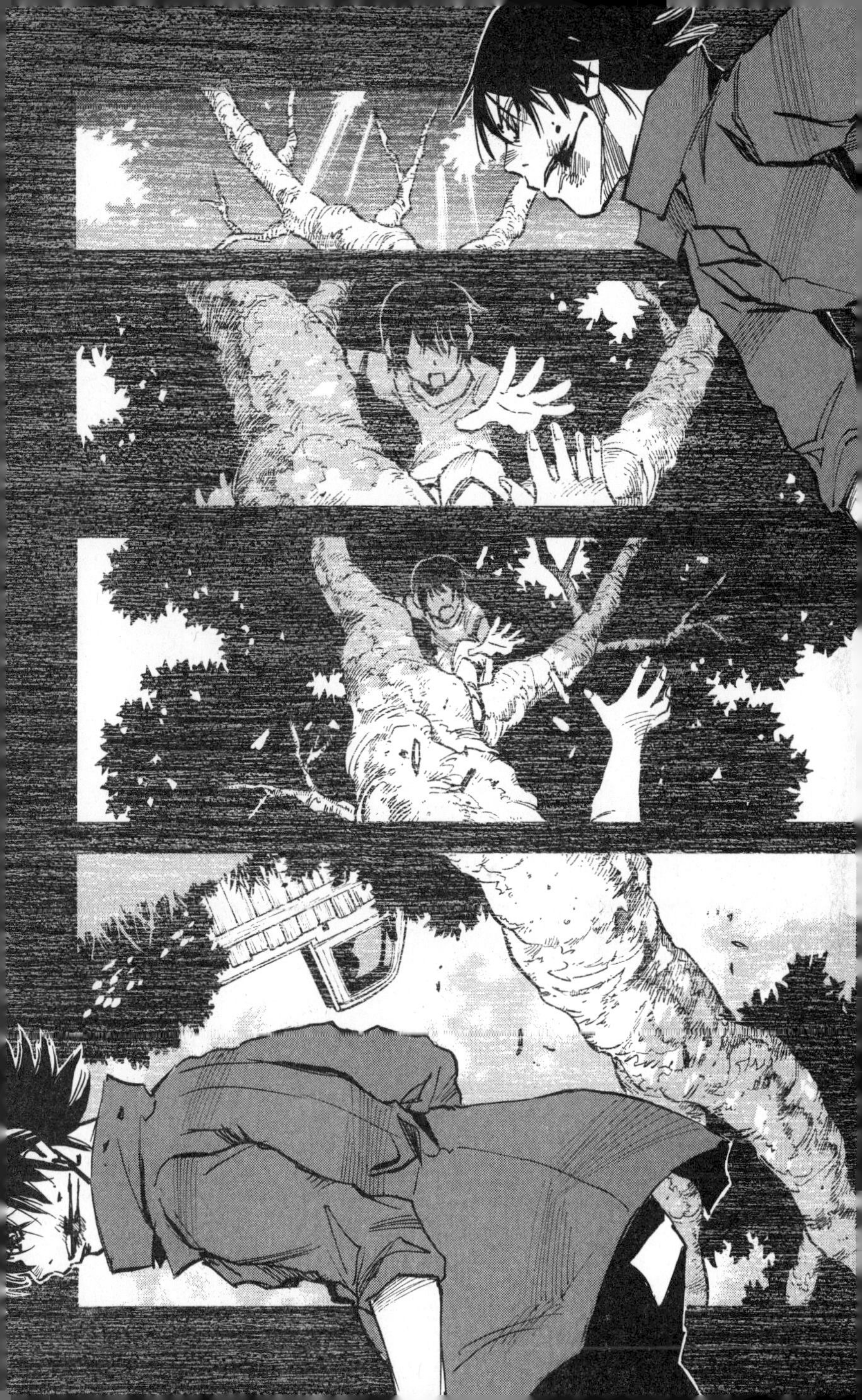

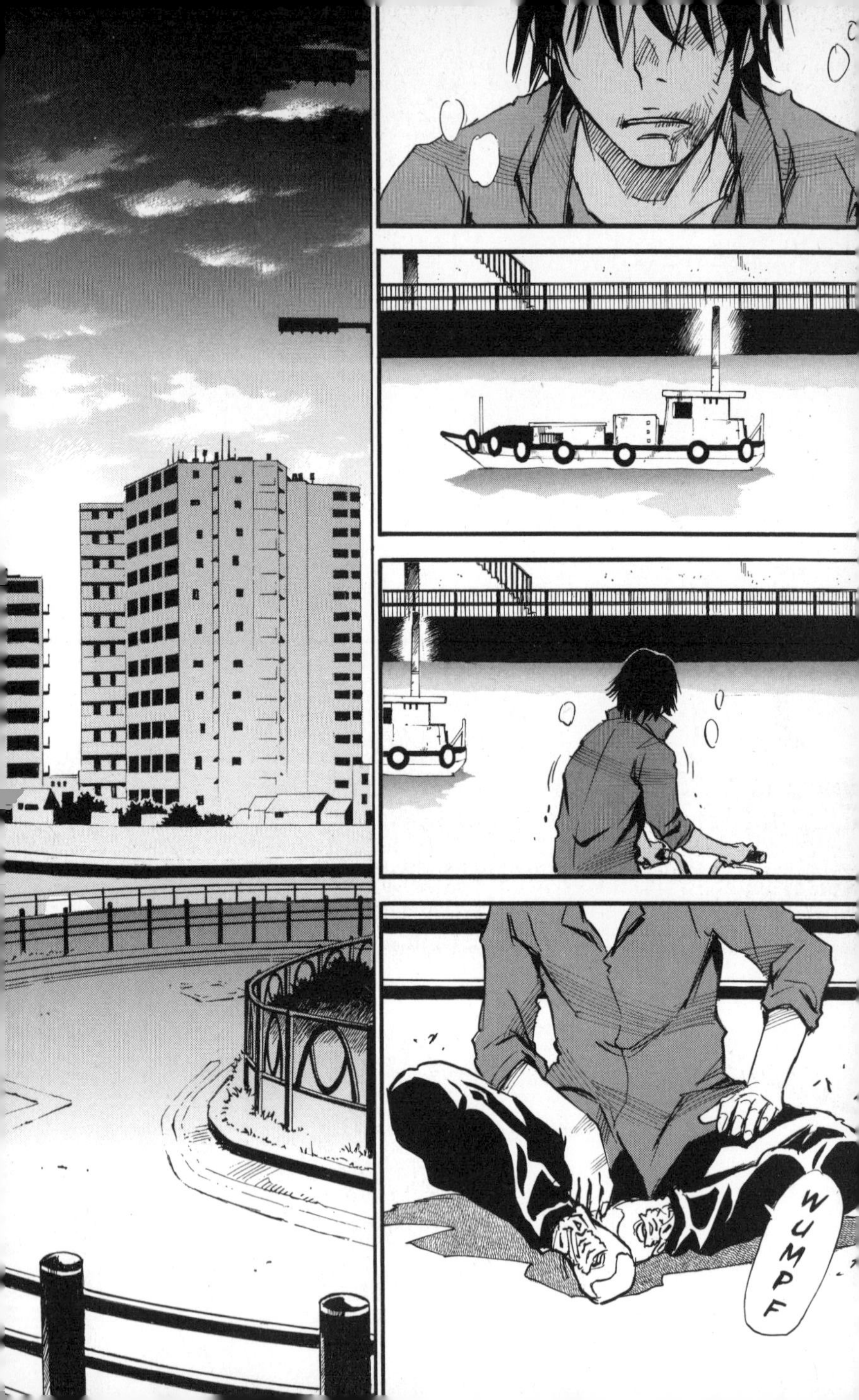
WUMPF

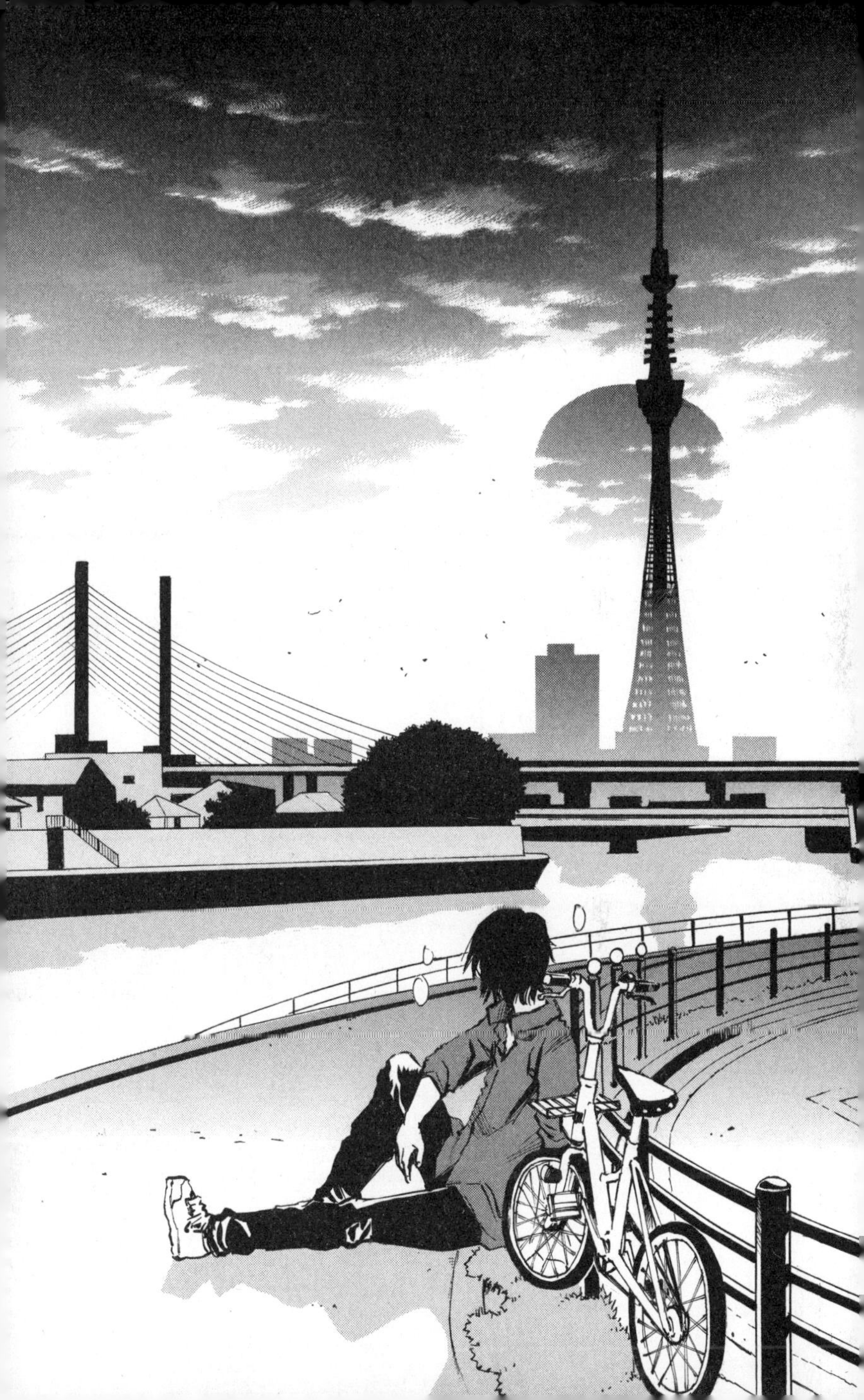

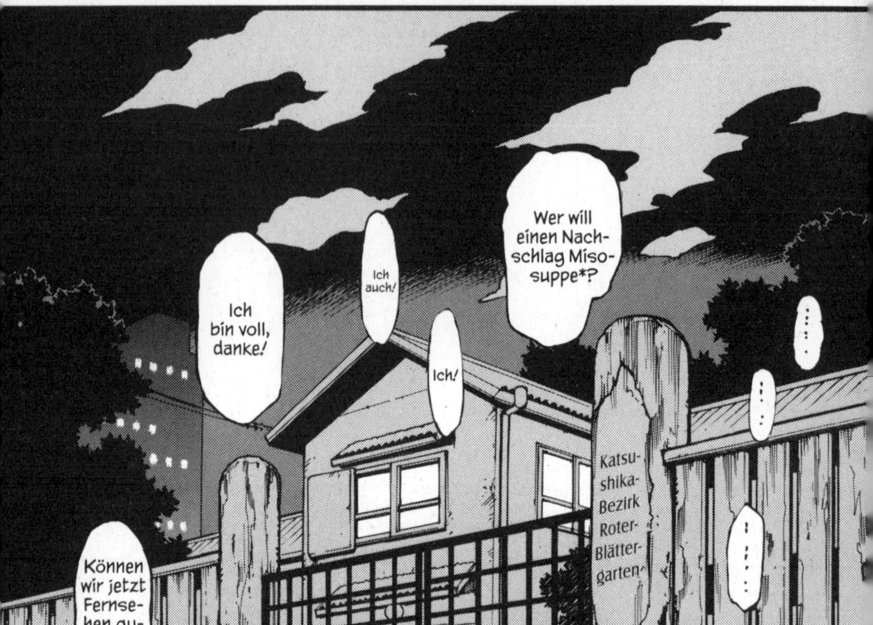

......

...

!...

Wer will einen Nachschlag Misosuppe*?

Katsushika-Bezirk Roter-Blättergarten

Ich!

Ich auch!

Ich bin voll, danke!

Können wir jetzt Fernsehen gucken?

* Suppe aus Fischsud und Sojabohnenpaste, die Hauptbestandteil eines japanischen Mahls ist

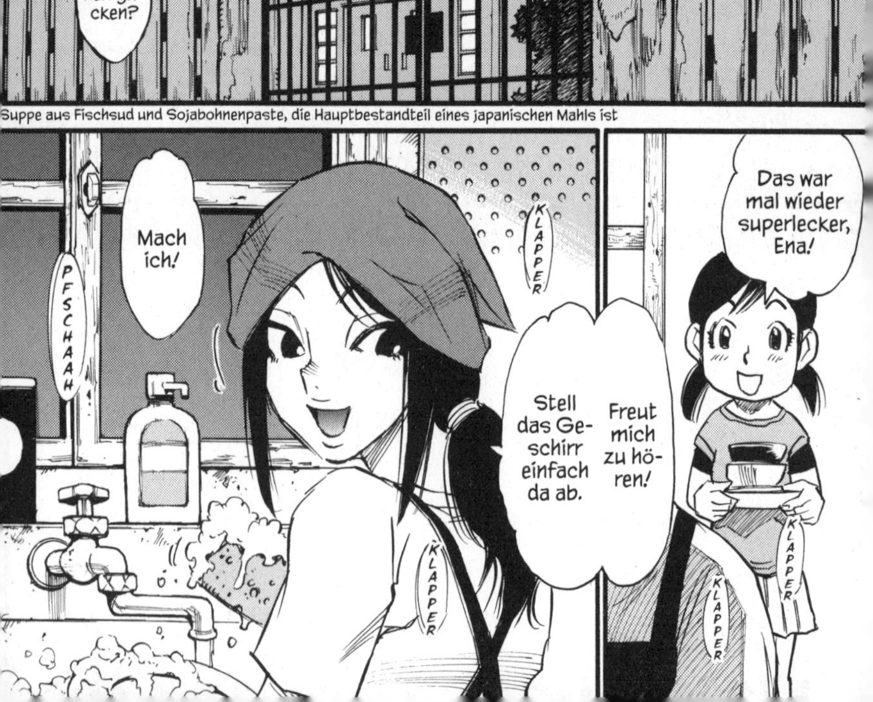

Das war mal wieder superlecker, Ena!

KLAPPER

KLAPPER

Freut mich zu hören!

Stell das Geschirr einfach da ab.

KLAPPER

KLAPPER

Mach ich!

PFSCHAAH

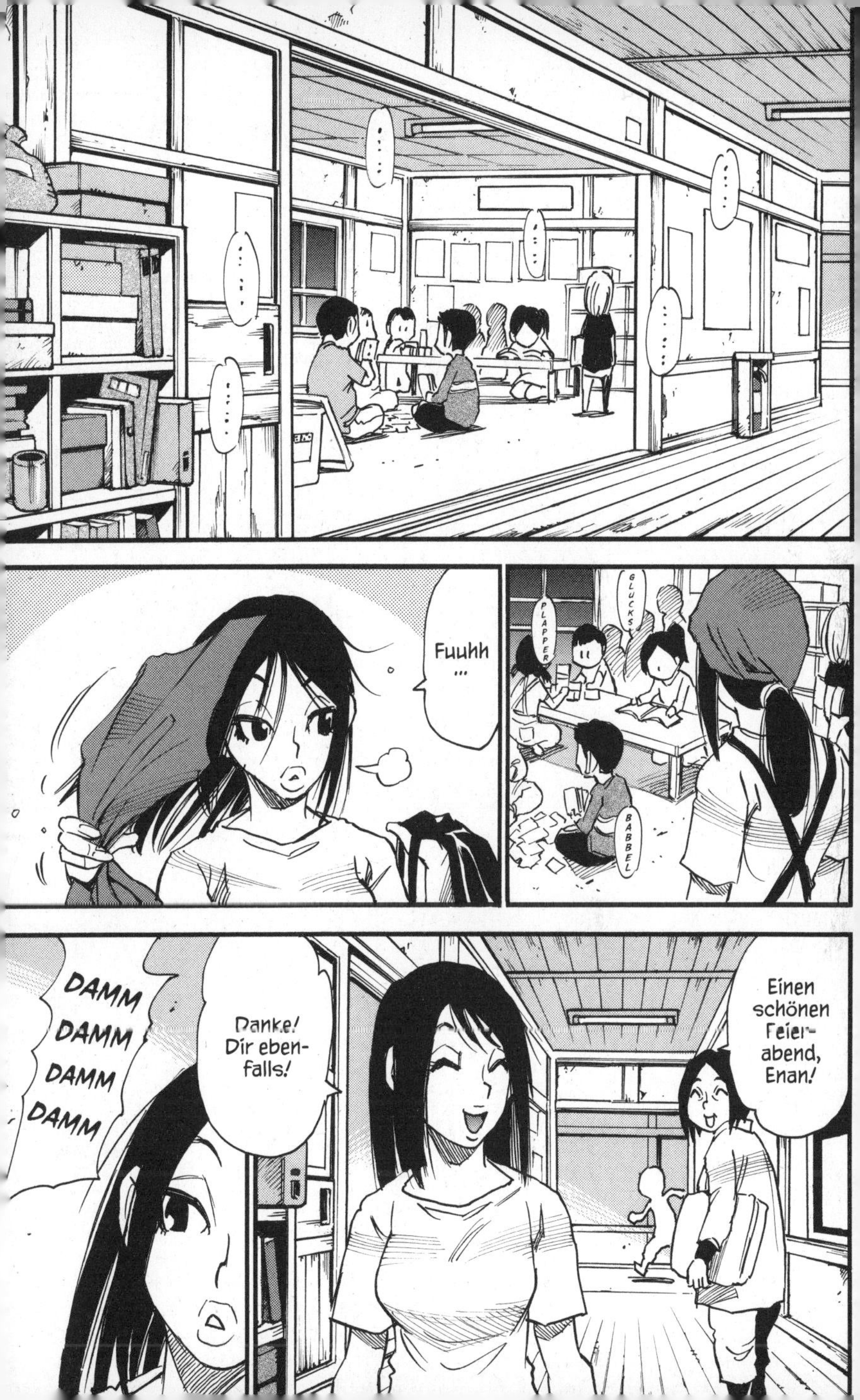

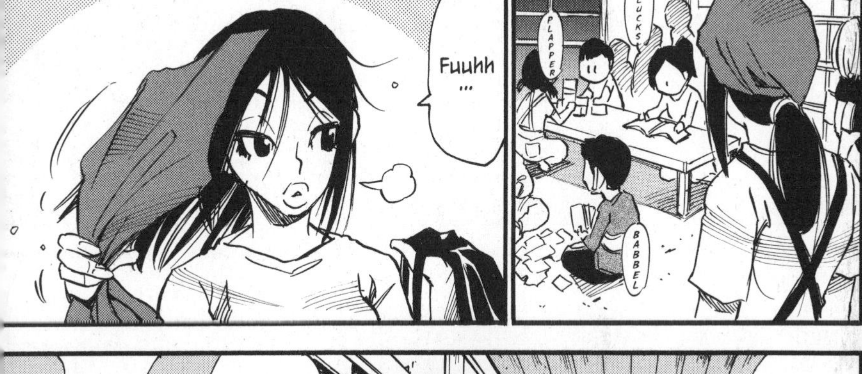
GLUCKS
PLAPPER
BABBEL
Fuuhh ...

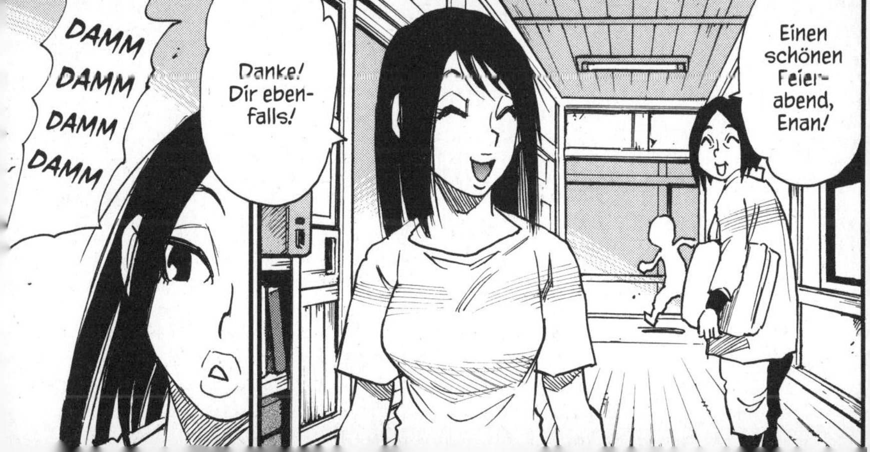
Einen schönen Feier-abend, Enan!
Danke! Dir eben-falls!
DAMM DAMM DAMM DAMM

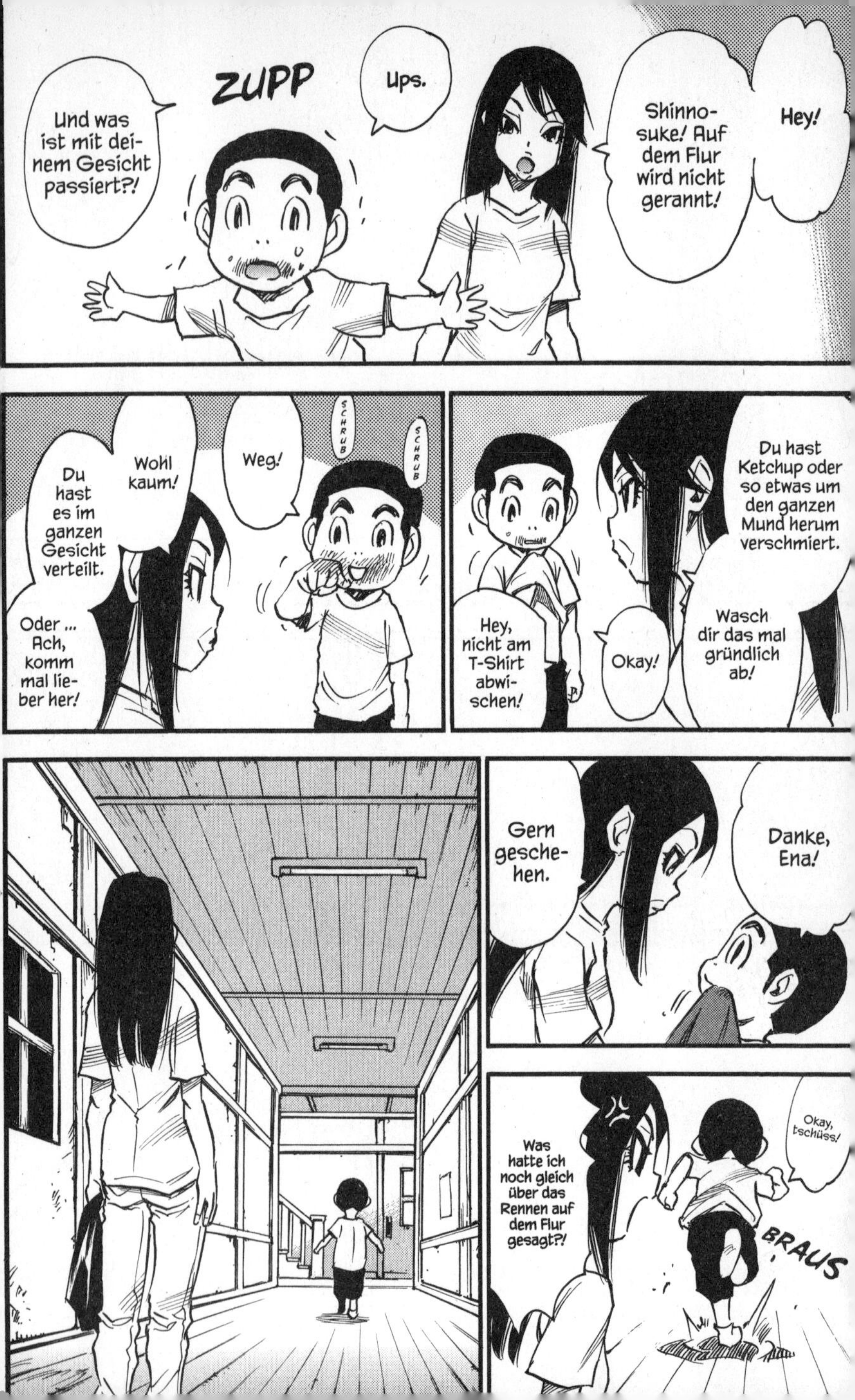

Hey!
Shinnosuke! Auf dem Flur wird nicht gerannt!
Ups.
ZUPP
Und was ist mit deinem Gesicht passiert?!

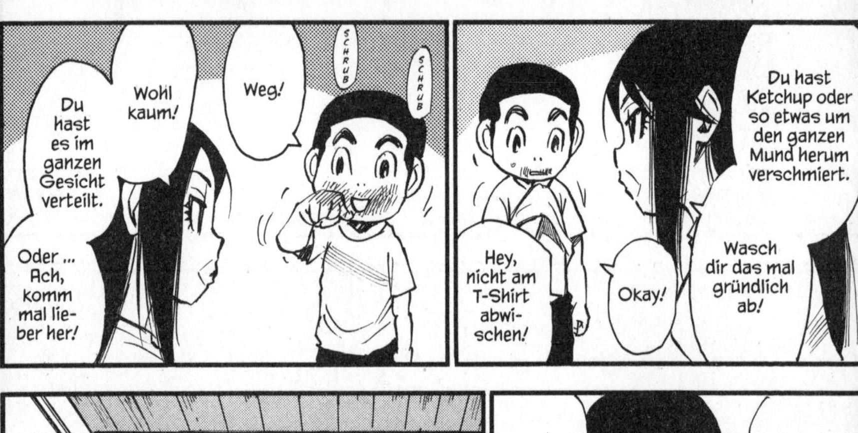
Du hast Ketchup oder so etwas um den ganzen Mund herum verschmiert.
Wasch dir das mal gründlich ab!
Okay!
Hey, nicht am T-Shirt abwischen!
SCHRUB
SCHRUB
Weg!
Wohl kaum!
Du hast es im ganzen Gesicht verteilt.
Oder ... Ach, komm mal lieber her!

Danke, Ena!
Gern geschehen.
Okay, tschüss!
BRAUS
Was hatte ich noch gleich über das Rennen auf dem Flur gesagt?!

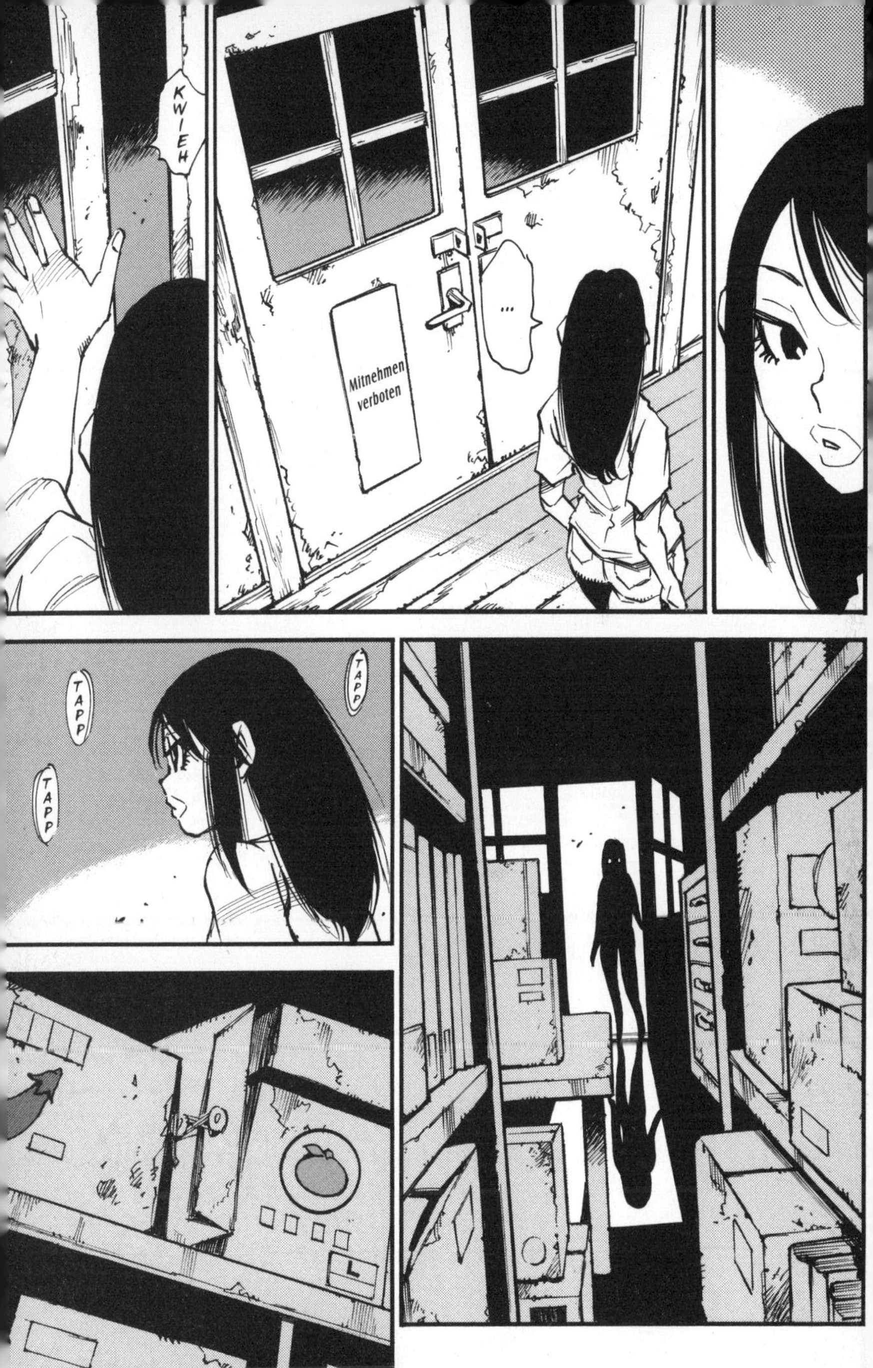

Mitnehmen verboten
...
KWIEH
TAPP
TAPP
TAPP
L

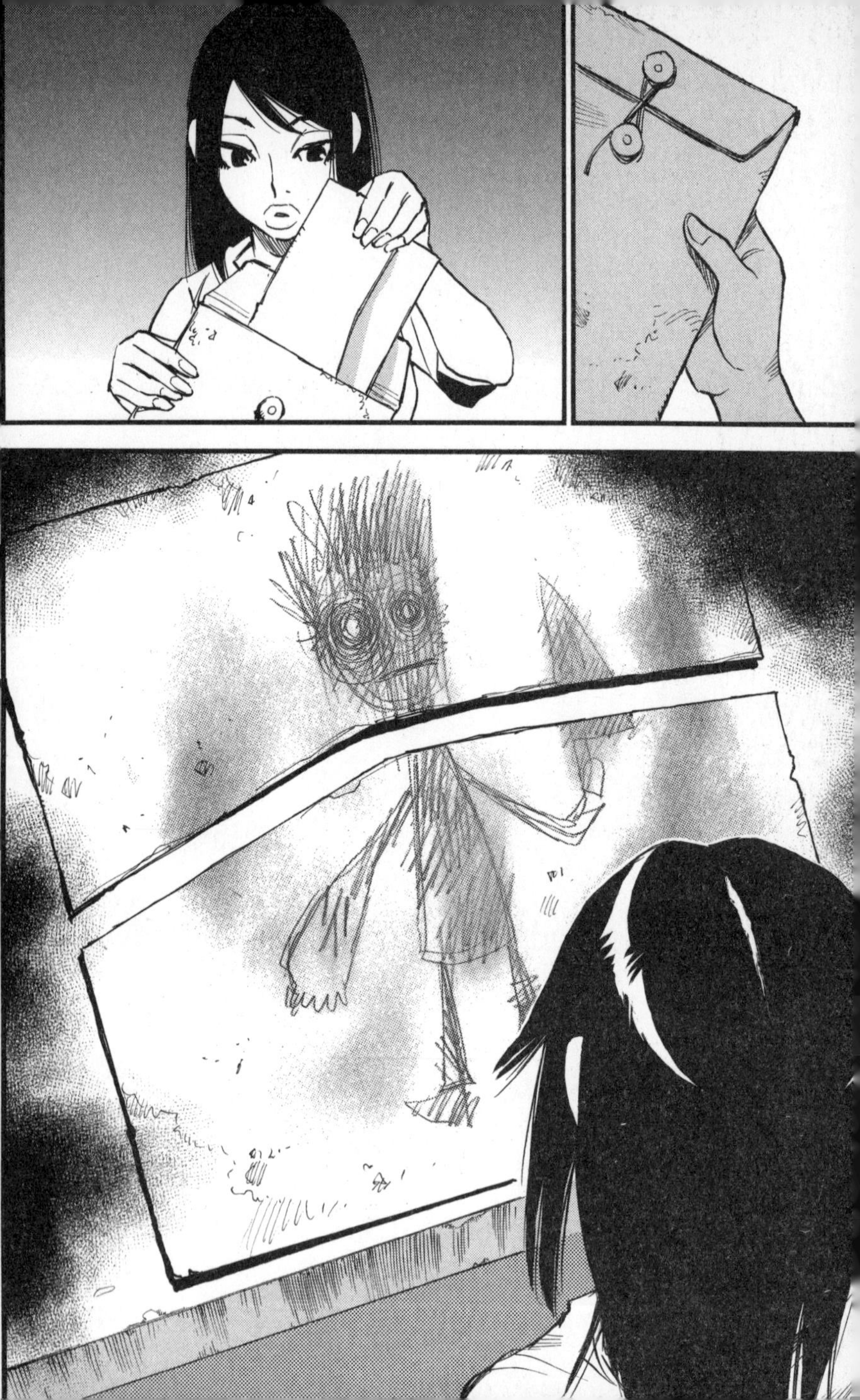

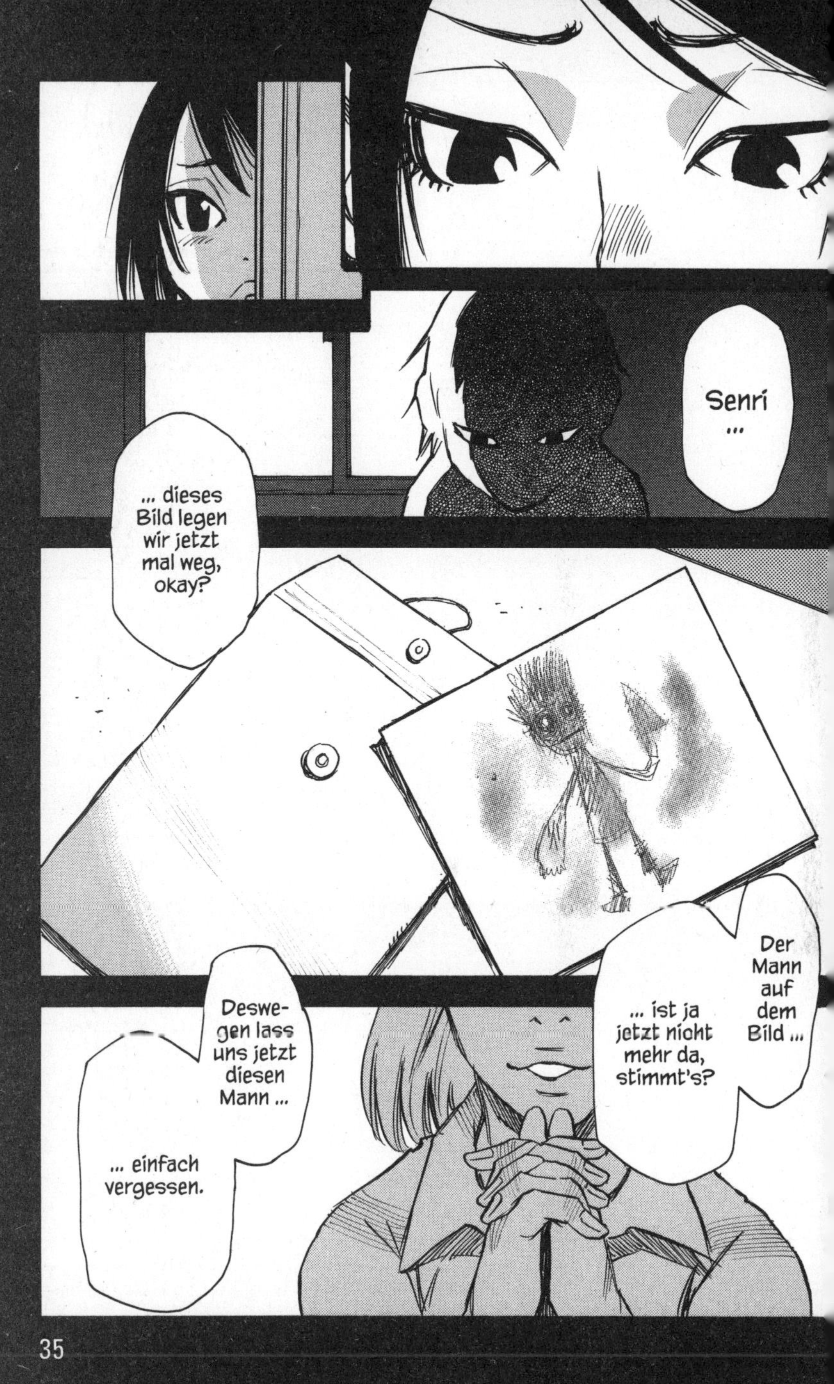
Senri ...
... dieses Bild legen wir jetzt mal weg, okay?
Der Mann auf dem Bild ...
... ist ja jetzt nicht mehr da, stimmt's?
Deswegen lass uns jetzt diesen Mann ...
... einfach vergessen.

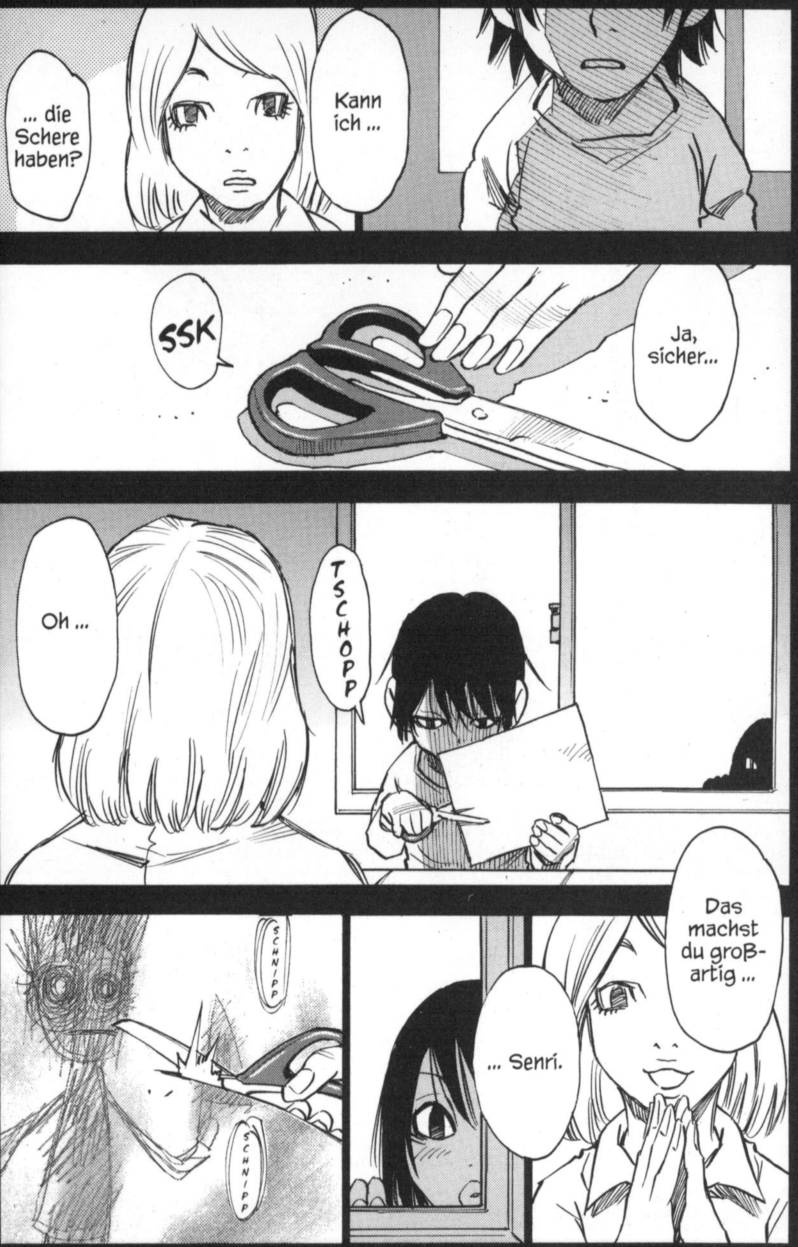
Kann ich ...
... die Schere haben?
Ja, sicher...
SSK
TSCHOPP
Oh ...
Das machst du groß-artig ...
... Senri.
SCHNIPP
SCHNIPP

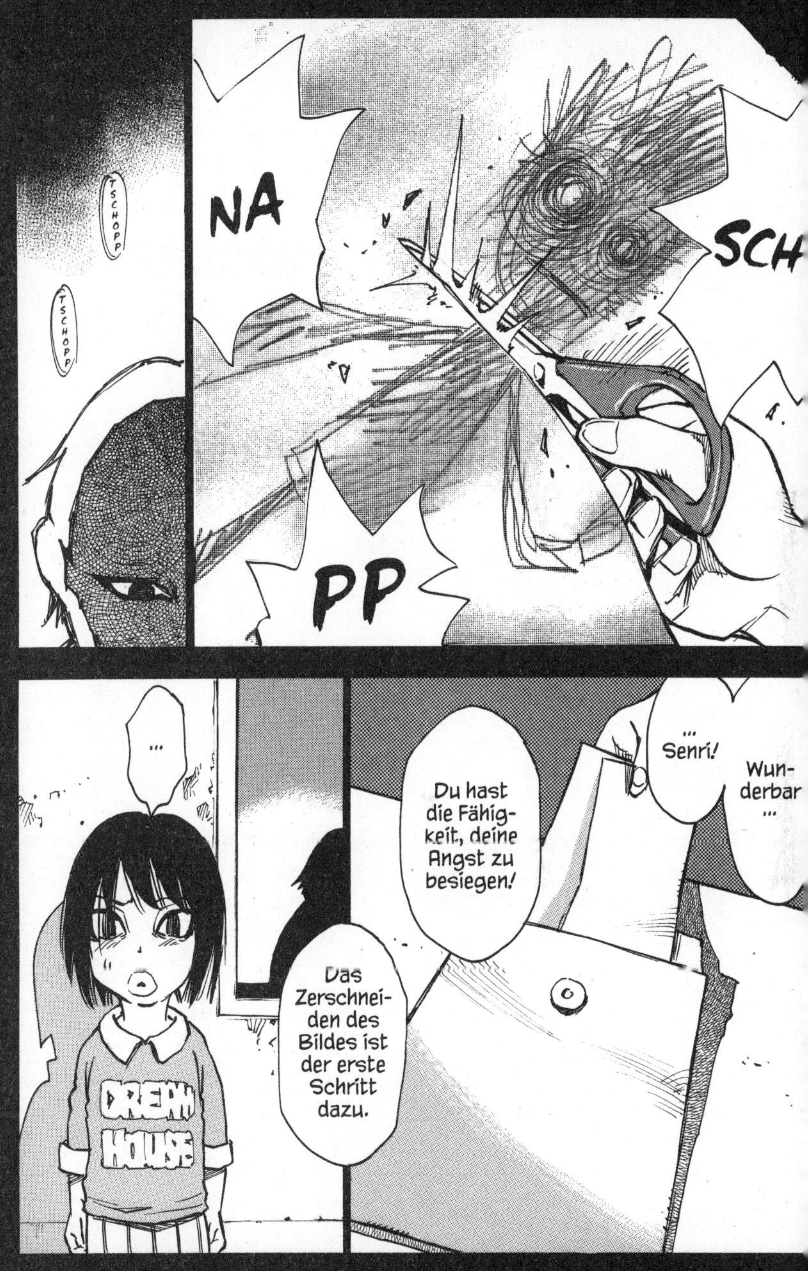
NA
SCH
NA
PP
TSCHOPP
TSCHOPP
... Senri!
Wunderbar ...
Du hast die Fähigkeit, deine Angst zu besiegen!
Das Zerschneiden des Bildes ist der erste Schritt dazu.
...
DREAM HOUSE

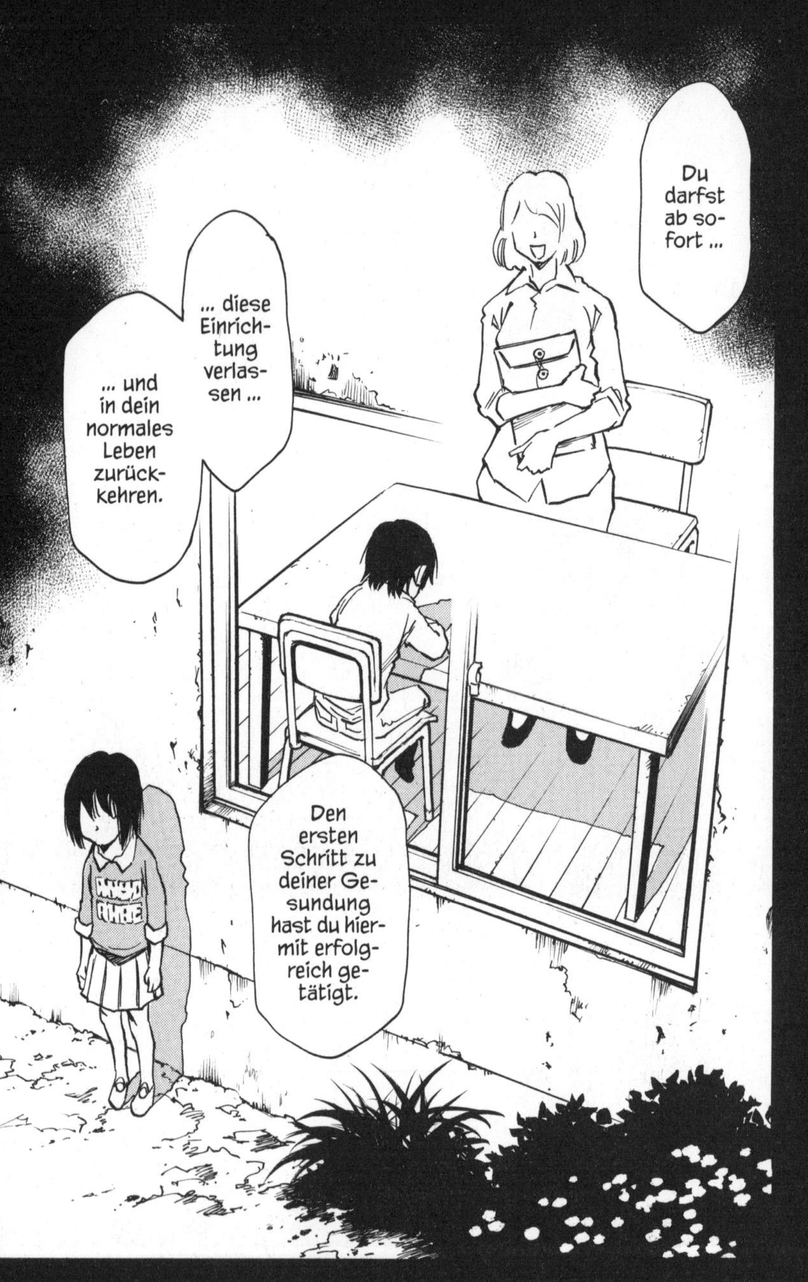
Du darfst ab sofort ...
... diese Einrichtung verlassen ...
... und in dein normales Leben zurückkehren.
Den ersten Schritt zu deiner Gesundung hast du hiermit erfolgreich getätigt.

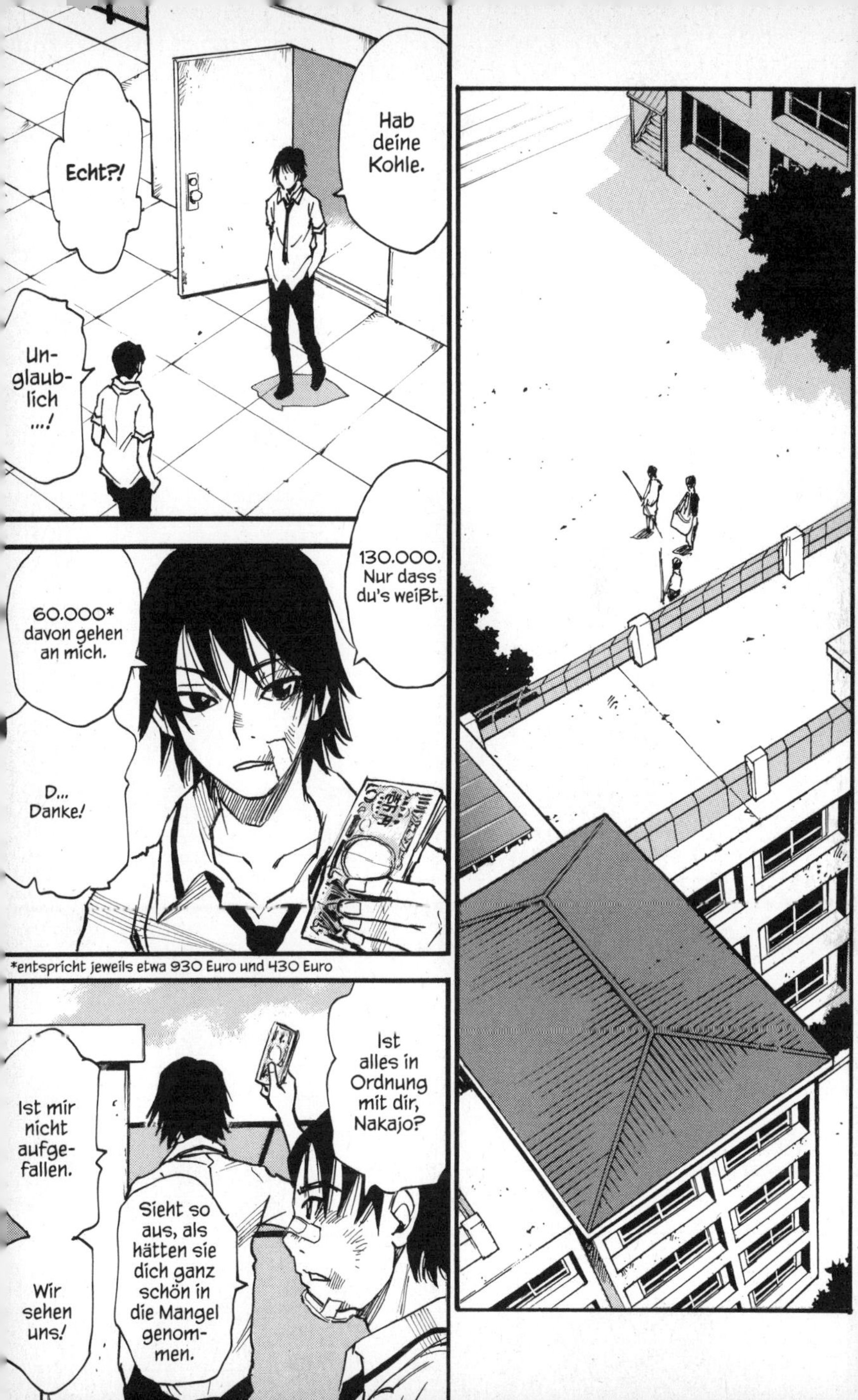

*entspricht jeweils etwa 930 Euro und 430 Euro

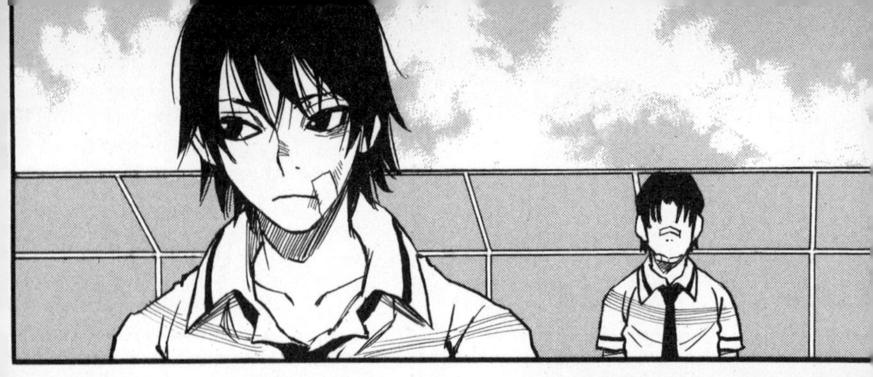

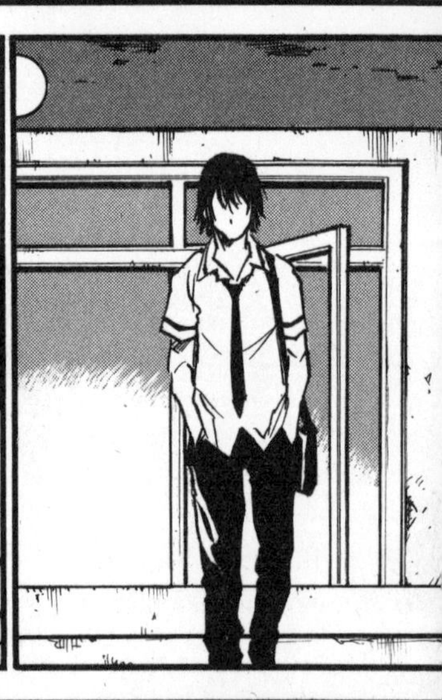

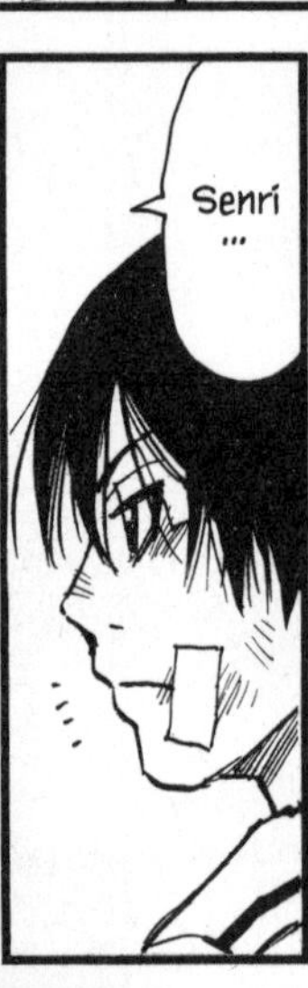
Senri ...

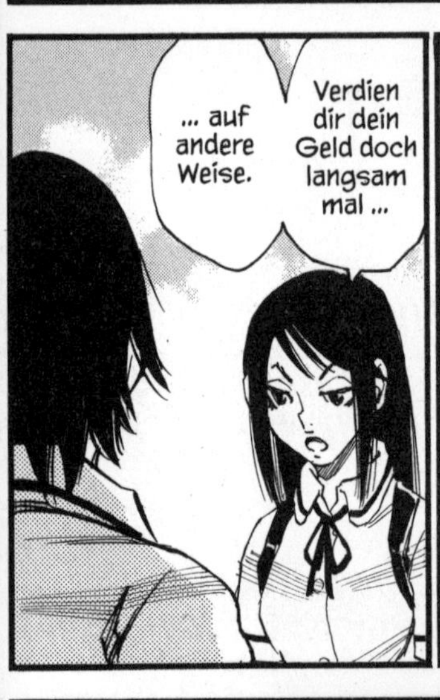
Verdien dir dein Geld doch langsam mal ...
... auf andere Weise.

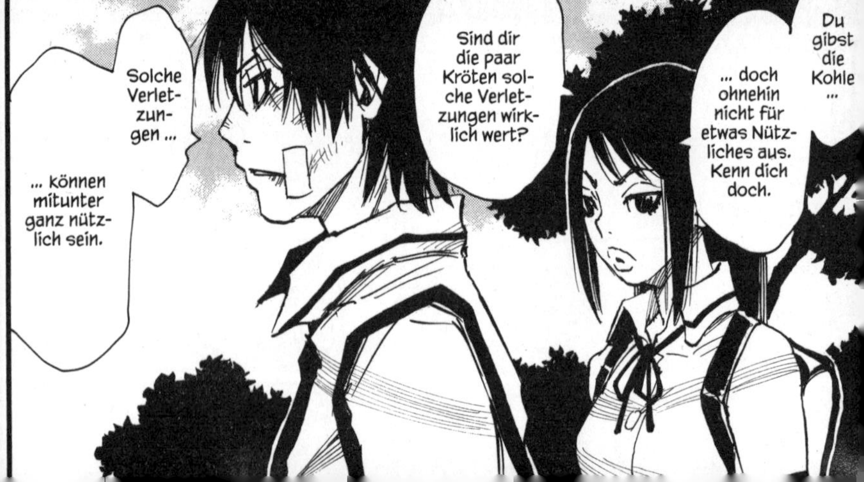
Du gibst die Kohle ...
... doch ohnehin nicht für etwas Nützliches aus. Kenn dich doch.
Sind dir die paar Kröten solche Verletzungen wirklich wert?
Solche Verletzungen ...
... können mitunter ganz nützlich sein.

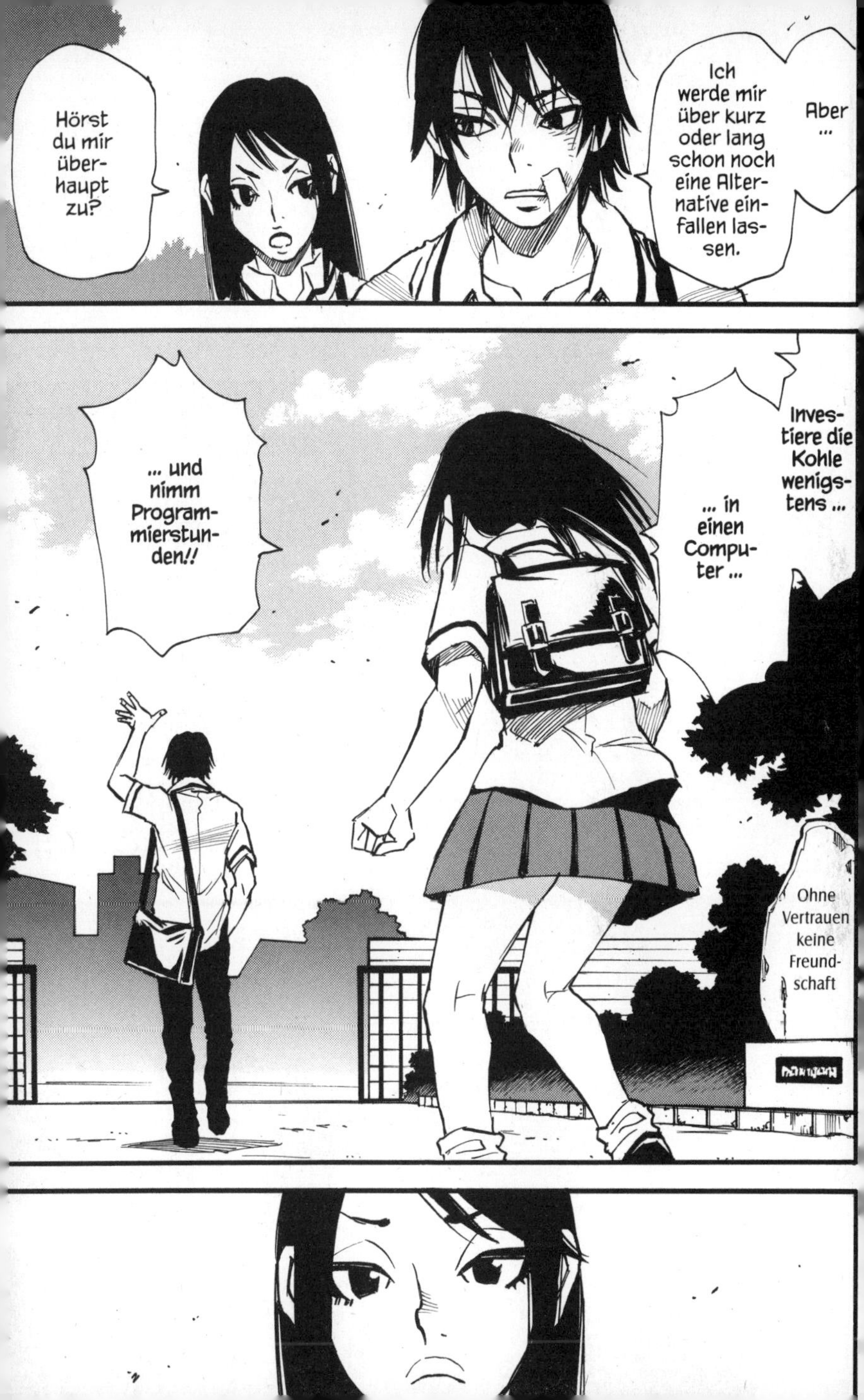

Aber ...

Ich werde mir über kurz oder lang schon noch eine Alternative einfallen lassen.

Hörst du mir überhaupt zu?

Investiere die Kohle wenigstens ...

... in einen Computer ...

... und nimm Programmierstunden!!

Ohne Vertrauen keine Freundschaft

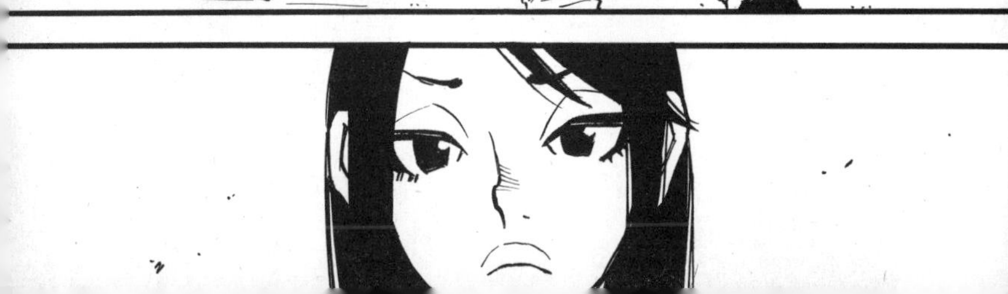

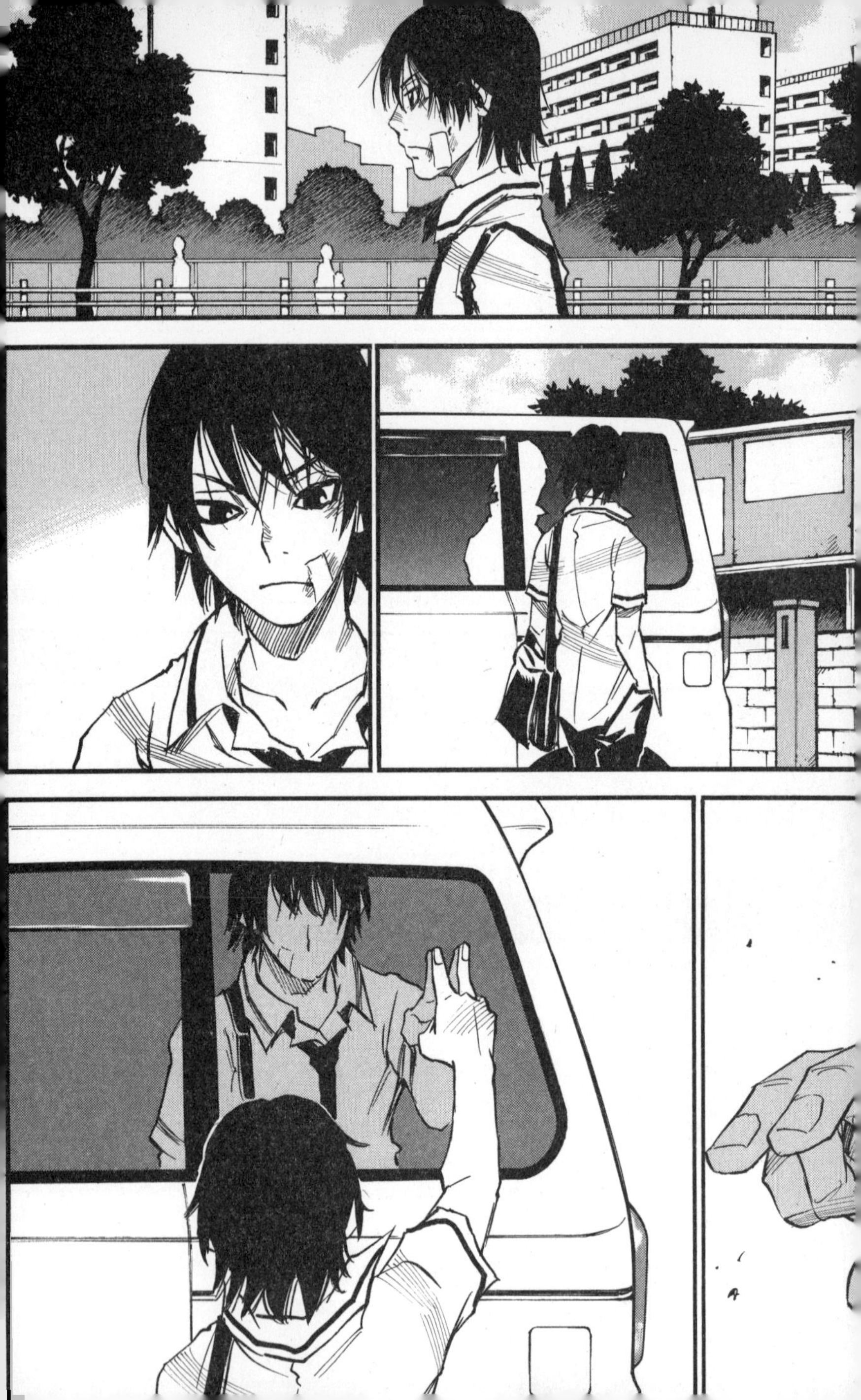

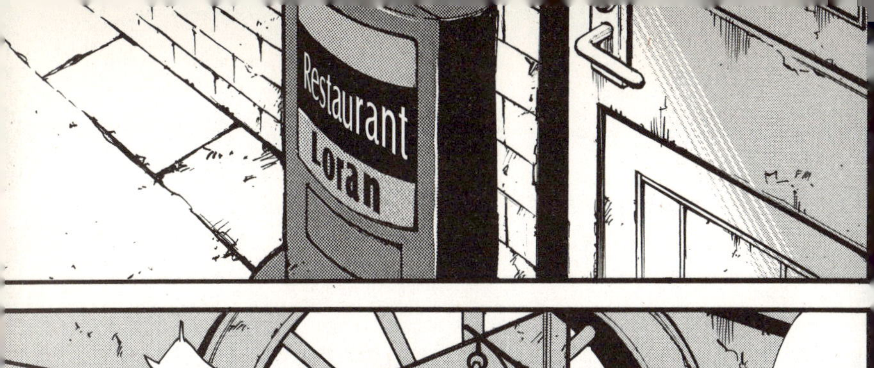

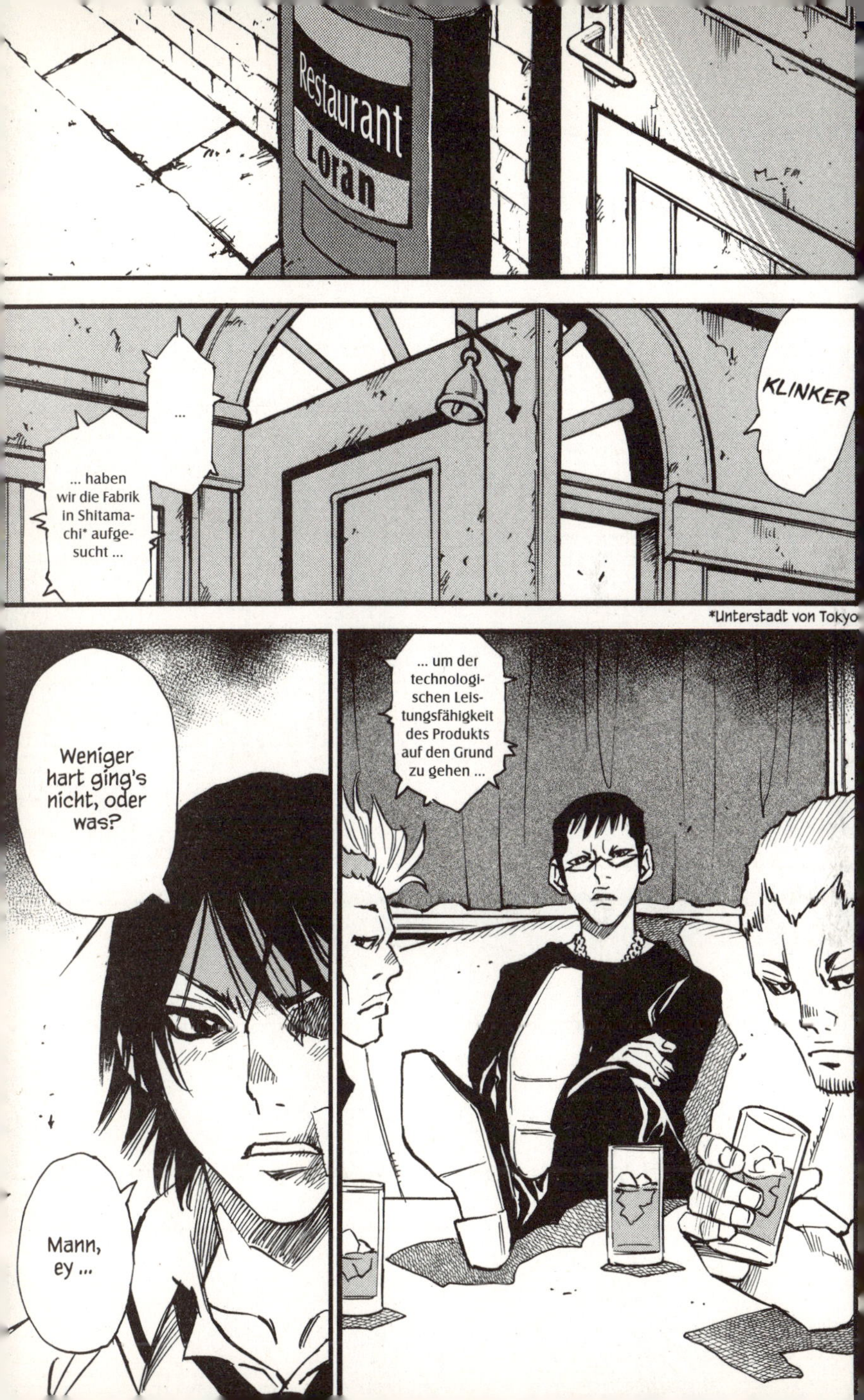

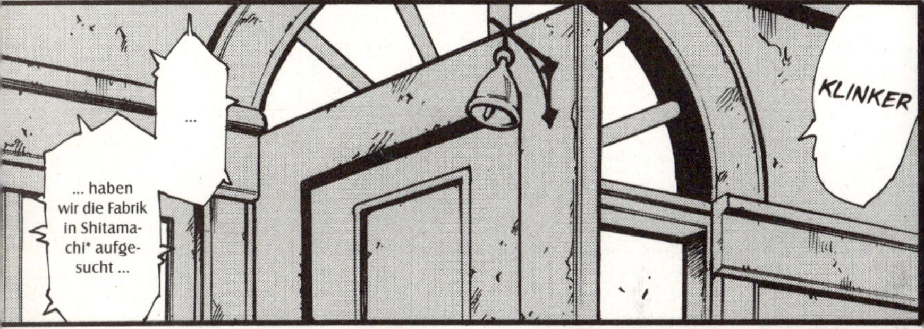

*Unterstadt von Tokyo

... um der technologischen Leistungsfähigkeit des Produkts auf den Grund zu gehen ...

Weniger hart ging's nicht, oder was?

Mann, ey ...

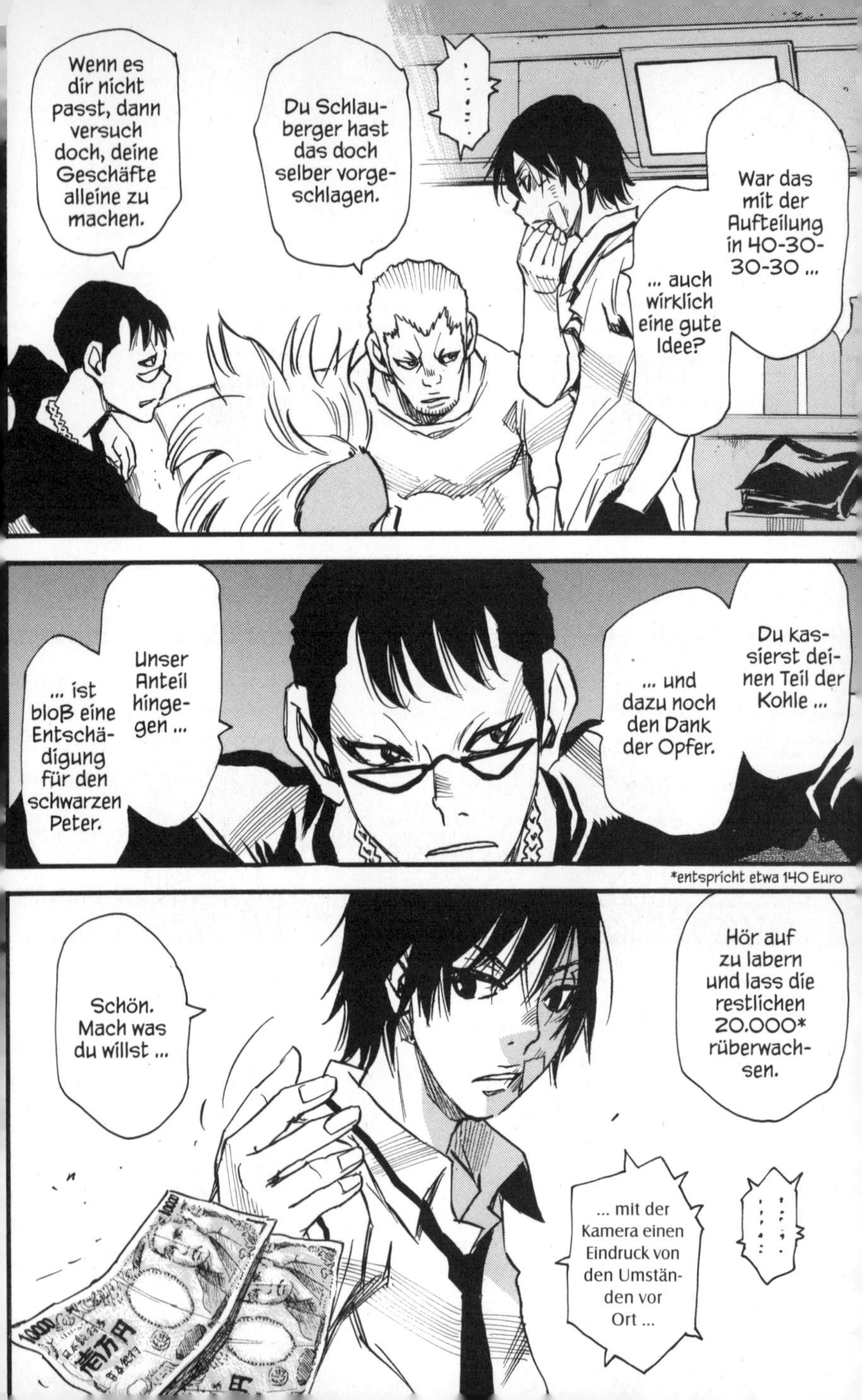

War das mit der Aufteilung in 40-30-30-30 ...
... auch wirklich eine gute Idee?
Du Schlauberger hast das doch selber vorgeschlagen.
Wenn es dir nicht passt, dann versuch doch, deine Geschäfte alleine zu machen.

Du kassierst deinen Teil der Kohle ...
... und dazu noch den Dank der Opfer.
Unser Anteil hingegen ...
... ist bloß eine Entschädigung für den schwarzen Peter.

*entspricht etwa 140 Euro

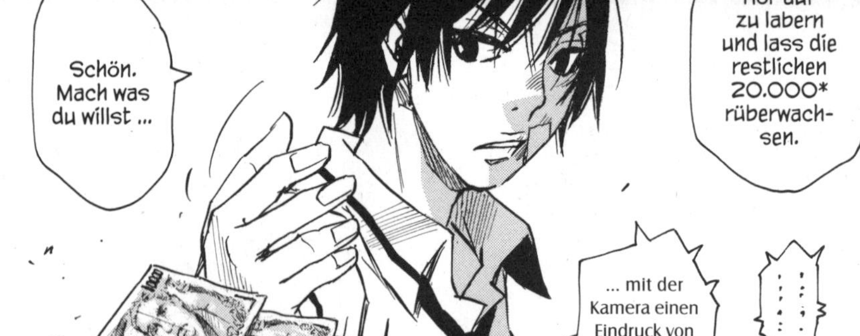

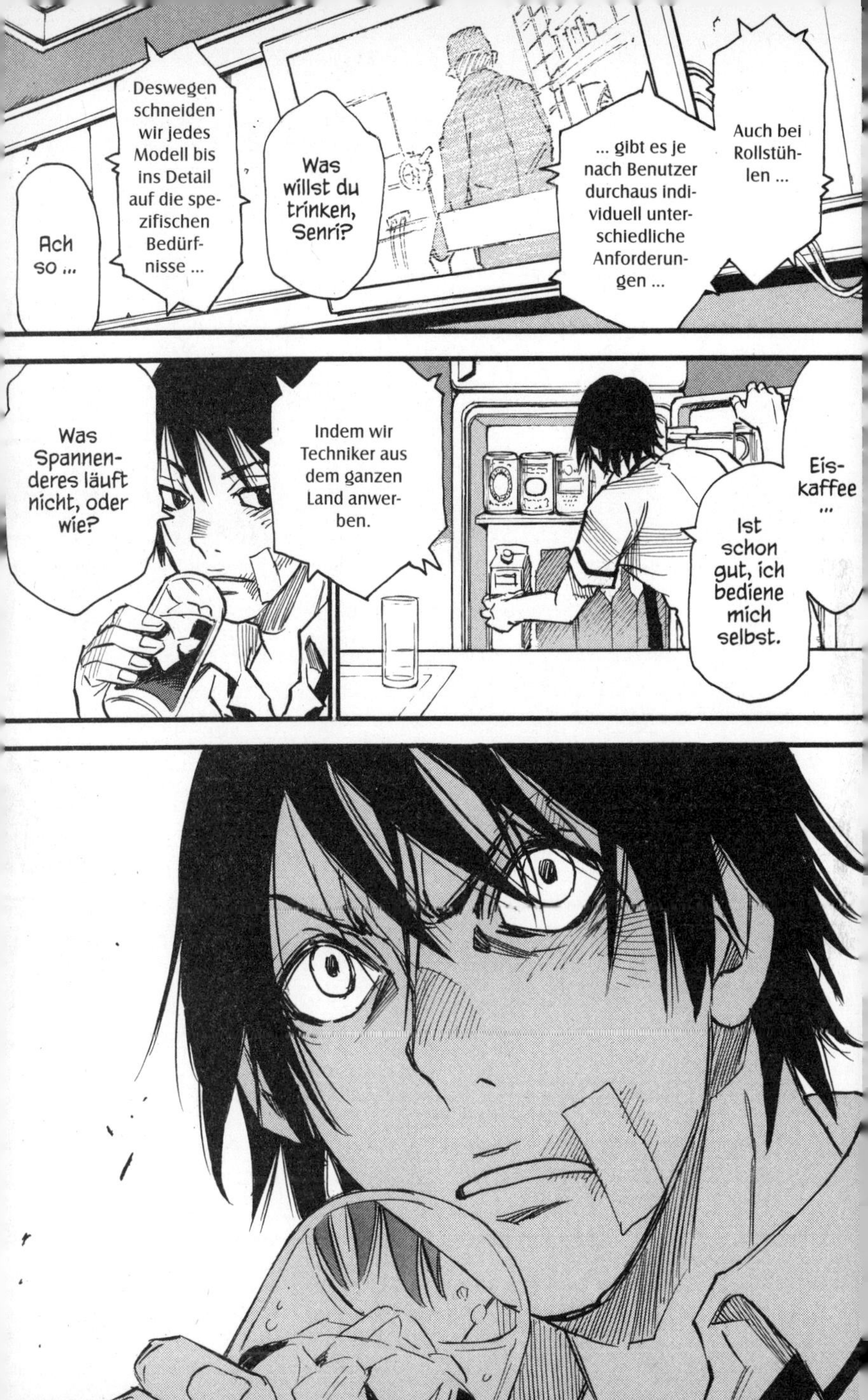

Auch bei Rollstühlen ...
... gibt es je nach Benutzer durchaus individuell unterschiedliche Anforderungen ...
Was willst du trinken, Senri?
Deswegen schneiden wir jedes Modell bis ins Detail auf die spezifischen Bedürfnisse ...
Ach so ...
Eiskaffee ...
Ist schon gut, ich bediene mich selbst.
Indem wir Techniker aus dem ganzen Land anwerben.
Was Spannenderes läuft nicht, oder wie?

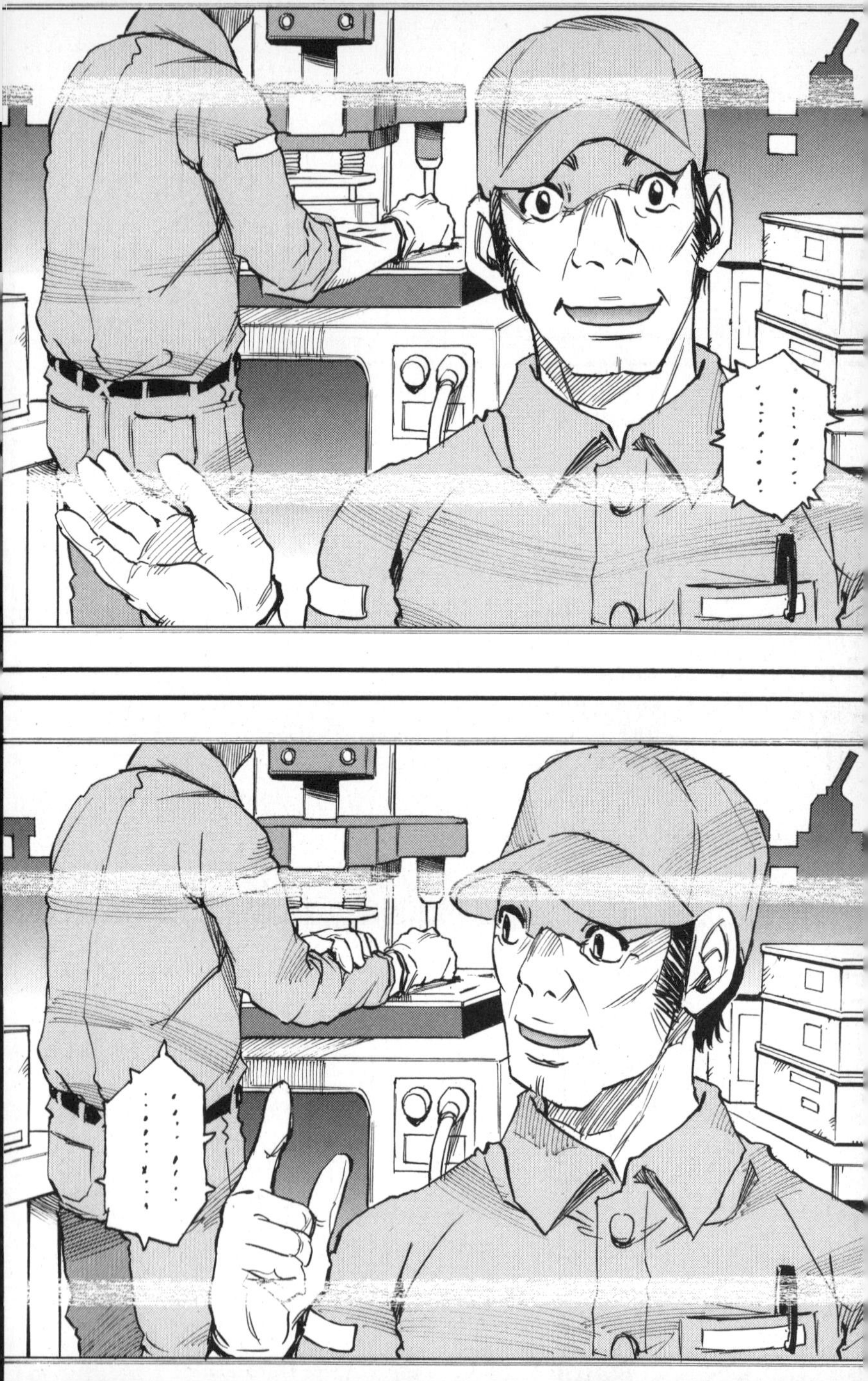

……

……

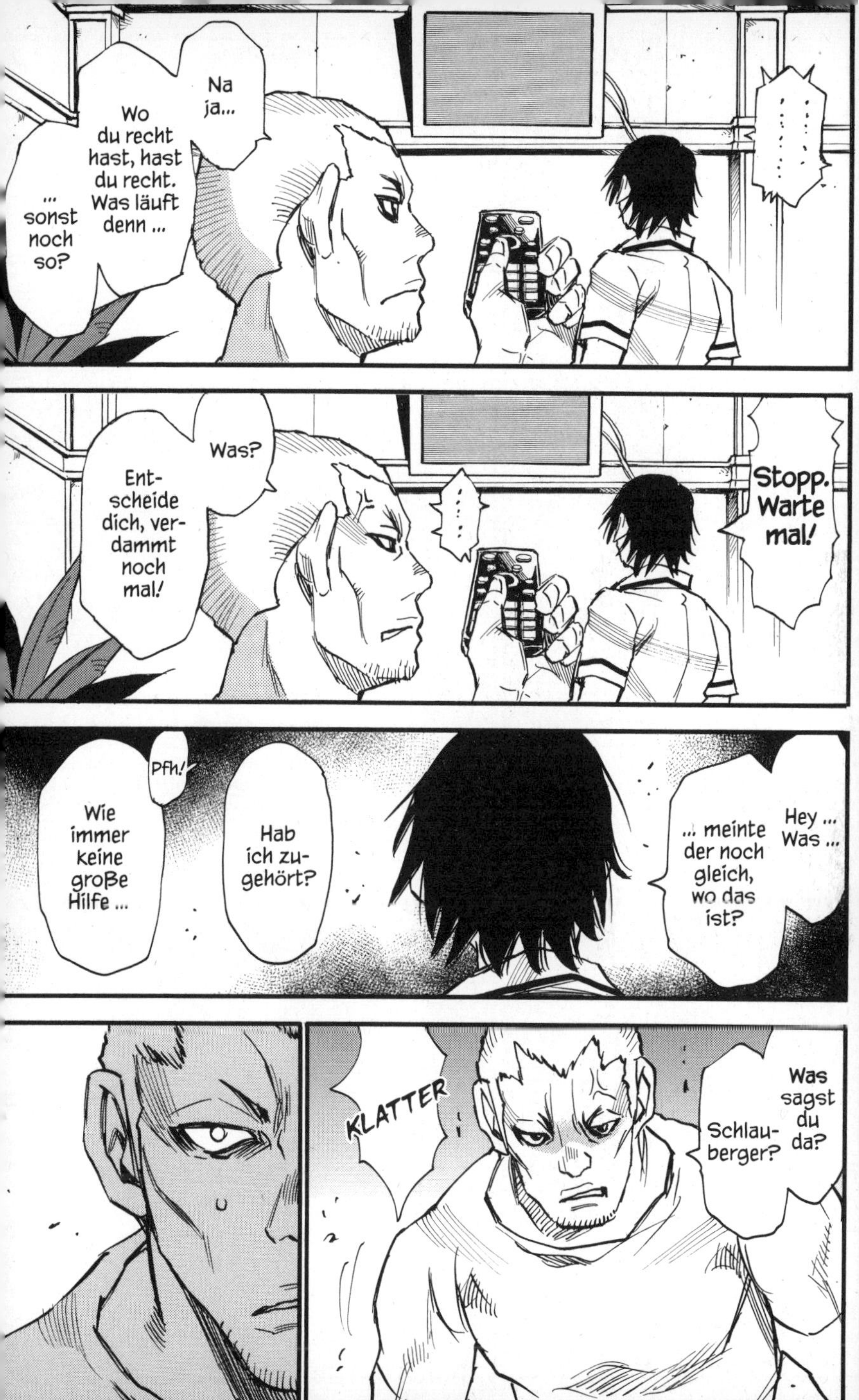

Na ja...
Wo du recht hast, hast du recht. Was läuft denn ...
... sonst noch so?
Stopp. Warte mal!
Was?
Entscheide dich, verdammt noch mal!
Hey ... Was ...
... meinte der noch gleich, wo das ist?
Hab ich zugehört?
Pfh!
Wie immer keine große Hilfe ...
Was sagst du da?
Schlauberger?
KLATTER

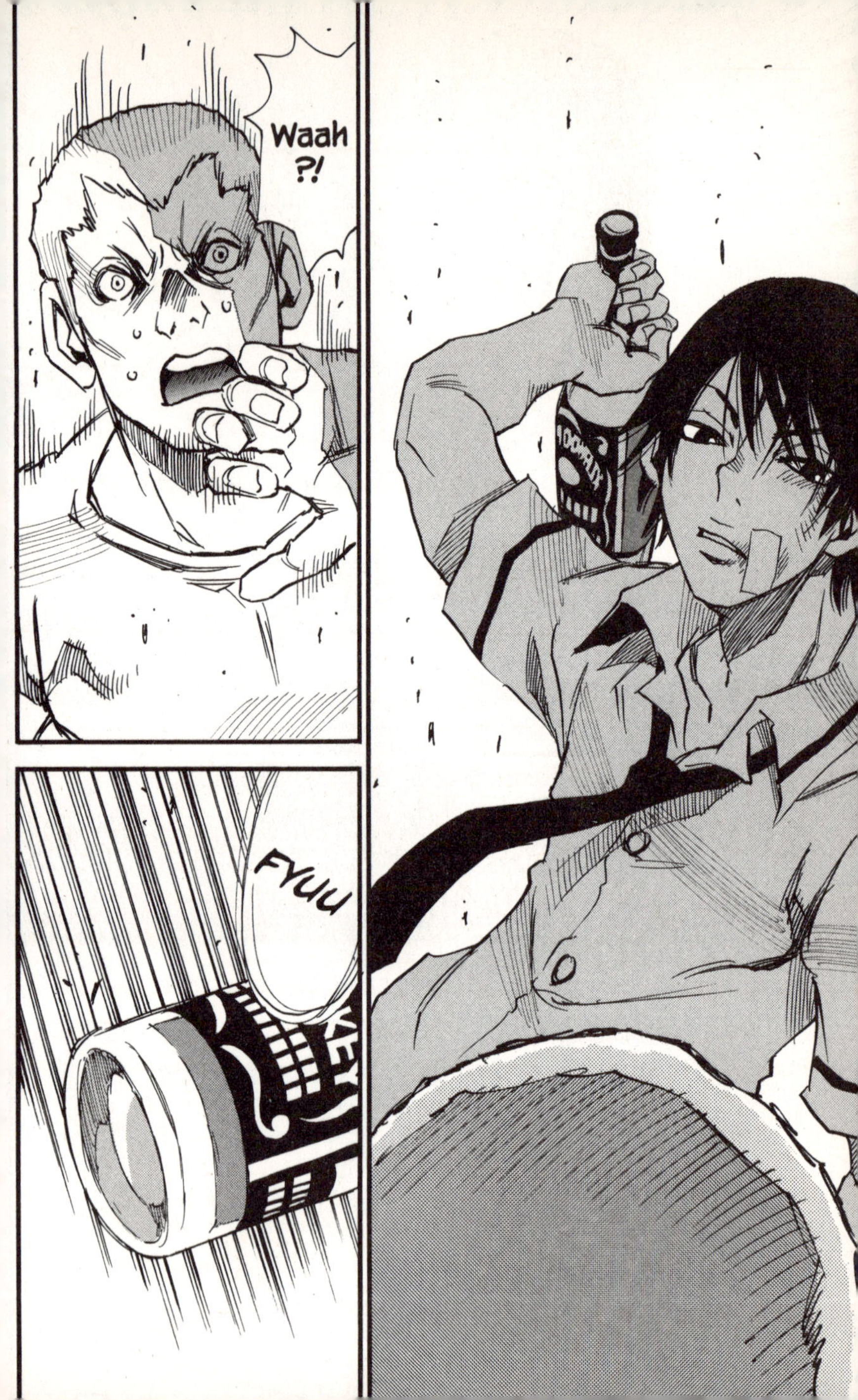
Waah ?!
FYUU

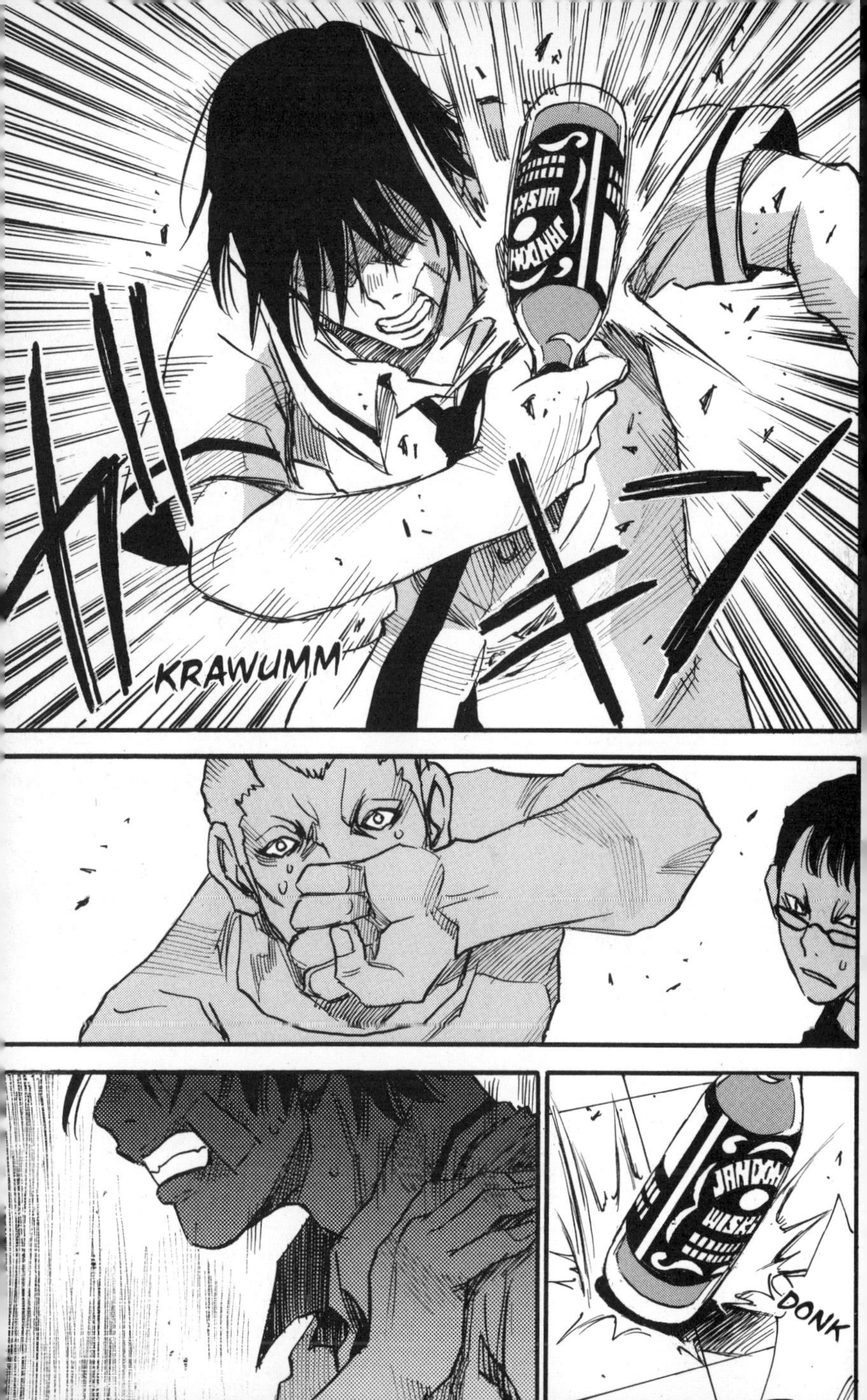
KRAWUMM
DONK

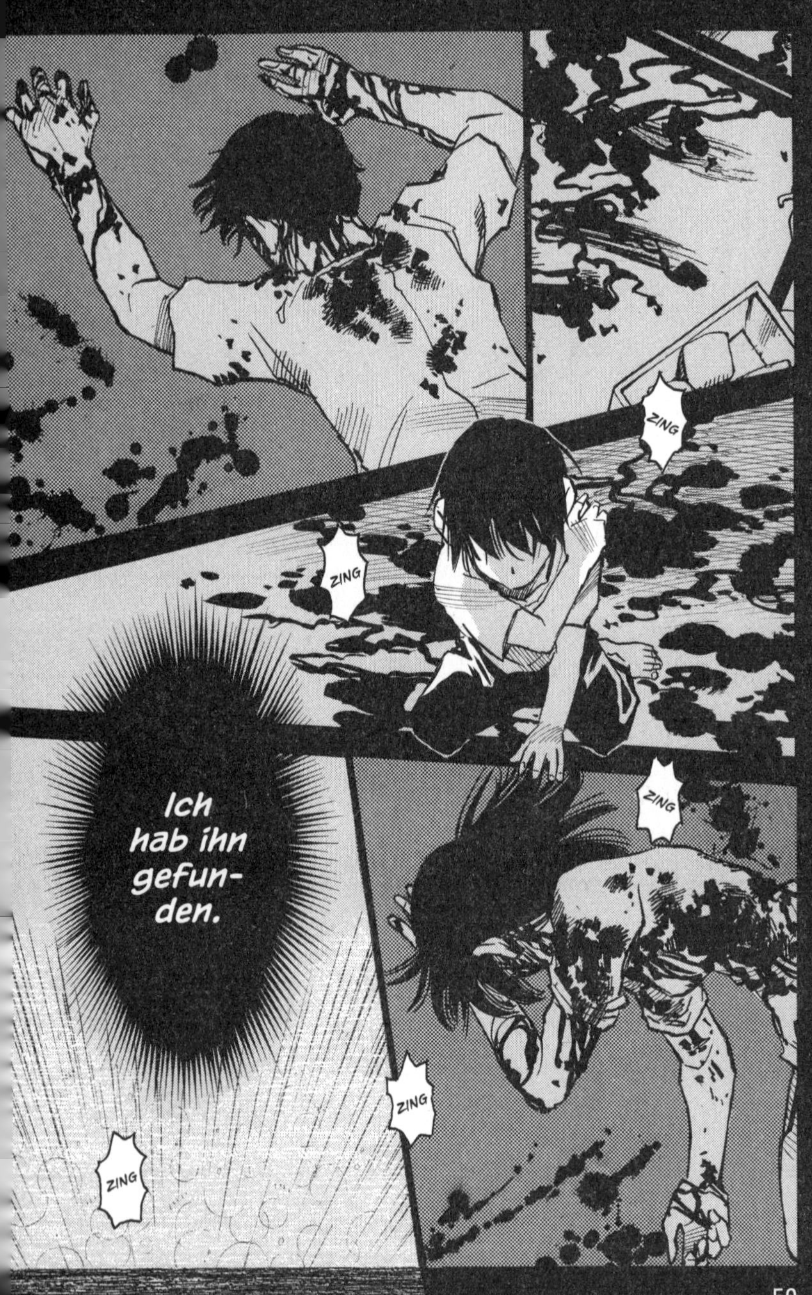
ZING
ZING
ZING
Ich hab ihn gefunden.
ZING
ZING

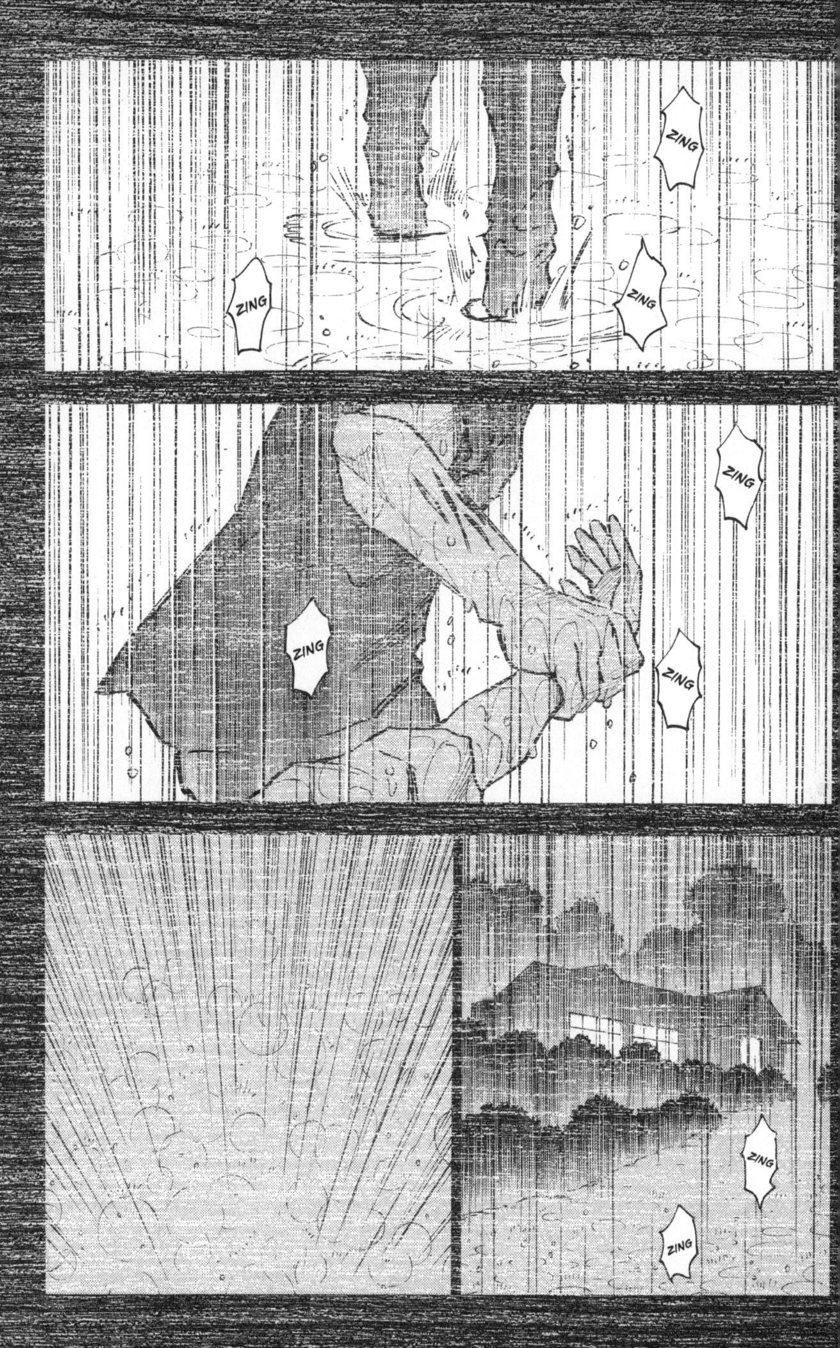
ZING
ZING
ZING
ZING
ZING
ZING
ZING
ZING

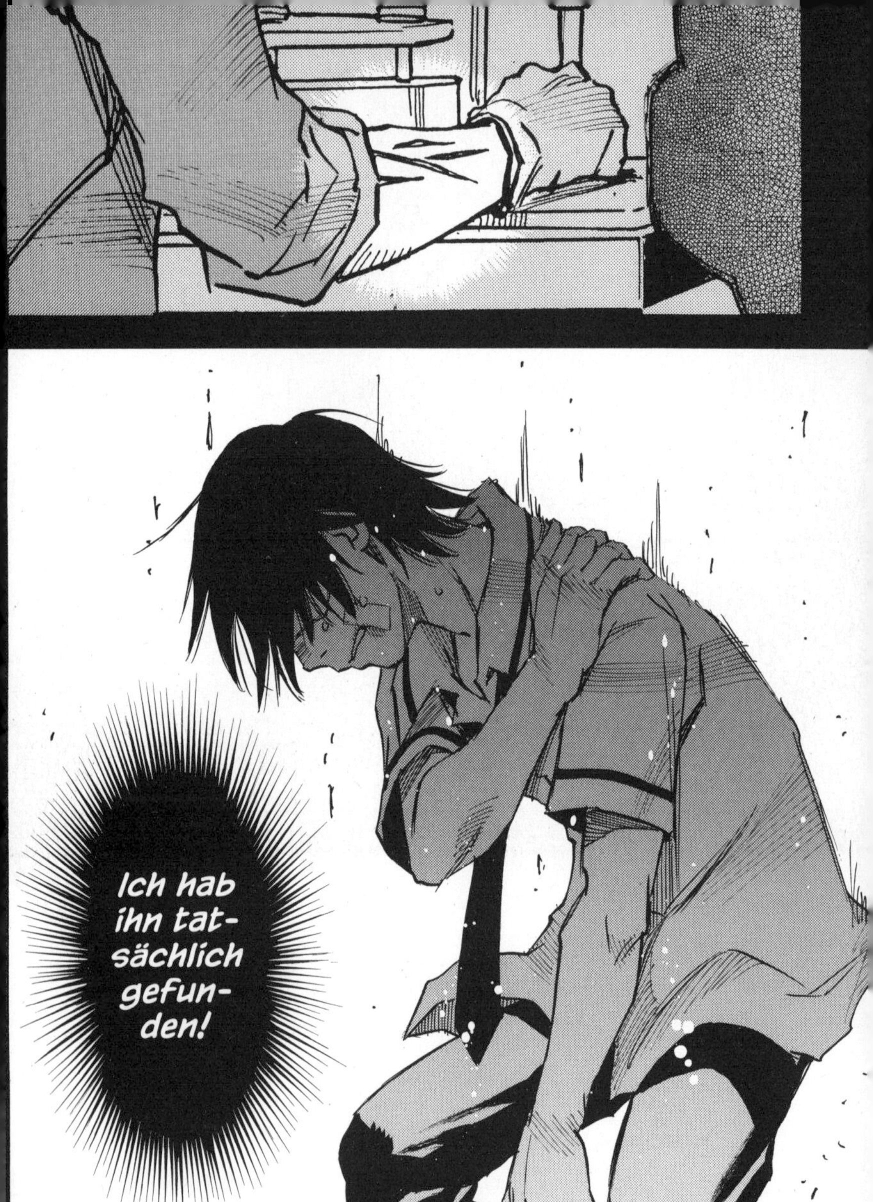
Ich hab ihn tat-sächlich gefun-den!

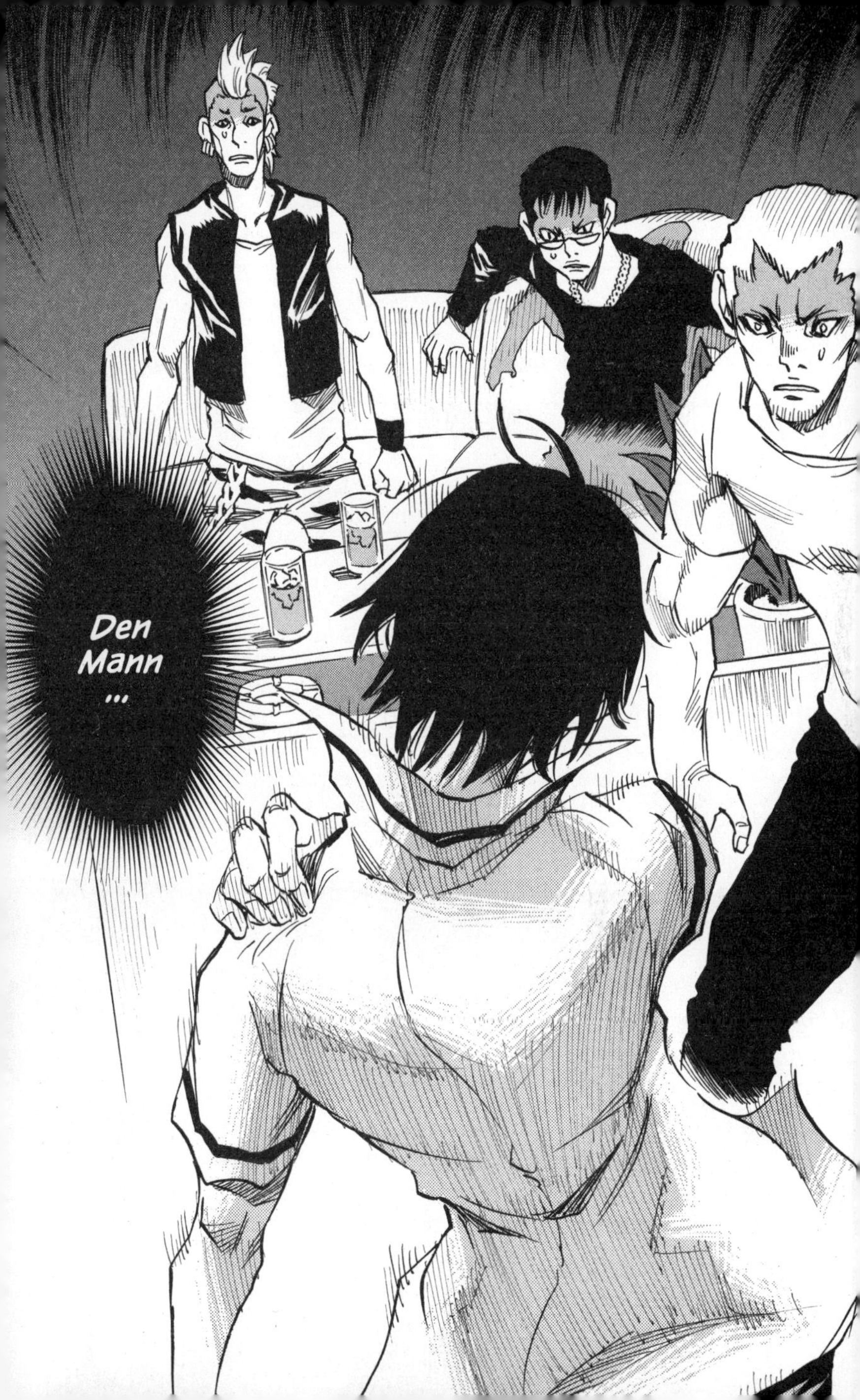
Den Mann ...

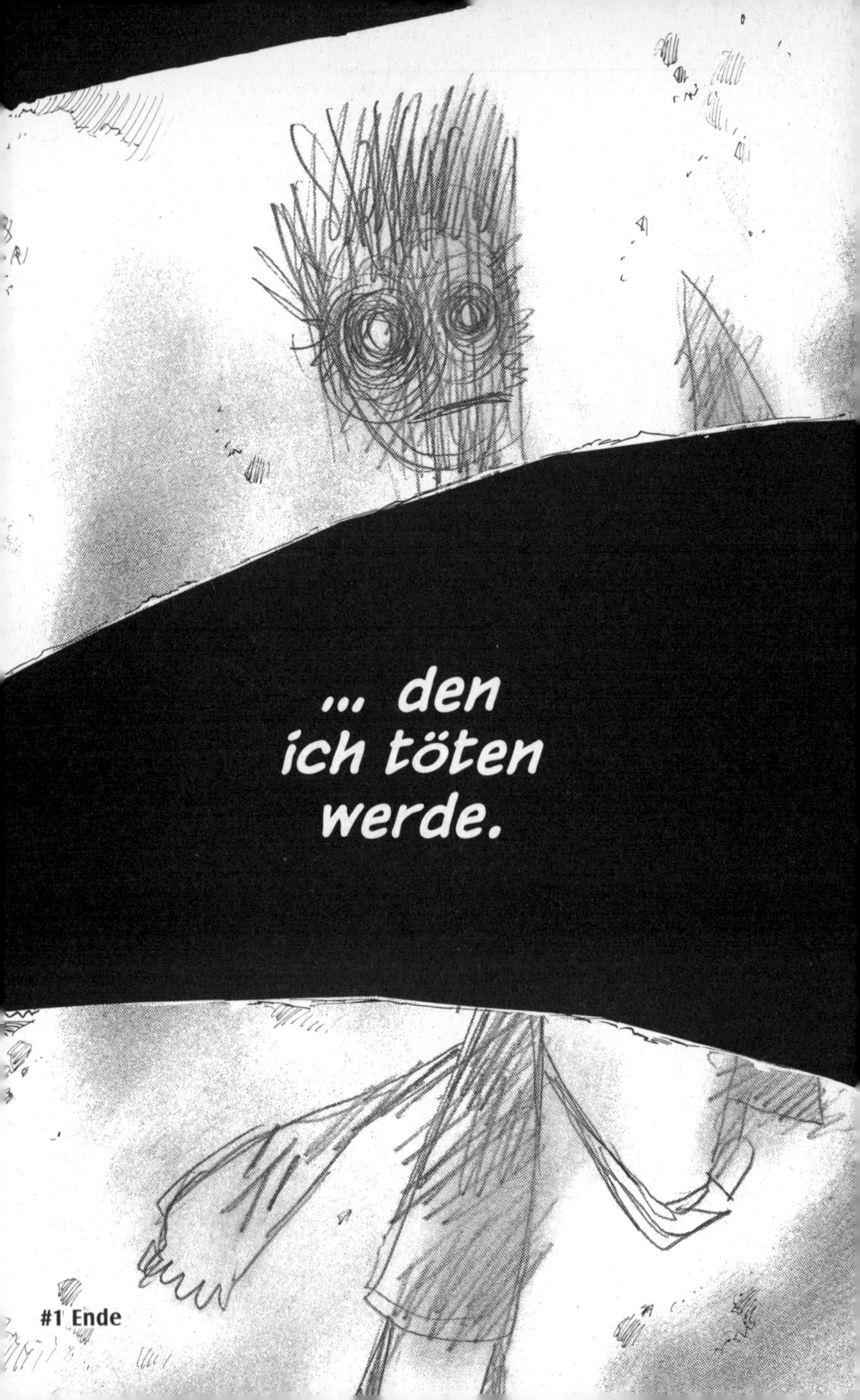
... den
ich töten
werde.
#1 Ende

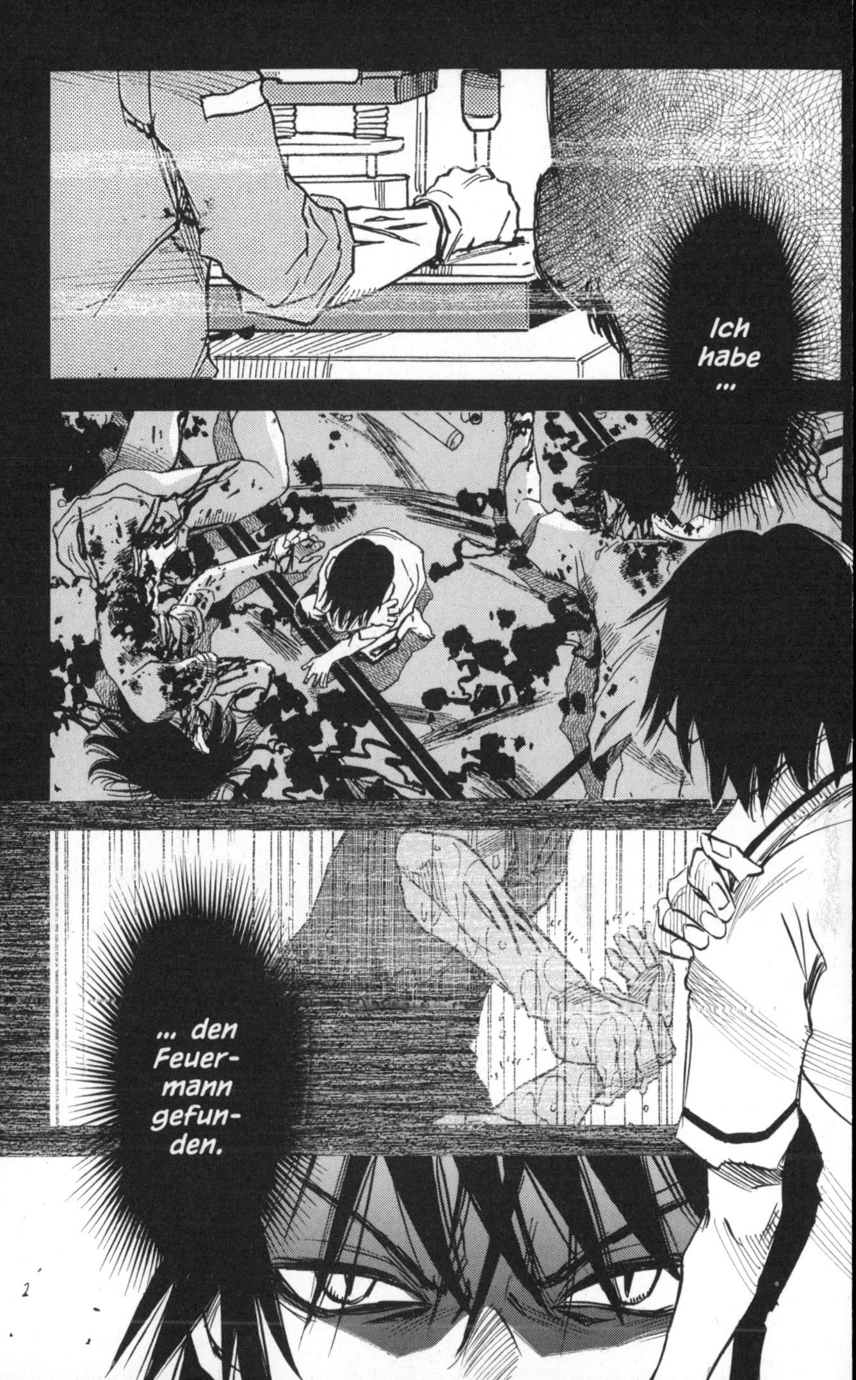
Ich habe ...
... den Feuermann gefunden.

#2 Ihm auf der Spur

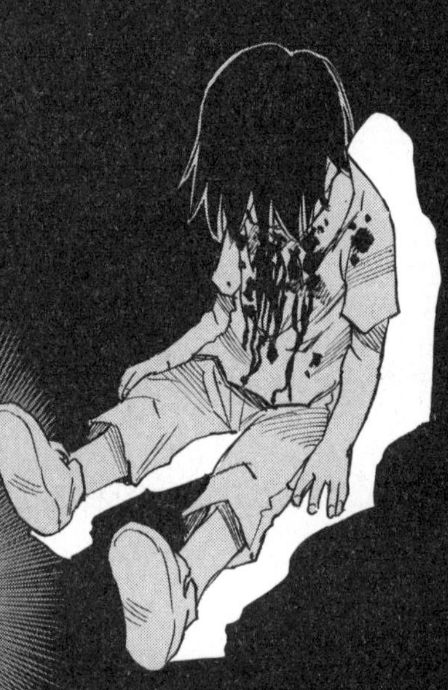

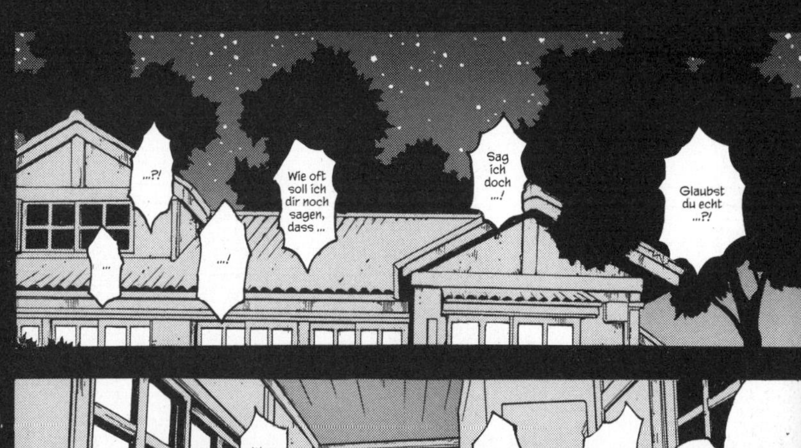
Glaubst du echt ...?!
Sag ich doch ...!
Wie oft soll ich dir noch sagen, dass ...
...?!
...!
...

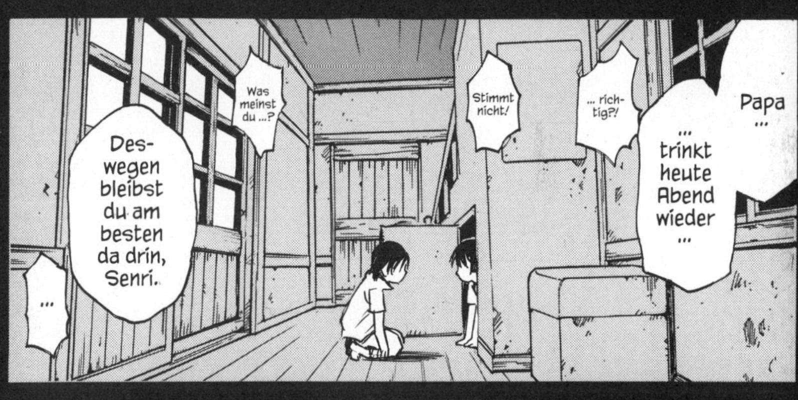
Papa ...
... trinkt heute Abend wieder ...
... richtig?!
Stimmt nicht!
Was meinst du ...?
Deswegen bleibst du am besten da drin, Senri.
...

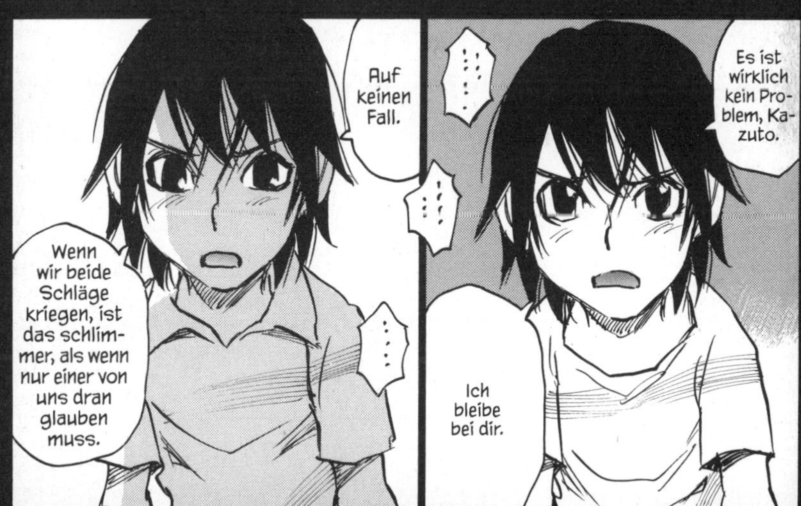
Es ist wirklich kein Problem, Kazuto.
Ich bleibe bei dir.
Auf keinen Fall.
Wenn wir beide Schläge kriegen, ist das schlimmer, als wenn nur einer von uns dran glauben muss.

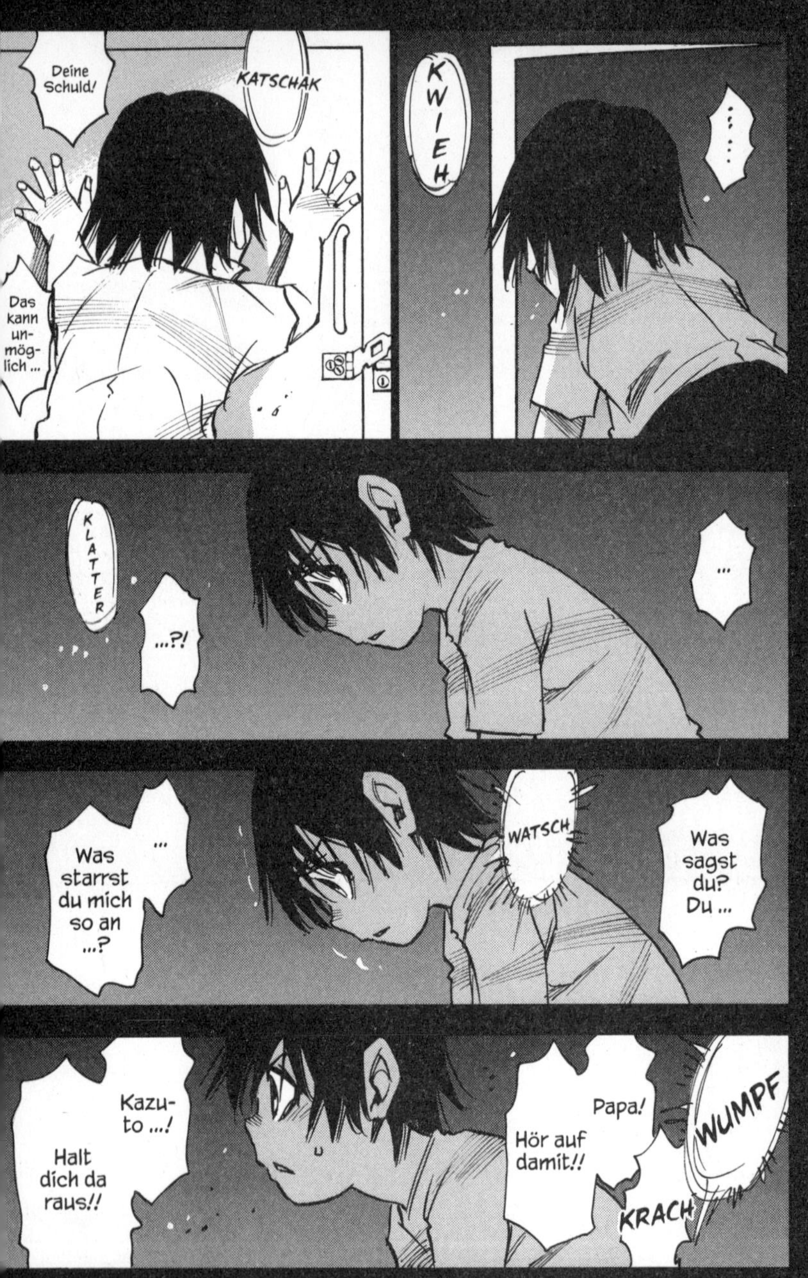
KWIEH
......
Deine Schuld!
KATSCHAK
Das kann unmöglich ...
...
KLATTER
...?!
Was sagst du? Du ...
WATSCH
...
Was starrst du mich so an ...?
WUMPF
Papa!
Hör auf damit!!
KRACH
Kazuto ...!
Halt dich da raus!!

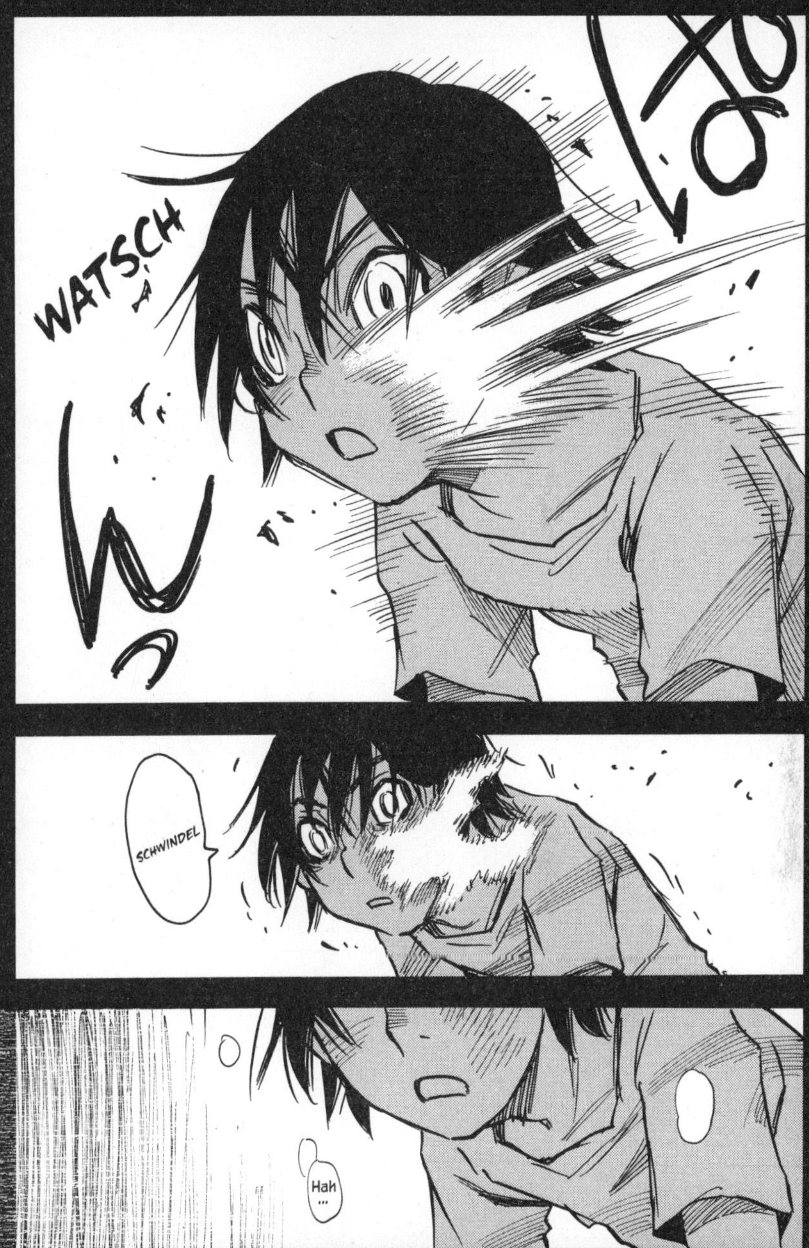
WATSCH
SCHWINDEL
Hah …

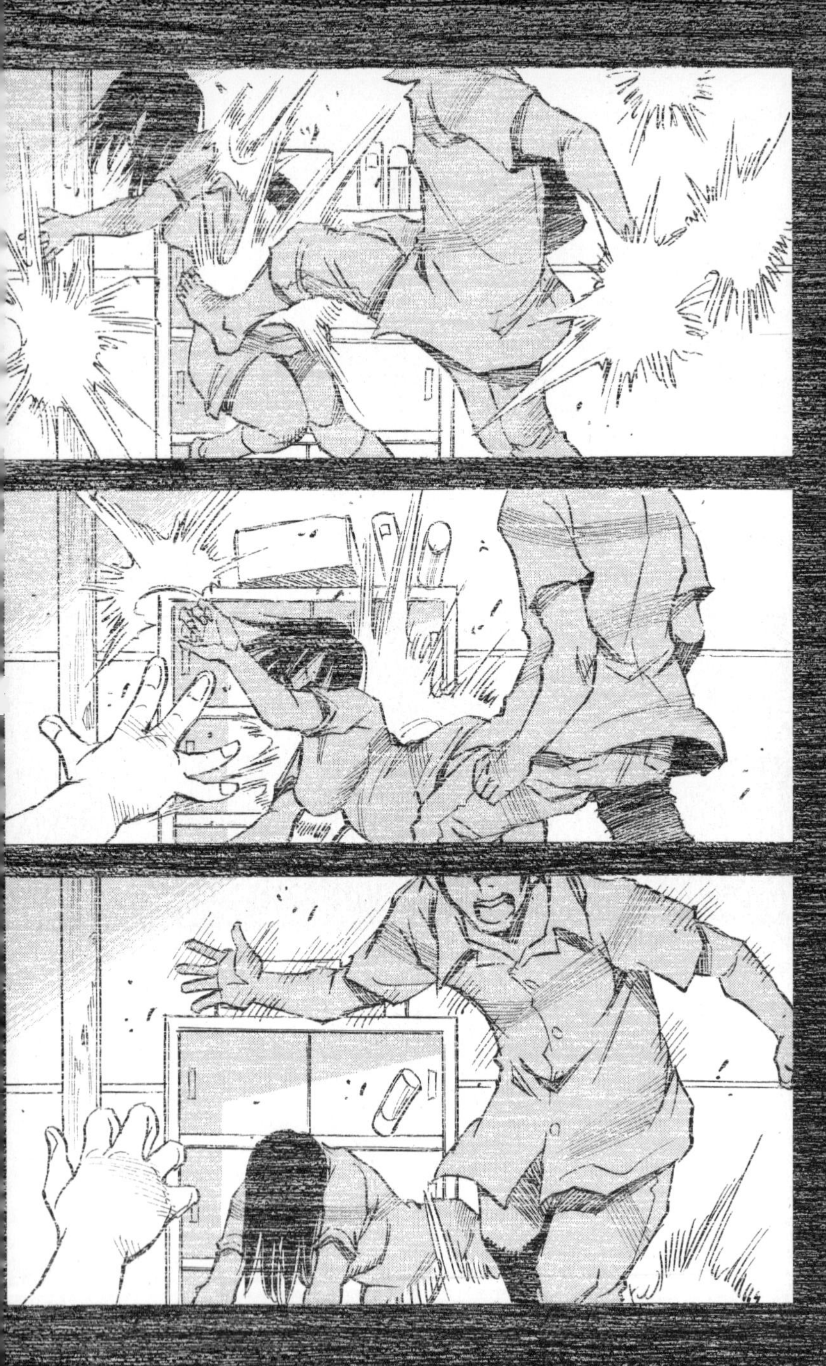

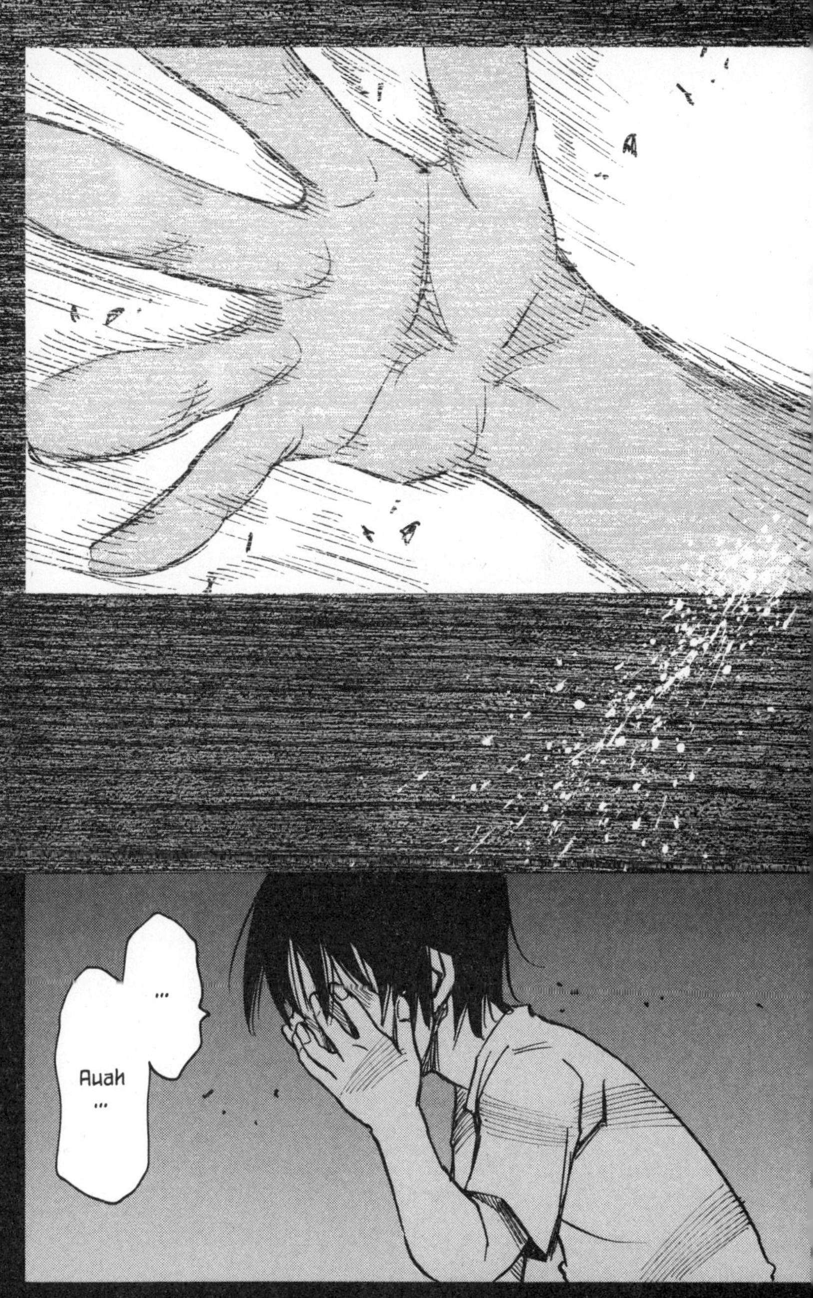
...
Auah
...

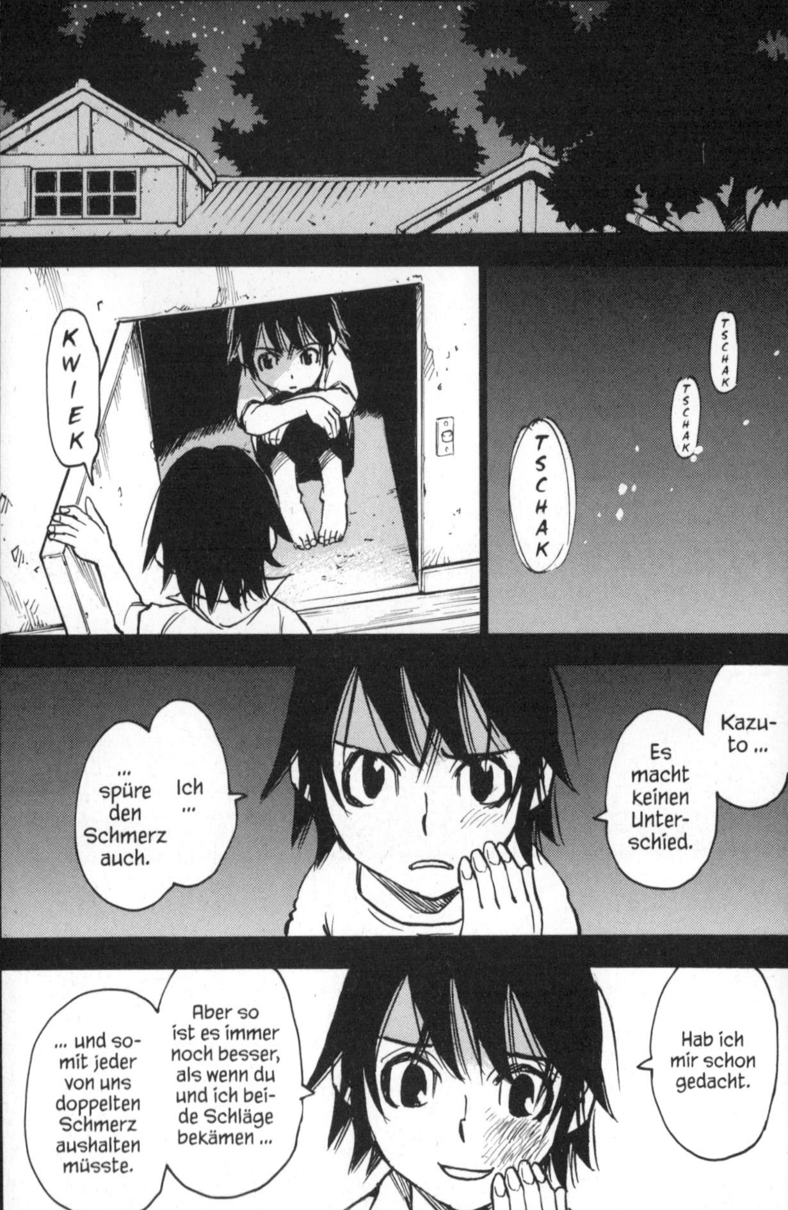

TSCHAK
TSCHAK
TSCHAK
KWIEK

Kazuto ...
Es macht keinen Unterschied.

Ich ...
... spüre den Schmerz auch.

Hab ich mir schon gedacht.

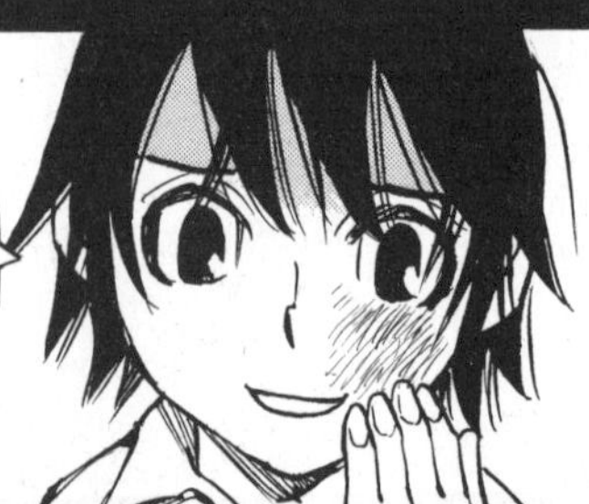

Aber so ist es immer noch besser, als wenn du und ich beide Schläge bekämen ...

... und somit jeder von uns doppelten Schmerz aushalten müsste.

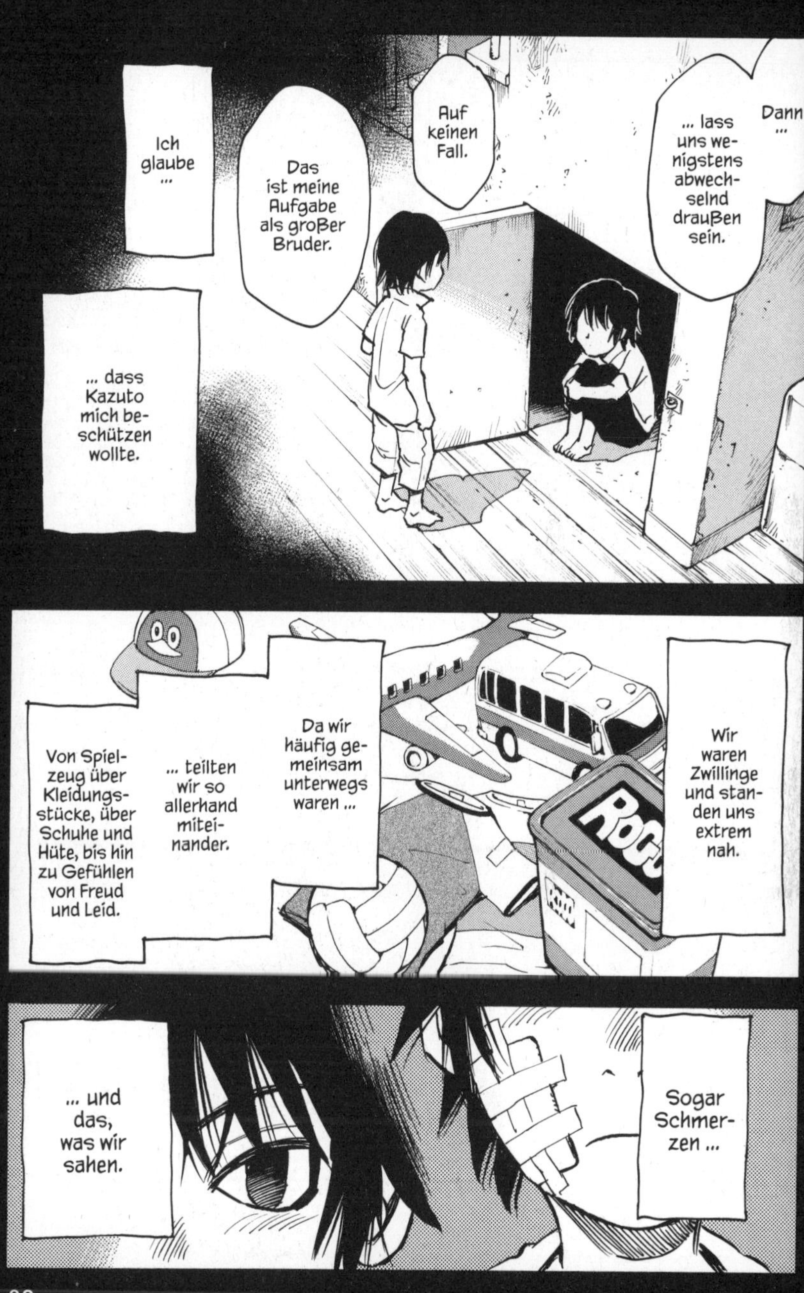
Dann ...
... lass uns wenigstens abwechselnd draußen sein.
Auf keinen Fall.
Das ist meine Aufgabe als großer Bruder.
Ich glaube ...
... dass Kazuto mich beschützen wollte.
Wir waren Zwillinge und standen uns extrem nah.
Da wir häufig gemeinsam unterwegs waren ...
... teilten wir so allerhand miteinander.
Von Spielzeug über Kleidungsstücke, über Schuhe und Hüte, bis hin zu Gefühlen von Freud und Leid.
Sogar Schmerzen ...
... und das, was wir sahen.

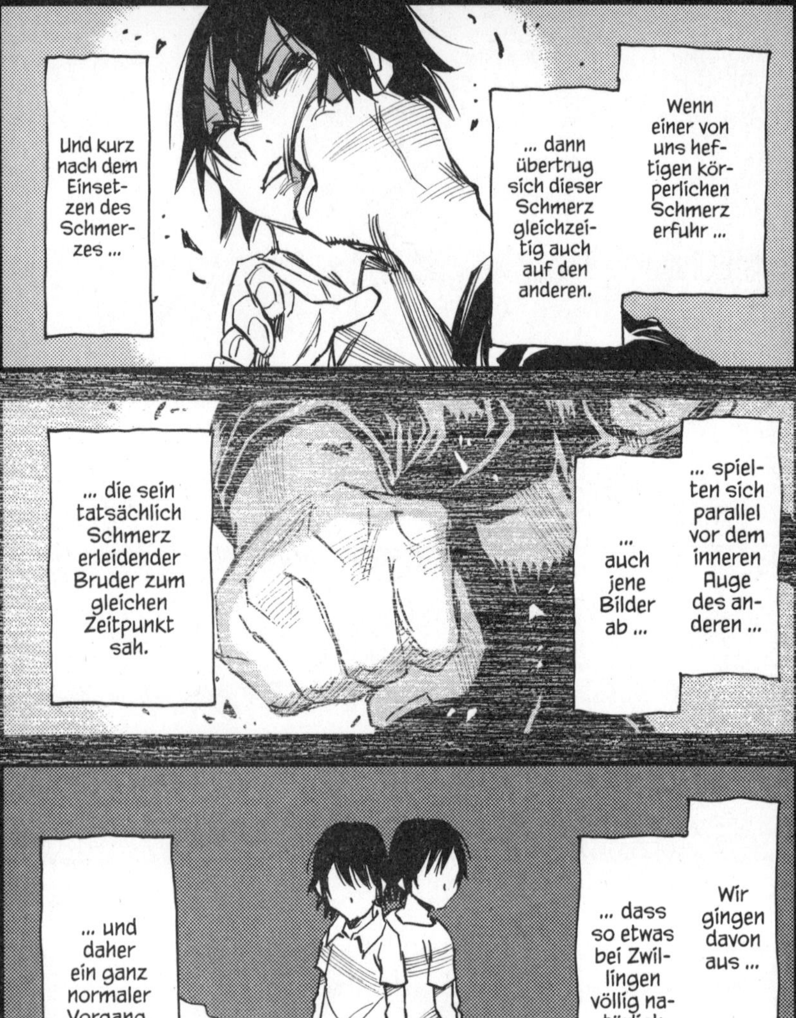

Wenn einer von uns heftigen körperlichen Schmerz erfuhr ...

... dann übertrug sich dieser Schmerz gleichzeitig auch auf den anderen.

Und kurz nach dem Einsetzen des Schmerzes ...

... spielten sich parallel vor dem inneren Auge des anderen ...

... auch jene Bilder ab ...

... die sein tatsächlich Schmerz erleidender Bruder zum gleichen Zeitpunkt sah.

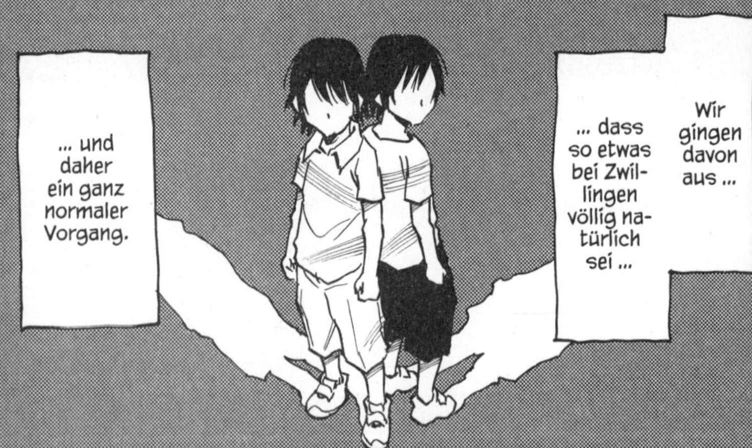

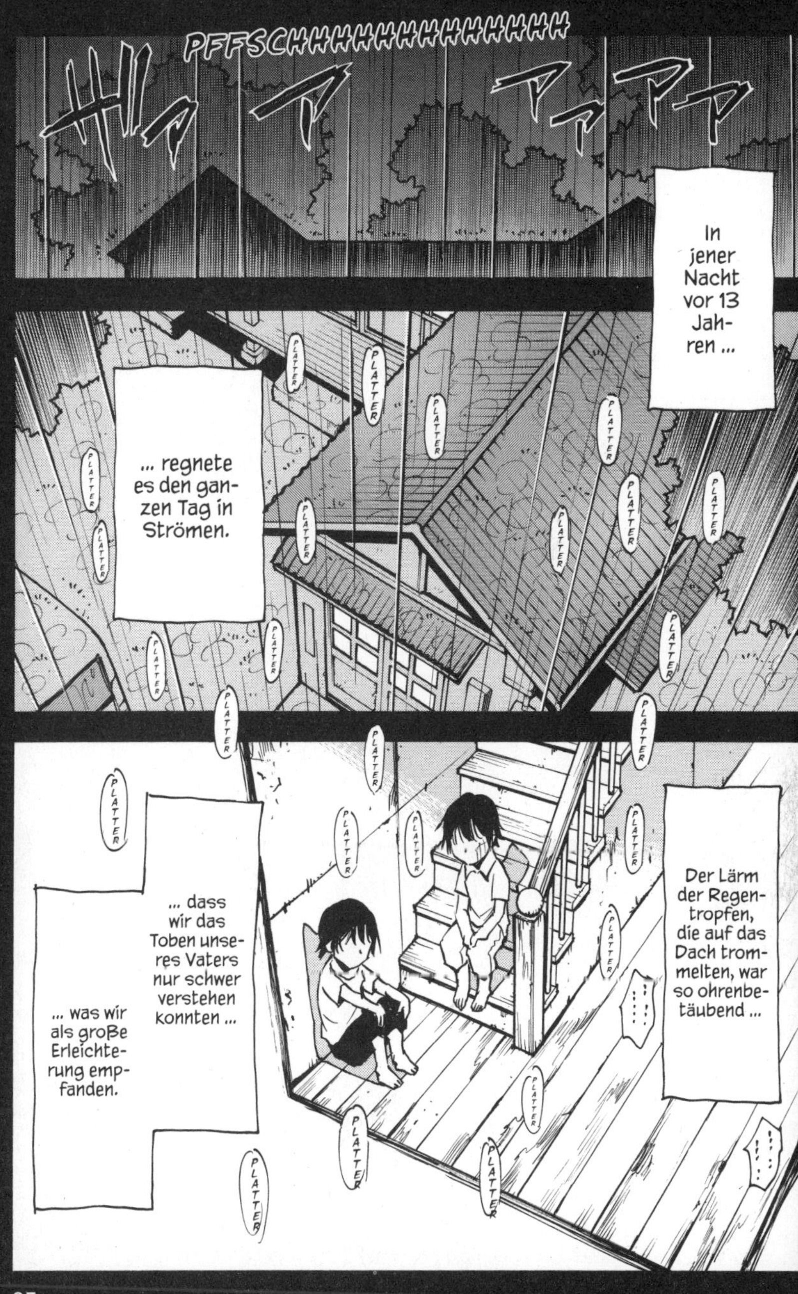
PFFSCHHHHHHHHHHHHH
In jener Nacht vor 13 Jahren ...
... regnete es den ganzen Tag in Strömen.
PLATTER
Der Lärm der Regentropfen, die auf das Dach trommelten, war so ohrenbetäubend ...
... dass wir das Toben unseres Vaters nur schwer verstehen konnten ...
... was wir als große Erleichterung empfanden.

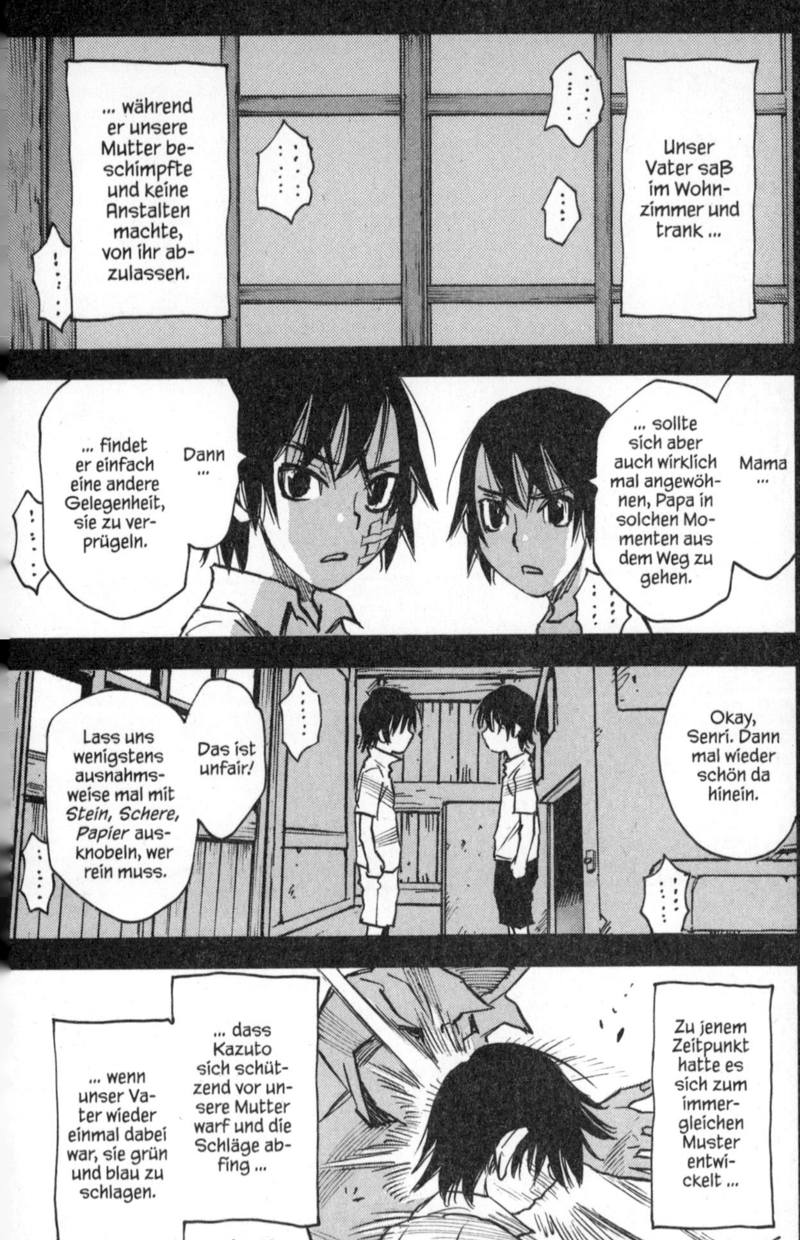
Unser Vater saß im Wohnzimmer und trank ...
... während er unsere Mutter beschimpfte und keine Anstalten machte, von ihr abzulassen.
Mama ...
... sollte sich aber auch wirklich mal angewöhnen, Papa in solchen Momenten aus dem Weg zu gehen.
Dann ...
... findet er einfach eine andere Gelegenheit, sie zu verprügeln.
Okay, Senri. Dann mal wieder schön da hinein.
Das ist unfair!
Lass uns wenigstens ausnahmsweise mal mit *Stein, Schere, Papier* ausknobeln, wer rein muss.
Zu jenem Zeitpunkt hatte es sich zum immergleichen Muster entwickelt ...
... dass Kazuto sich schützend vor unsere Mutter warf und die Schläge abfing ...
... wenn unser Vater wieder einmal dabei war, sie grün und blau zu schlagen.

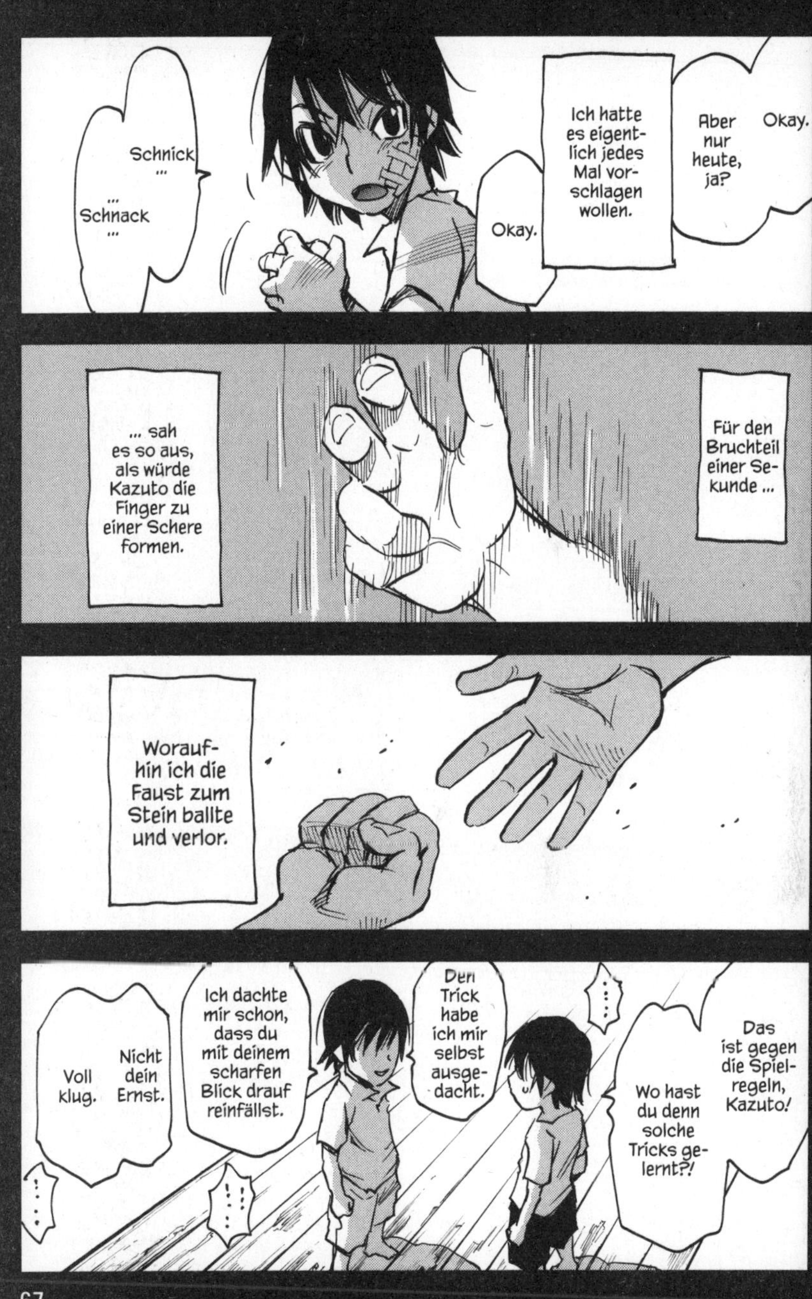

Okay.
Aber nur heute, ja?
Ich hatte es eigentlich jedes Mal vorschlagen wollen.
Okay.
Schnick ... ... Schnack ...
Für den Bruchteil einer Sekunde ...
... sah es so aus, als würde Kazuto die Finger zu einer Schere formen.
Woraufhin ich die Faust zum Stein ballte und verlor.
Das ist gegen die Spielregeln, Kazuto!
Wo hast du denn solche Tricks gelernt?!
.....
Den Trick habe ich mir selbst ausgedacht.
Ich dachte mir schon, dass du mit deinem scharfen Blick drauf reinfällst.
Nicht dein Ernst.
Voll klug.
!....
.....

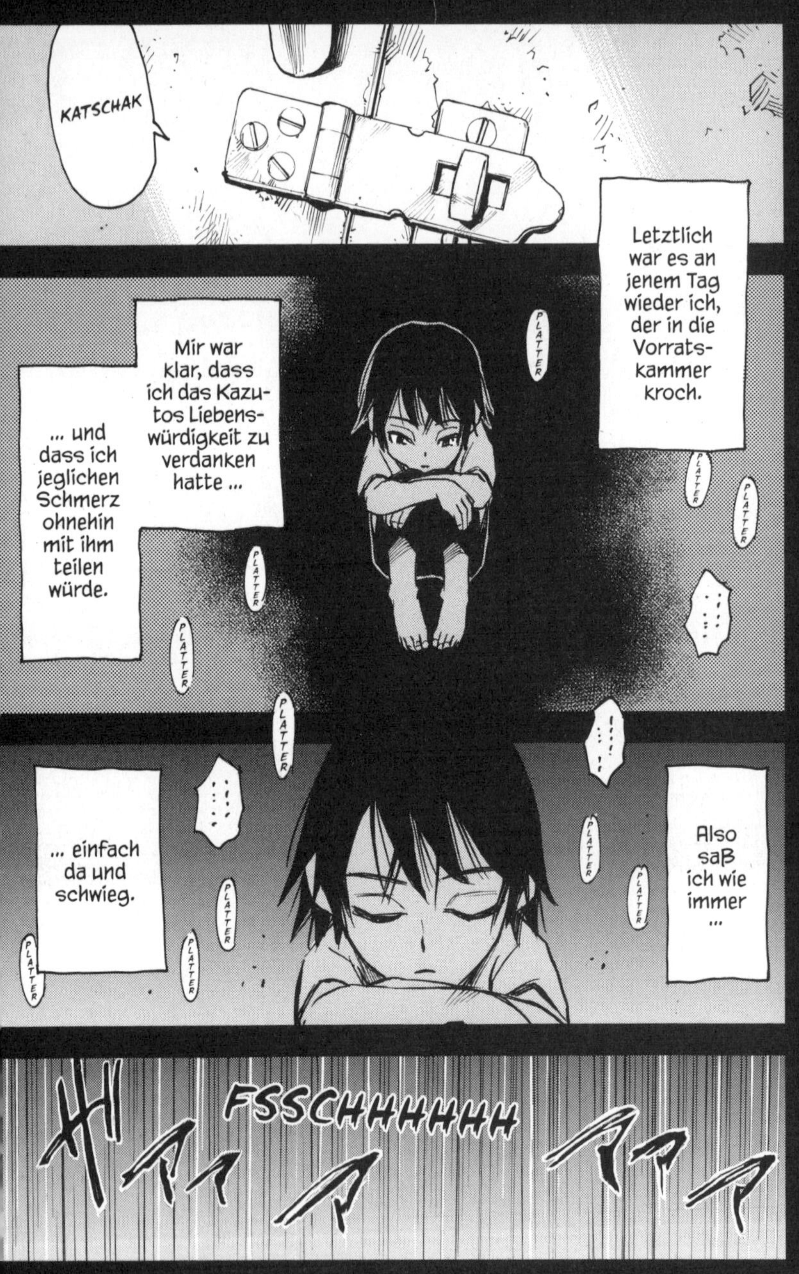
KATSCHAK
Letztlich war es an jenem Tag wieder ich, der in die Vorrats-kammer kroch.
Mir war klar, dass ich das Kazu-tos Liebens-würdigkeit zu verdanken hatte ...
... und dass ich jeglichen Schmerz ohnehin mit ihm teilen würde.
PLATTER
PLATTER
PLATTER
...
PLATTER
PLATTER
PLATTER
...
Also saß ich wie immer ...
... einfach da und schwieg.
...
PLATTER
PLATTER
PLATTER
PLATTER
PLATTER
FSSCHHHHHH

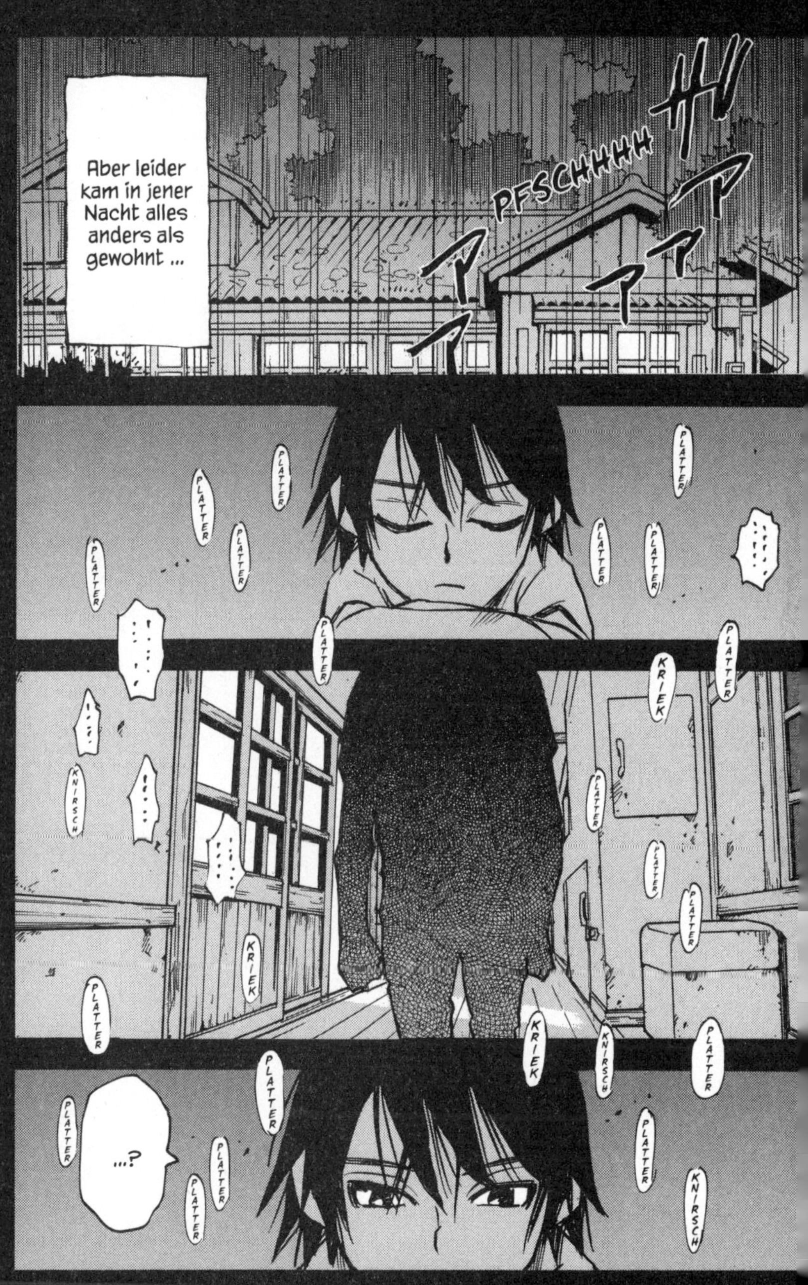
Aber leider kam in jener Nacht alles anders als gewohnt ...
PFSCHHHH
PLATTER
PLATTER
PLATTER
PLATTER
PLATTER
PLATTER
PLATTER
PLATTER
PLATTER
KRIEK
PLATTER
PLATTER
PLATTER
KRIEK
KNIRSCH
PLATTER
KNIRSCH
KRIEK
PLATTER
PLATTER
KNIRSCH
PLATTER
PLATTER
PLATTER
PLATTER
...?

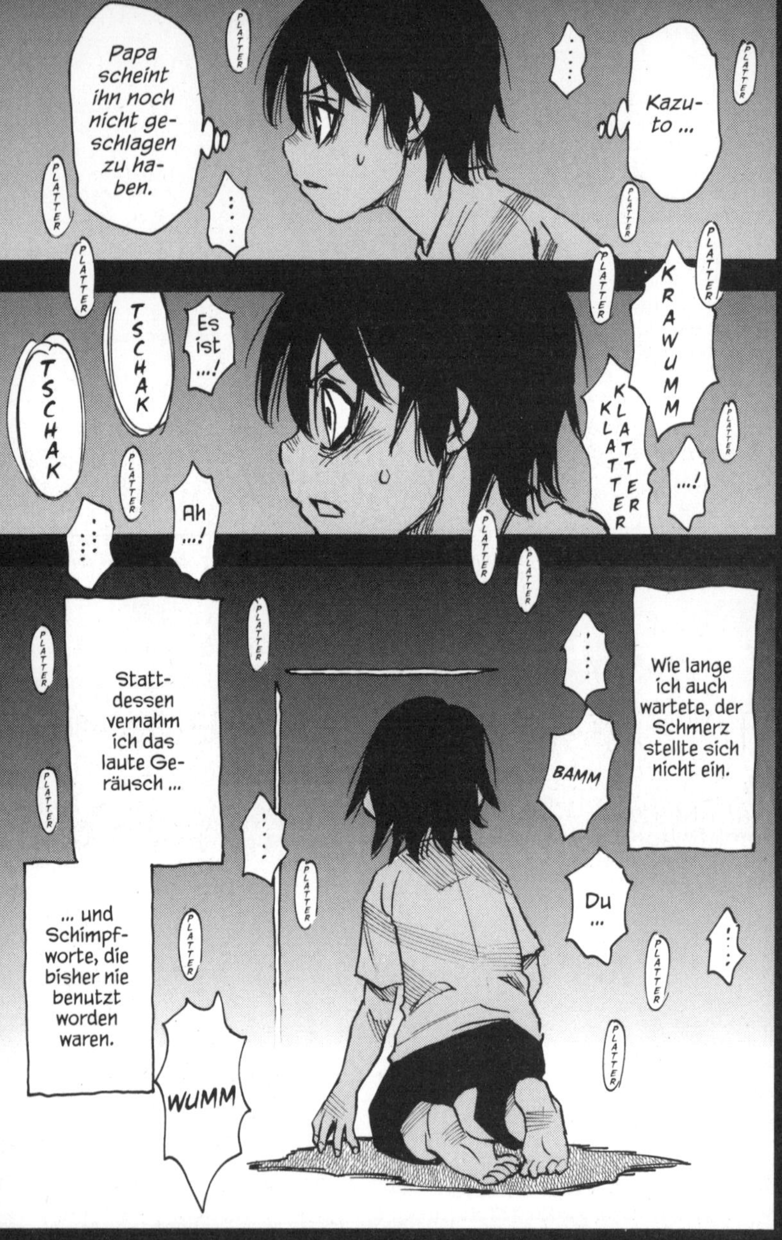
PLATTER
Kazu-to ...
...
Papa scheint ihn noch nicht ge-schlagen zu ha-ben.
PLATTER
...
PLATTER
PLATTER
PLATTER
KRAWUMM
PLATTER
KLATTER KLATTER
...!
PLATTER
Es ist ...!
TSCHAK
TSCHAK
PLATTER
Ah ...!
...
PLATTER
PLATTER
Wie lange ich auch wartete, der Schmerz stellte sich nicht ein.
...
BAMM
Statt-dessen vernahm ich das laute Ge-räusch ...
PLATTER
PLATTER
PLATTER
...
...!
Du ...
PLATTER
PLATTER
PLATTER
... und Schimpf-worte, die bisher nie benutzt worden waren.
PLATTER
WUMM

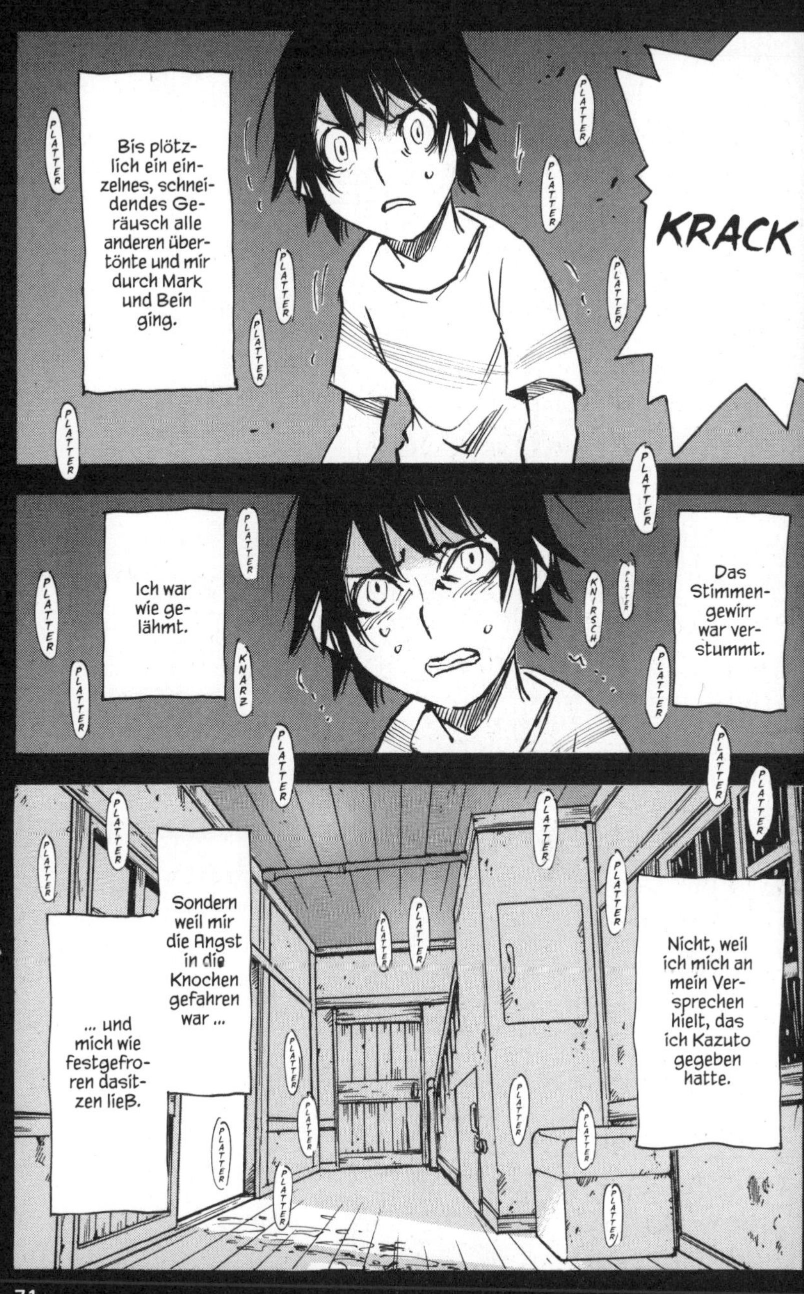
KRACK
PLATTER
PLATTER
Bis plötzlich ein einzelnes, schneidendes Geräusch alle anderen übertönte und mir durch Mark und Bein ging.
PLATTER
PLATTER
PLATTER
PLATTER
PLATTER
Das Stimmengewirr war verstummt.
PLATTER
PLATTER
KNIRSCH
PLATTER
KNARZ
Ich war wie gelähmt.
PLATTER
PLATTER
Nicht, weil ich mich an mein Versprechen hielt, das ich Kazuto gegeben hatte.
Sondern weil mir die Angst in die Knochen gefahren war ...
... und mich wie festgefroren dasitzen ließ.

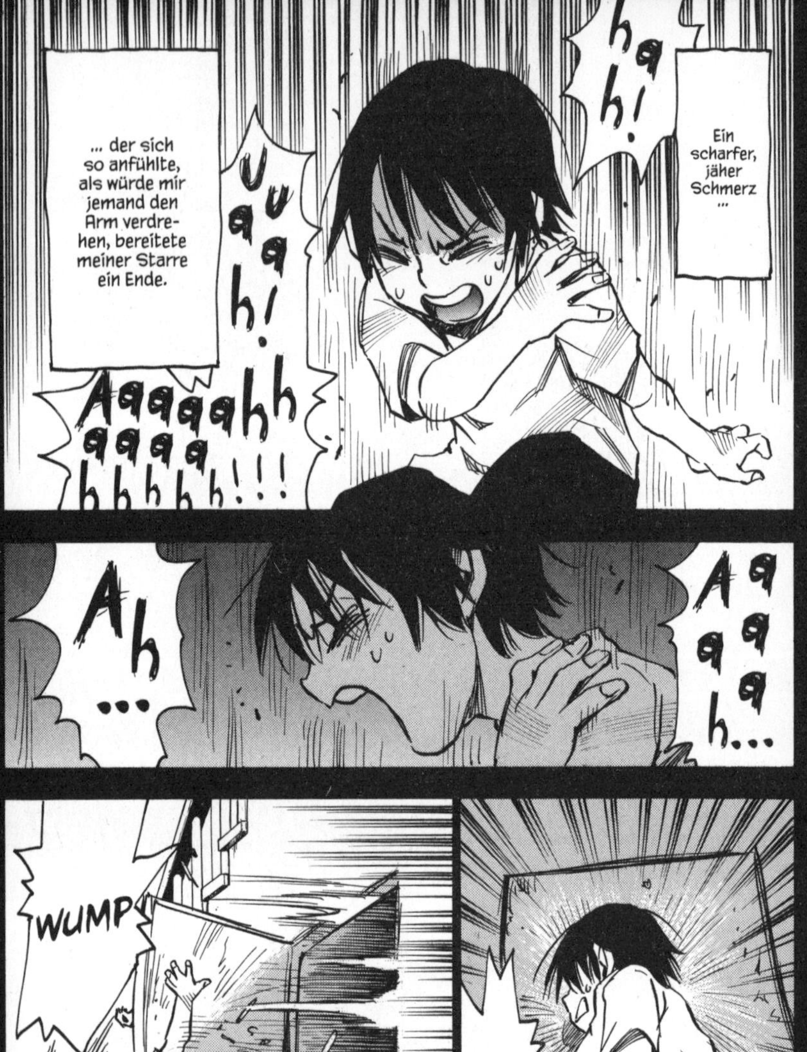
Ein scharfer, jäher Schmerz ...
hah!
Uuaah!
... der sich so anfühlte, als würde mir jemand den Arm verdrehen, bereitete meiner Starre ein Ende.
Aaaaaahh aaaaa hhhhh!!!
Aaaaaaah...
Ah...
BAMM
WUMP

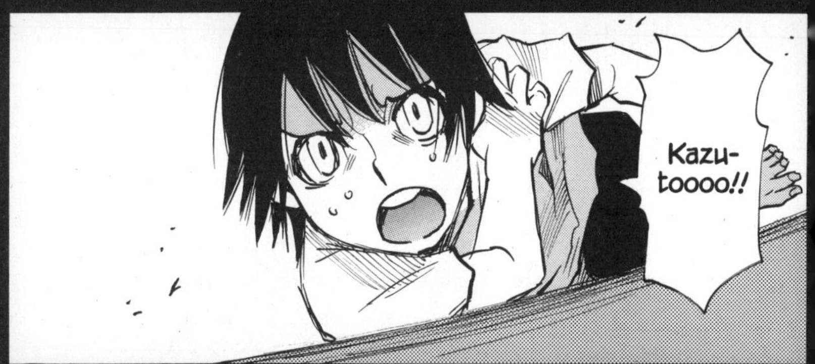
Kazu-
toooo!!

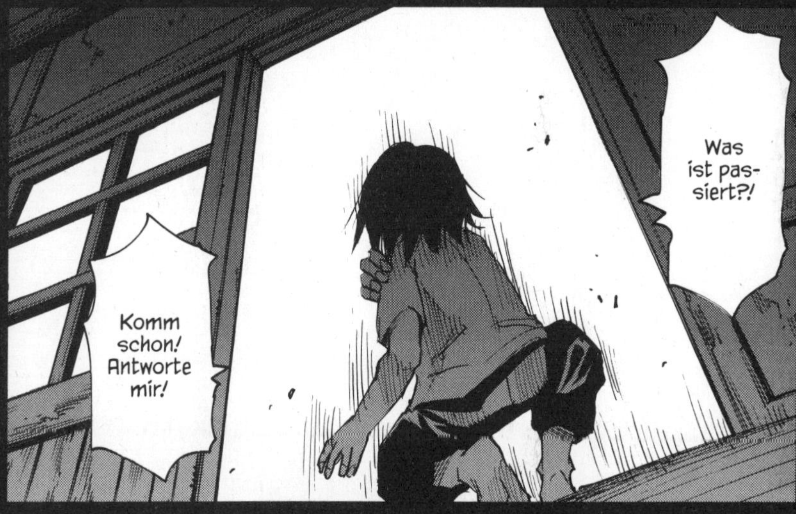
Was
ist pas-
siert?!
Komm
schon!
Antworte
mir!

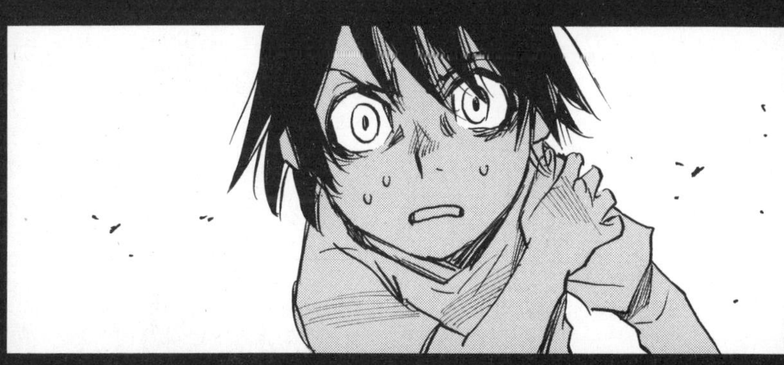

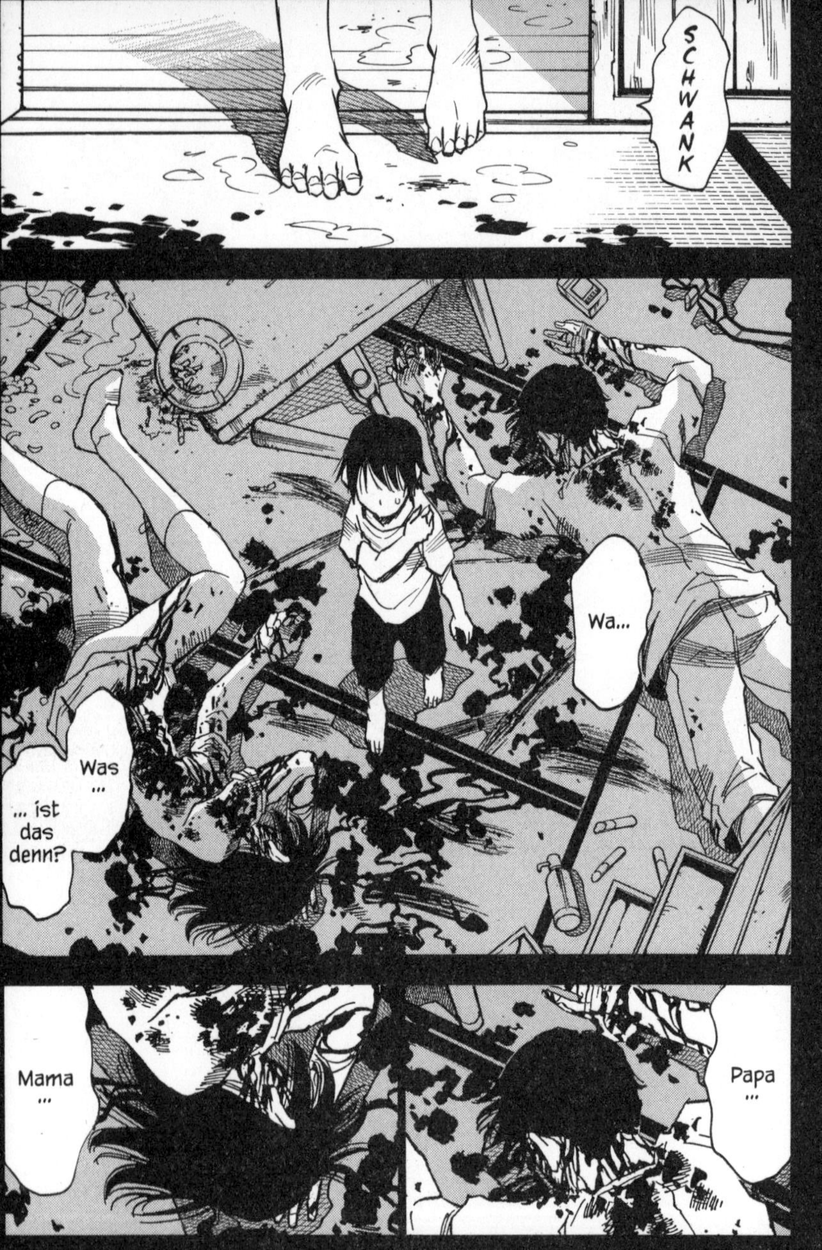

SCHWANK
Wa...
Was ...
... ist das denn?
Papa ...
Mama ...

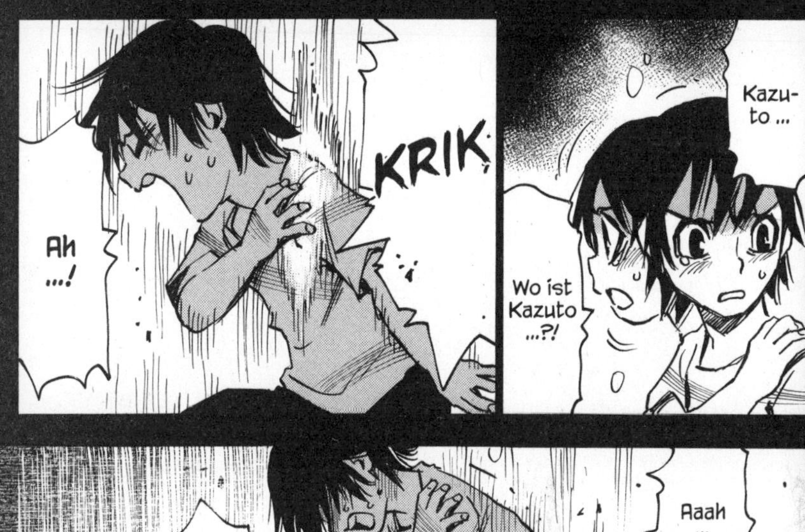
Kazu-
to ...
Wo ist
Kazuto
...?!
KRIK
Ah
...!
Aaah
...
Ah!
ZING
ZING
ZING

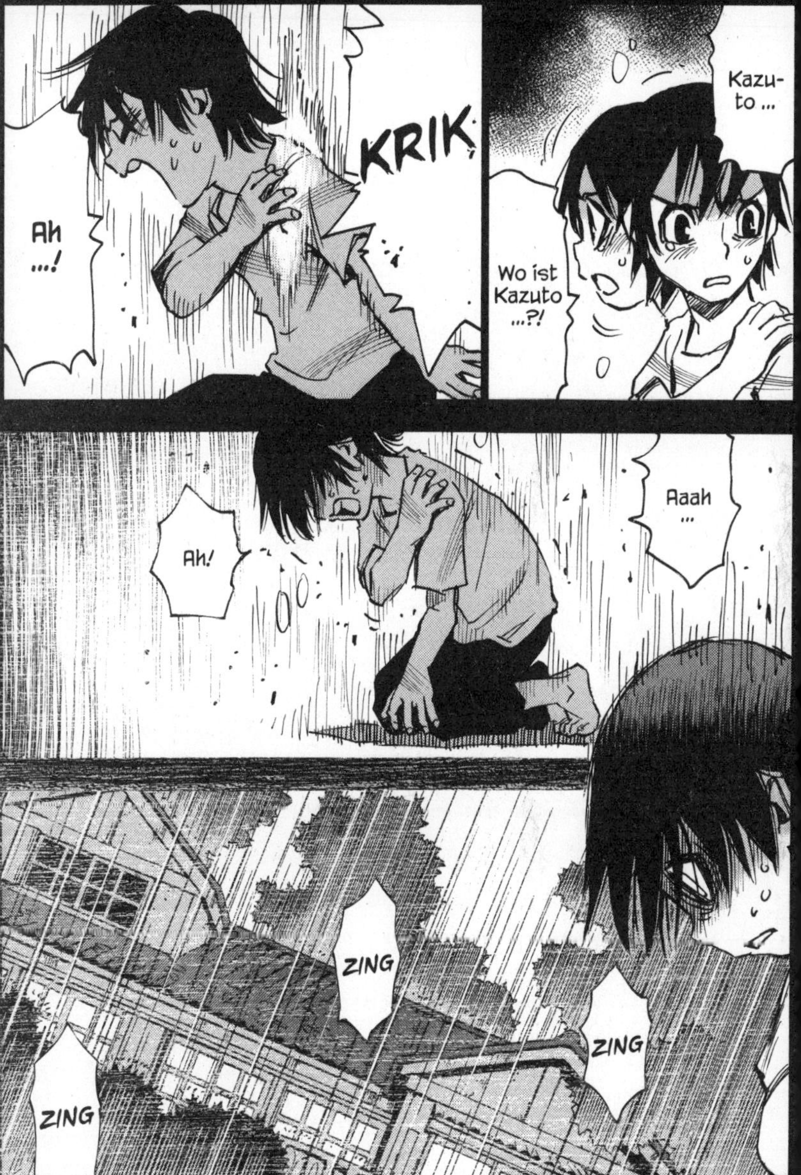

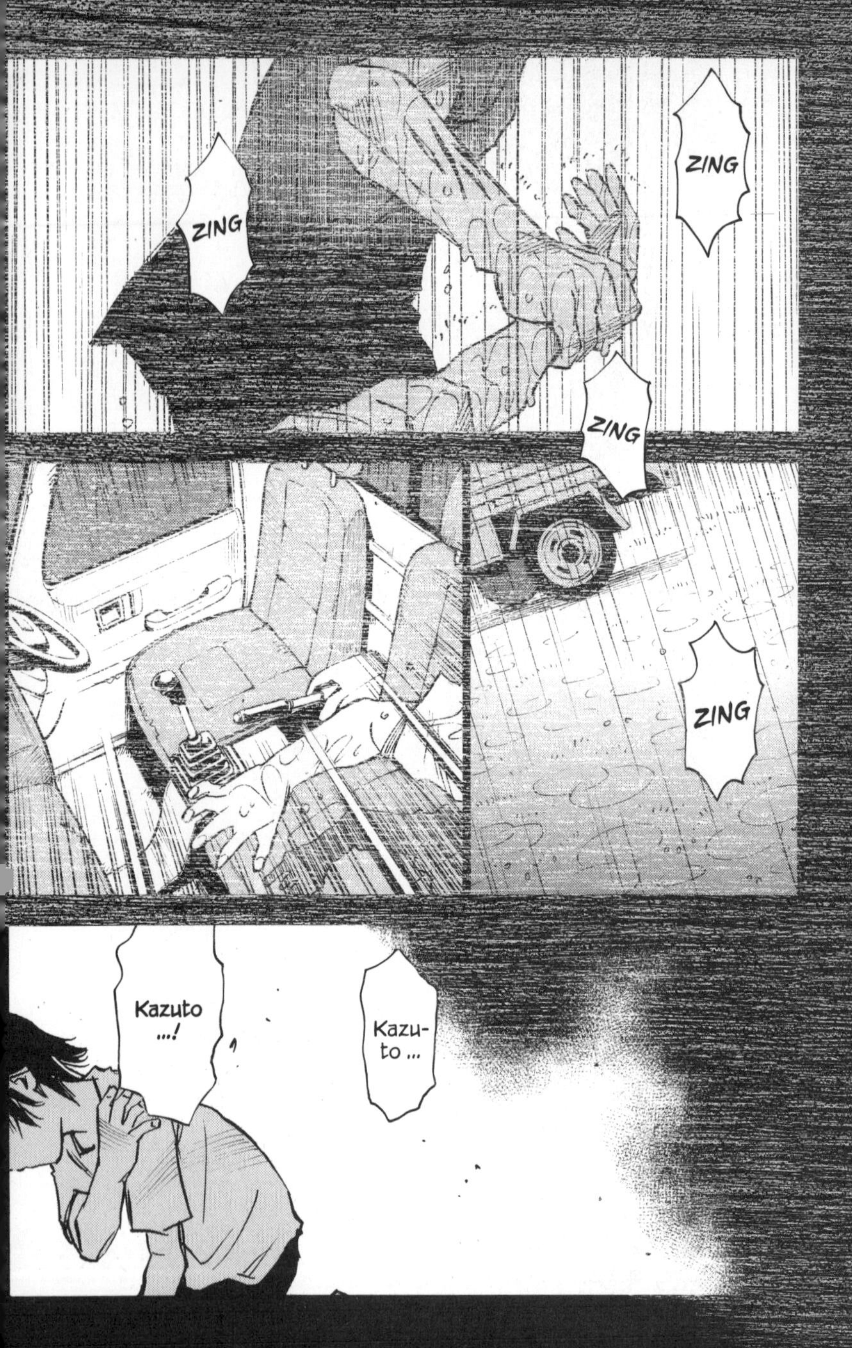
ZING
ZING
ZING
ZING
Kazu-
to ...
Kazuto
...!

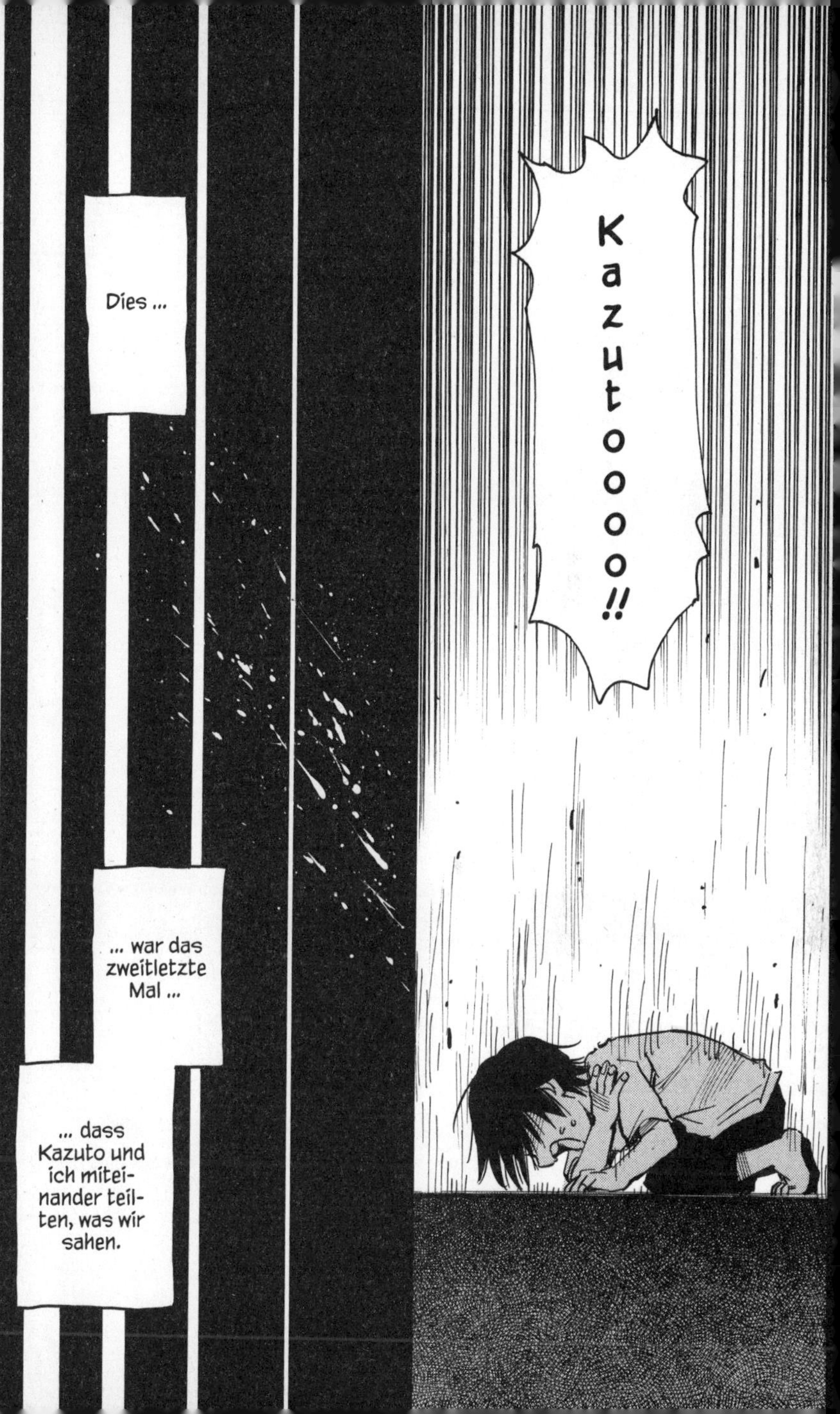

Kazutoooo!!

Dies ...

... war das zweitletzte Mal ...

... dass Kazuto und ich miteinander teilten, was wir sahen.

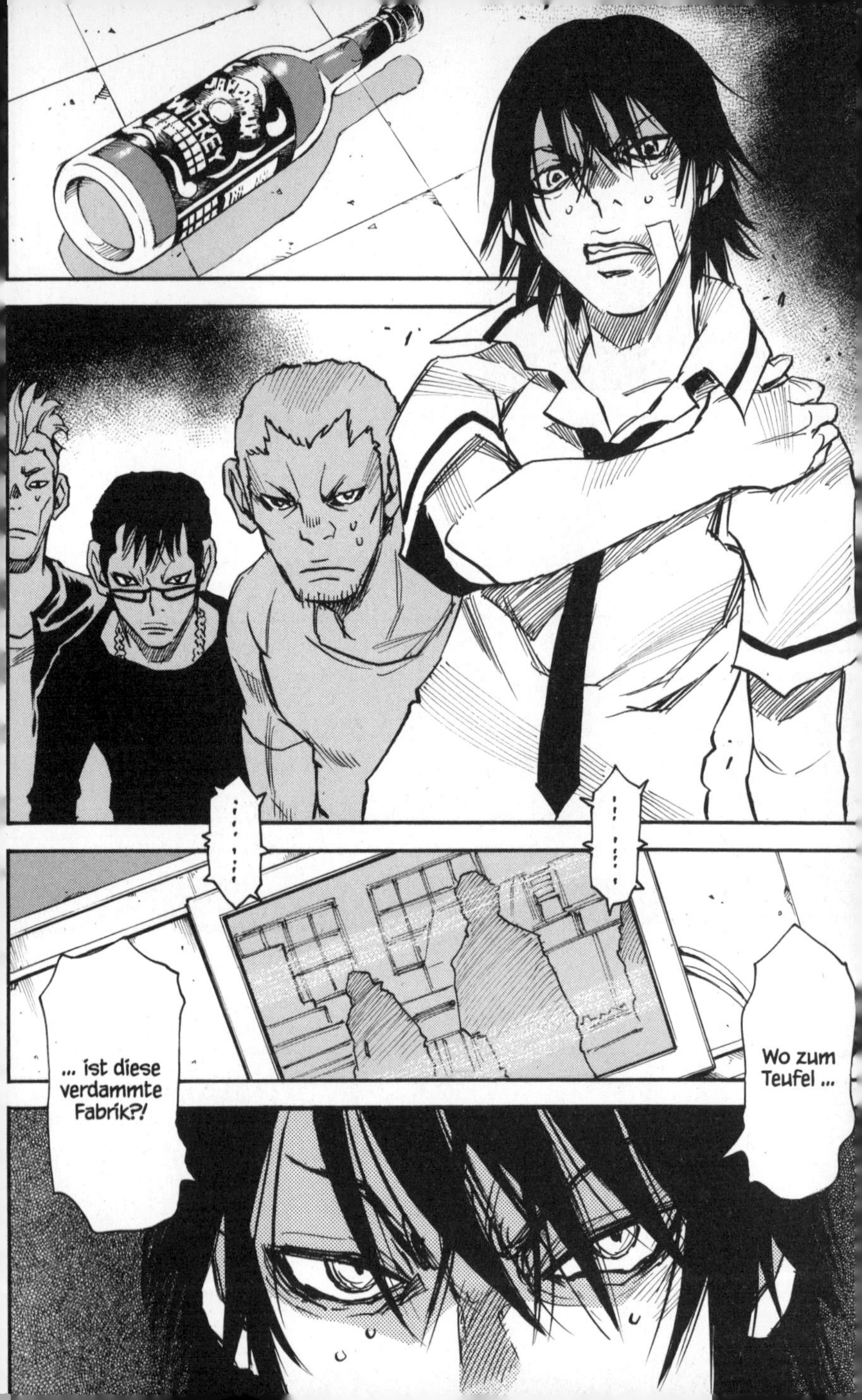
……
……
Wo zum Teufel ...
... ist diese verdammte Fabrik?!

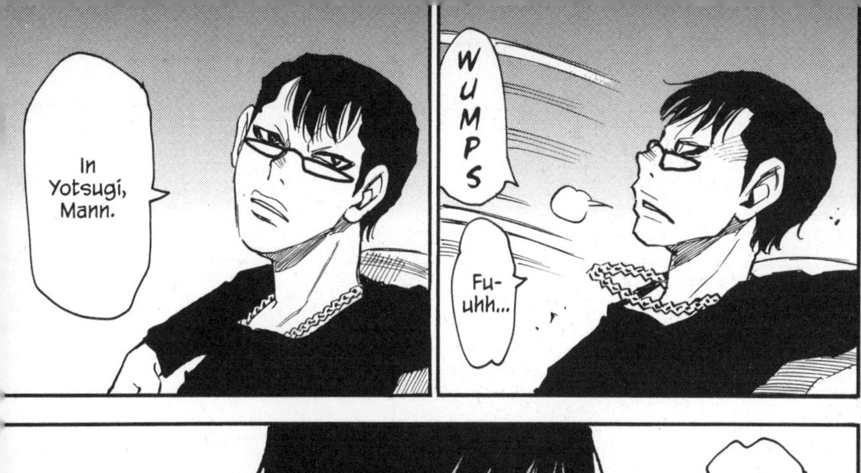
WUMPS
Fu-uhh...
In Yotsugi, Mann.

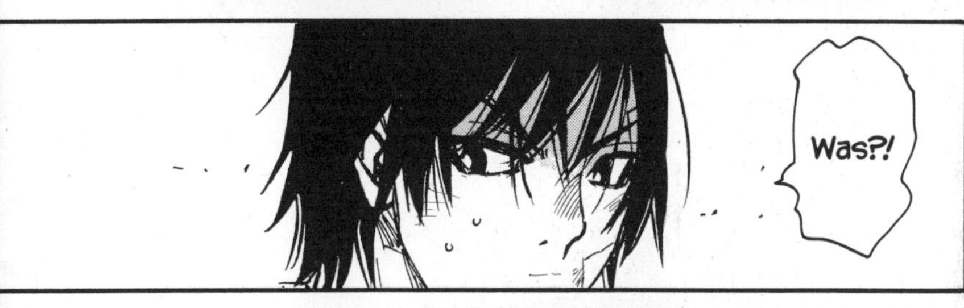
Was?!

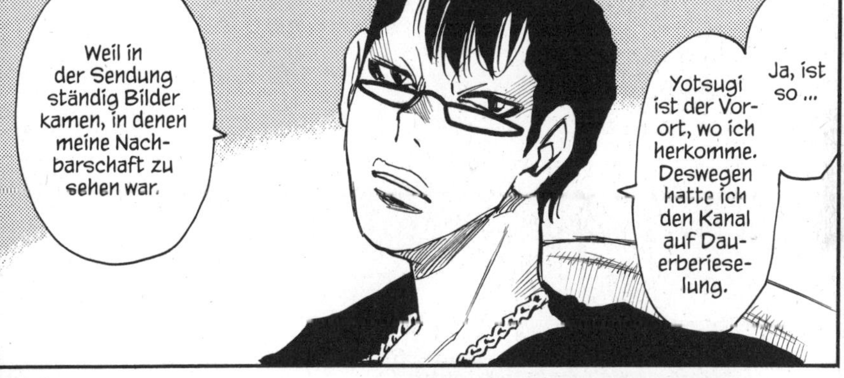
Ja, ist so ...
Yotsugi ist der Vorort, wo ich herkomme. Deswegen hatte ich den Kanal auf Dauerberieselung.
Weil in der Sendung ständig Bilder kamen, in denen meine Nachbarschaft zu sehen war.

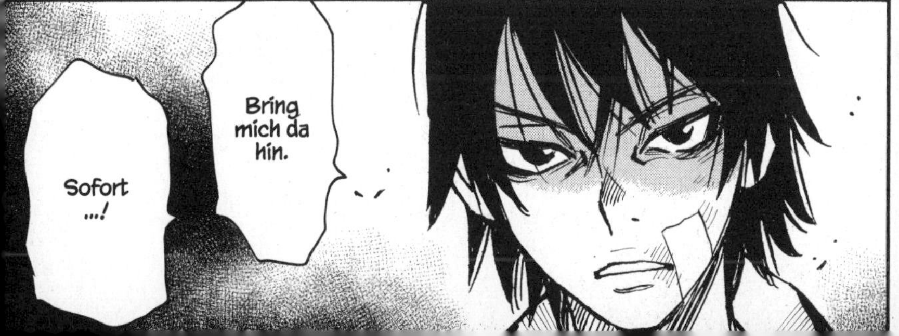
Bring mich da hin.
Sofort ...!

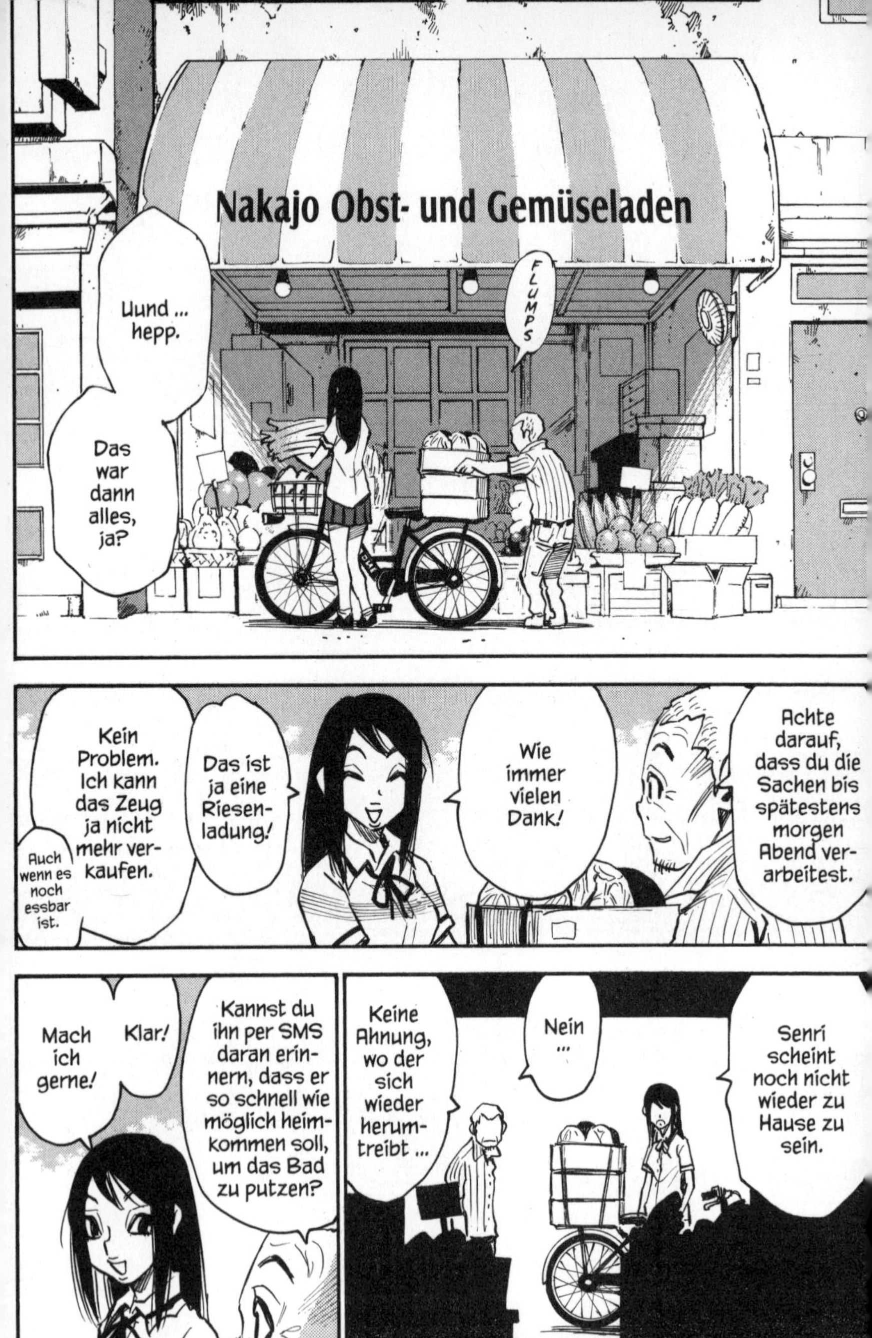
Nakajo Obst- und Gemüseladen
FLUMPS
Uund ... hepp.
Das war dann alles, ja?
Achte darauf, dass du die Sachen bis spätestens morgen Abend verarbeitest.
Wie immer vielen Dank!
Das ist ja eine Riesenladung!
Kein Problem. Ich kann das Zeug ja nicht mehr verkaufen.
Auch wenn es noch essbar ist.
Senri scheint noch nicht wieder zu Hause zu sein.
Nein ...
Keine Ahnung, wo der sich wieder herumtreibt ...
Kannst du ihn per SMS daran erinnern, dass er so schnell wie möglich heimkommen soll, um das Bad zu putzen?
Klar!
Mach ich gerne!

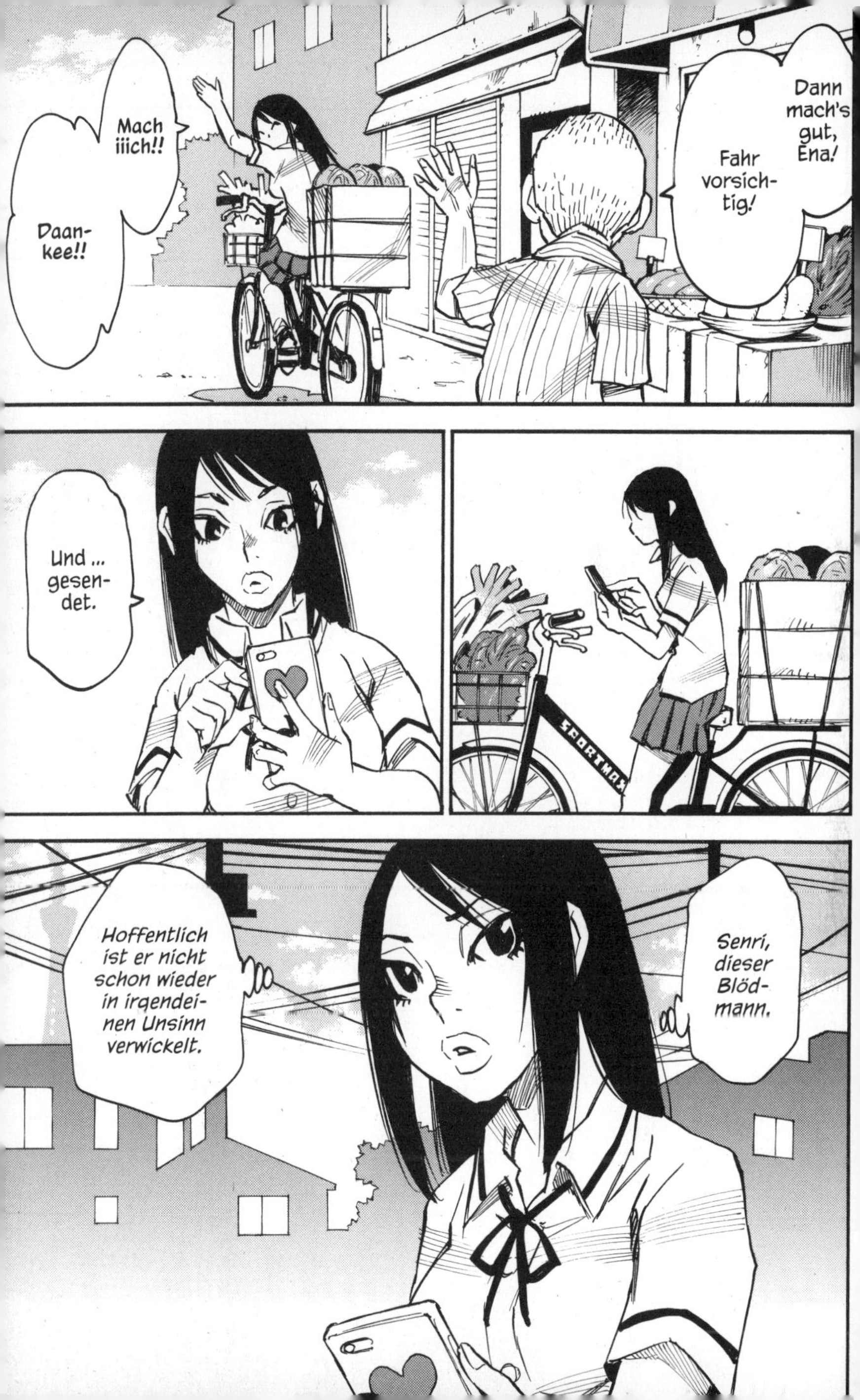

Dann mach's gut, Ena!
Fahr vorsichtig!
Mach iiich!!
Daankee!!
Und ... gesendet.
Senri, dieser Blödmann.
Hoffentlich ist er nicht schon wieder in irgendeinen Unsinn verwickelt.

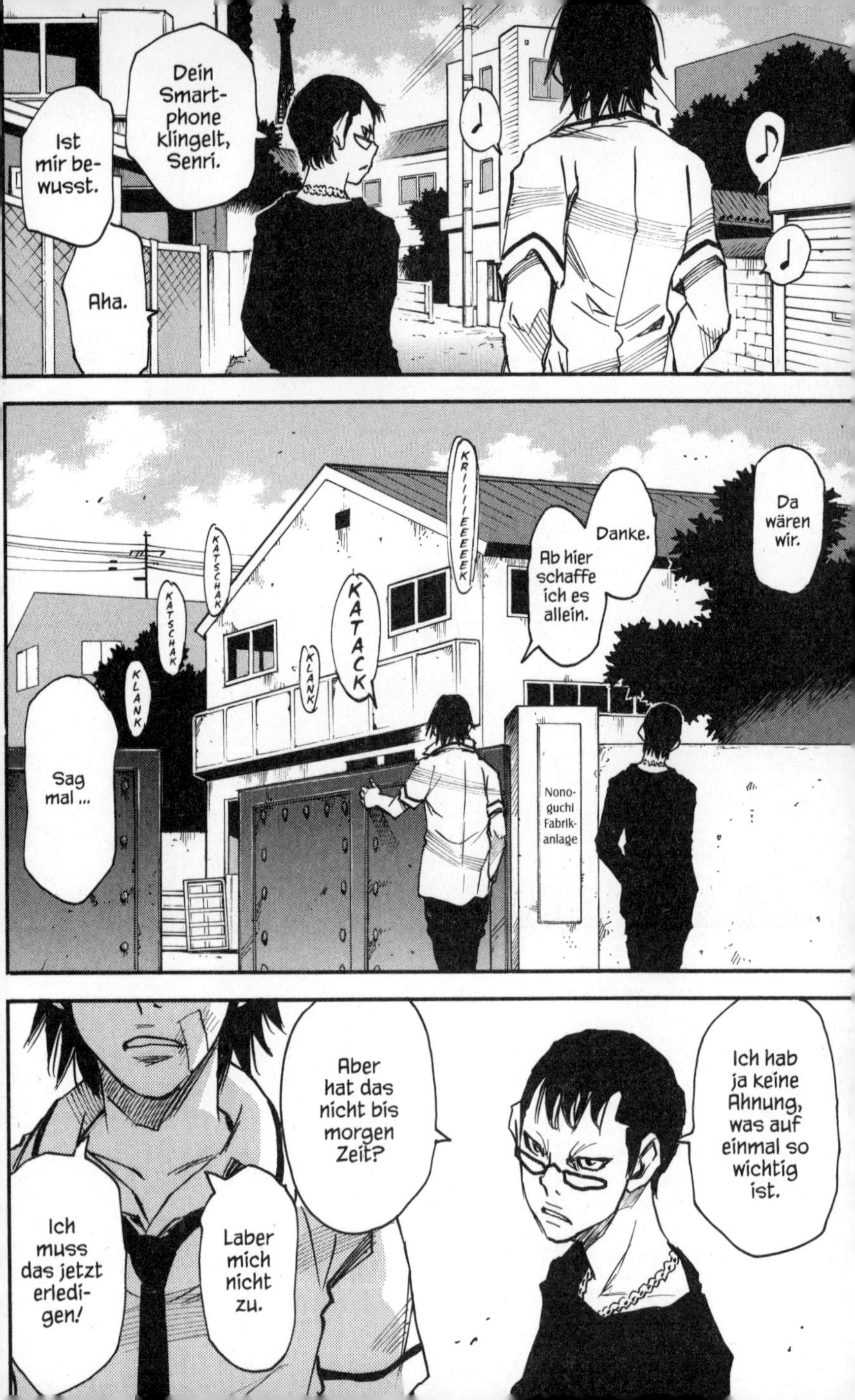

Dein Smartphone klingelt, Senri.
Ist mir bewusst.
Aha.

Da wären wir.
Danke. Ab hier schaffe ich es allein.
KRIIIIEEEEEK
KATACK
KATSCHAK
KATSCHAK
KLANK
KLANK
Nonoguchi Fabrikanlage
Sag mal ...

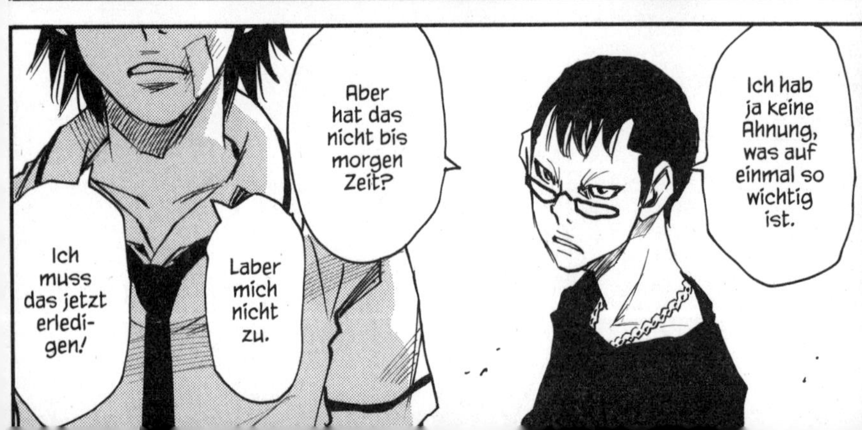

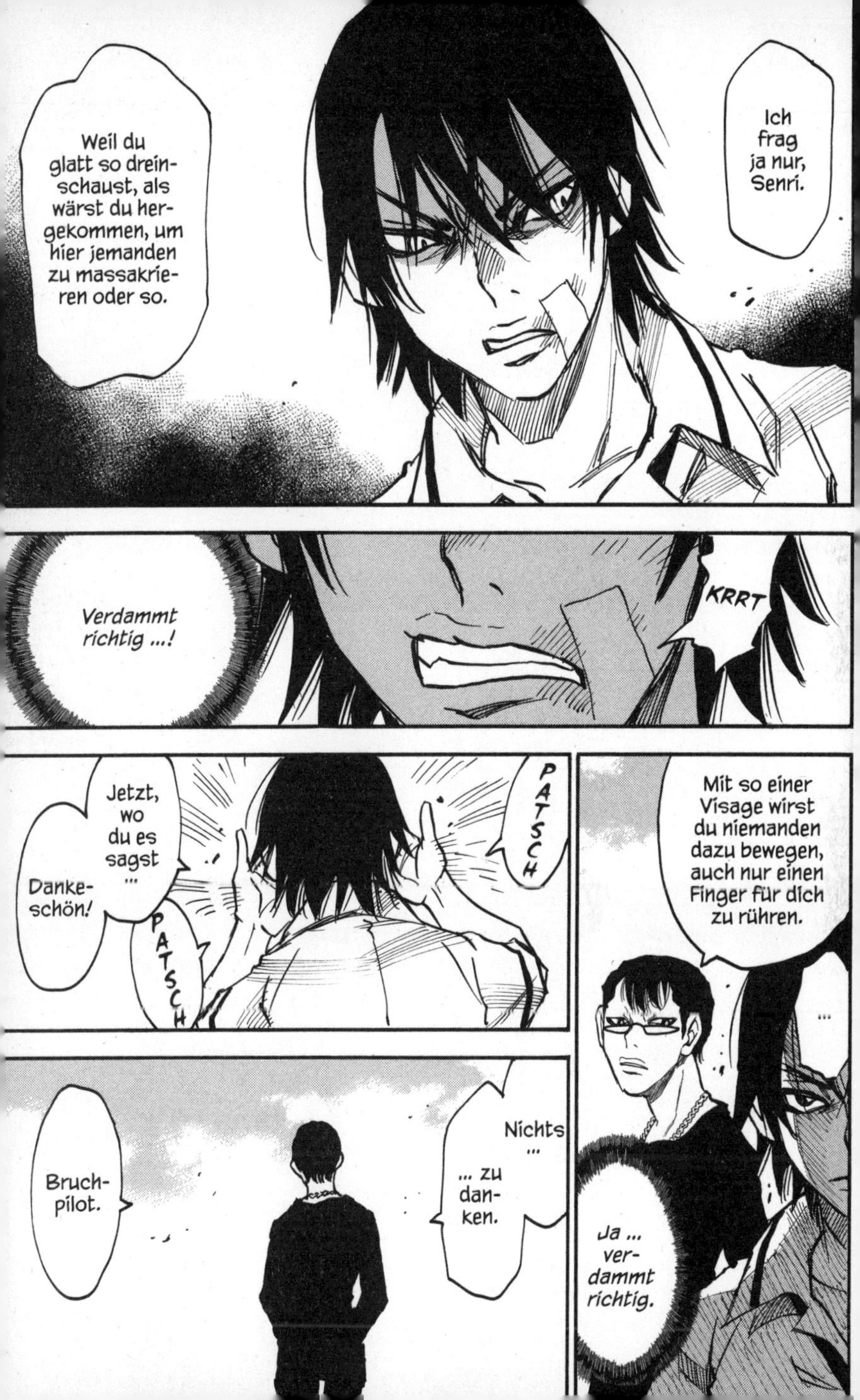

Ich frag ja nur, Senri.

Weil du glatt so dreinschaust, als wärst du hergekommen, um hier jemanden zu massakrieren oder so.

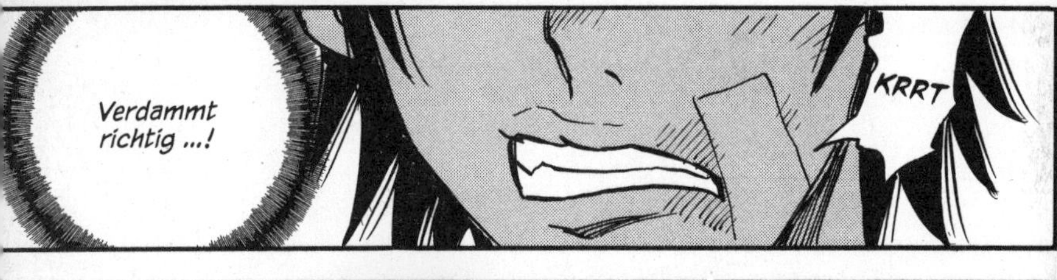

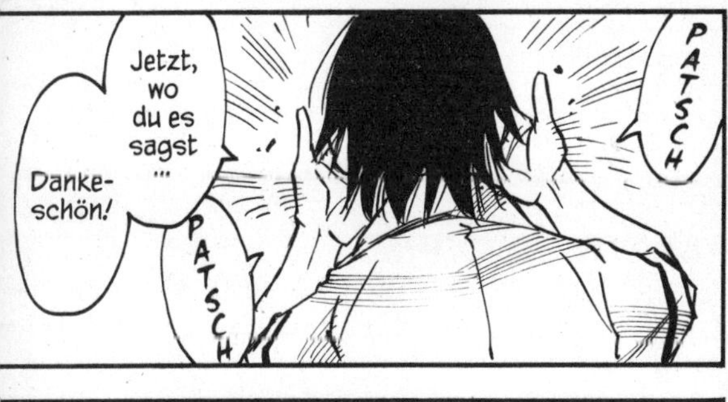

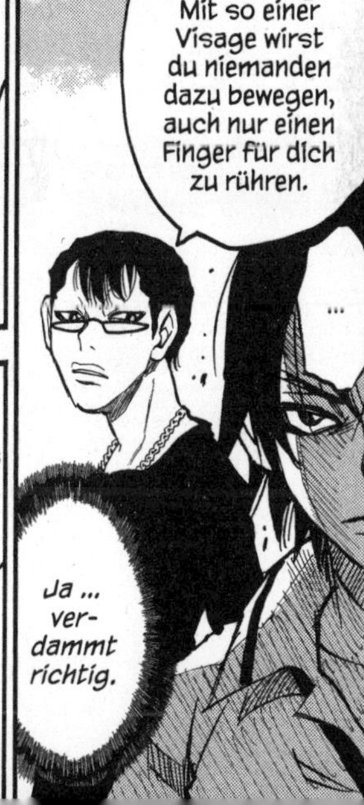

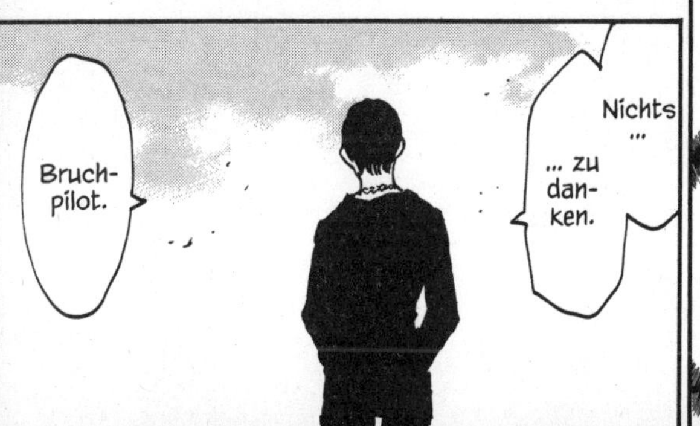

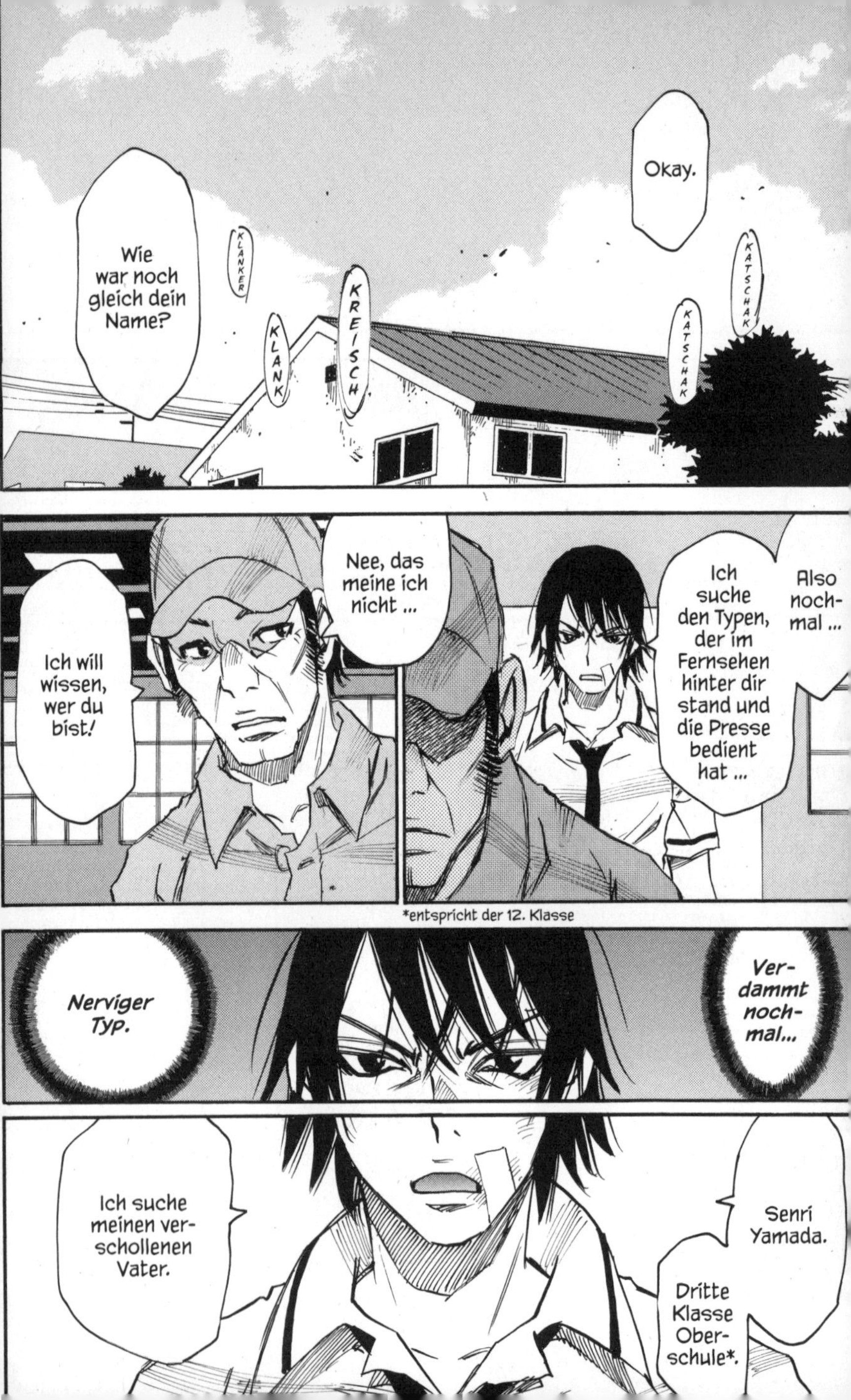

Okay.

KATSCHAK

KATSCHAK

KREISCH

KLANK

KLANKER

Wie war noch gleich dein Name?

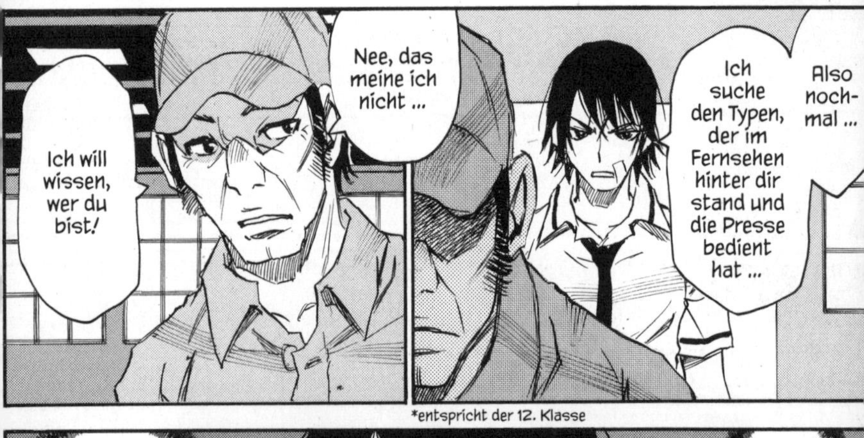

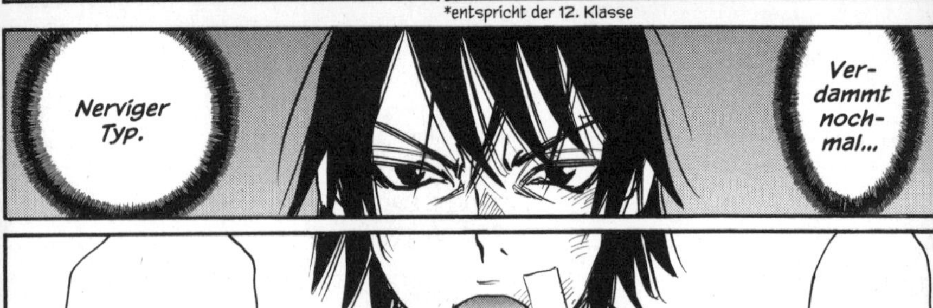

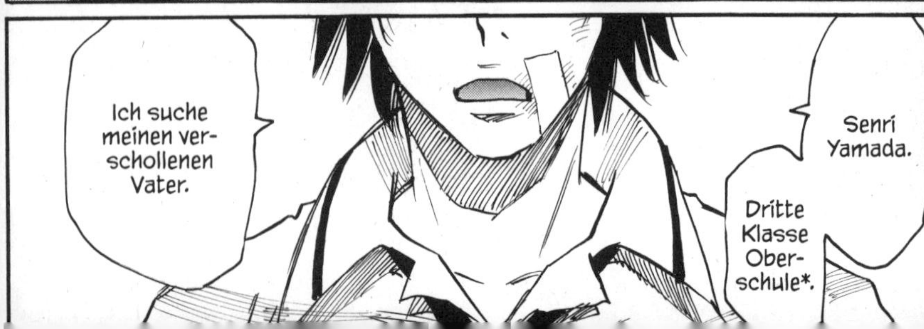

*entspricht der 12. Klasse

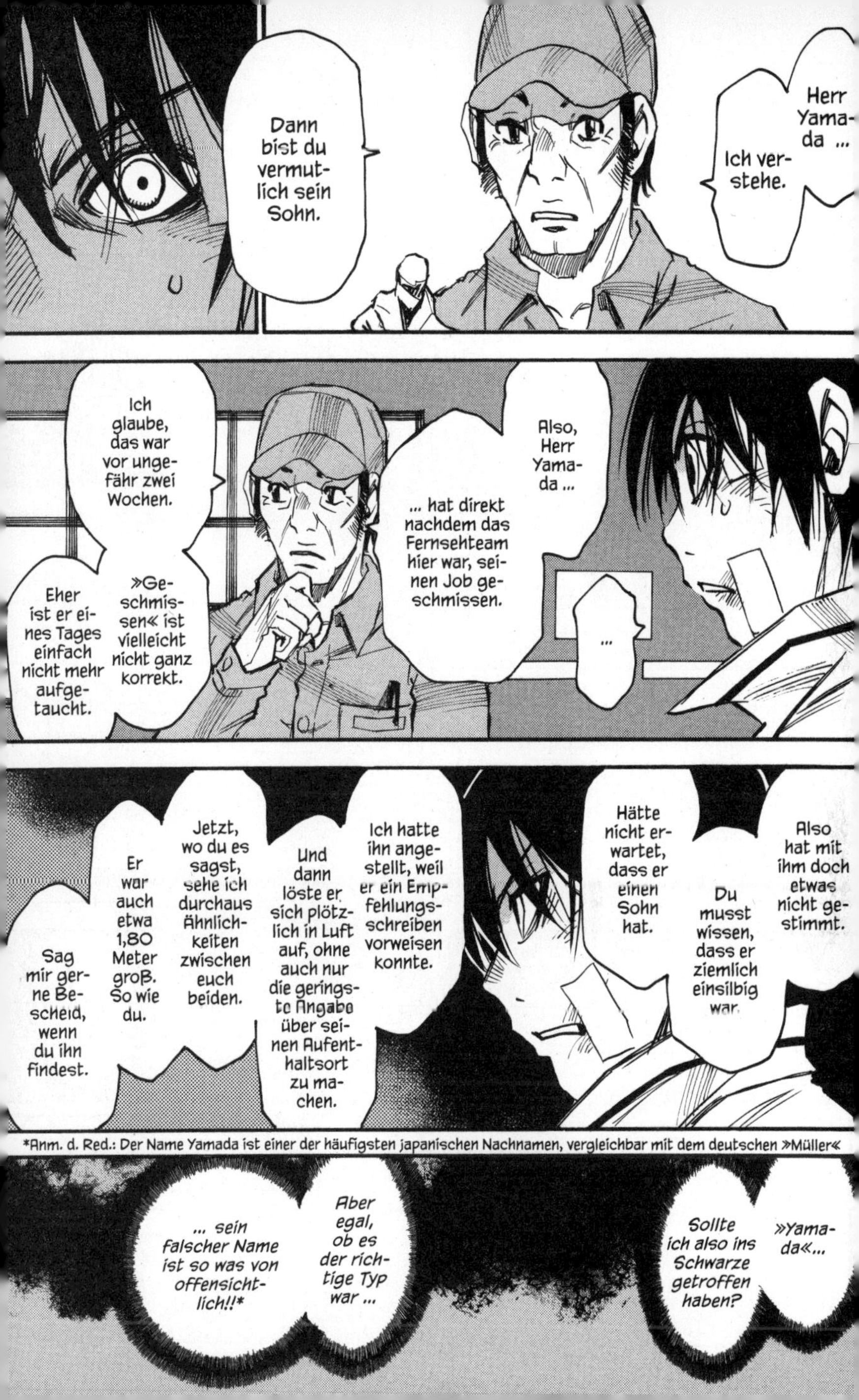

Herr Yamada ...
Ich verstehe.
Dann bist du vermutlich sein Sohn.

Also, Herr Yamada ...
... hat direkt nachdem das Fernsehteam hier war, seinen Job geschmissen.
...
Ich glaube, das war vor ungefähr zwei Wochen.
»Geschmissen« ist vielleicht nicht ganz korrekt.
Eher ist er eines Tages einfach nicht mehr aufgetaucht.

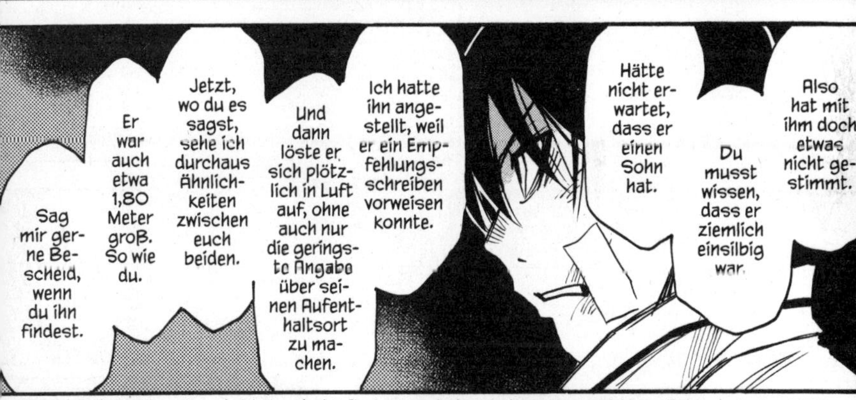

*Anm. d. Red.: Der Name Yamada ist einer der häufigsten japanischen Nachnamen, vergleichbar mit dem deutschen »Müller«

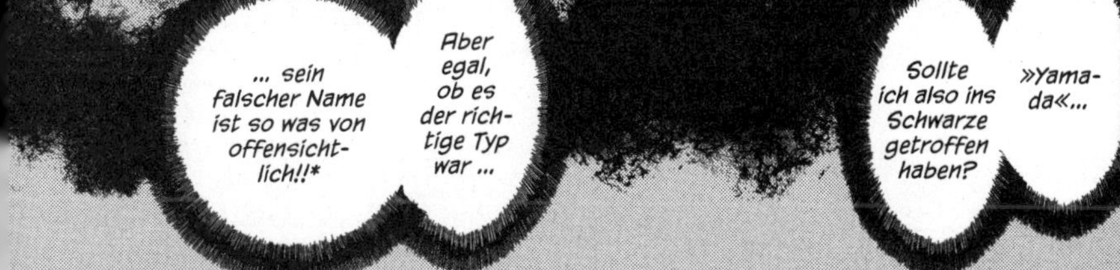

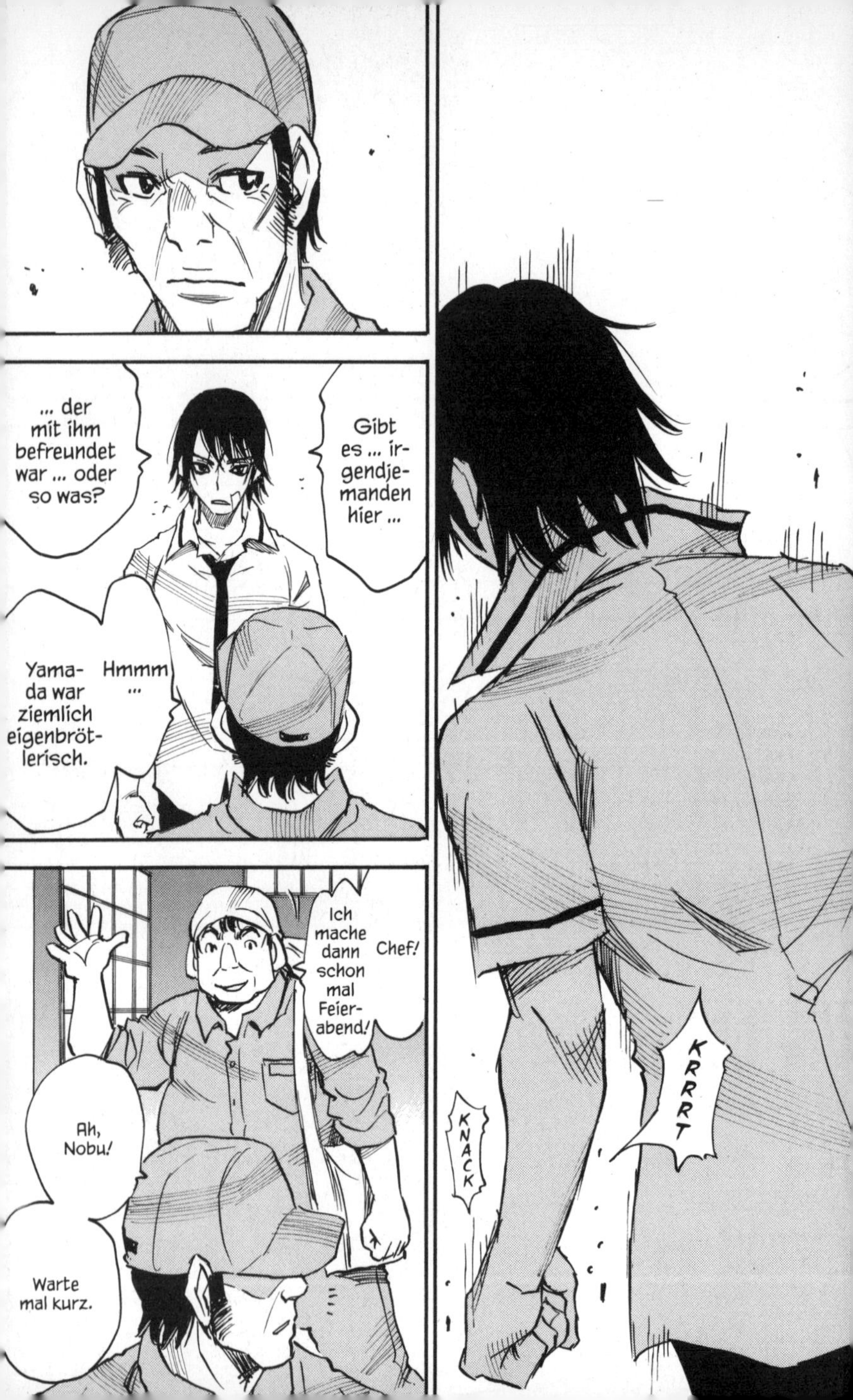
Gibt es ... irgendjemanden hier ...
... der mit ihm befreundet war ... oder so was?
Hmmm ...
Yamada war ziemlich eigenbrötlerisch.
Chef!
Ich mache dann schon mal Feierabend!
Ah, Nobu!
Warte mal kurz.
KRRRT
KNACK

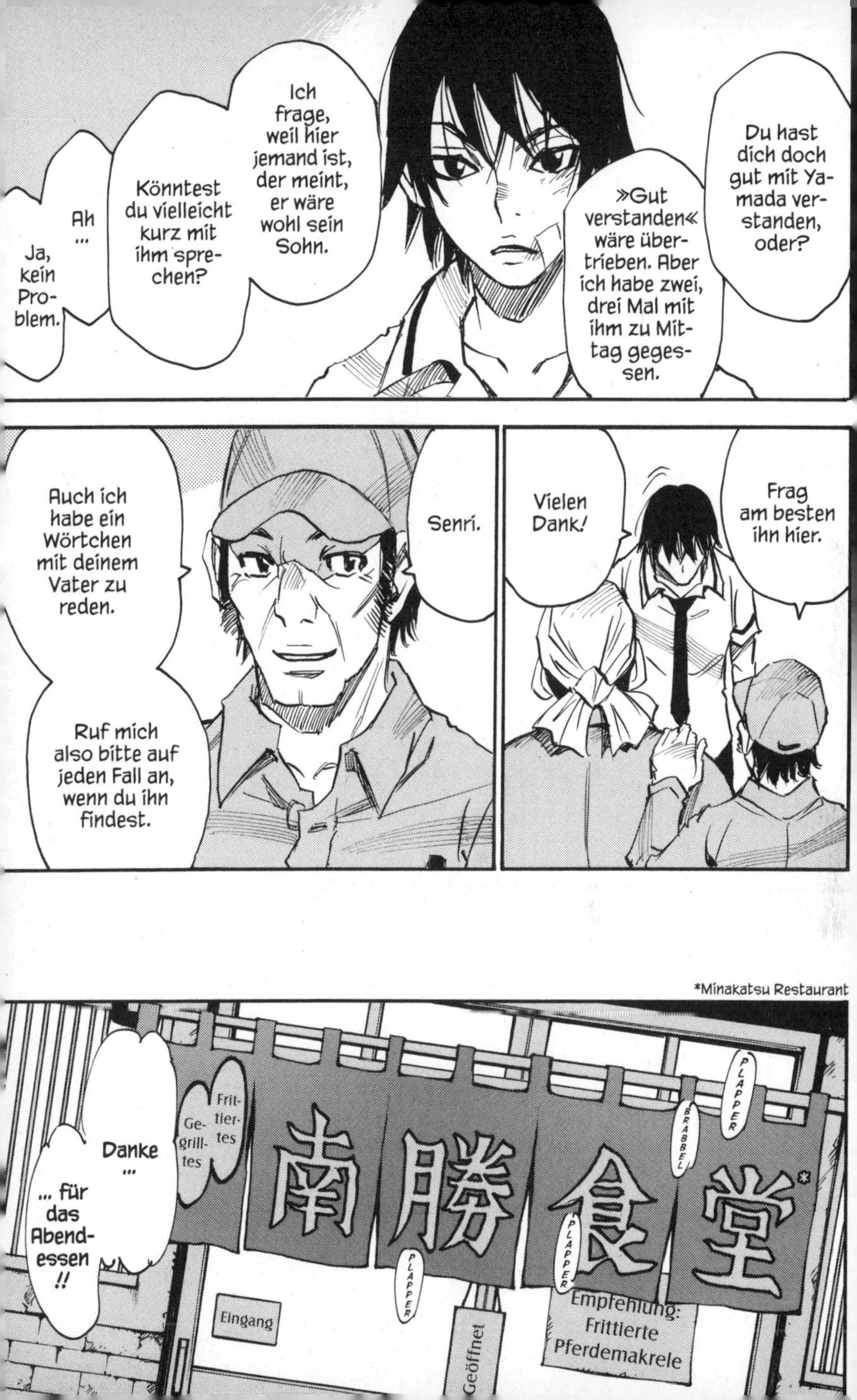

Du hast dich doch gut mit Yamada verstanden, oder?

»Gut verstanden« wäre übertrieben. Aber ich habe zwei, drei Mal mit ihm zu Mittag gegessen.

Ich frage, weil hier jemand ist, der meint, er wäre wohl sein Sohn.

Könntest du vielleicht kurz mit ihm sprechen?

Ah …

Ja, kein Problem.

Frag am besten ihn hier.

Vielen Dank!

Senri.

Auch ich habe ein Wörtchen mit deinem Vater zu reden.

Ruf mich also bitte auf jeden Fall an, wenn du ihn findest.

*Minakatsu Restaurant

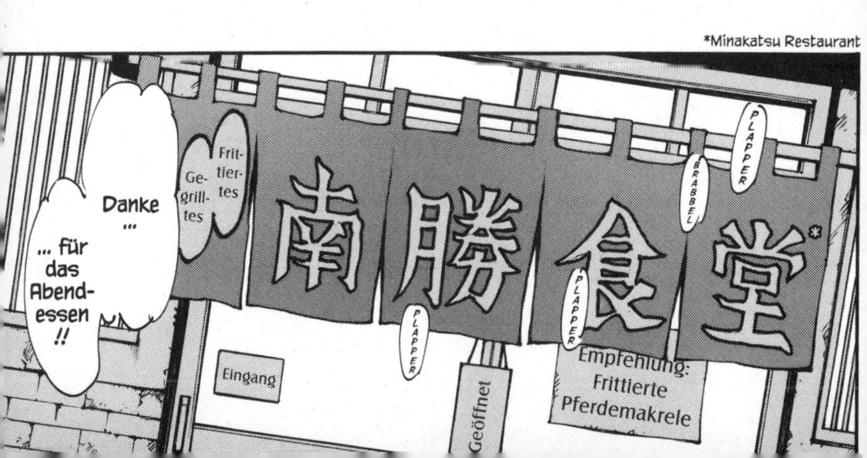

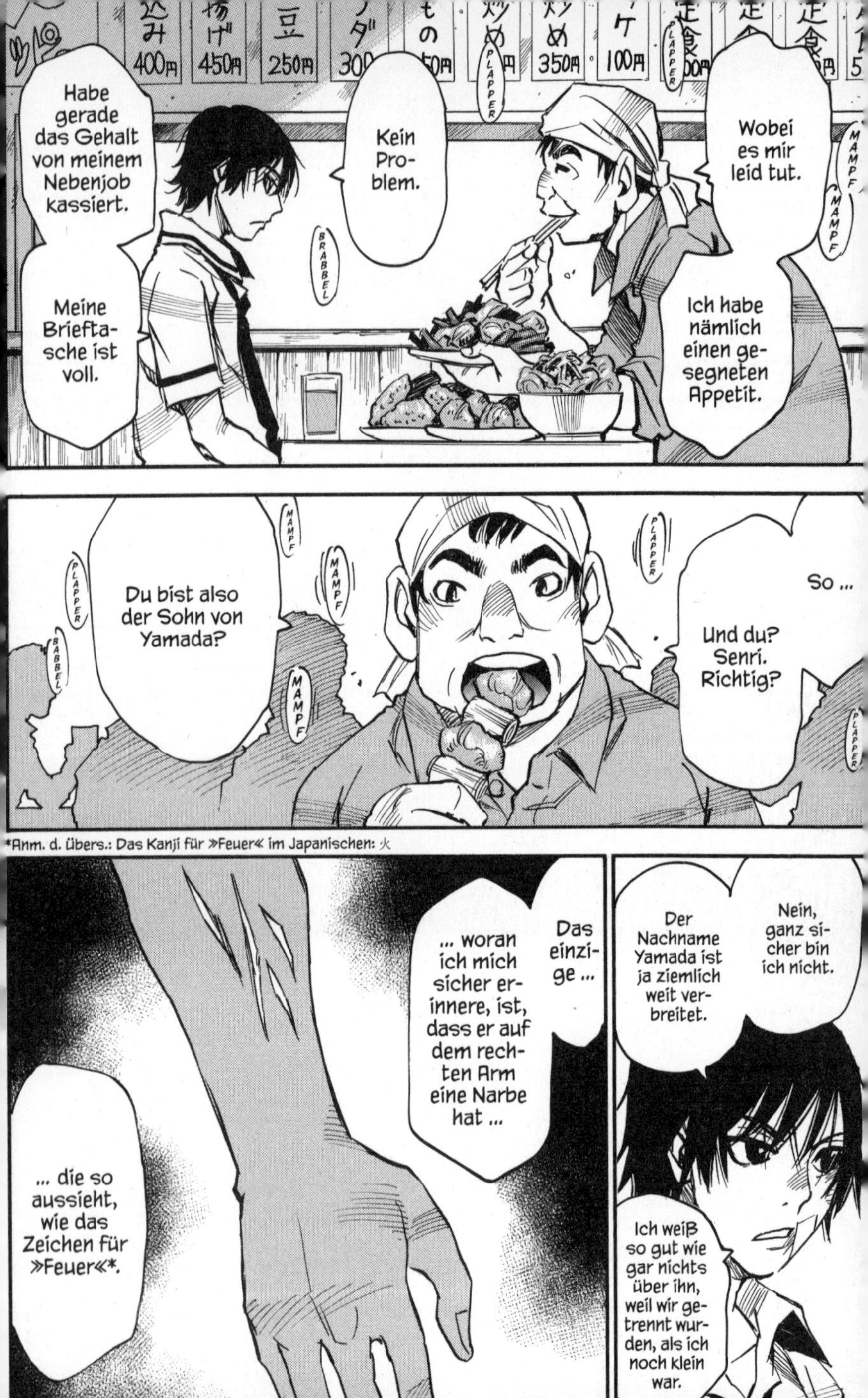

*Anm. d. übers.: Das Kanji für »Feuer« im Japanischen: 火

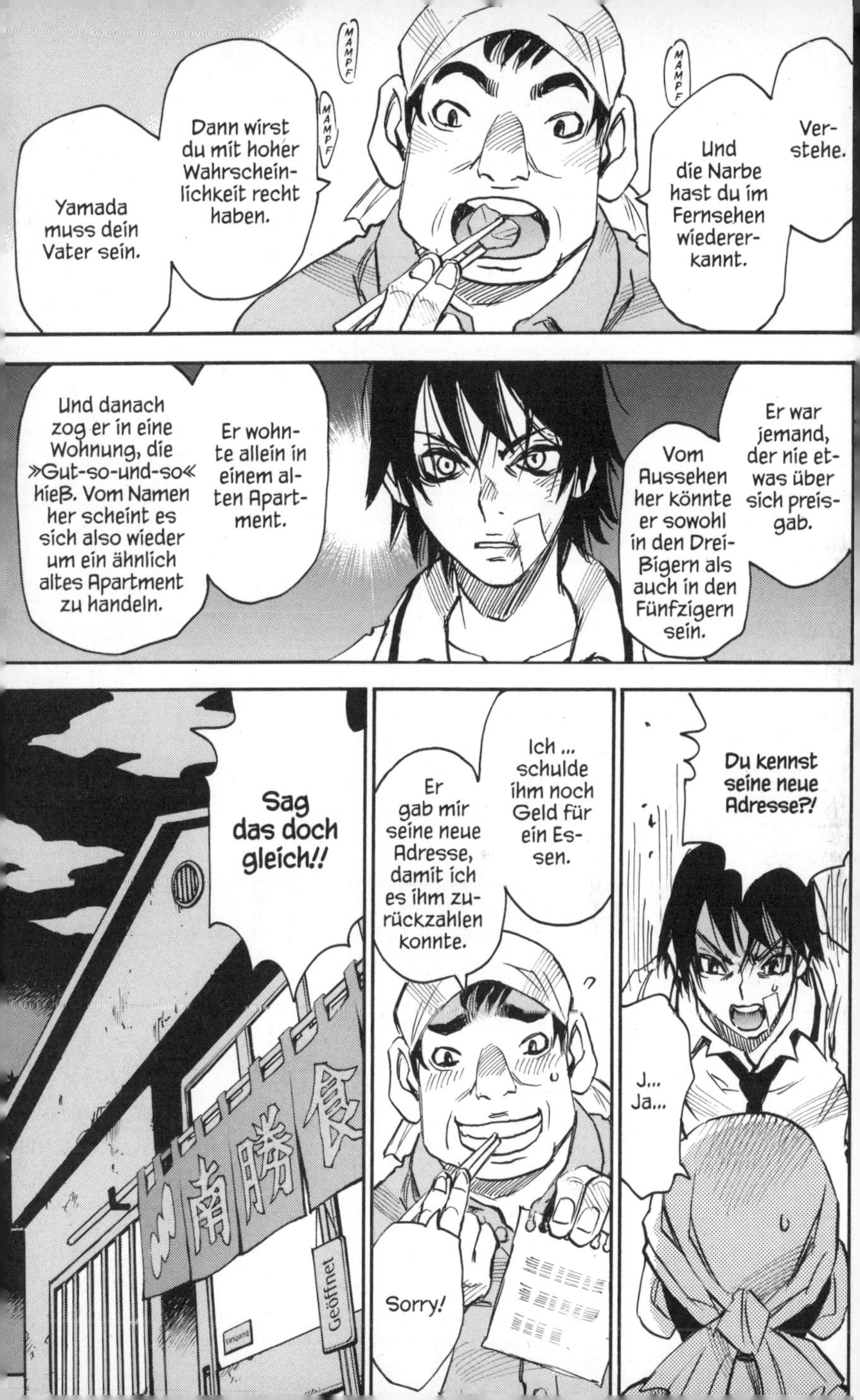

MAMPF
MAMPF
MAMPF
Verstehe.
Und die Narbe hast du im Fernsehen wiedererkannt.
Dann wirst du mit hoher Wahrscheinlichkeit recht haben.
Yamada muss dein Vater sein.

Er war jemand, der nie etwas über sich preisgab.
Vom Aussehen her könnte er sowohl in den Dreißigern als auch in den Fünfzigern sein.
Er wohnte allein in einem alten Apartment.
Und danach zog er in eine Wohnung, die »Gut-so-und-so« hieß. Vom Namen her scheint es sich also wieder um ein ähnlich altes Apartment zu handeln.

Du kennst seine neue Adresse?!
J... Ja...
Ich ... schulde ihm noch Geld für ein Essen.
Er gab mir seine neue Adresse, damit ich es ihm zurückzahlen konnte.
Sorry!
Sag das doch gleich!!
Geöffnet

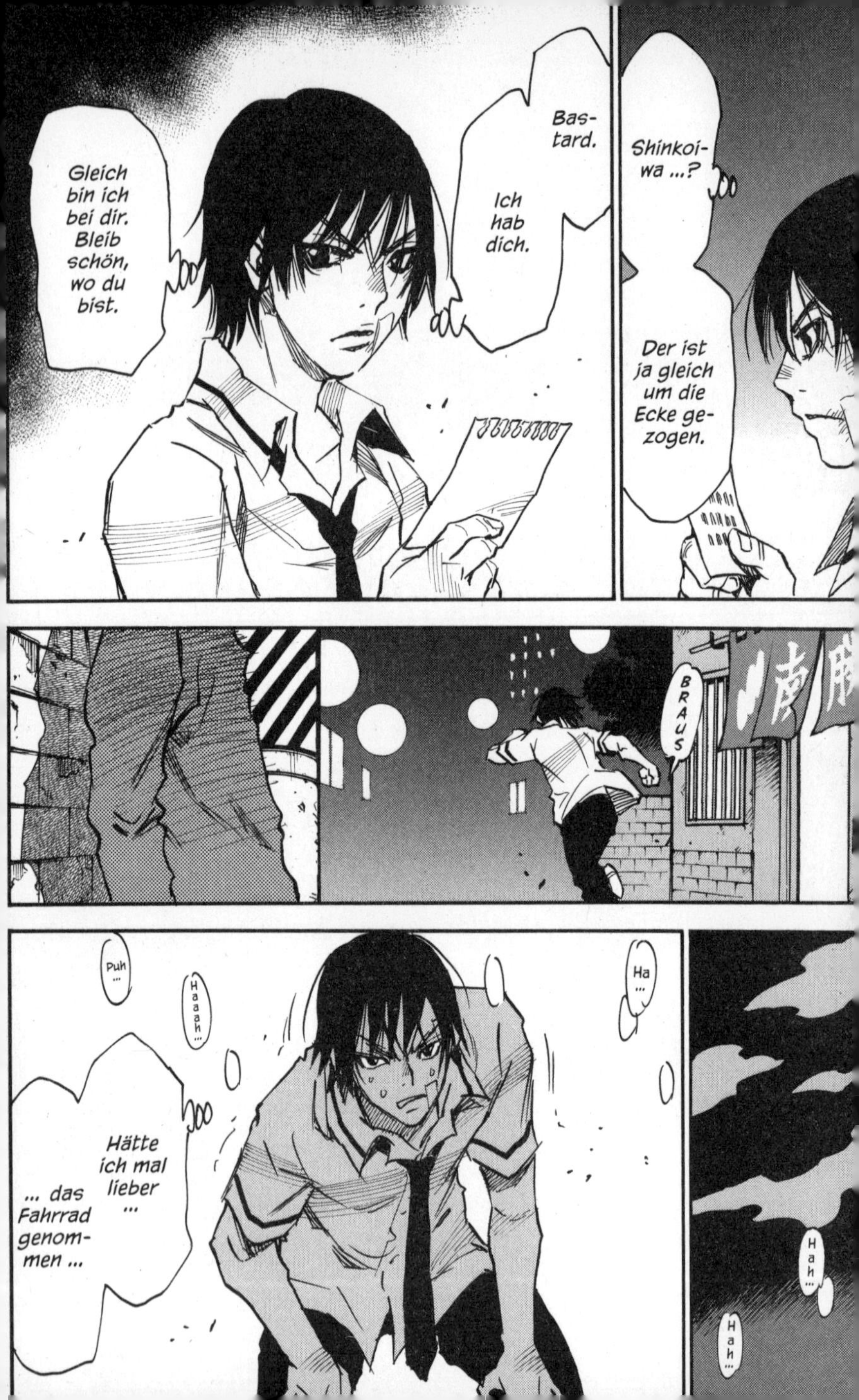

Shinkoiwa ...?

Der ist ja gleich um die Ecke gezogen.

Bastard.

Ich hab dich.

Gleich bin ich bei dir. Bleib schön, wo du bist.

BRAUS

Hah ...

Hah ...

Ha ...

Haaah ...

Puh ...

Hätte ich mal lieber ...

... das Fahrrad genommen ...

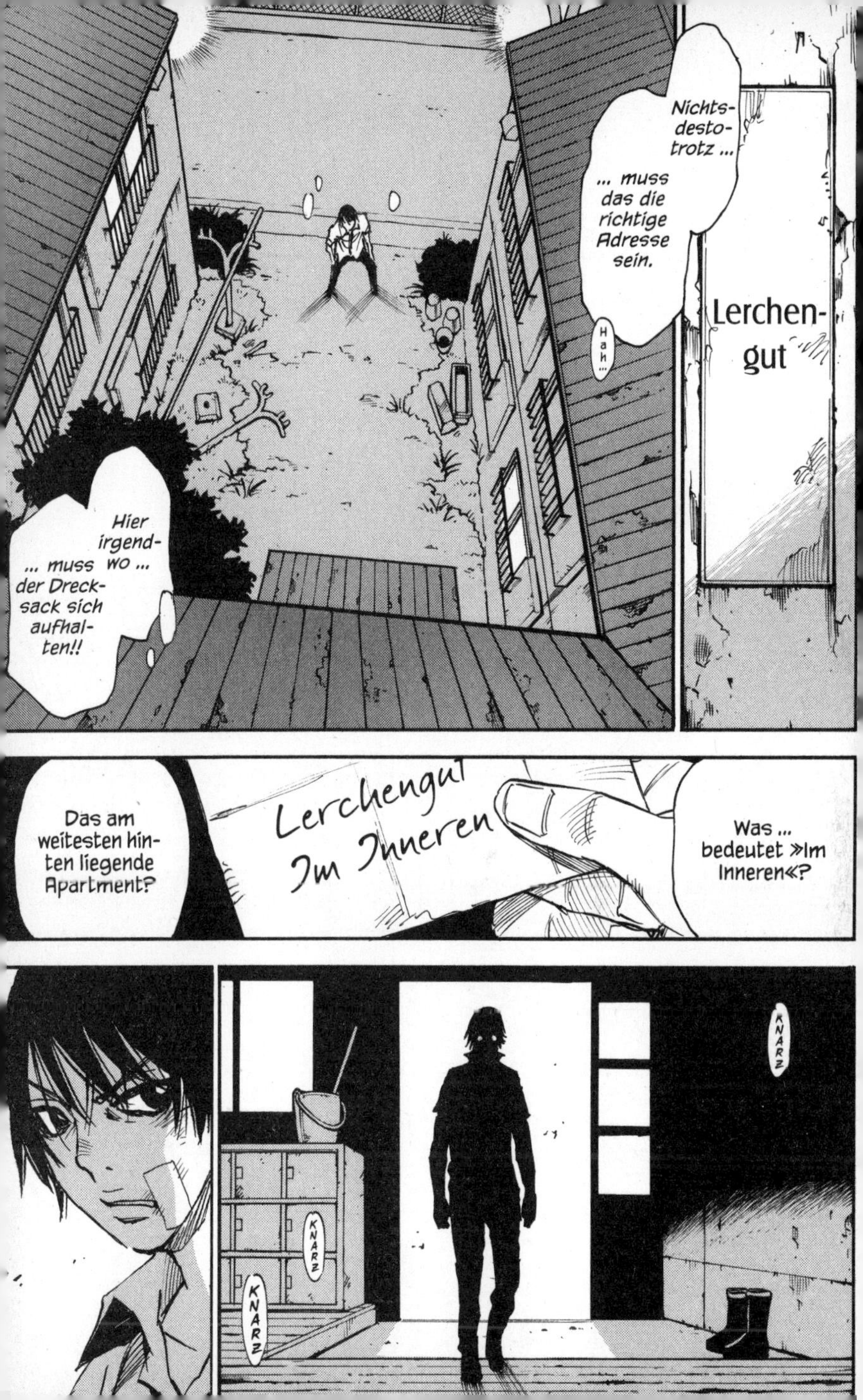

Lerchen-
gut
Nichts-desto-trotz ...
... muss das die richtige Adresse sein.
Hah ...
Hier irgend-wo ... muss der Dreck-sack sich aufhal-ten!!

Was ... bedeutet »Im Inneren«?
Lerchengut
Im Inneren
Das am weitesten hin-ten liegende Apartment?

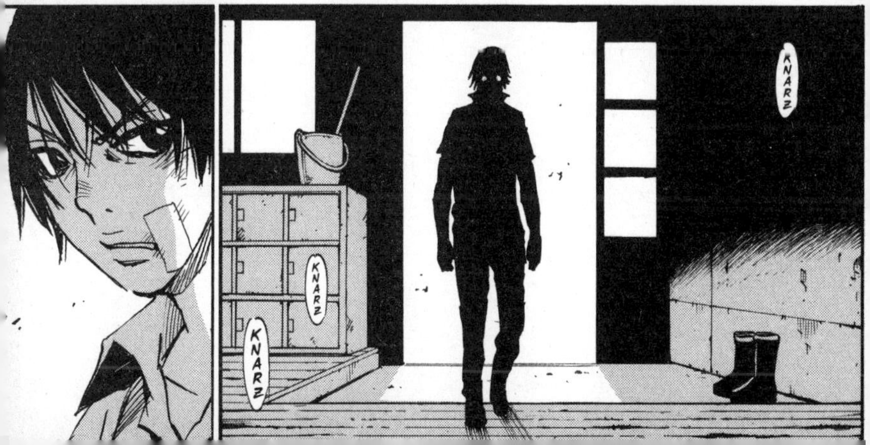

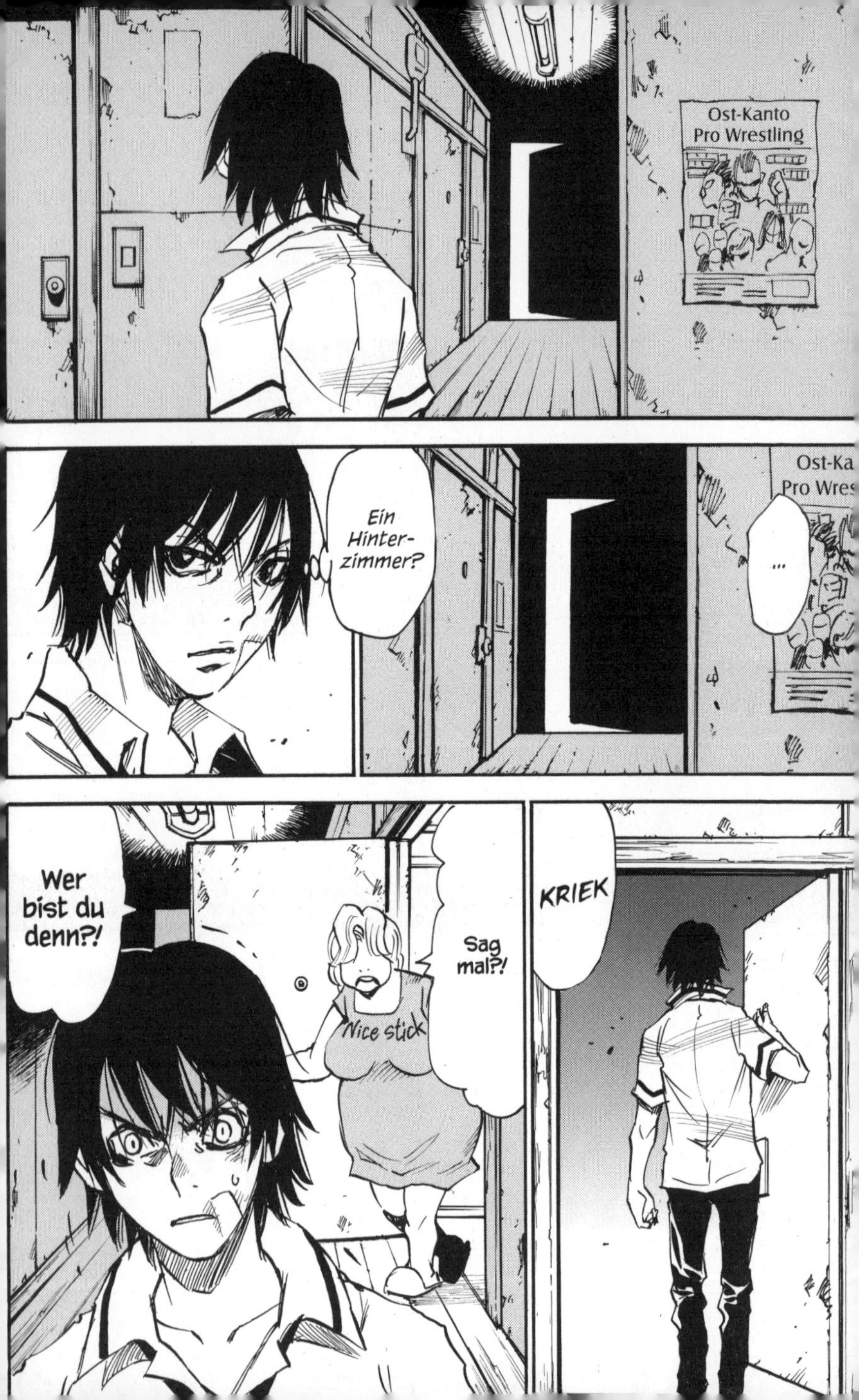

Ost-Kanto
Pro Wrestling

…

Ein Hinter-zimmer?

KRIEK

Sag mal?!

Nice stick

Wer bist du denn?!

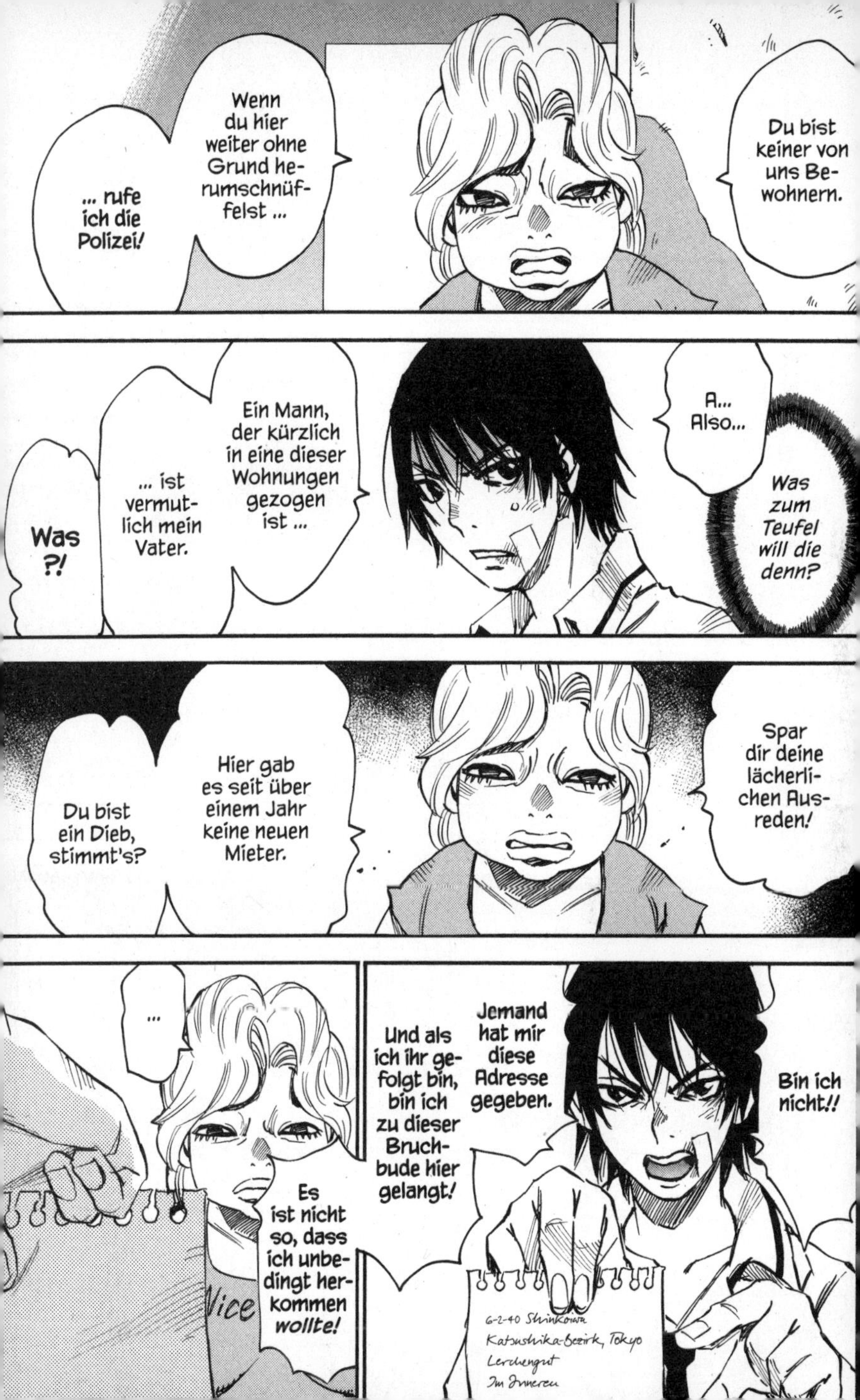
Du bist keiner von uns Bewohnern.
Wenn du hier weiter ohne Grund herumschnüffelst ...
... rufe ich die Polizei!
A... Also...
Was zum Teufel will die denn?
Ein Mann, der kürzlich in eine dieser Wohnungen gezogen ist ...
... ist vermutlich mein Vater.
Was ?!
Spar dir deine lächerlichen Ausreden!
Hier gab es seit über einem Jahr keine neuen Mieter.
Du bist ein Dieb, stimmt's?
Bin ich nicht!!
Jemand hat mir diese Adresse gegeben.
Und als ich ihr gefolgt bin, bin ich zu dieser Bruchbude hier gelangt!
6-2-40 Shinkoiwa
Katsushika-Bezirk, Tokyo
Lerchengut
Im Inneren
...
Es ist nicht so, dass ich unbedingt herkommen wollte!

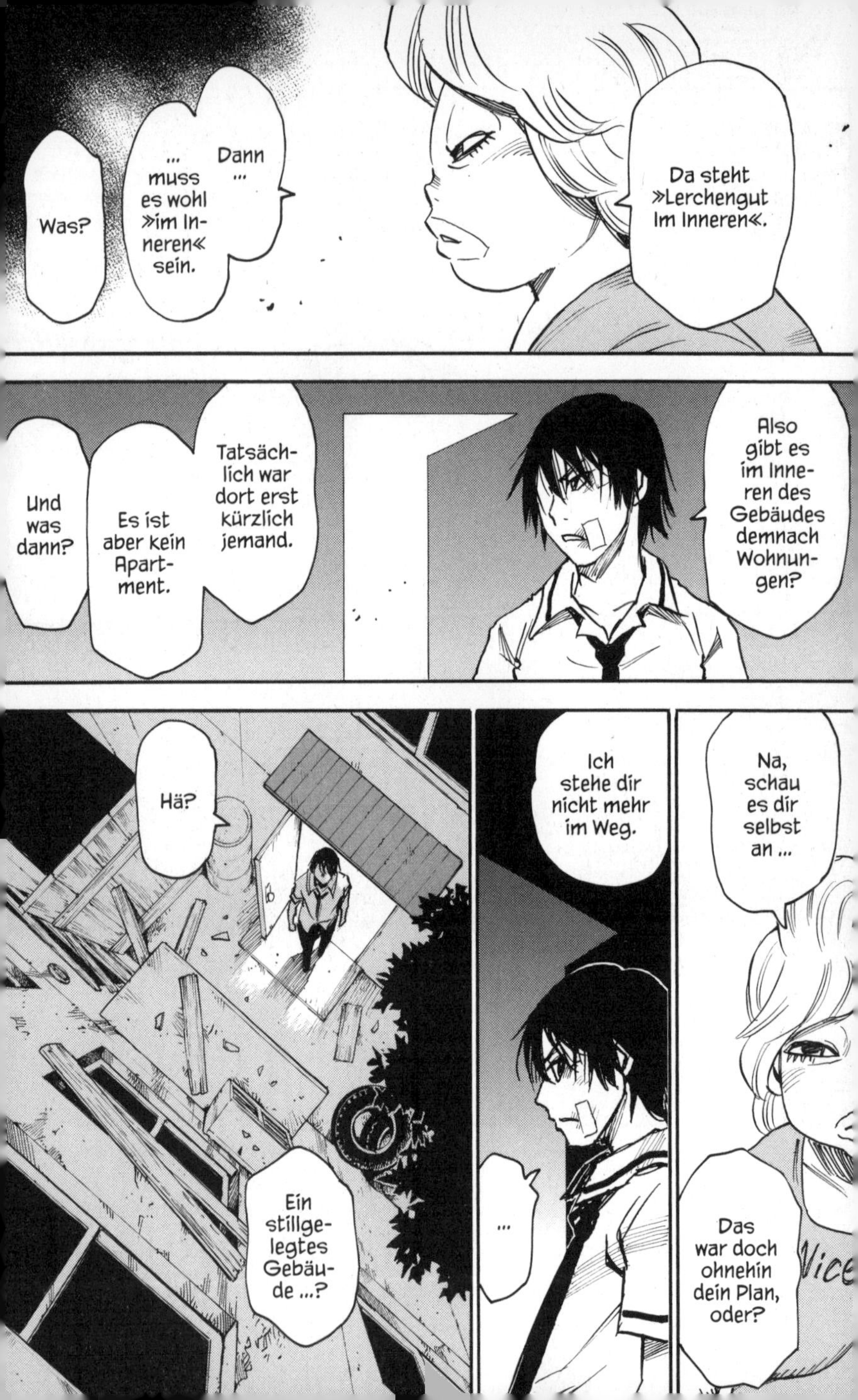

Da steht »Lerchengut Im Inneren«.

Dann ...

... muss es wohl »im Inneren« sein.

Was?

Also gibt es im Inneren des Gebäudes demnach Wohnungen?

Tatsächlich war dort erst kürzlich jemand.

Es ist aber kein Apartment.

Und was dann?

Na, schau es dir selbst an ...

Das war doch ohnehin dein Plan, oder?

Ich stehe dir nicht mehr im Weg.

...

Hä?

Ein stillgelegtes Gebäude ...?

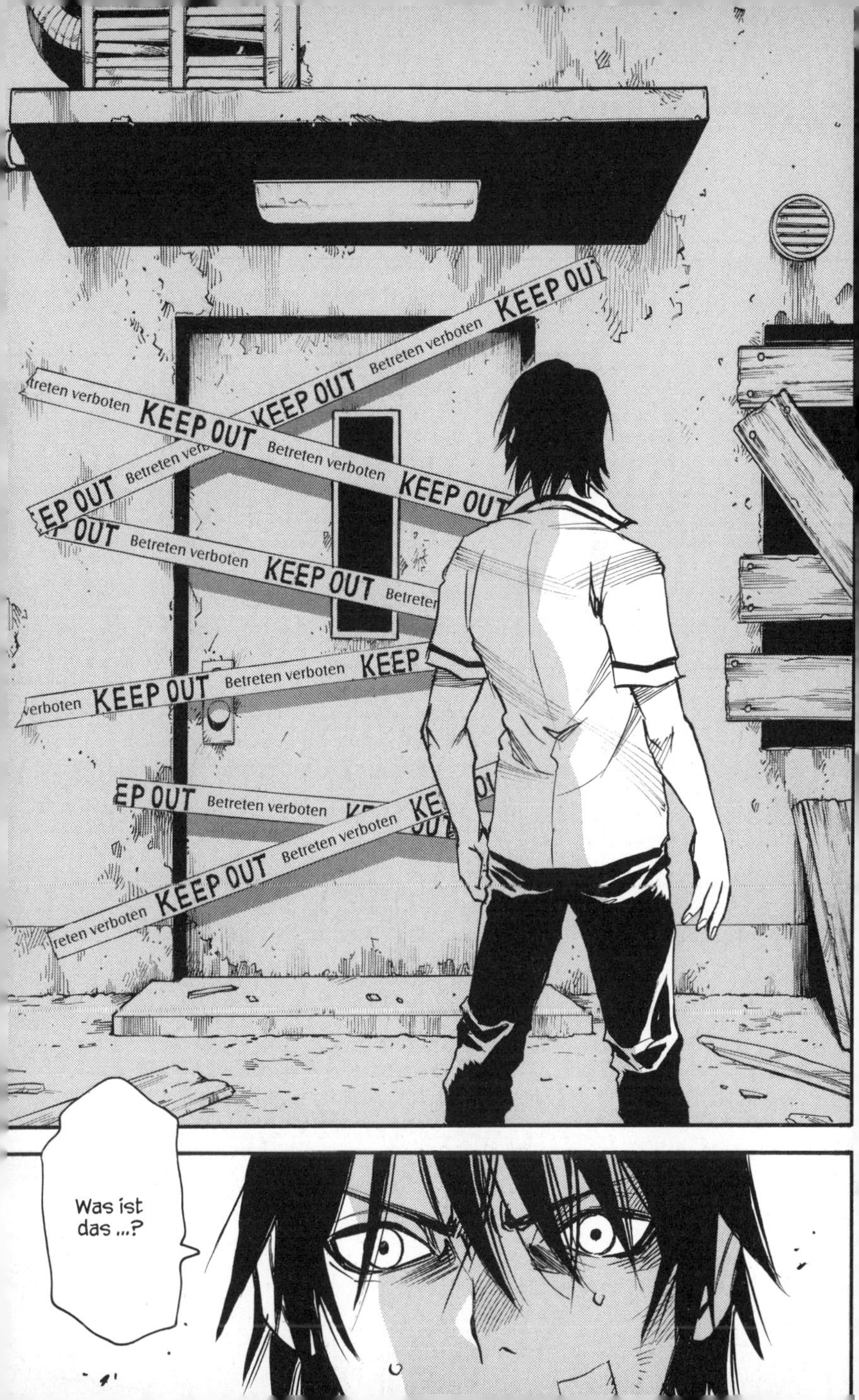
reten verboten KEEP OUT Betreten verboten KEEP OUT
EP OUT Betreten ver KEEP OUT Betreten verboten KEEP OUT
OUT Betreten verboten KEEP OUT Betreten
verboten KEEP OUT Betreten verboten KEEP
EP OUT Betreten verboten
reten verboten KEEP OUT Betreten verboten
Was ist das ...?

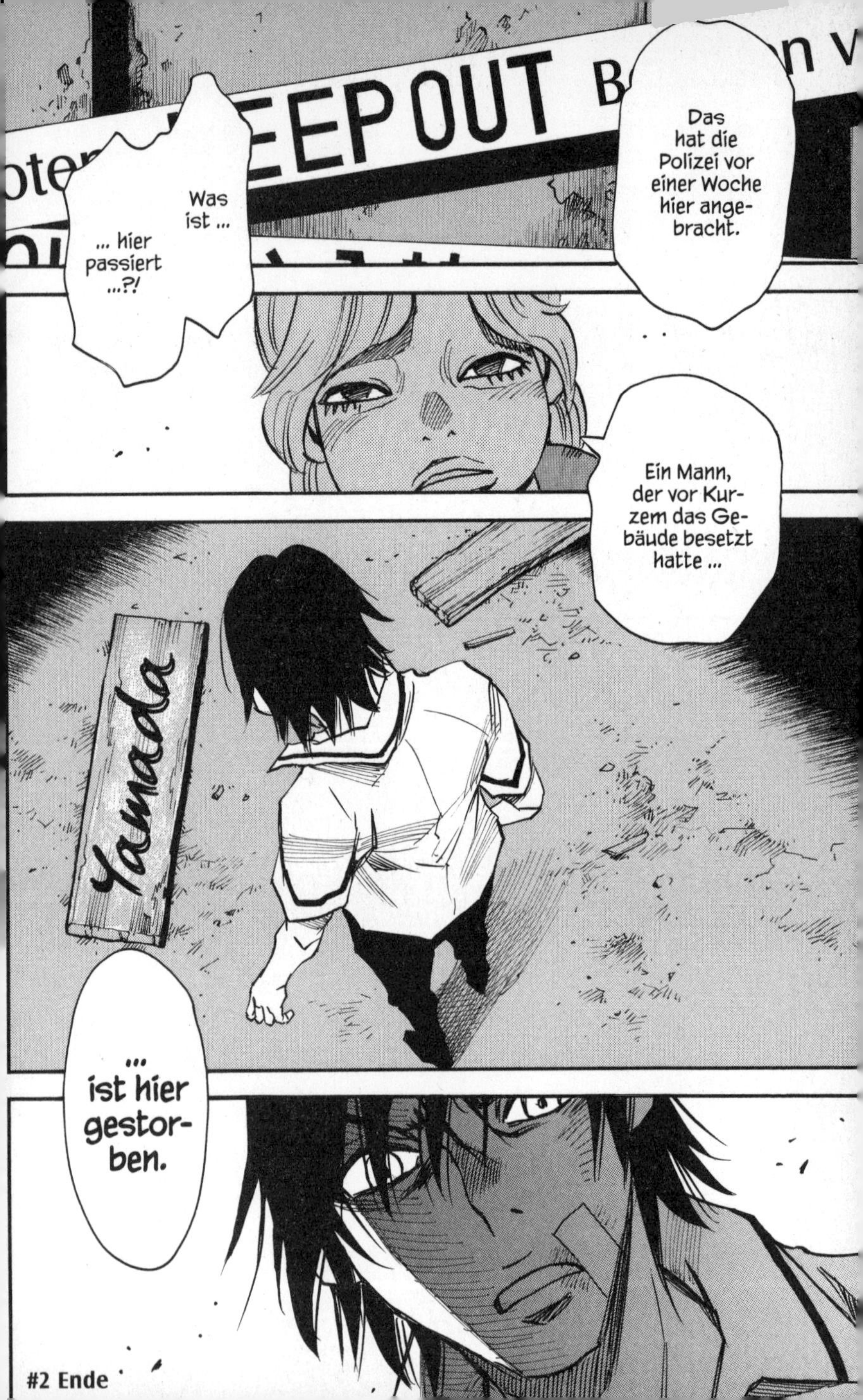
Was ist ...
... hier passiert ...?!
Das hat die Polizei vor einer Woche hier angebracht.
Ein Mann, der vor Kurzem das Gebäude besetzt hatte ...
Yamada
... ist hier gestorben.
#2 Ende

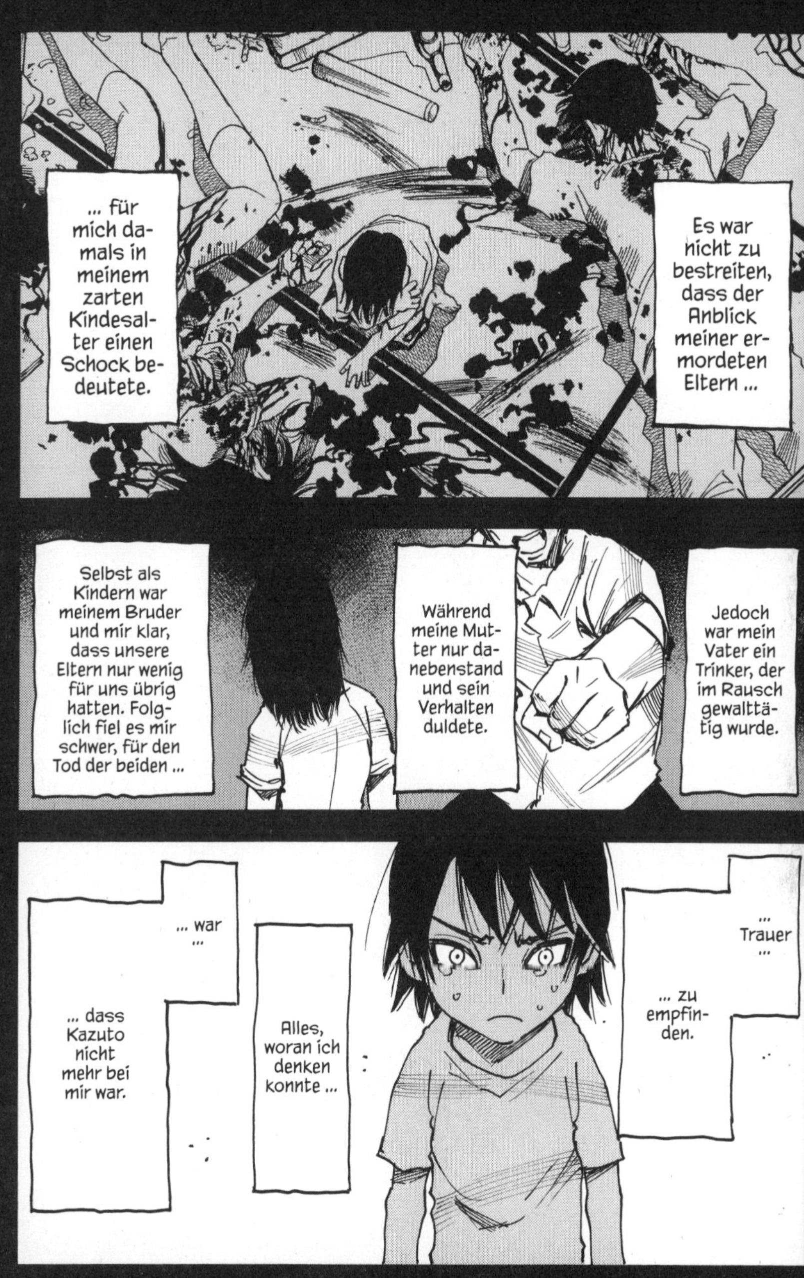
Es war nicht zu bestreiten, dass der Anblick meiner ermordeten Eltern ...
... für mich damals in meinem zarten Kindesalter einen Schock bedeutete.
Jedoch war mein Vater ein Trinker, der im Rausch gewalttätig wurde.
Während meine Mutter nur danebenstand und sein Verhalten duldete.
Selbst als Kindern war meinem Bruder und mir klar, dass unsere Eltern nur wenig für uns übrig hatten. Folglich fiel es mir schwer, für den Tod der beiden ...
... Trauer ...
... zu empfinden.
Alles, woran ich denken konnte ...
... war ...
... dass Kazuto nicht mehr bei mir war.

In unserer Kinderwelt ...

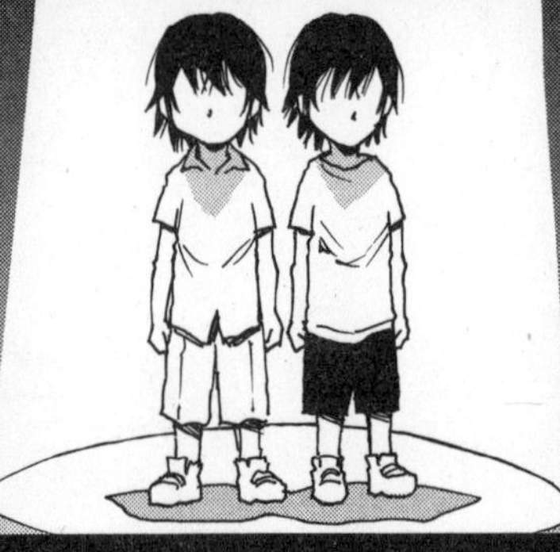

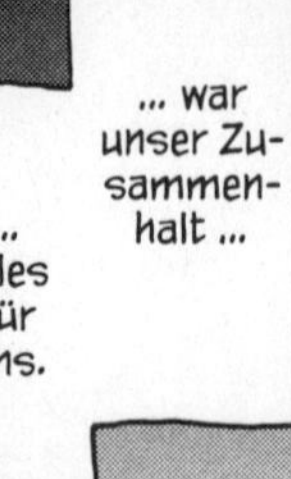

Folglich war Kazutos Verschwinden ...

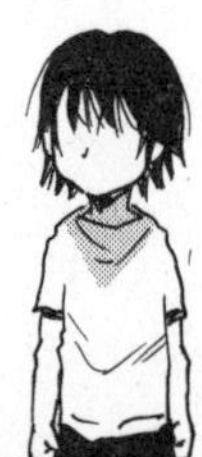

... auch das Einzige, was mich Trauer fühlen ließ.

Allerdings ...

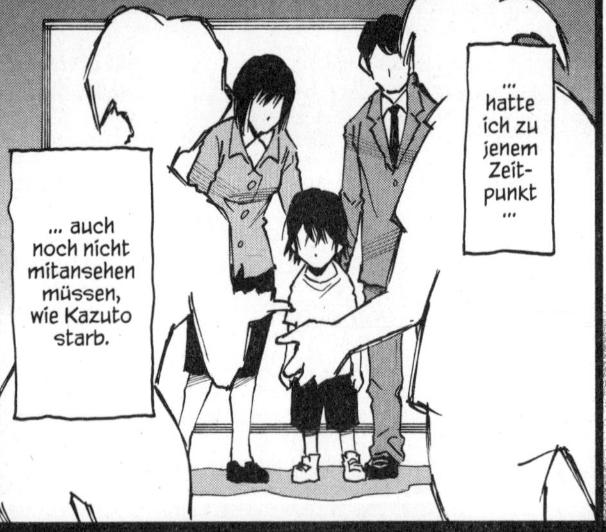

#3 Ich beschloss, ihn zu töten

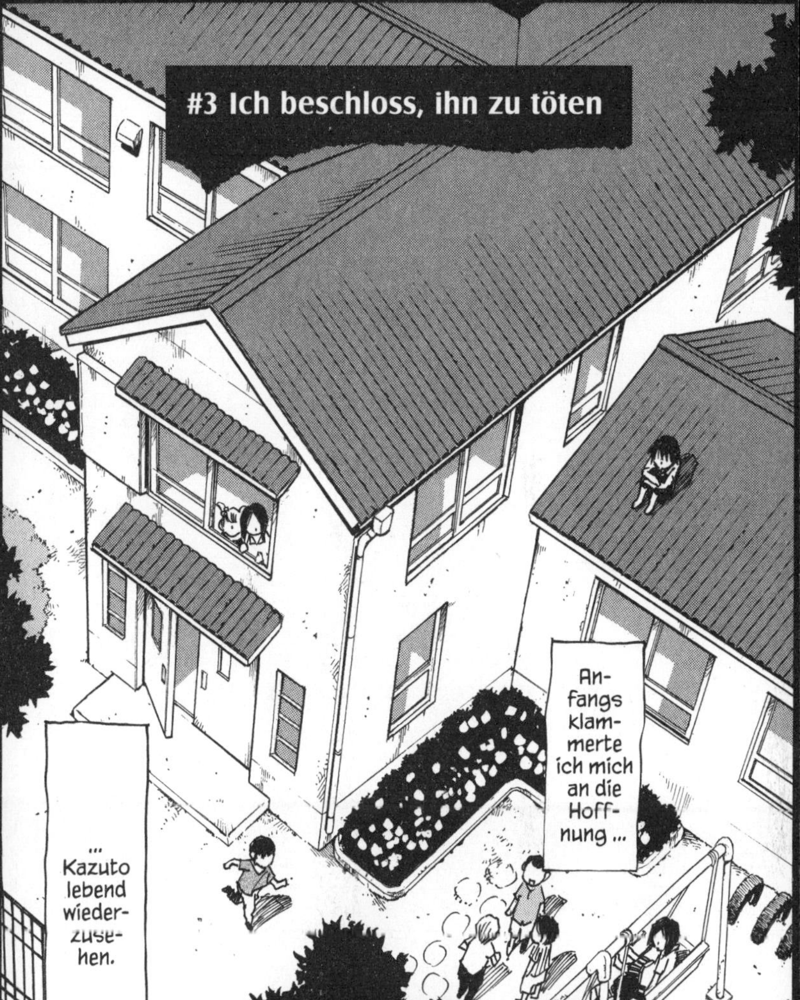

Anfangs klammerte ich mich an die Hoffnung ...

... Kazuto lebend wiederzusehen.

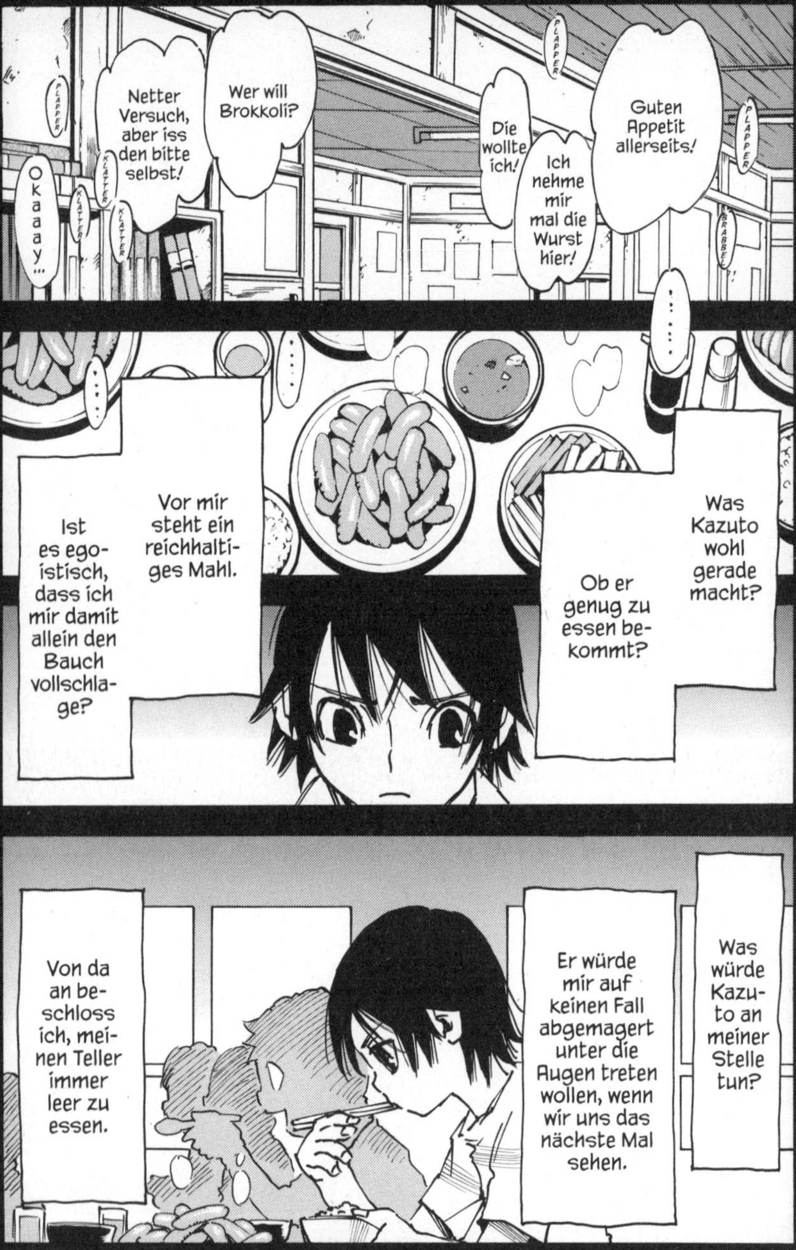

PLAPPER

Guten Appetit allerseits!

PLAPPER

BRABBEL

Ich nehme mir mal die Wurst hier!

Die wollte ich!

PLAPPER

Wer will Brokkoli?

Netter Versuch, aber iss den bitte selbst!

KLATTER

KLATTER

KLATTER

PLAPPER

Okaaay...

......

......

......

Was Kazuto wohl gerade macht?

Ob er genug zu essen bekommt?

Vor mir steht ein reichhaltiges Mahl.

Ist es egoistisch, dass ich mir damit allein den Bauch vollschlage?

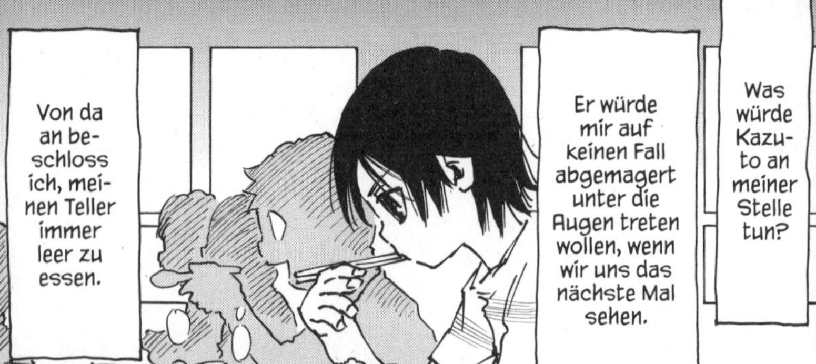

Der Rote-Blättergarten war ein Kinderheim, in dem eine große Anzahl von Kindern lebte, die aus unterschiedlichen Gründen nicht mit ihren Eltern zusammenwohnen konnten.

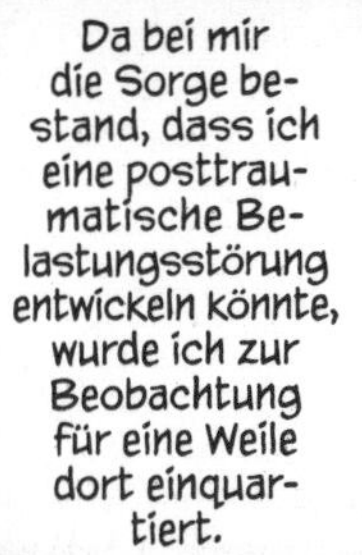

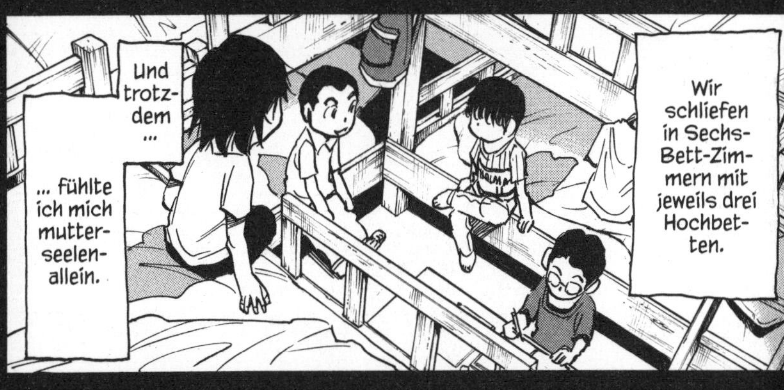

Nachts ...

... litt ich darunter, dass der Platz neben mir, den sonst immer Kazuto eingenommen hatte, leer war.

Ich war schrecklich einsam.

Ständig fragte ich mich, wo Kazuto wohl schlief. Ob er jetzt schon eingeschlafen war? Ob er überhaupt ein Bett hatte?

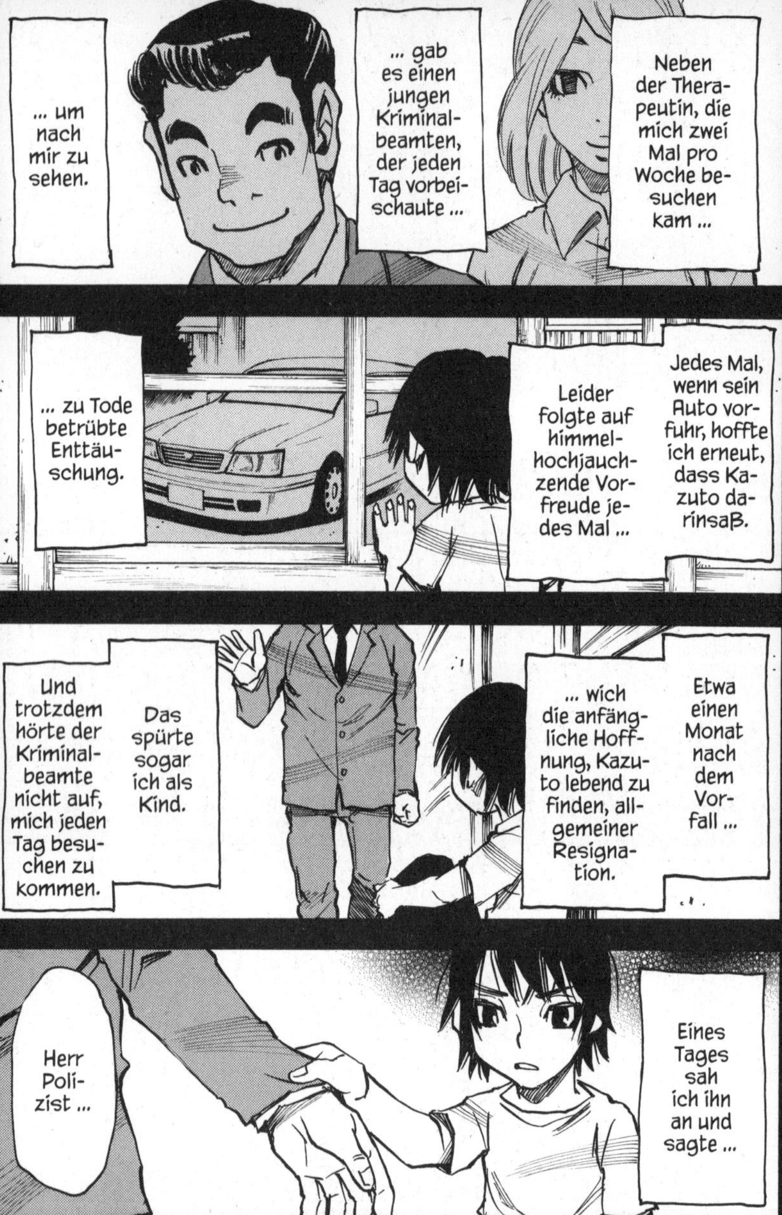
Neben der Therapeutin, die mich zwei Mal pro Woche besuchen kam ...
... gab es einen jungen Kriminalbeamten, der jeden Tag vorbeischaute ...
... um nach mir zu sehen.
Jedes Mal, wenn sein Auto vorfuhr, hoffte ich erneut, dass Kazuto darinsaß.
Leider folgte auf himmelhochjauchzende Vorfreude jedes Mal ...
... zu Tode betrübte Enttäuschung.
Etwa einen Monat nach dem Vorfall ...
... wich die anfängliche Hoffnung, Kazuto lebend zu finden, allgemeiner Resignation.
Das spürte sogar ich als Kind.
Und trotzdem hörte der Kriminalbeamte nicht auf, mich jeden Tag besuchen zu kommen.
Eines Tages sah ich ihn an und sagte ...
Herr Polizist ...

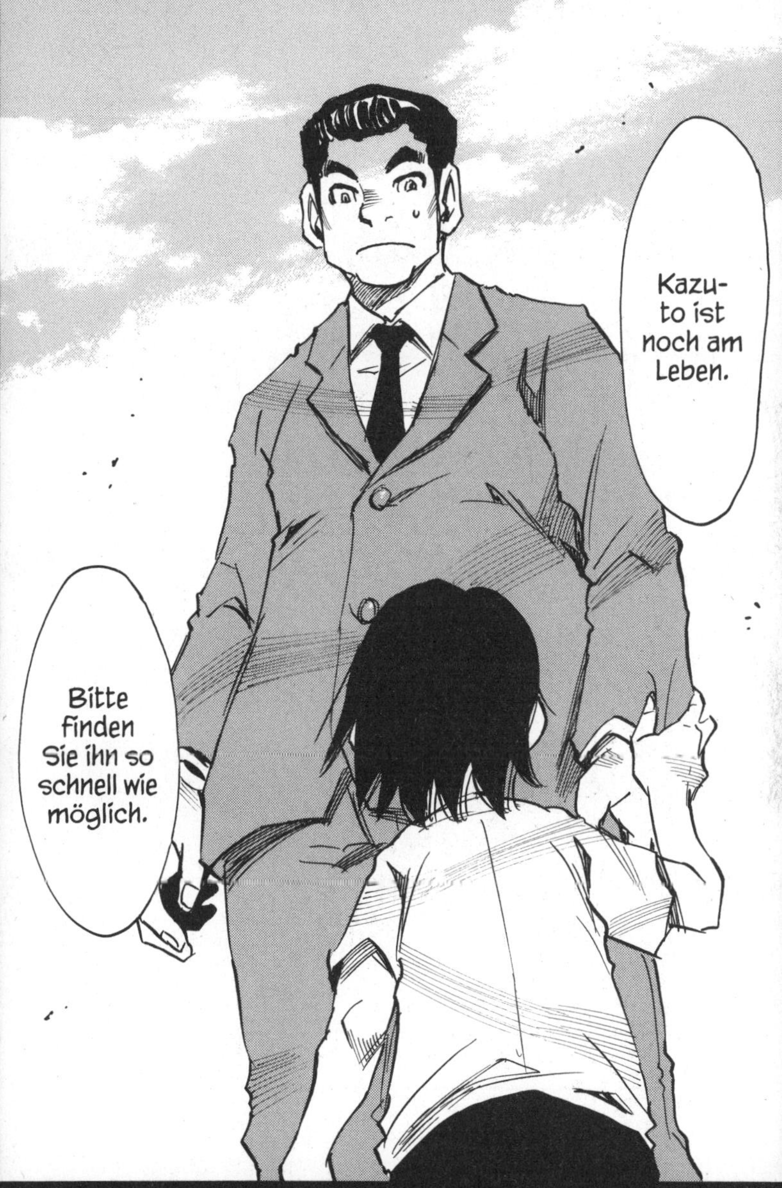
Kazuto ist noch am Leben.
Bitte finden Sie ihn so schnell wie möglich.

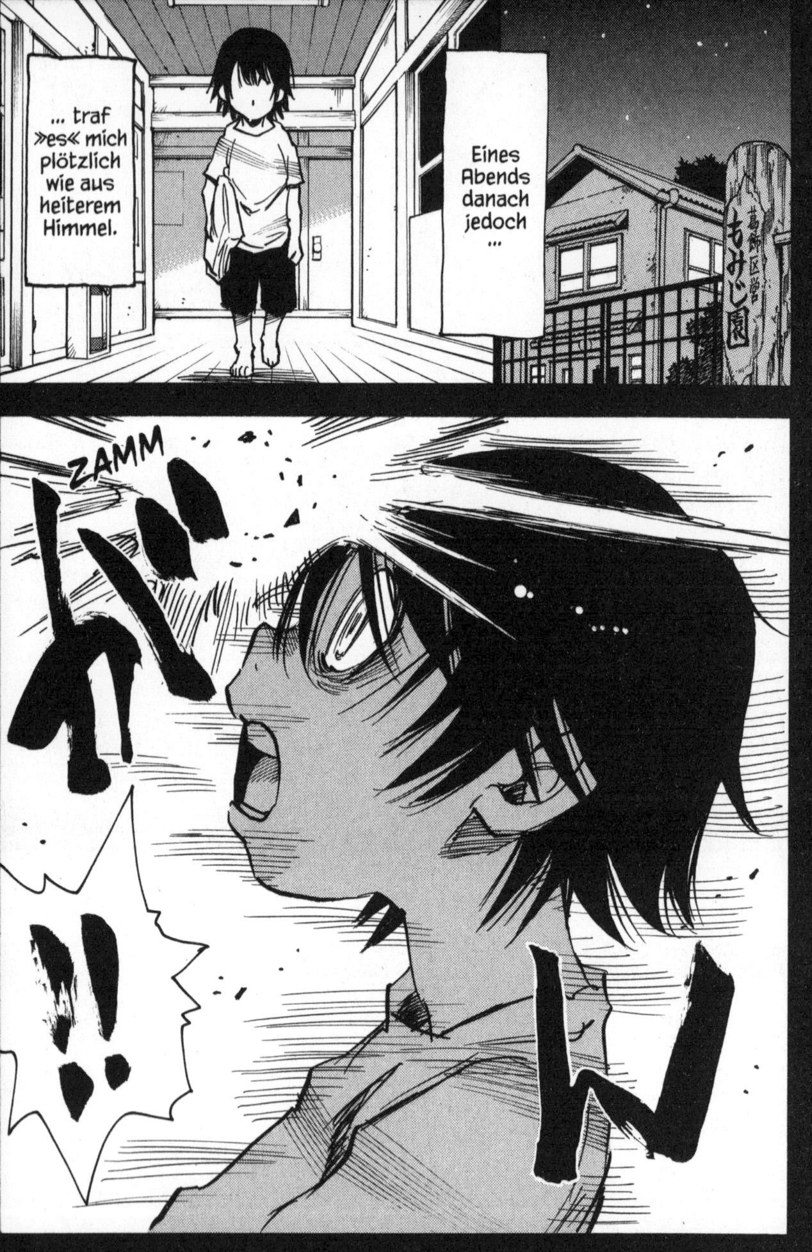
Eines Abends danach jedoch ...
葛飾区営
もみじ園
... traf »es« mich plötzlich wie aus heiterem Himmel.
ZAMM

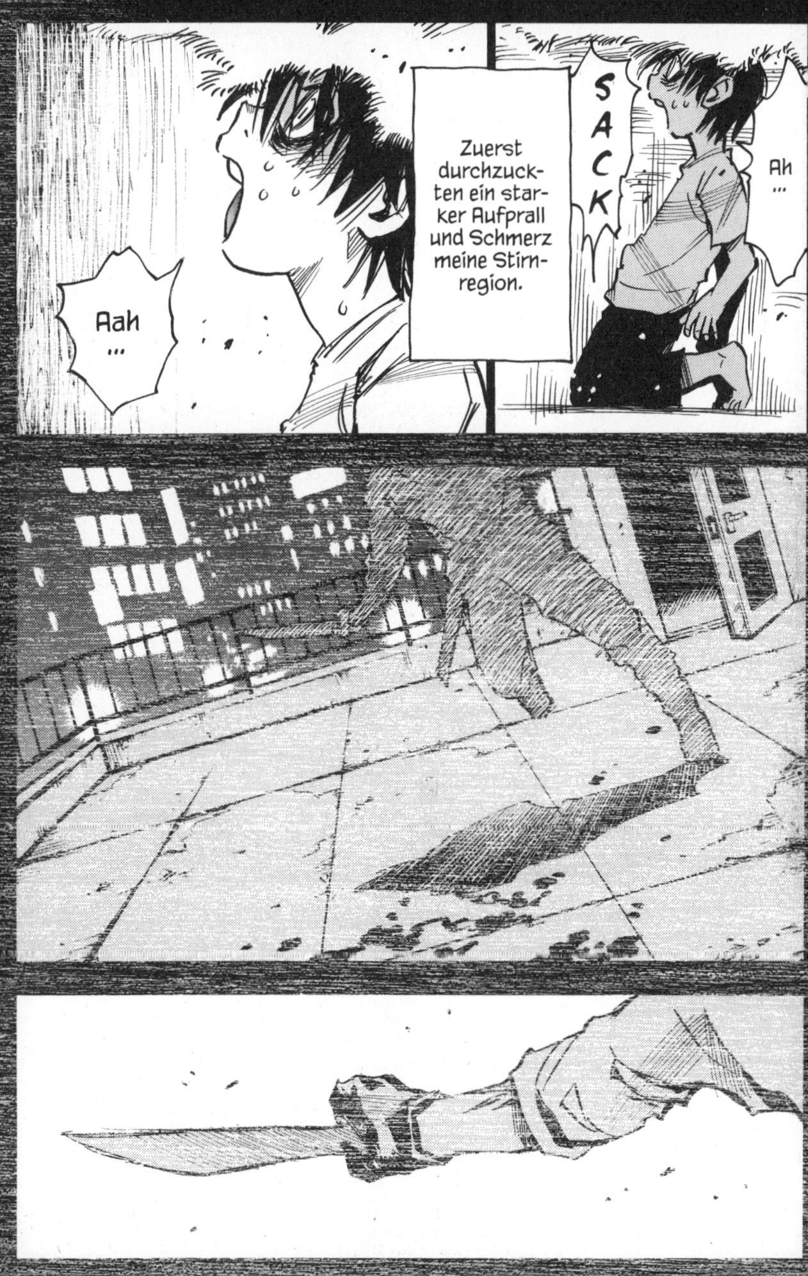
SACK
Ah …
Zuerst durchzuckten ein starker Aufprall und Schmerz meine Stirnregion.
Aah …

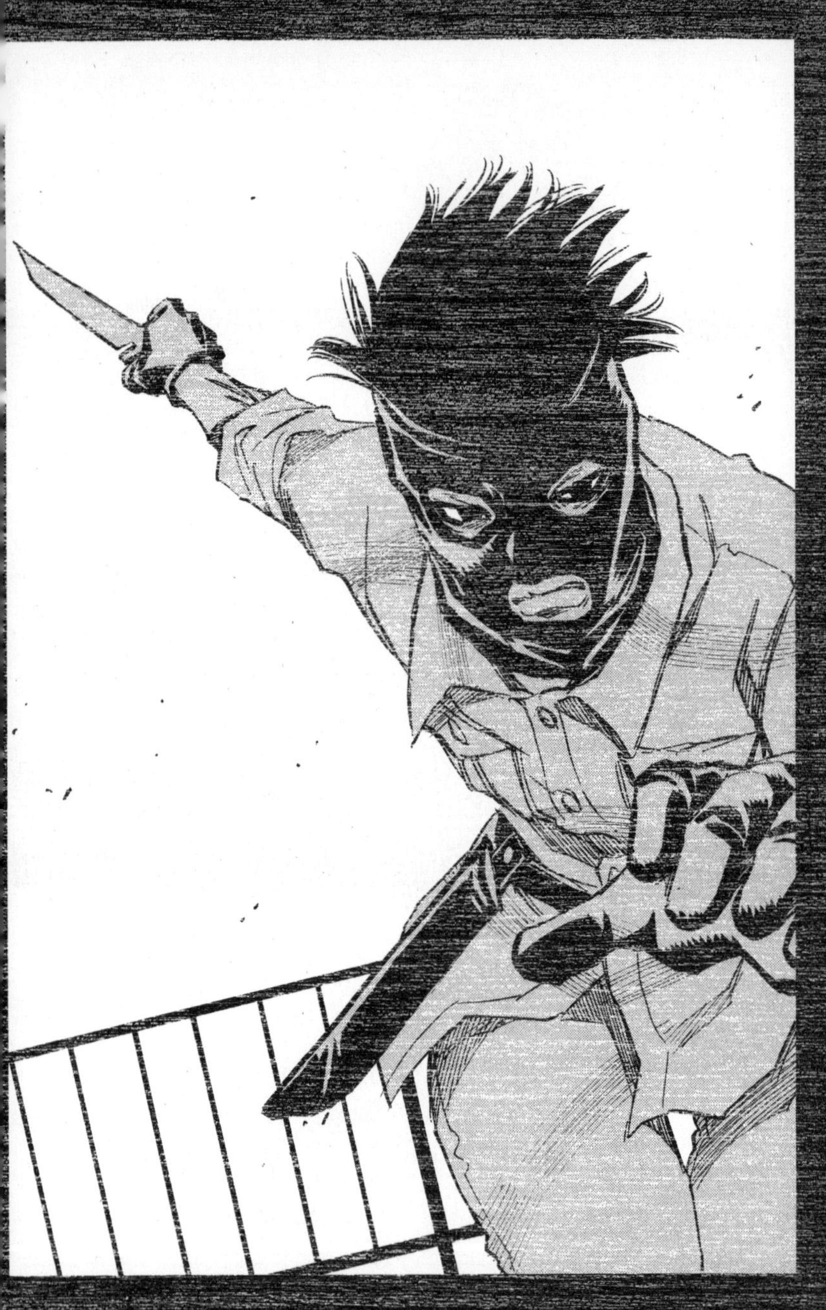

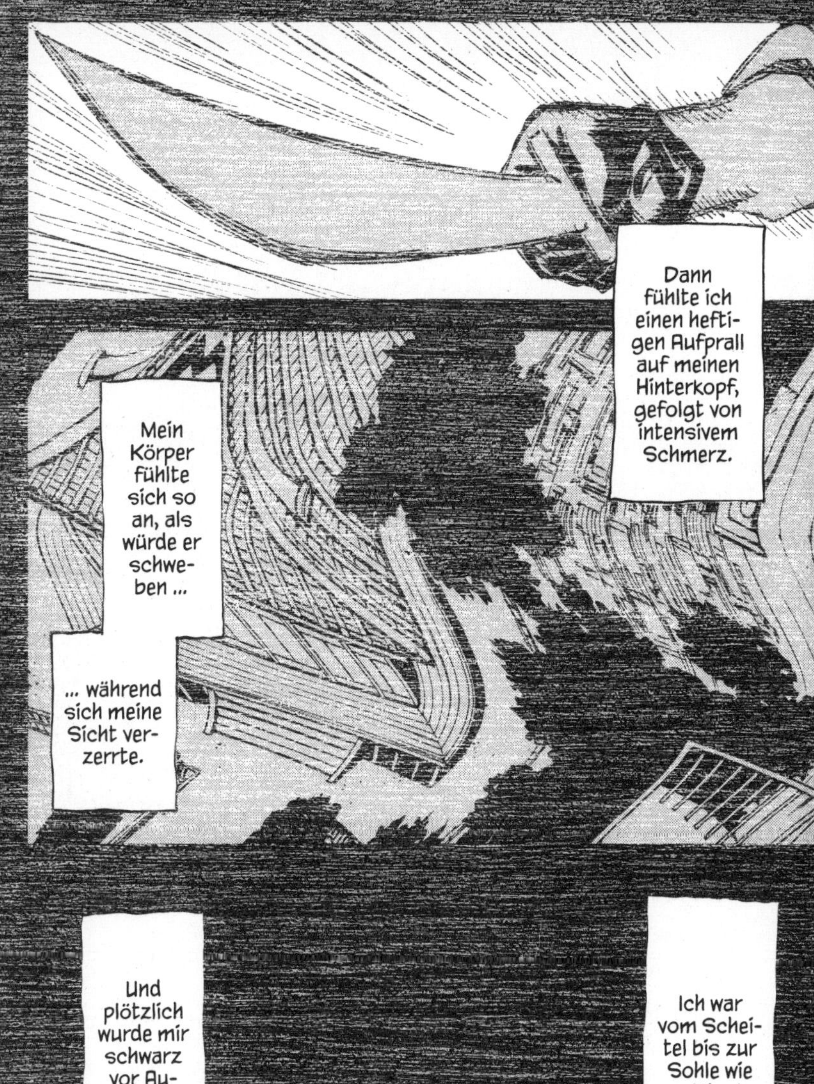
Dann fühlte ich einen heftigen Aufprall auf meinen Hinterkopf, gefolgt von intensivem Schmerz.
Mein Körper fühlte sich so an, als würde er schweben ...
... während sich meine Sicht verzerrte.
Ich war vom Scheitel bis zur Sohle wie gelähmt.
Und plötzlich wurde mir schwarz vor Augen.

Dies war das letzte Mal, dass mein Bruder und ich eine Sicht miteinander teilten.

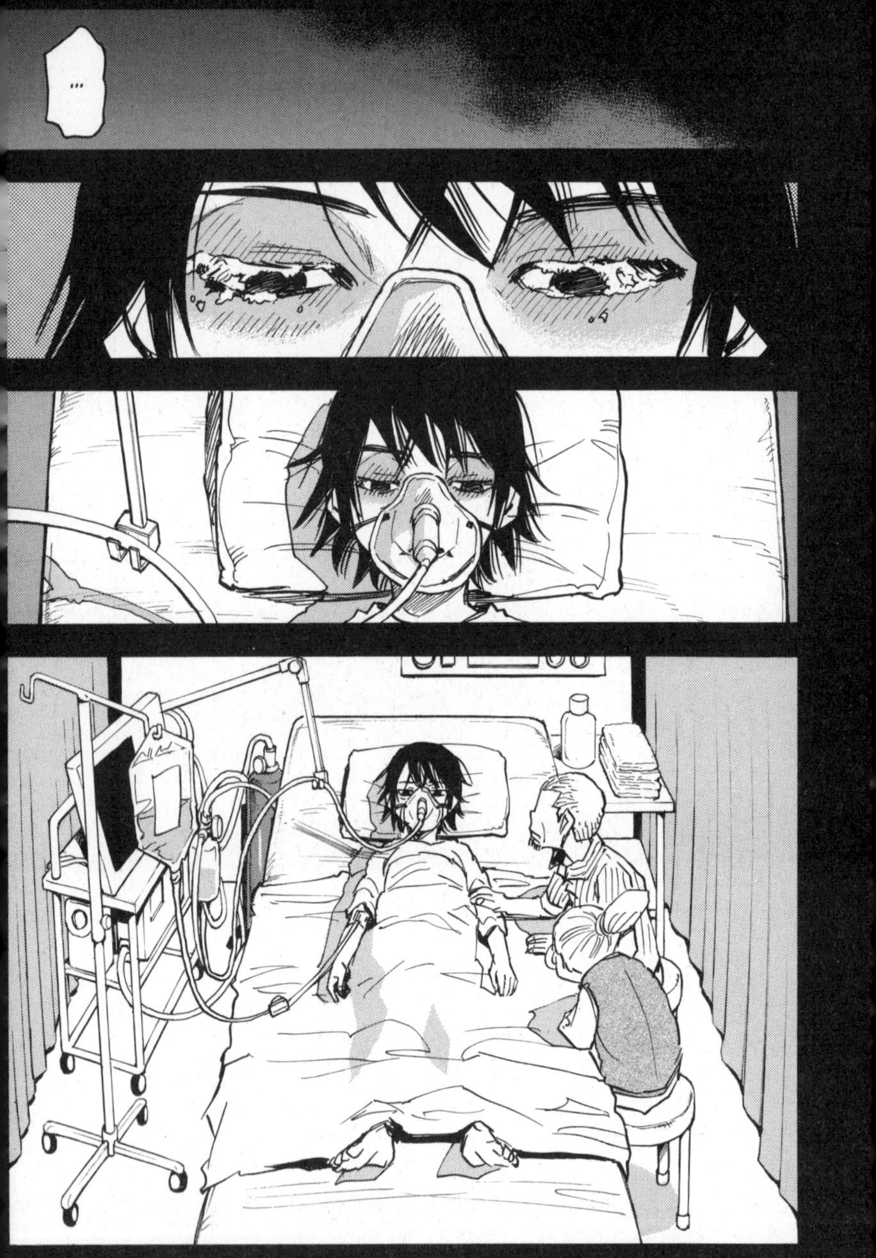

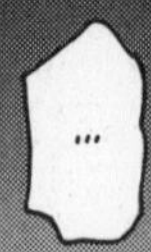

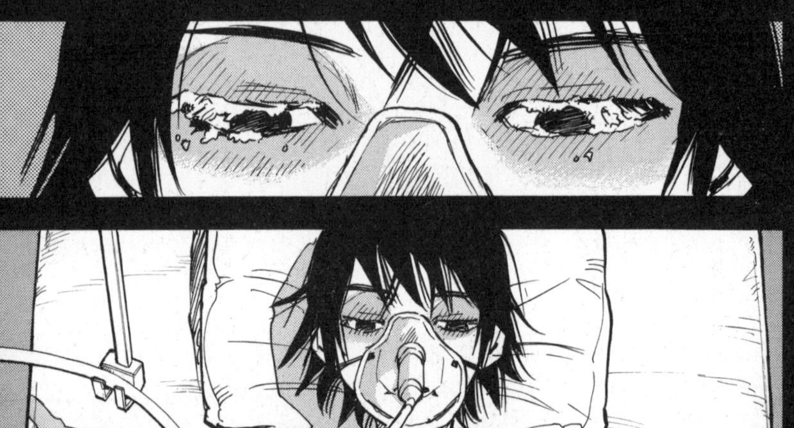

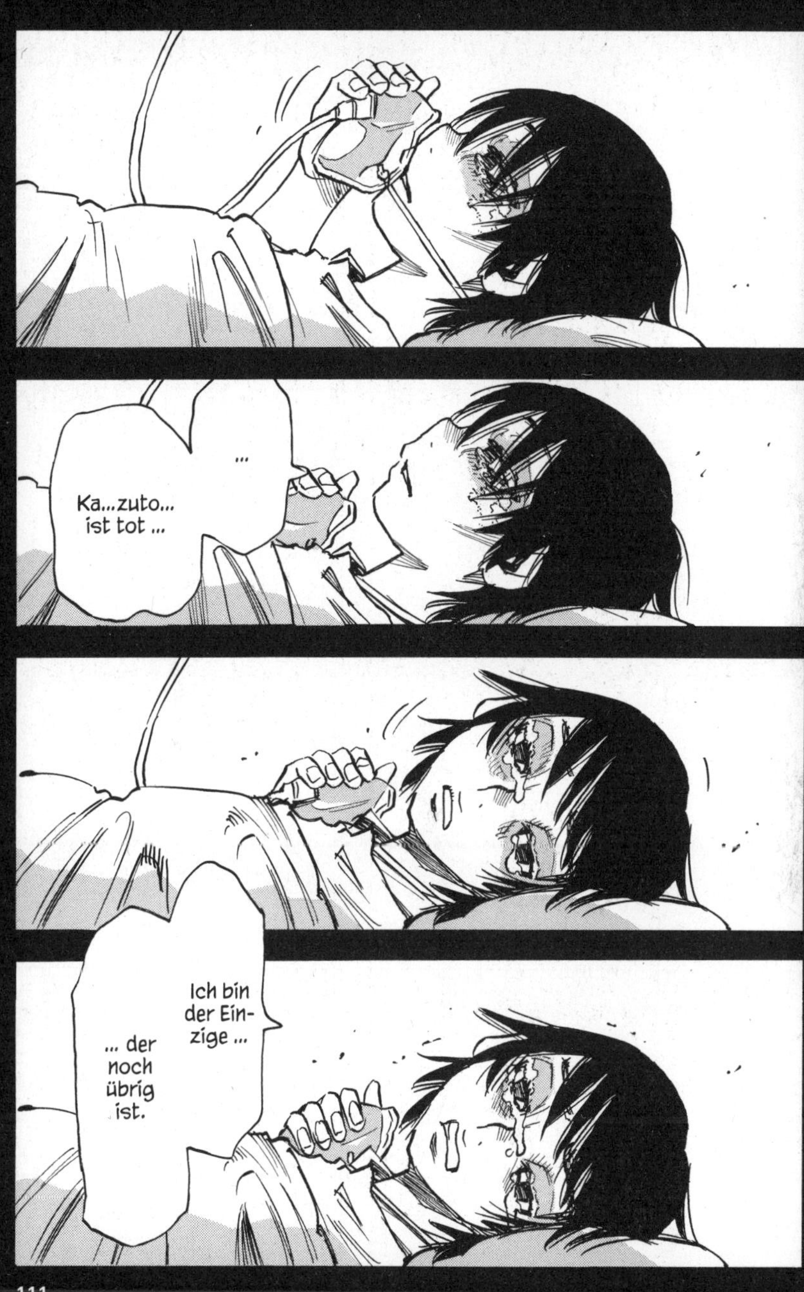
...
Ka...zuto... ist tot ...
Ich bin der Einzige ...
... der noch übrig ist.

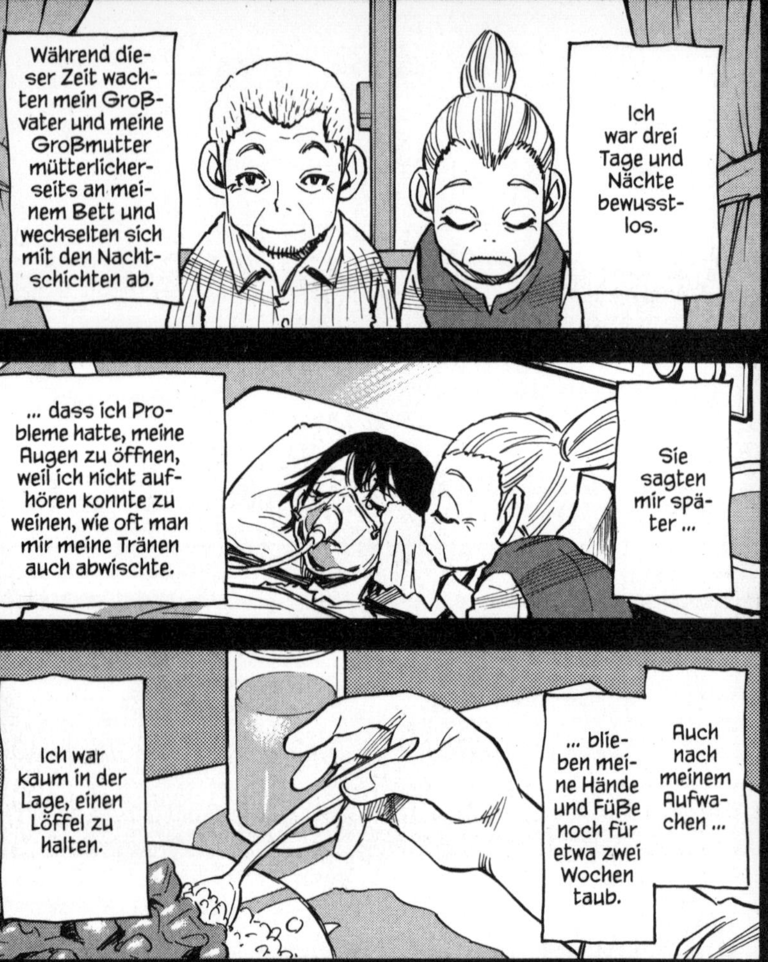
Ich war drei Tage und Nächte bewusstlos.
Während dieser Zeit wachten mein Großvater und meine Großmutter mütterlicherseits an meinem Bett und wechselten sich mit den Nachtschichten ab.
Sie sagten mir später ...
... dass ich Probleme hatte, meine Augen zu öffnen, weil ich nicht aufhören konnte zu weinen, wie oft man mir meine Tränen auch abwischte.
Auch nach meinem Aufwachen ...
... blieben meine Hände und Füße noch für etwa zwei Wochen taub.
Ich war kaum in der Lage, einen Löffel zu halten.

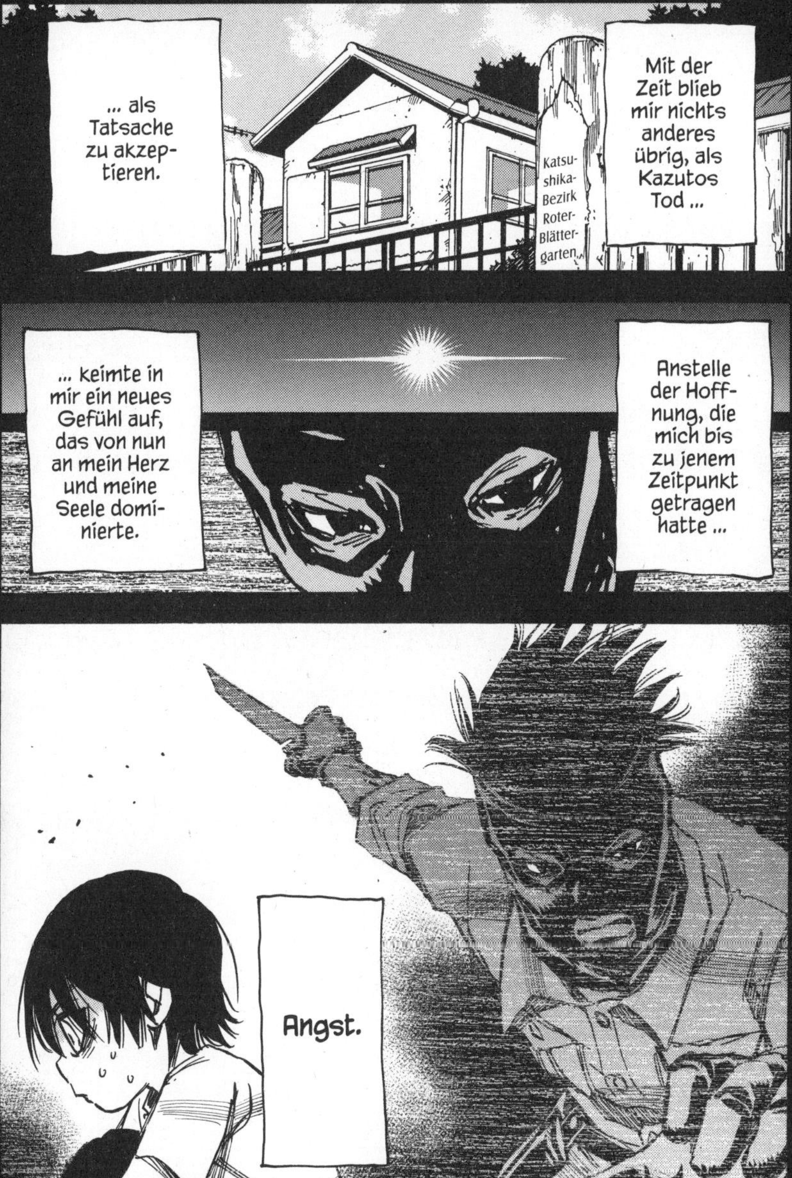

Mit der Zeit blieb mir nichts anderes übrig, als Kazutos Tod ...

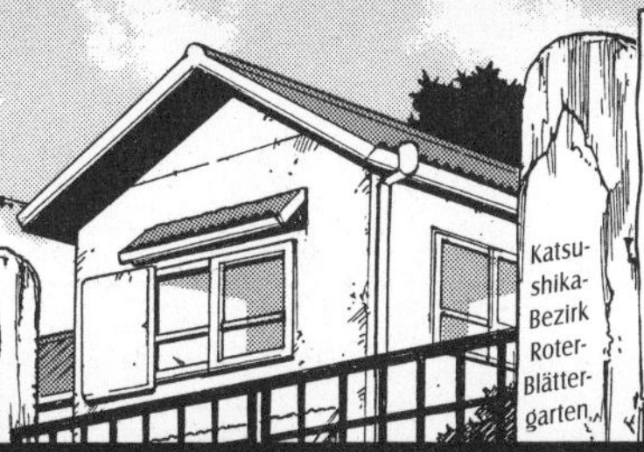

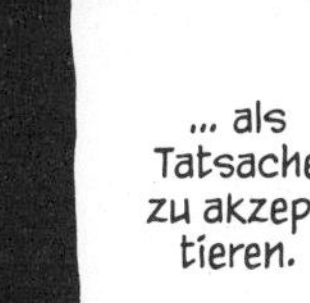

Anstelle der Hoffnung, die mich bis zu jenem Zeitpunkt getragen hatte ...

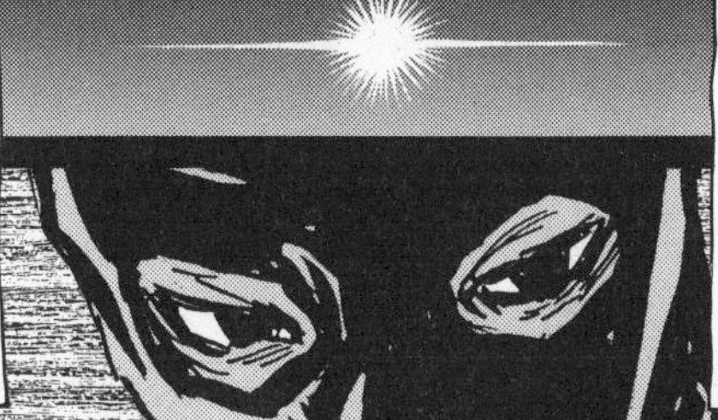

... keimte in mir ein neues Gefühl auf, das von nun an mein Herz und meine Seele dominierte.

Angst.

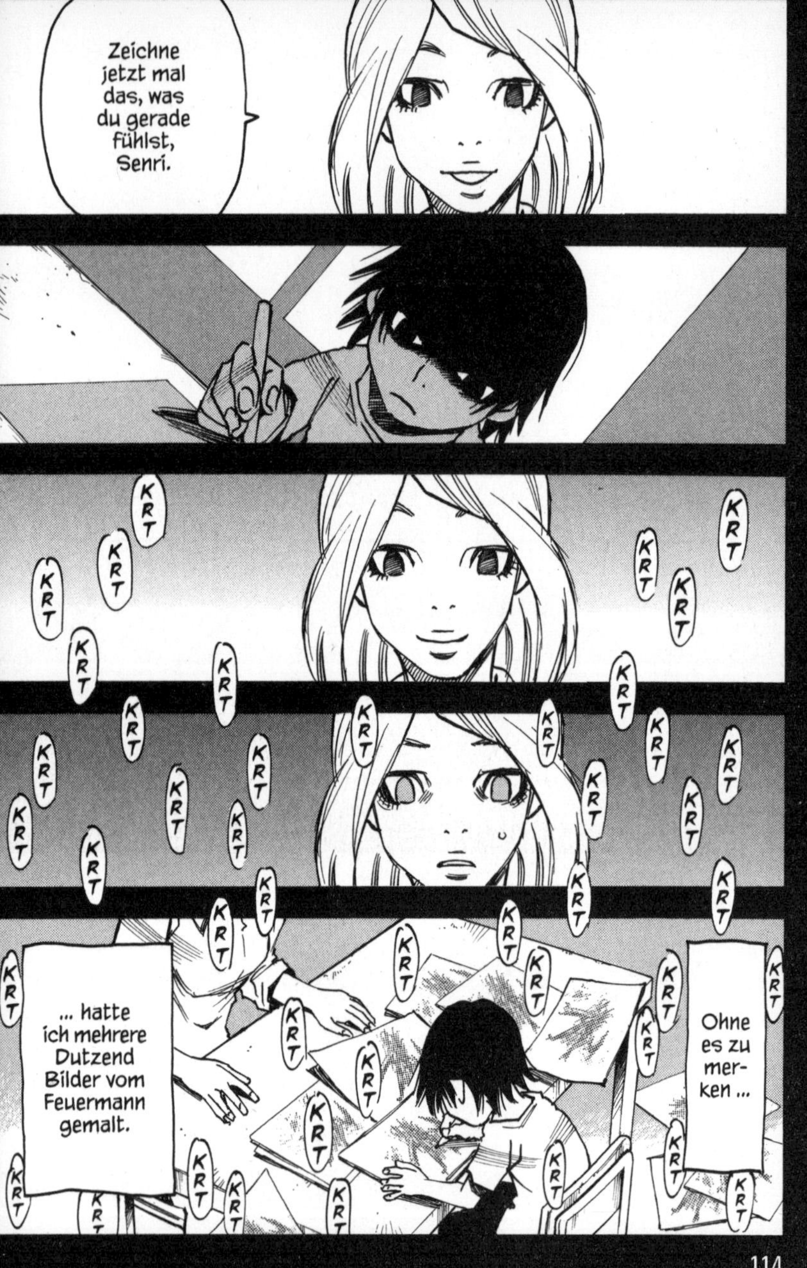
Zeichne jetzt mal das, was du gerade fühlst, Senri.
KRT
KRT
KRT
KRT
Ohne es zu merken ...
... hatte ich mehrere Dutzend Bilder vom Feuermann gemalt.

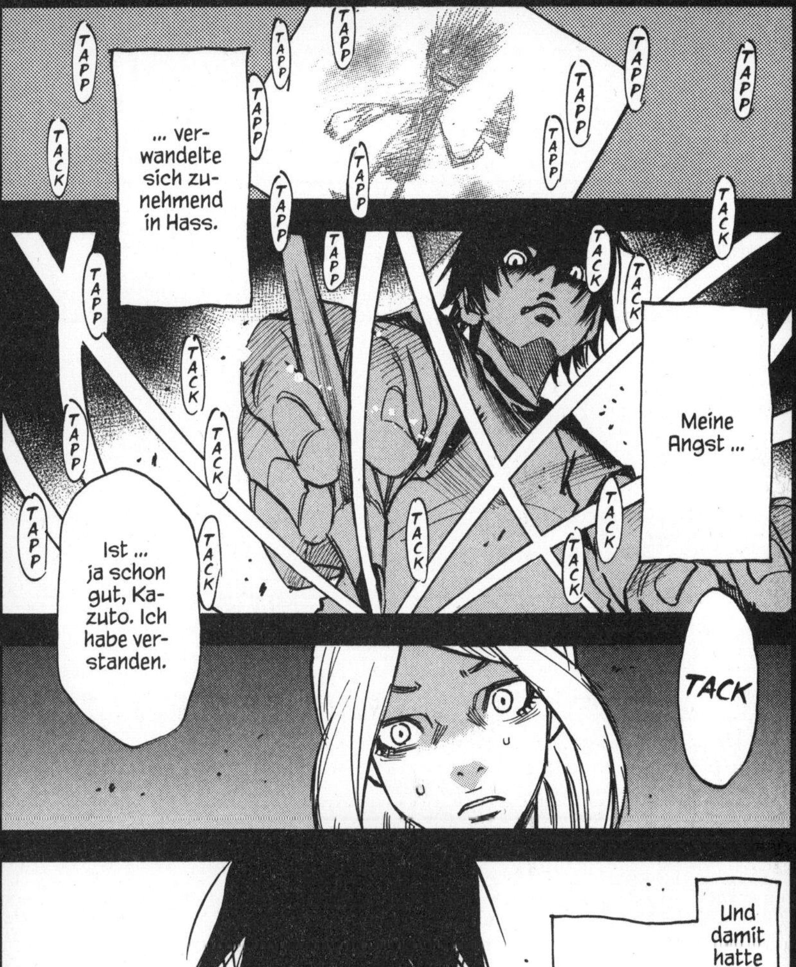

Meine Angst ...

... verwandelte sich zunehmend in Hass.

TAPP TAPP TAPP TAPP TACK TACK TAPP TACK

Ist ... ja schon gut, Kazuto. Ich habe verstanden.

TACK

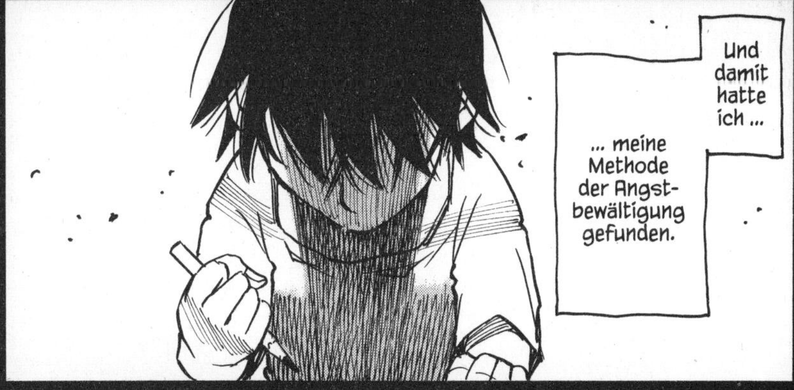

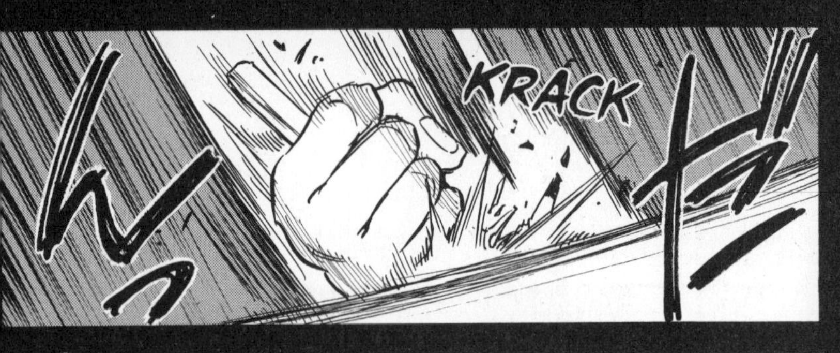

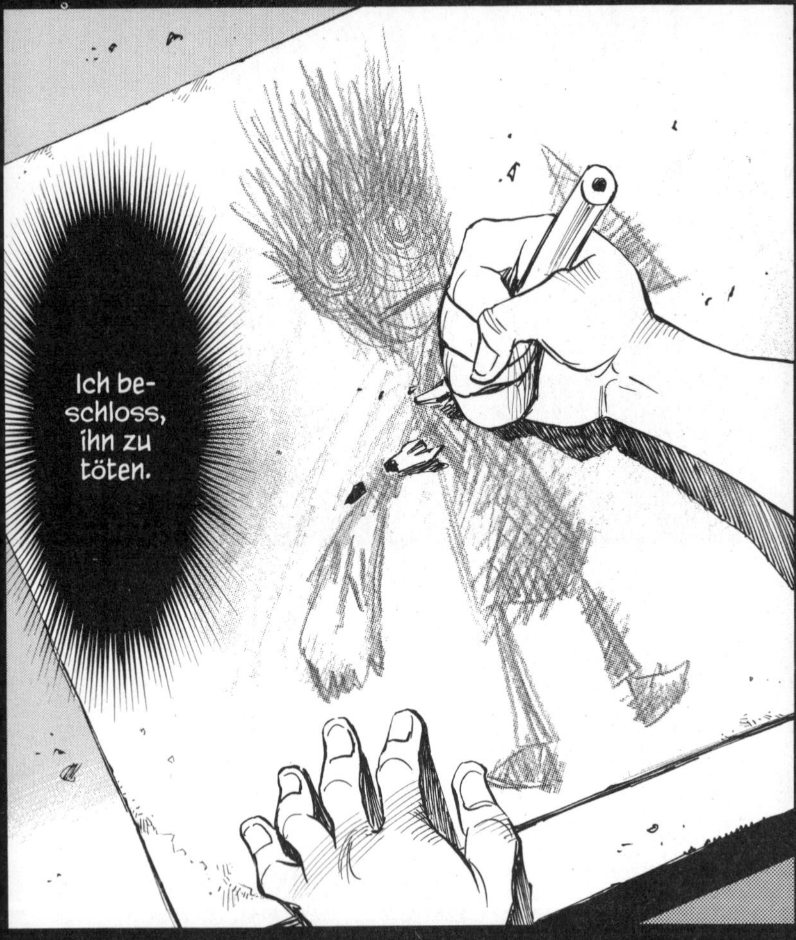

Ich beschloss, ihn zu töten.

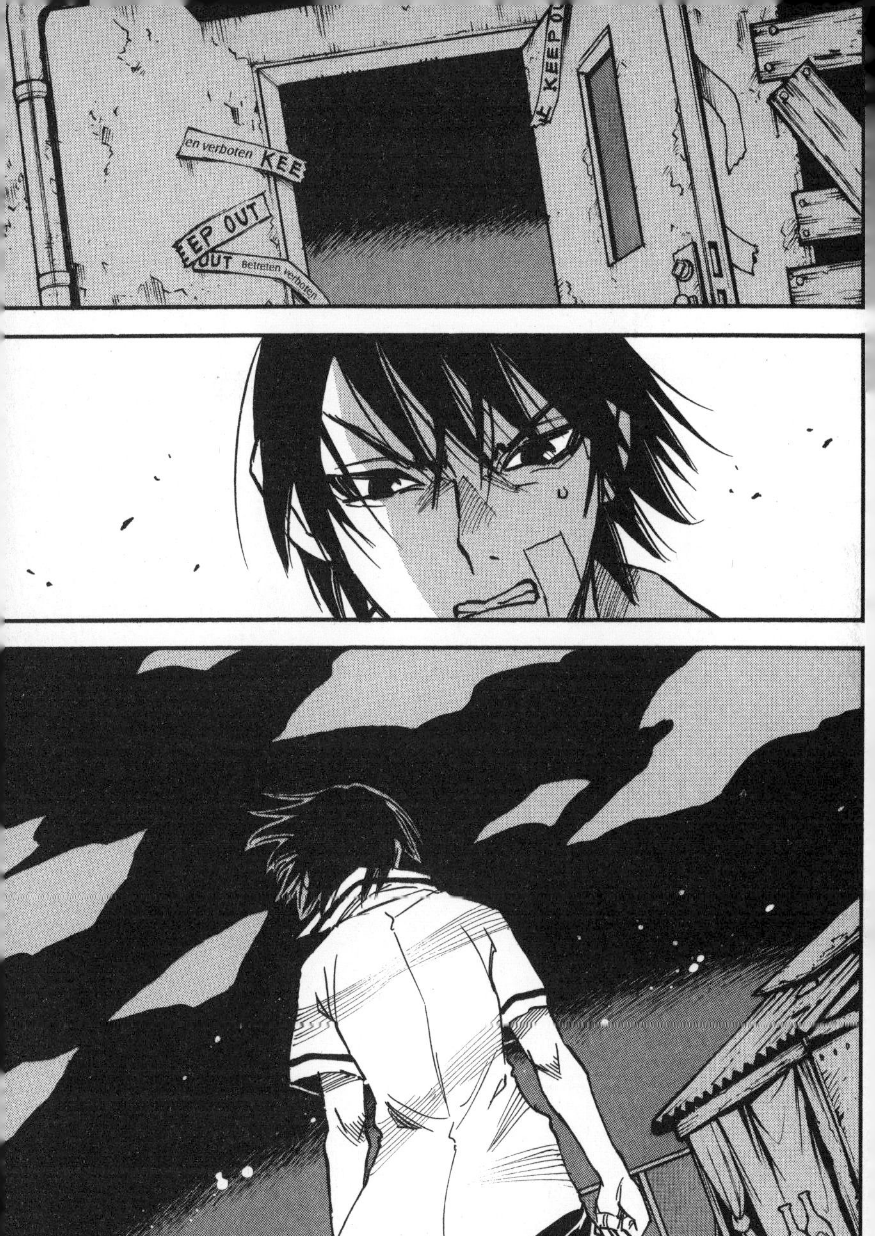

en verboten KEE
KEEP OUT
OUT Betreten verboten

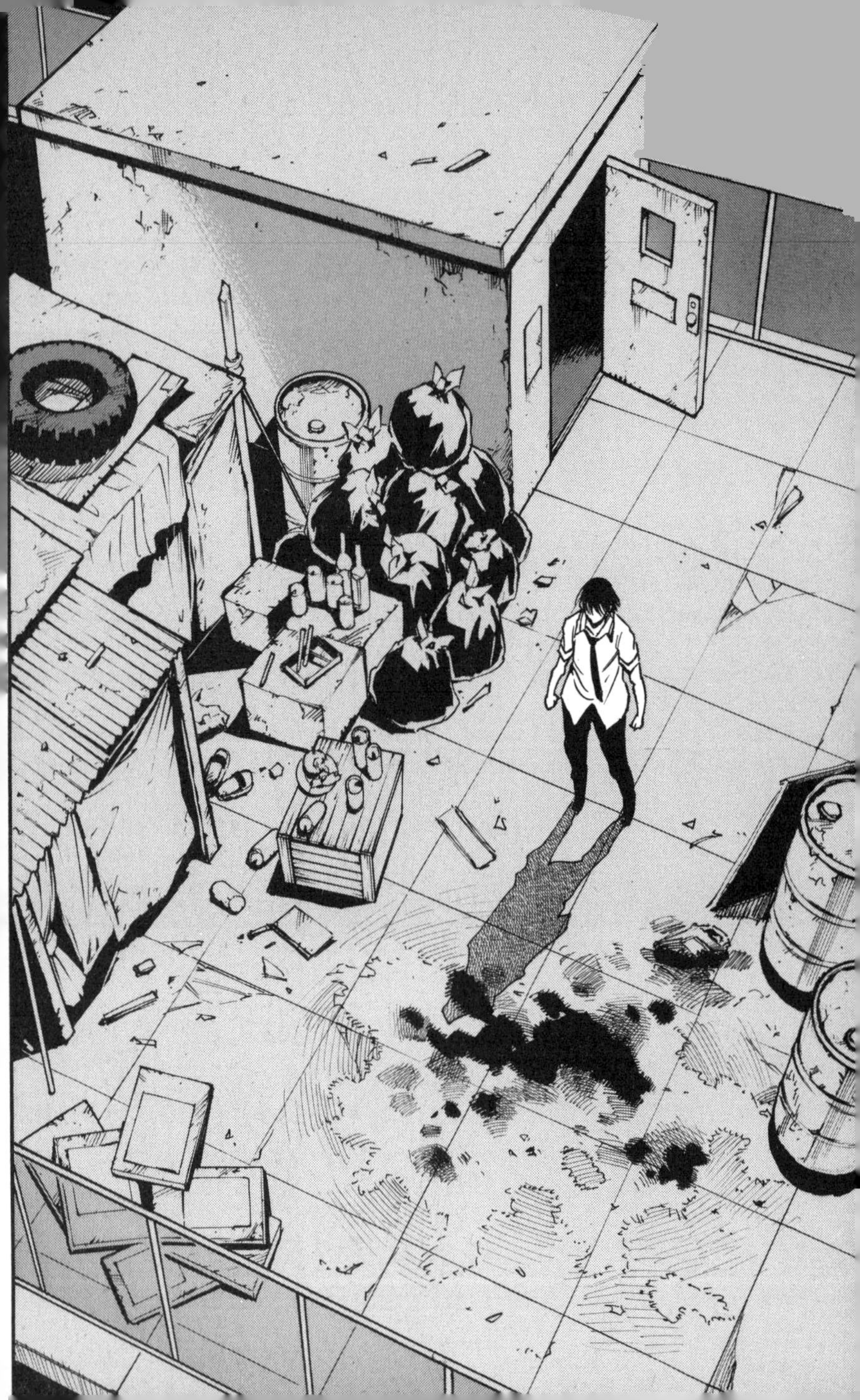

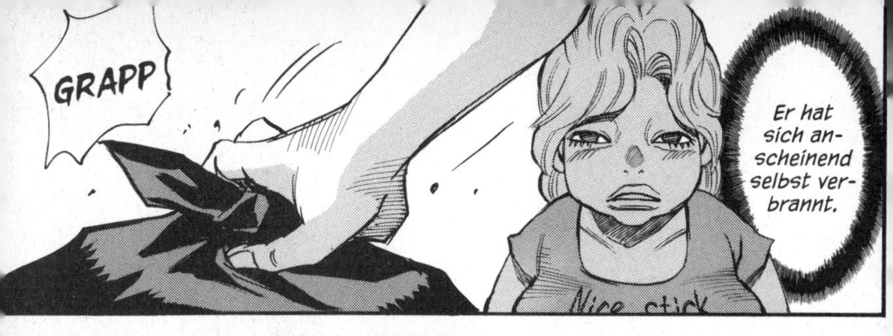
Er hat sich an-scheinend selbst ver-brannt.
GRAPP

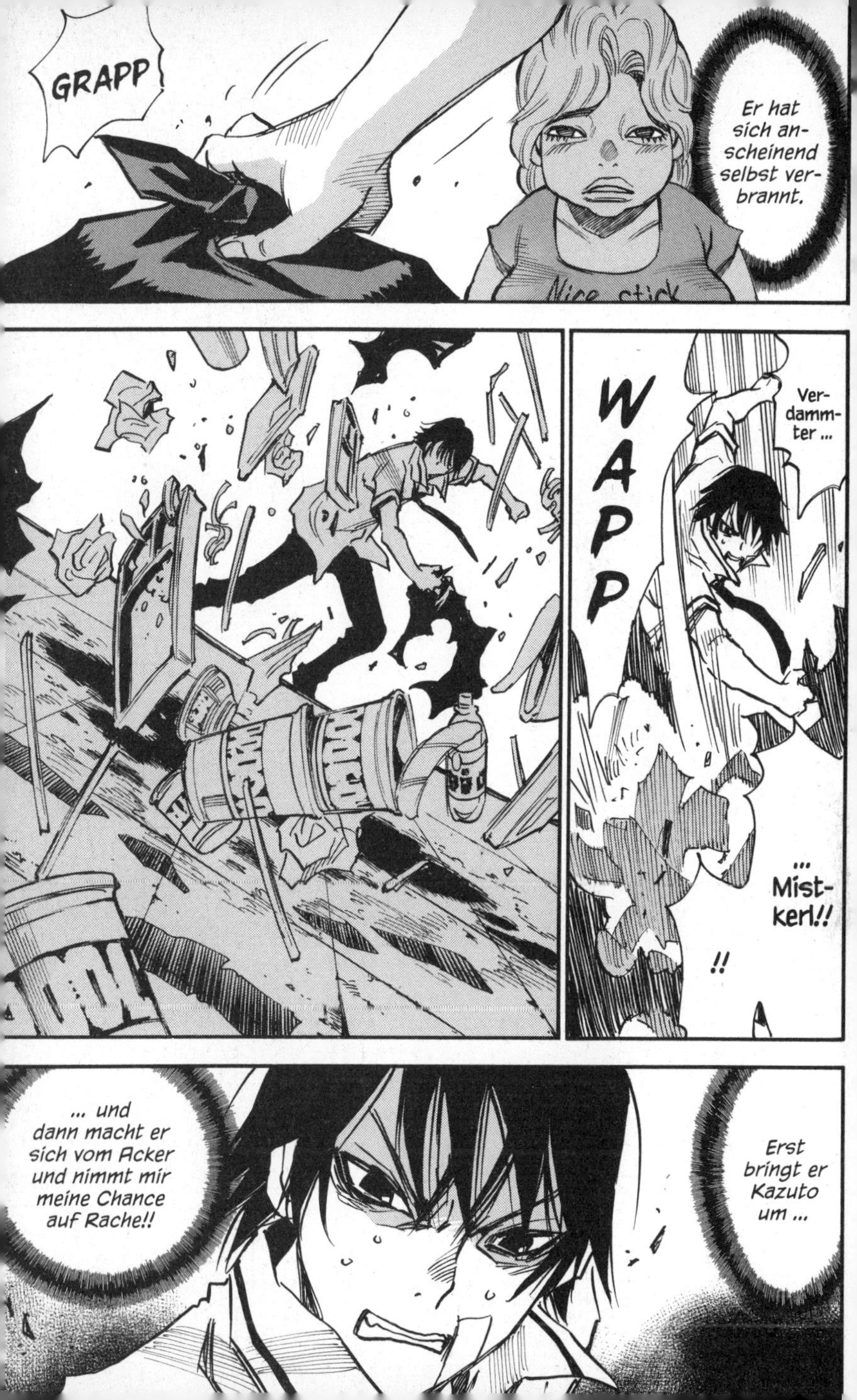

Ver-dammter ...
WAPP
... Mist-kerl!!
!!

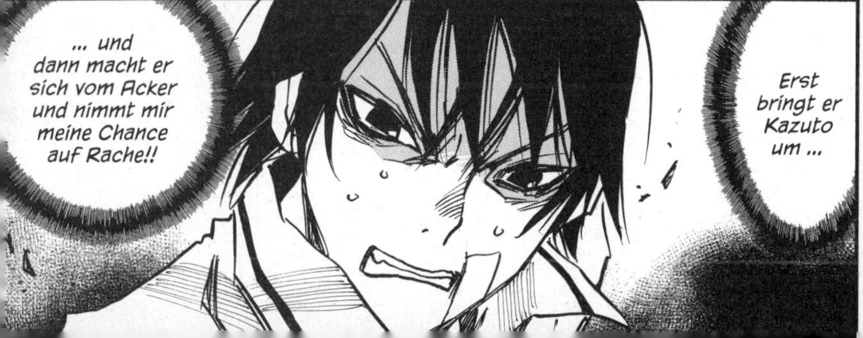
Erst bringt er Kazuto um ...
... und dann macht er sich vom Acker und nimmt mir meine Chance auf Rache!!

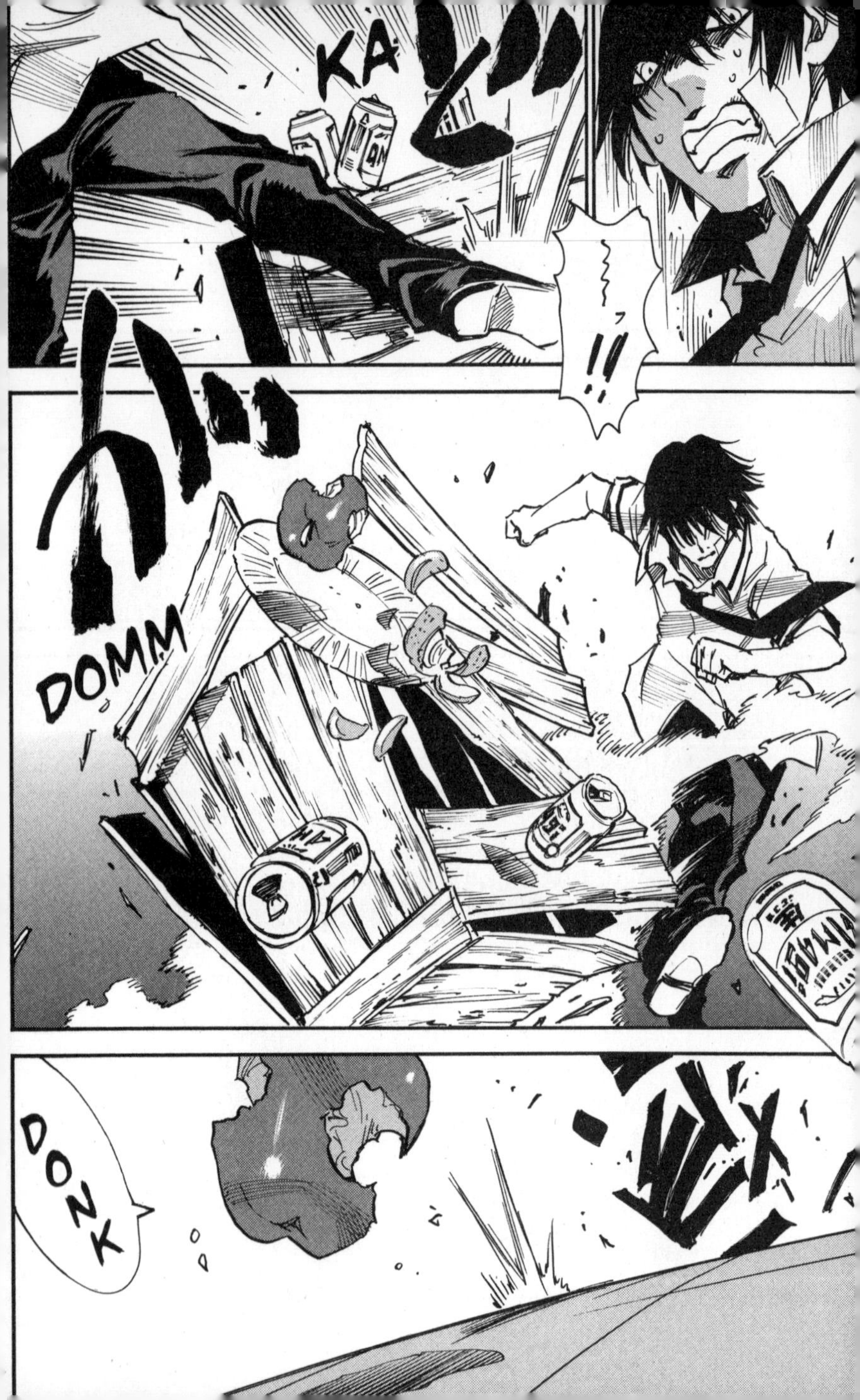
KA
!!
DOMM
DONK

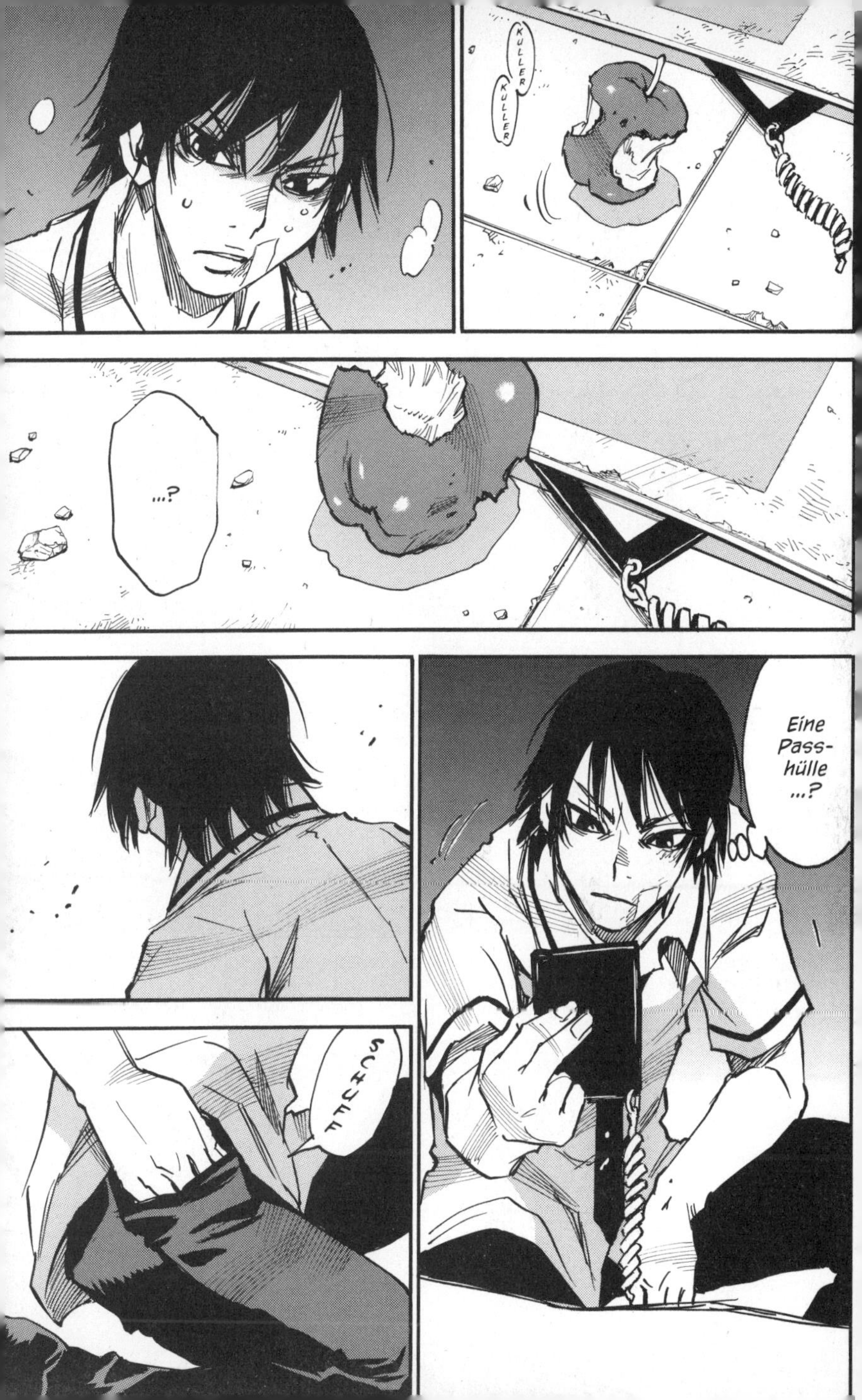

KULLER
KULLER

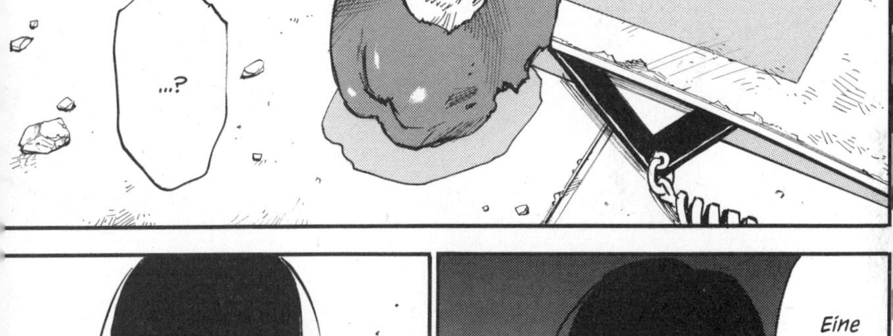
...?

SCHUFF
Eine Passhülle ...?

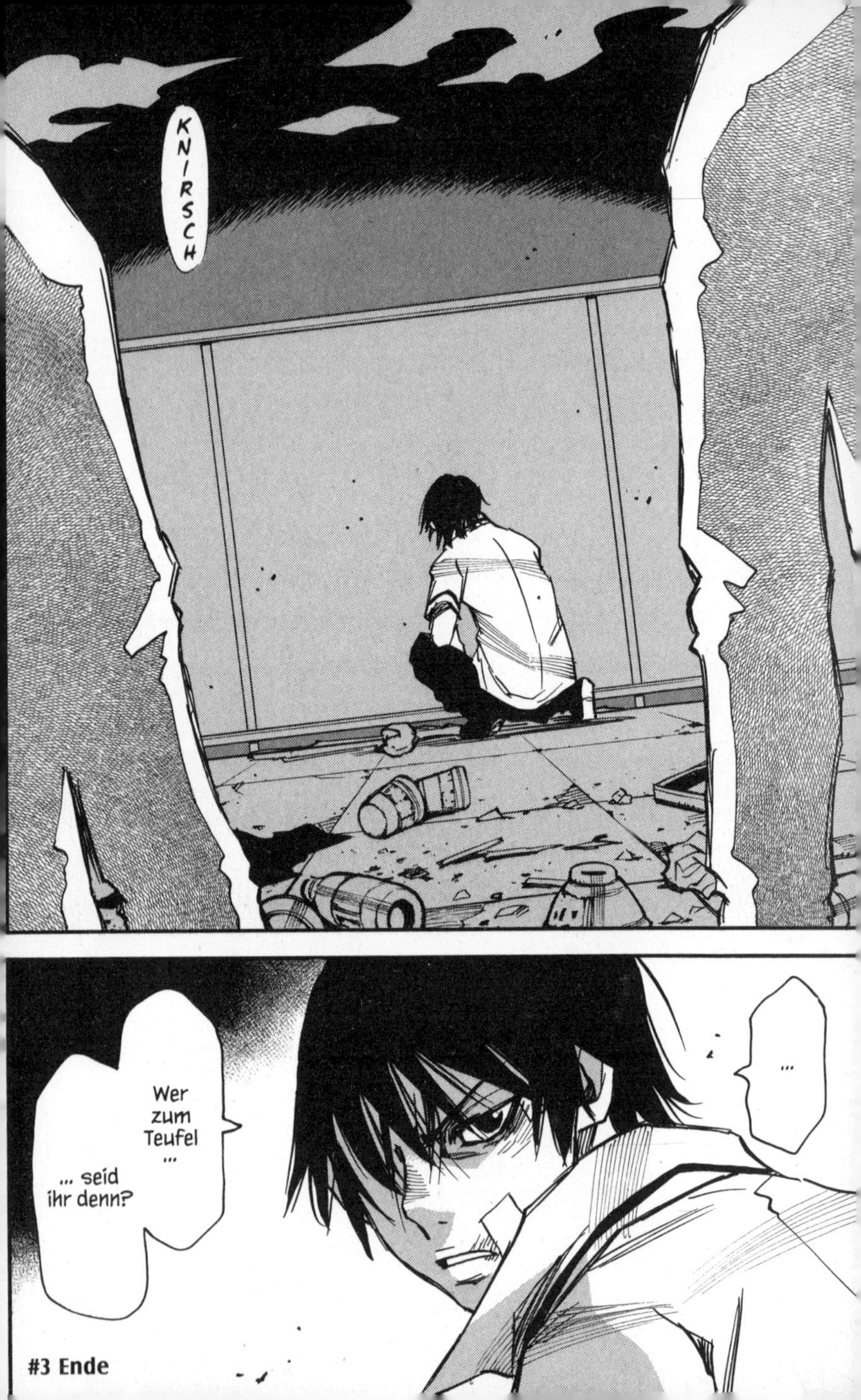

KNIRSCH

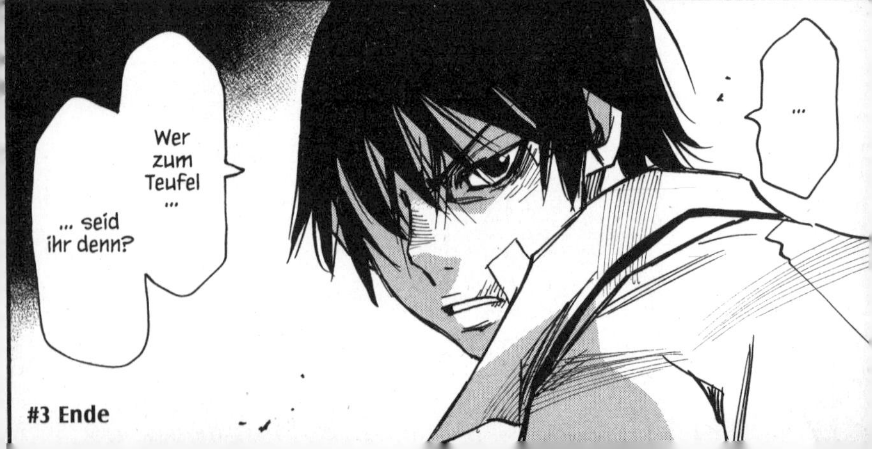

#3 Ende

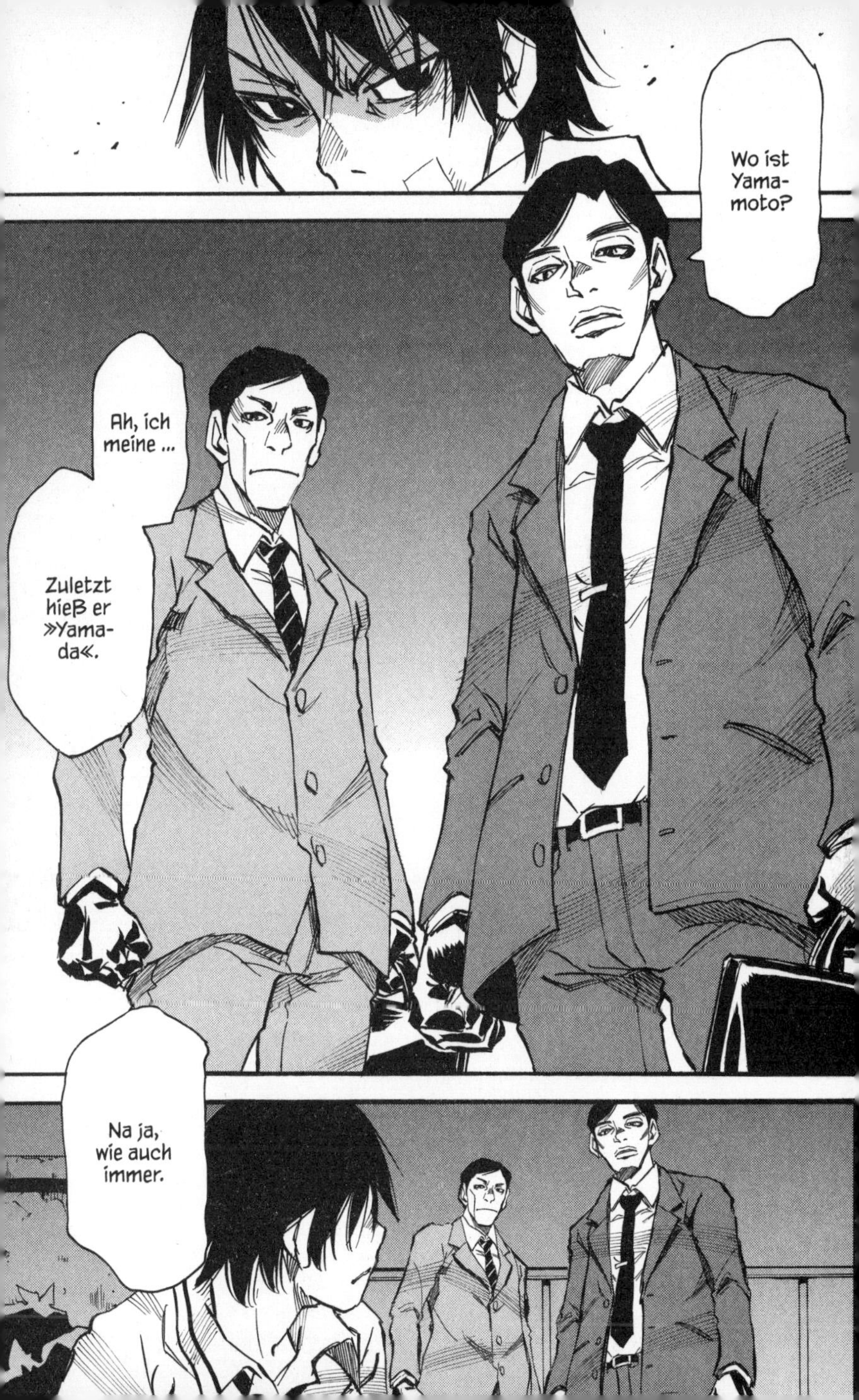
Wo ist Yama-moto?
Ah, ich meine ...
Zuletzt hieß er »Yama-da«.
Na ja, wie auch immer.

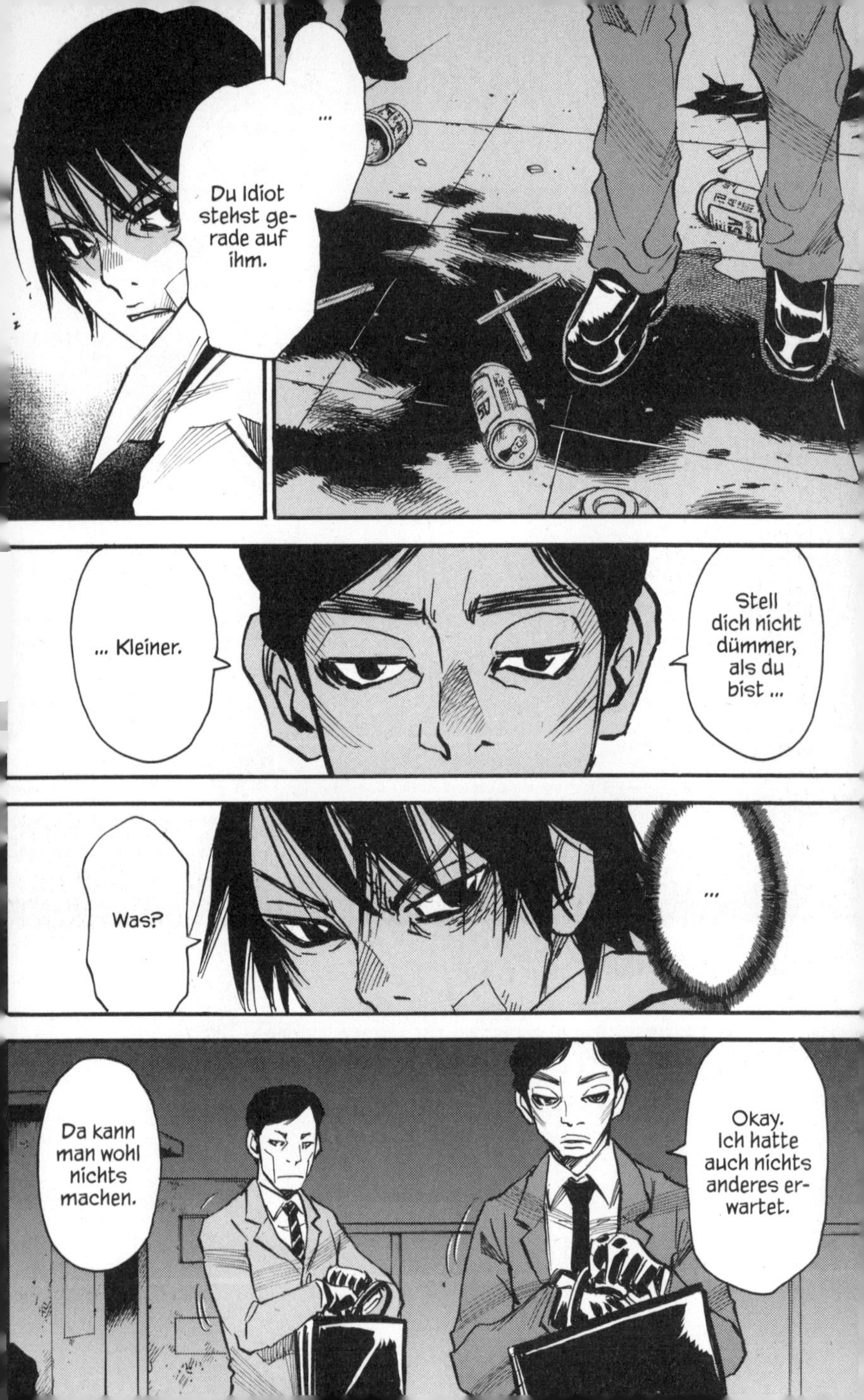

...
Du Idiot stehst gerade auf ihm.

Stell dich nicht dümmer, als du bist ...
... Kleiner.

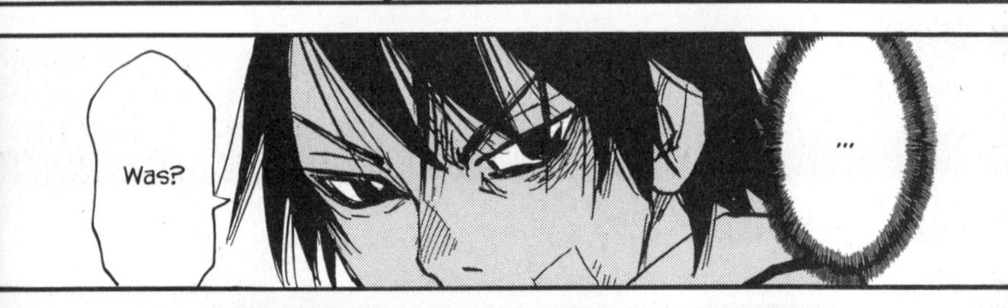

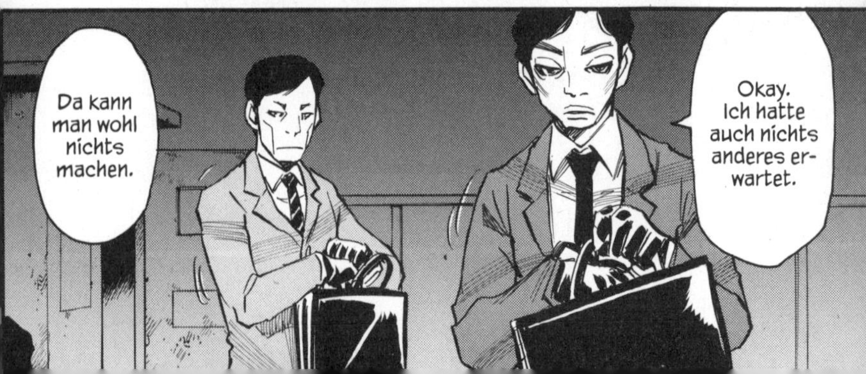

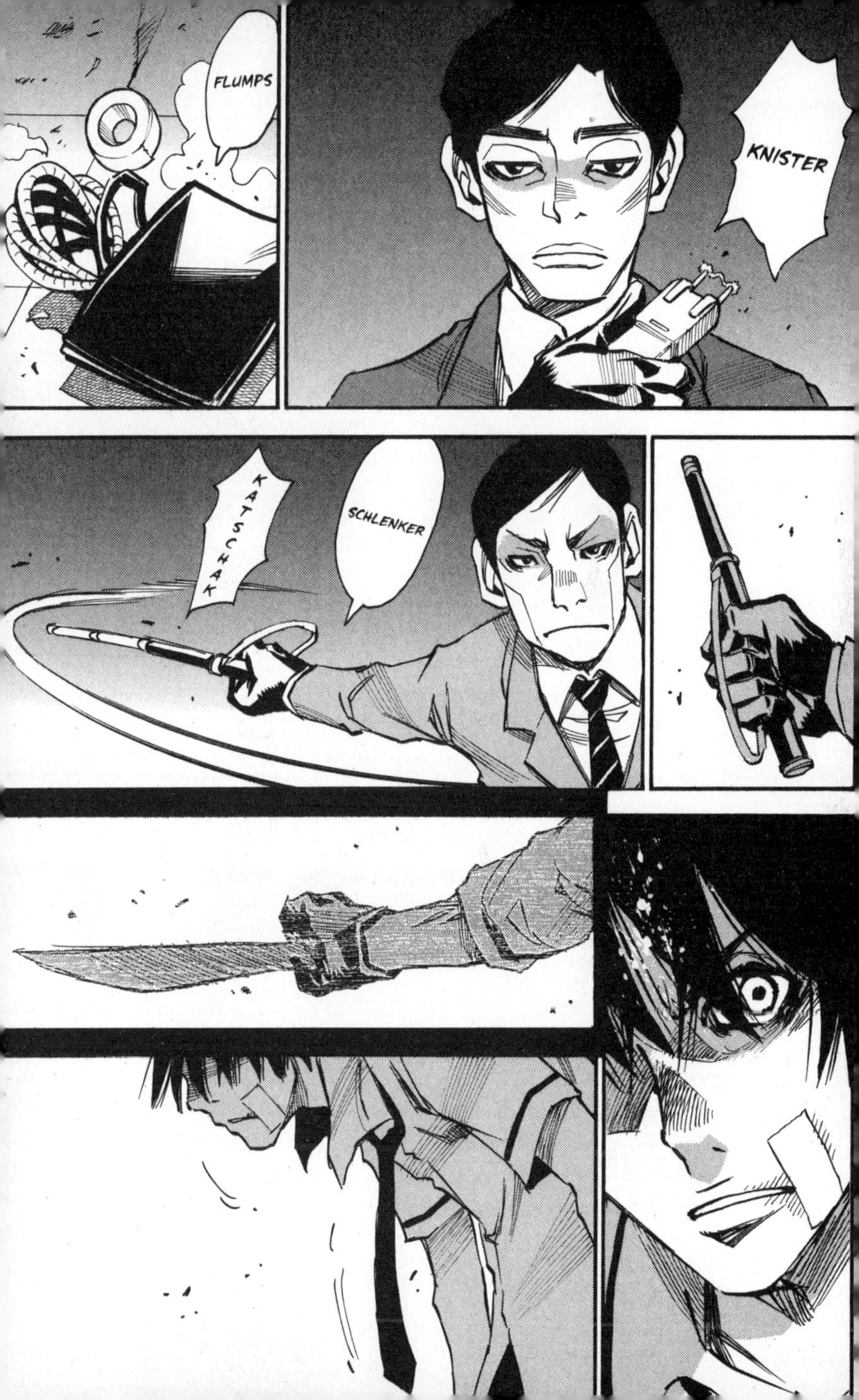

KNISTER

FLUMPS

SCHLENKER

KATSCHAK

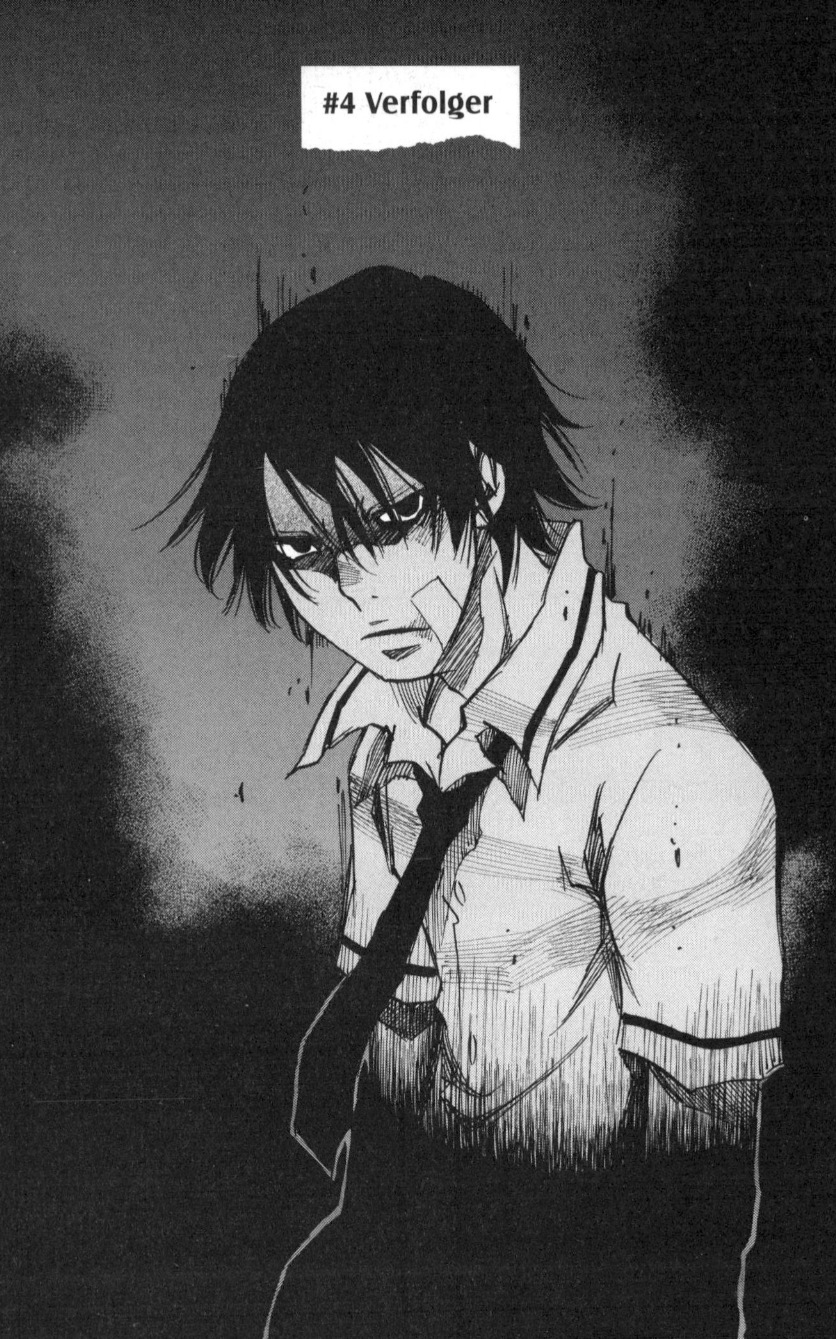
#4 Verfolger

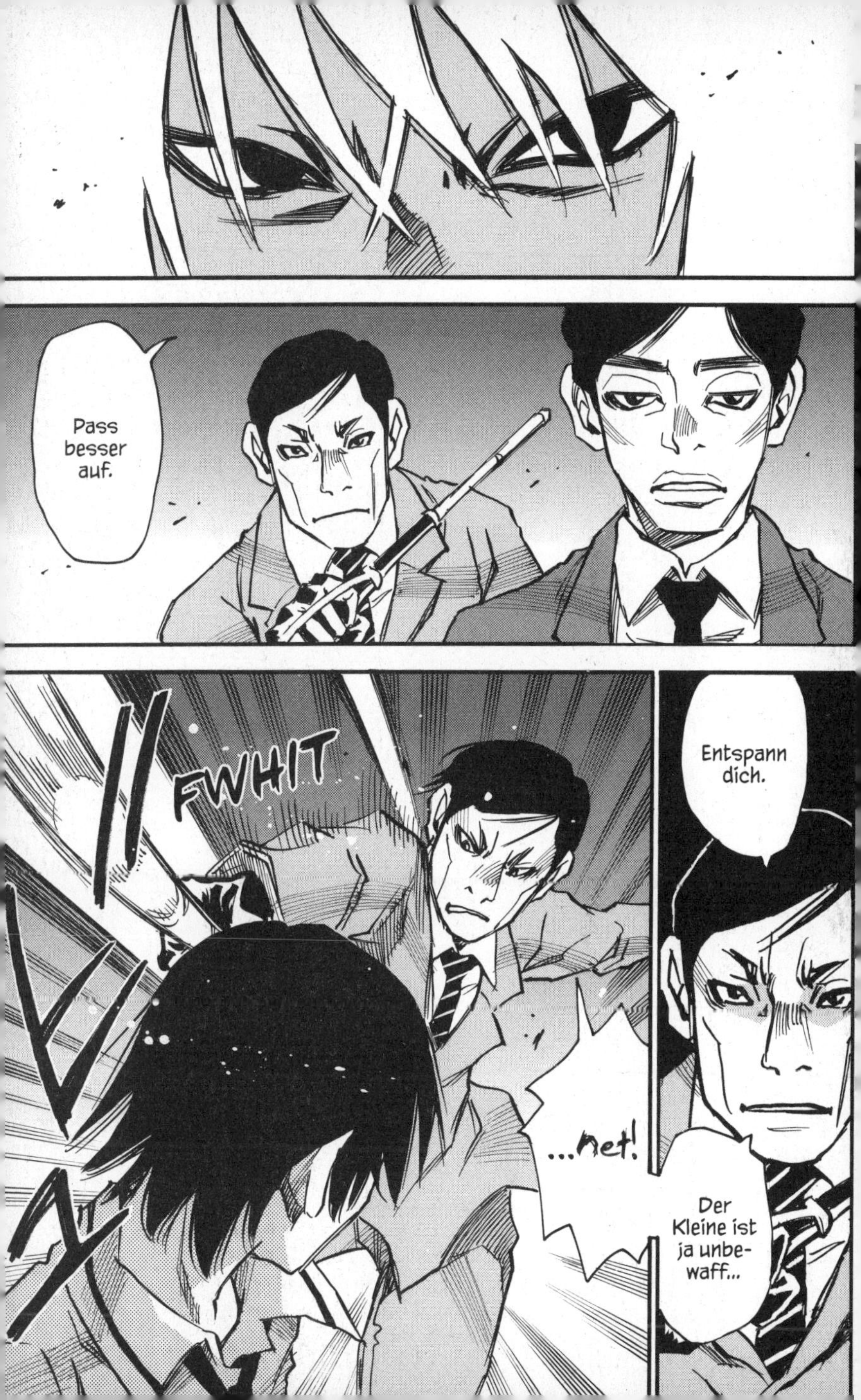

Pass besser auf.

Entspann dich.

Der Kleine ist ja unbe-waff...

FWHIT

...net!

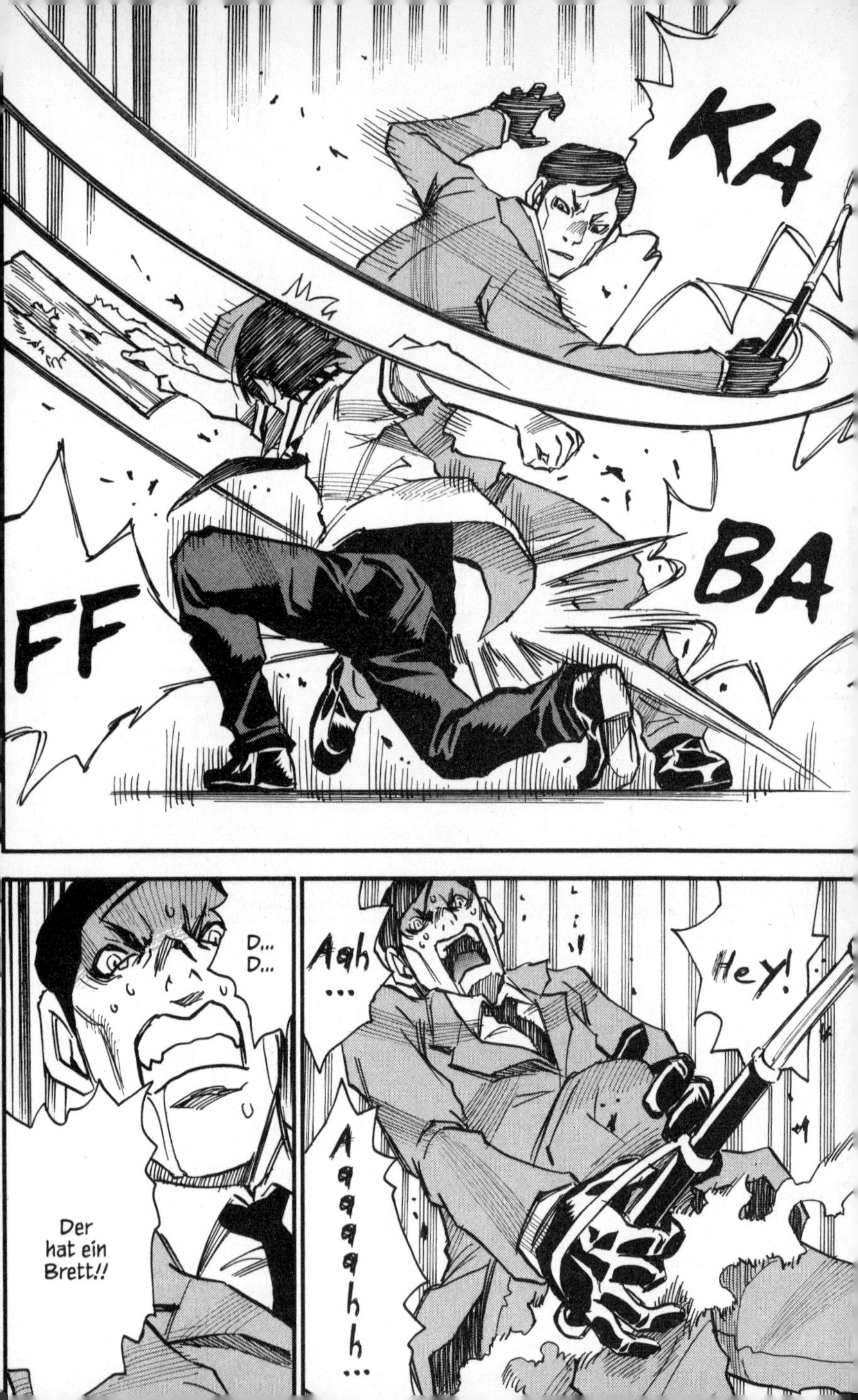

KA
BA
FF

Hey!
Aah...
Aaaaaahh...

D... D...
Der hat ein Brett!!

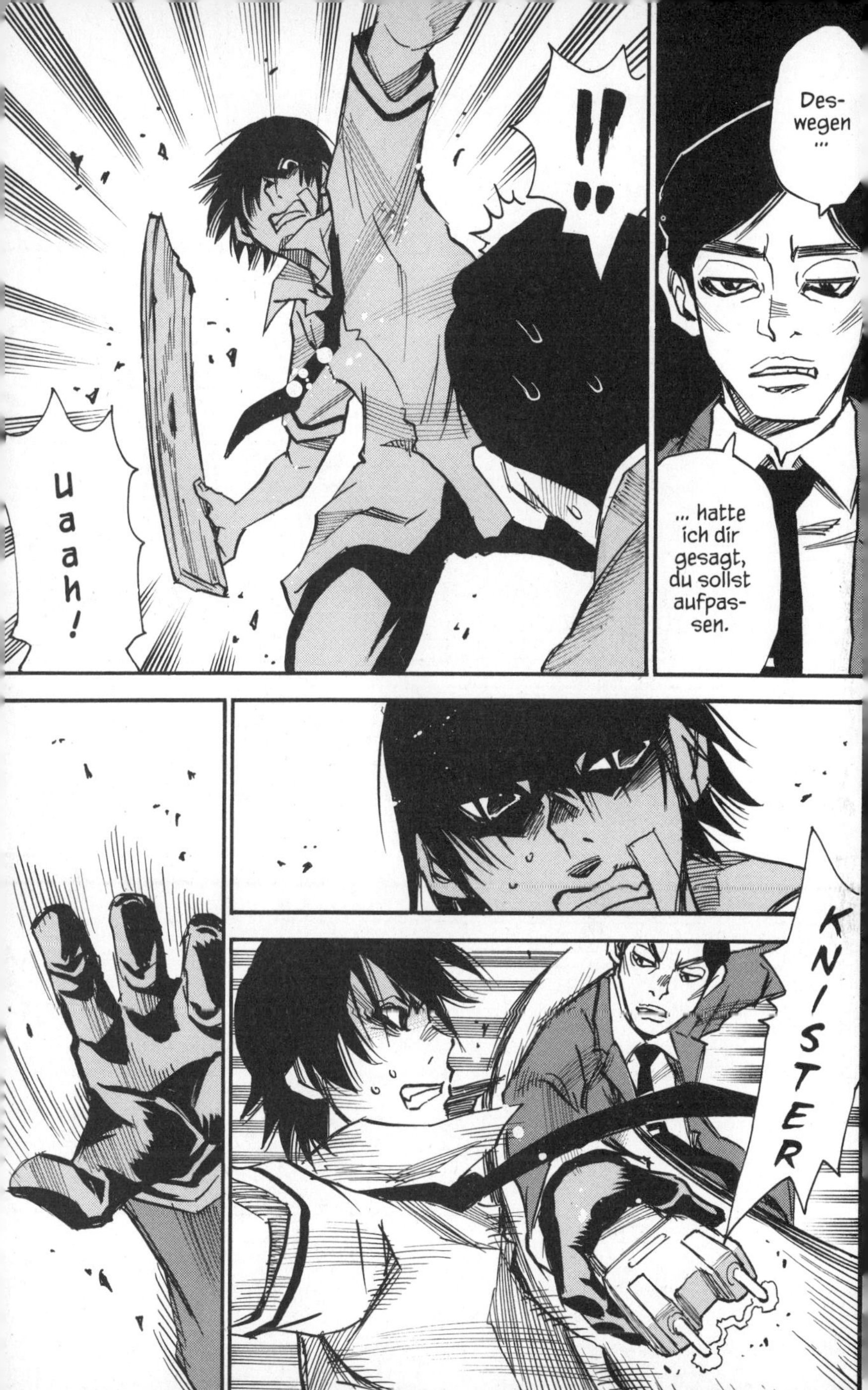
Des-
wegen
...
!!
Uaah!
... hatte
ich dir
gesagt,
du sollst
aufpas-
sen.
KNISTER

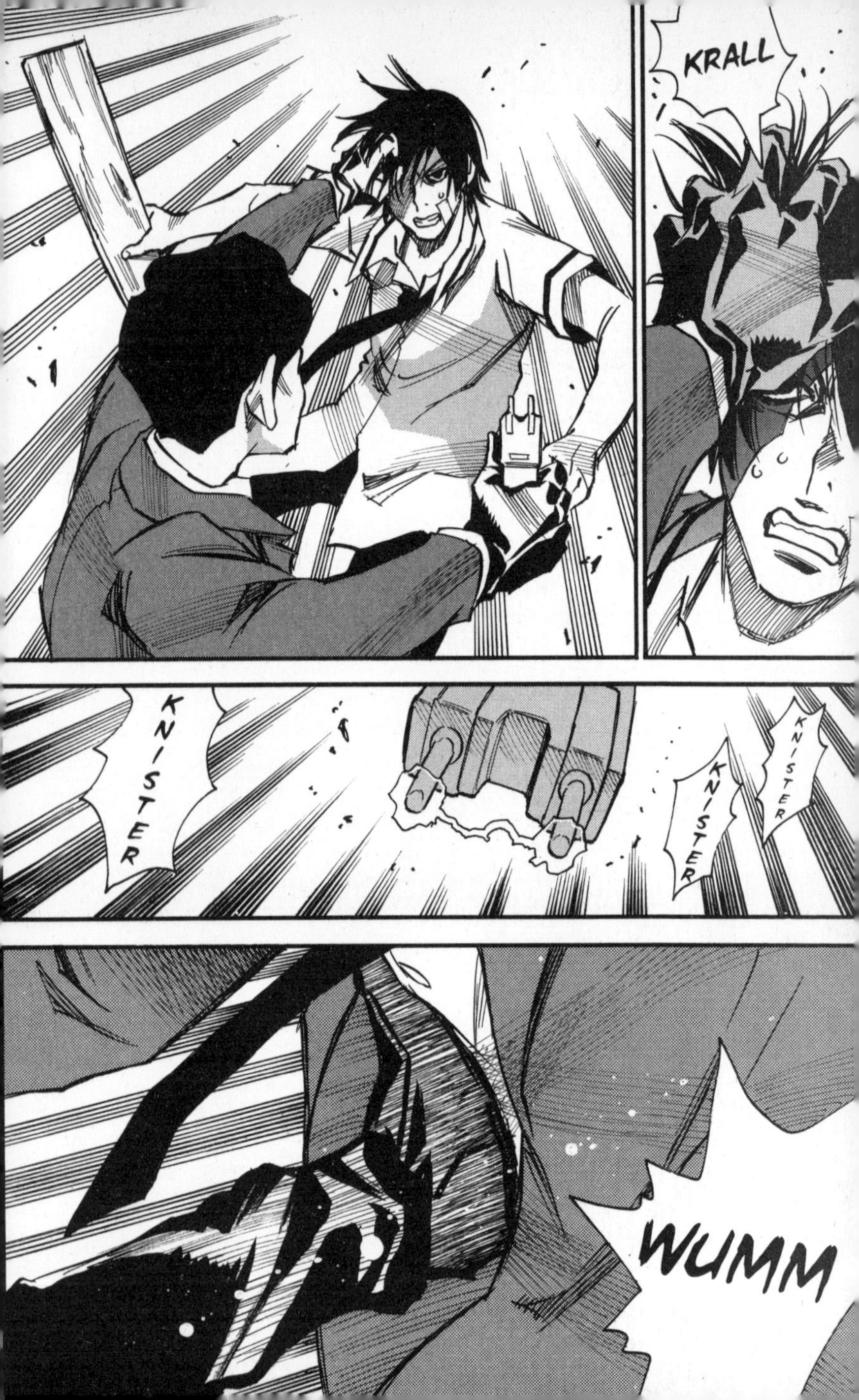

KRALL
KNISTER
KNISTER
KNISTER

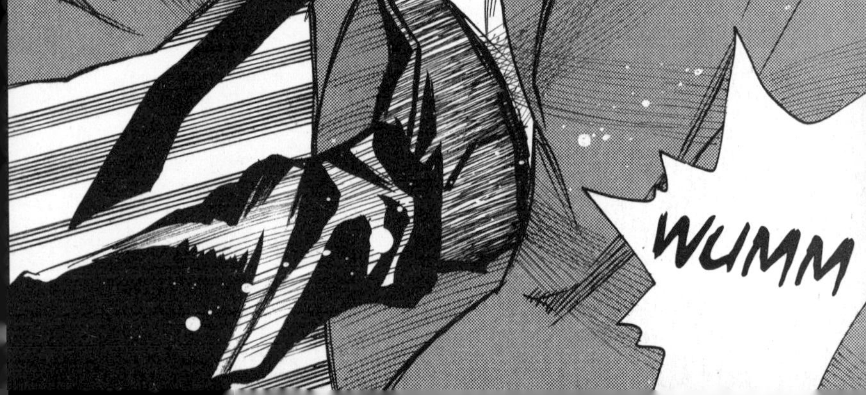

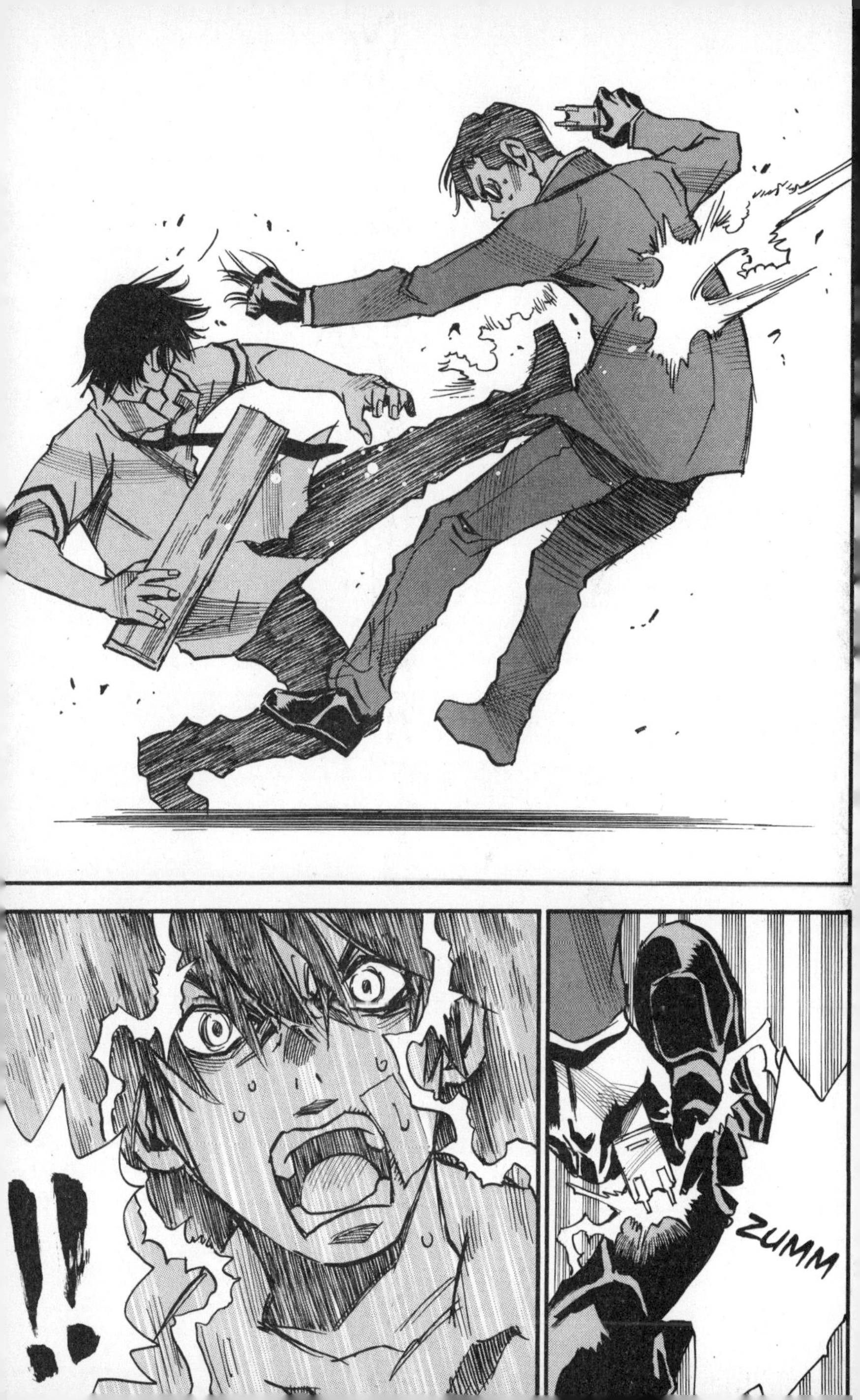

ZUMM

!!

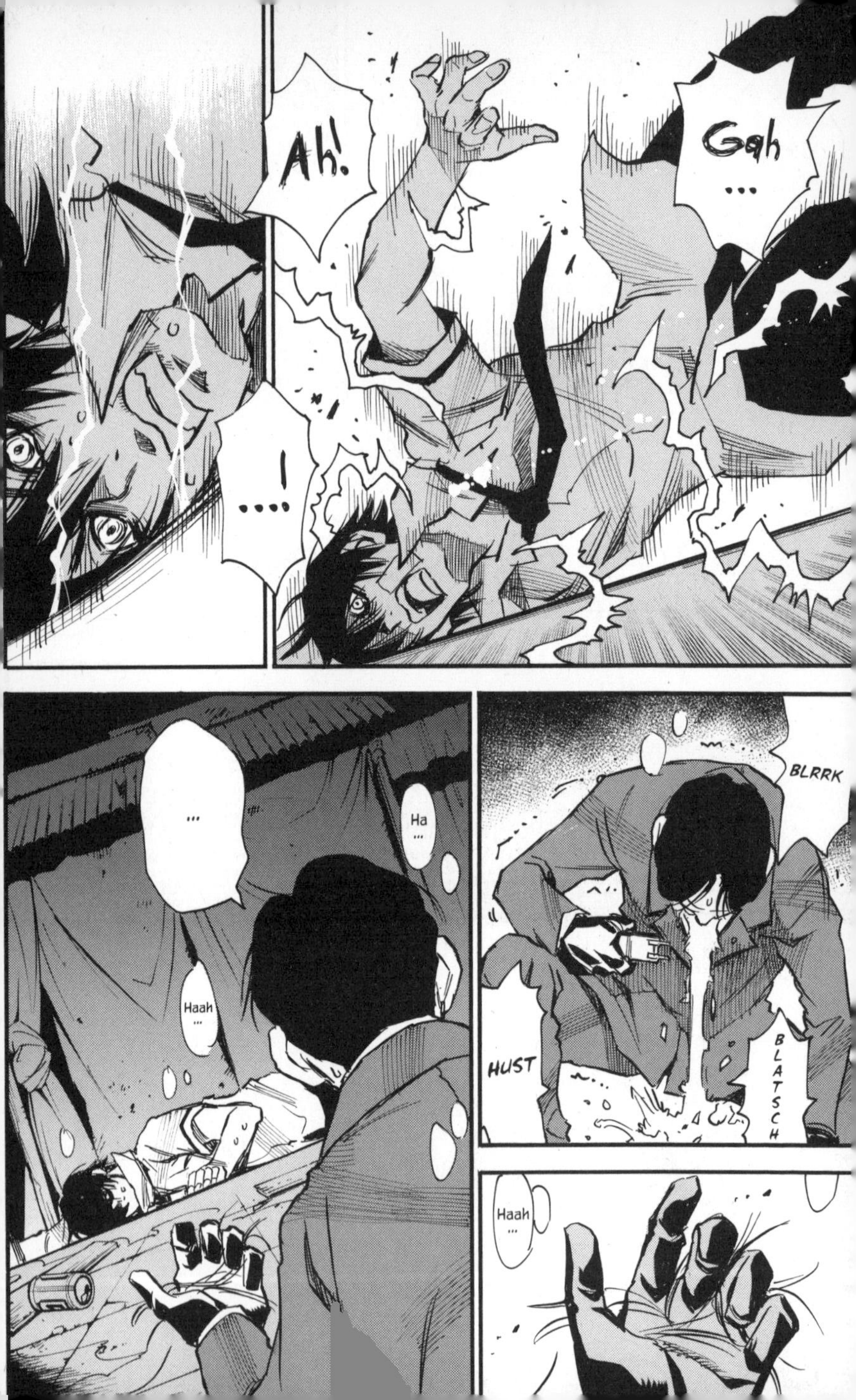

Gah ...

Ah!

...!

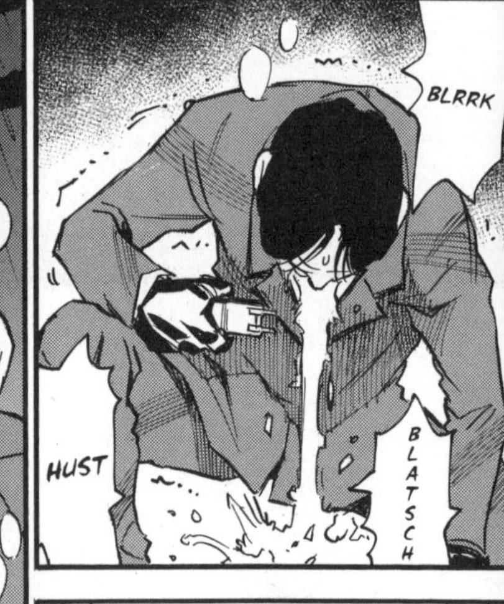

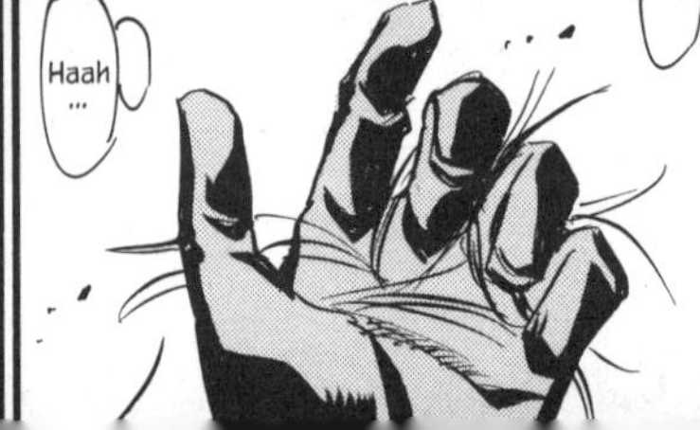

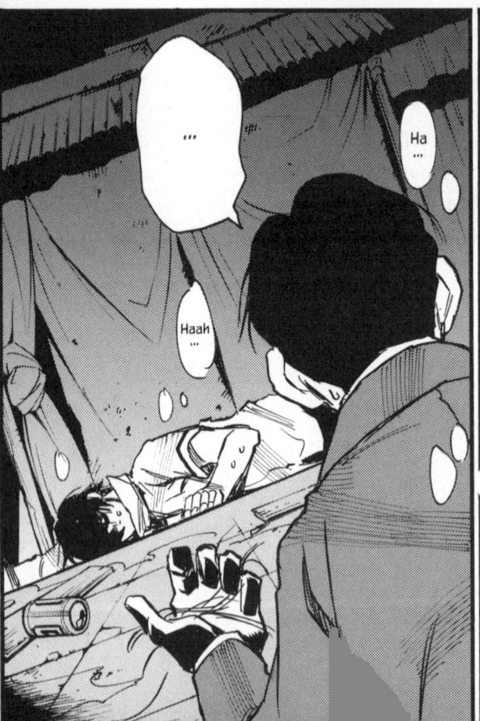

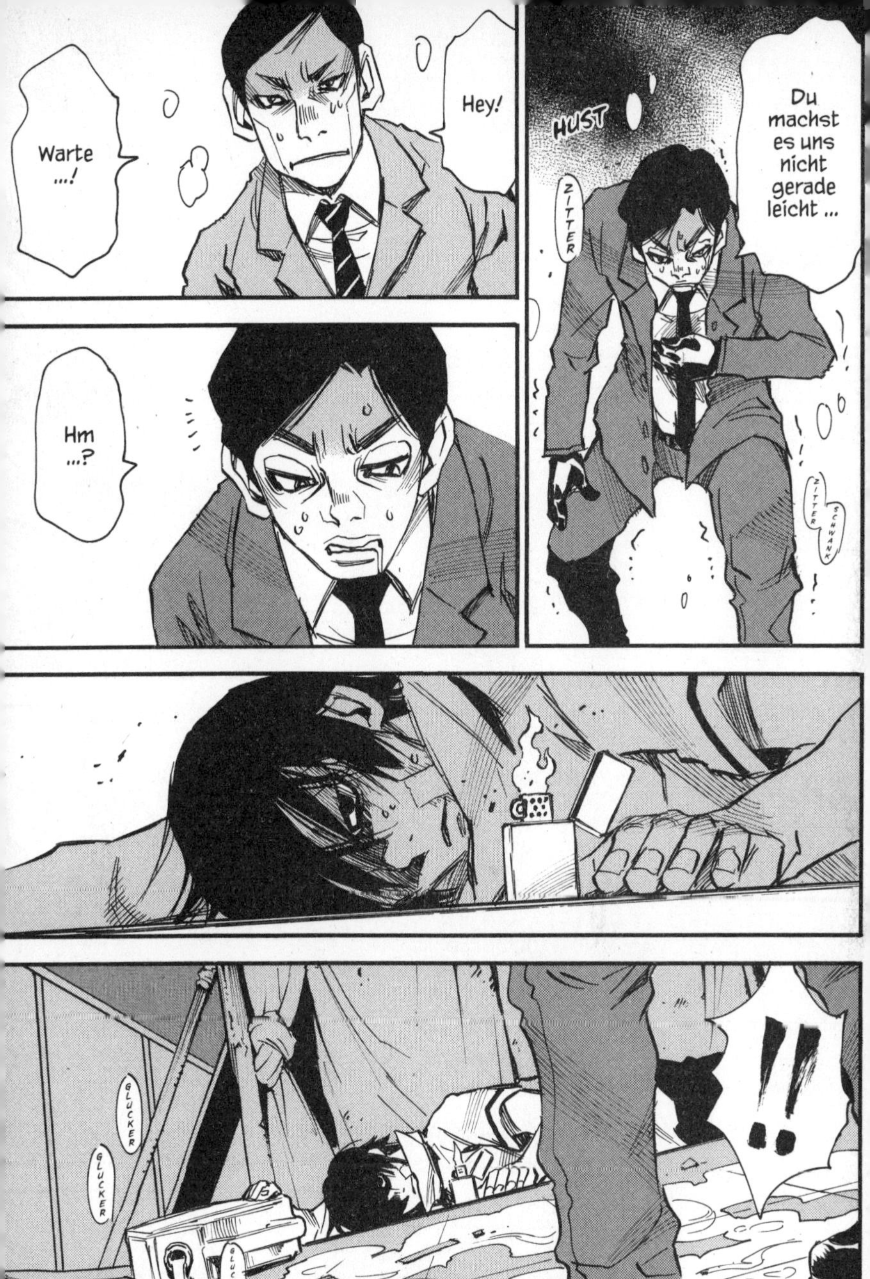
HUST
ZITTER
Du machst es uns nicht gerade leicht ...
Hey!
Warte ...!
Hm ...?
ZITTER
SCHWANK
GLUCKER
GLUCKER
GLUCKER

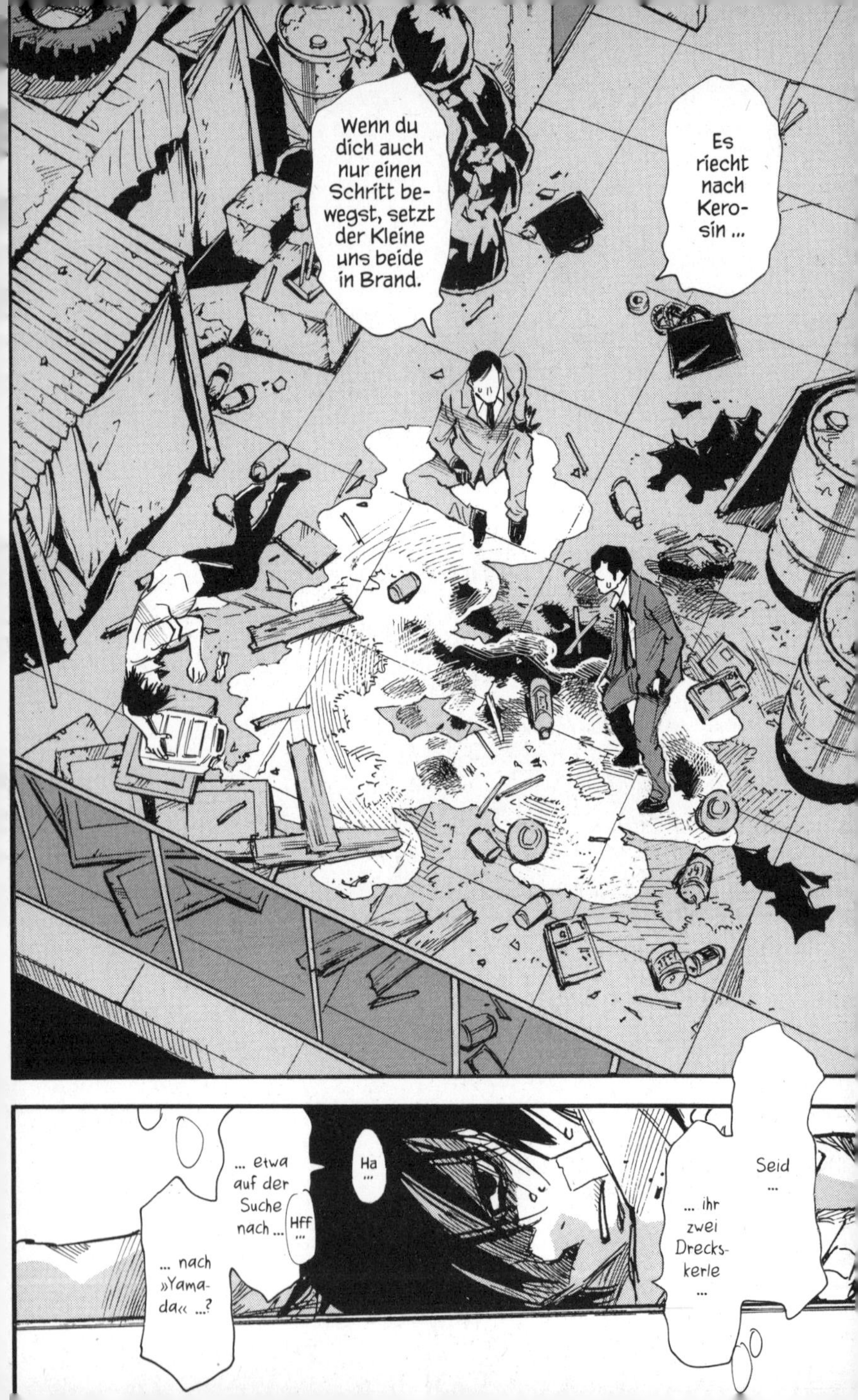
Es riecht nach Kerosin ...
Wenn du dich auch nur einen Schritt bewegst, setzt der Kleine uns beide in Brand.
Seid ...
... ihr zwei Dreckskerle ...
Ha ...
... etwa auf der Suche nach ...
Hff ...
... nach »Yamada« ...?

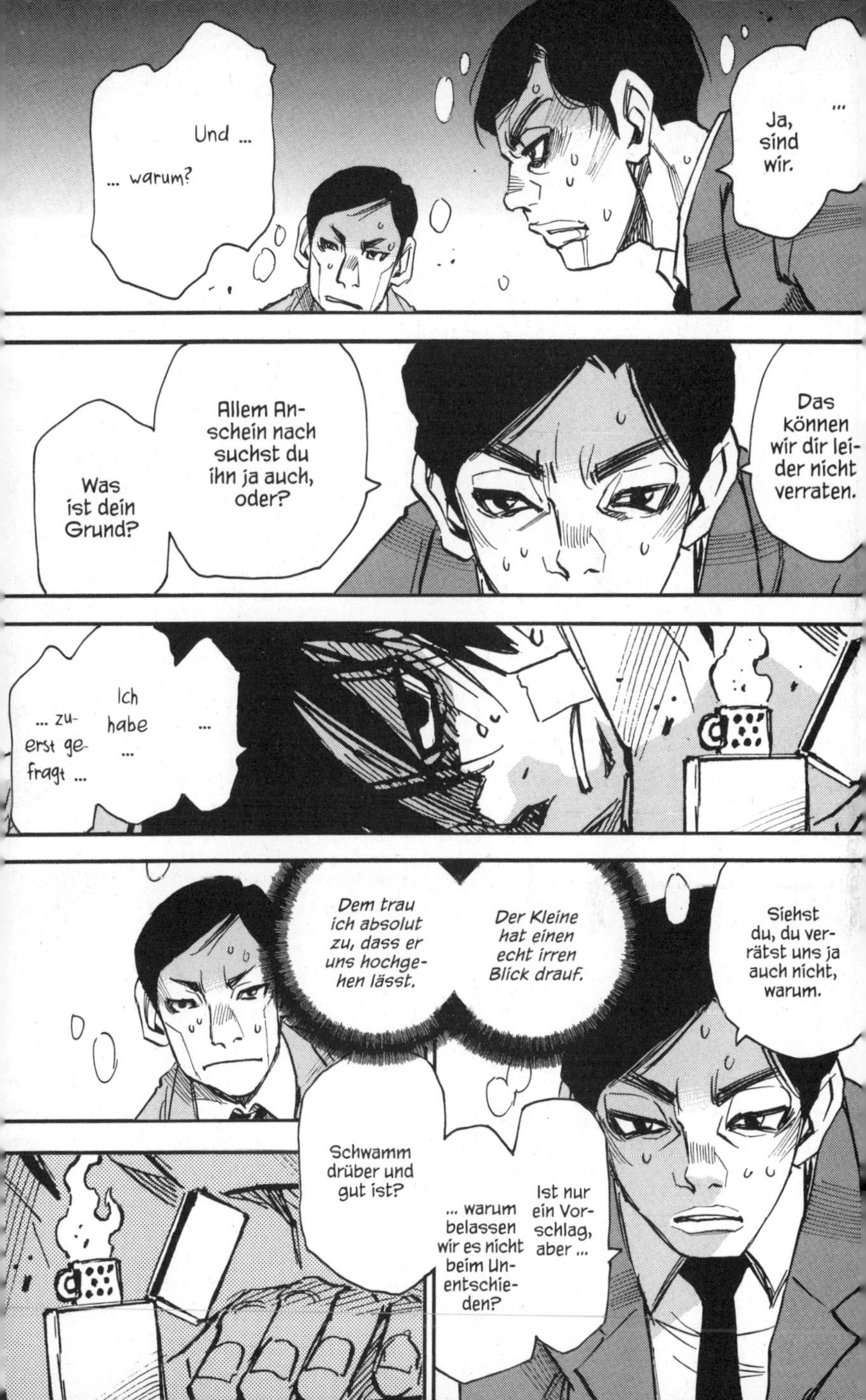
...
Ja, sind wir.
Und ...
... warum?
Das können wir dir leider nicht verraten.
Allem Anschein nach suchst du ihn ja auch, oder?
Was ist dein Grund?
...
Ich habe ...
... zuerst gefragt ...
Siehst du, du verrätst uns ja auch nicht, warum.
Der Kleine hat einen echt irren Blick drauf.
Dem trau ich absolut zu, dass er uns hochgehen lässt.
Ist nur ein Vorschlag, aber ...
... warum belassen wir es nicht beim Unentschieden?
Schwamm drüber und gut ist?

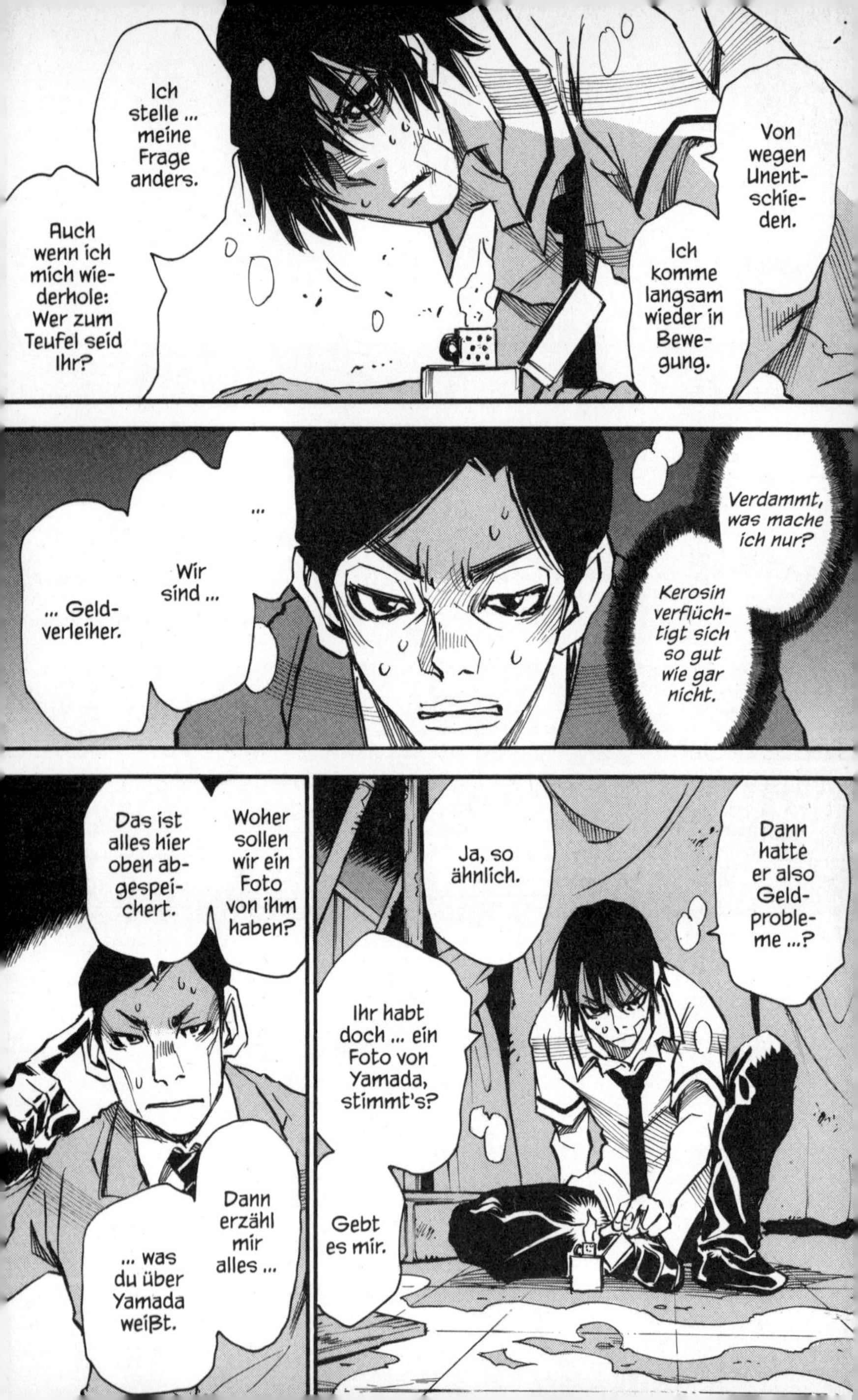

Von wegen Unentschieden.

Ich komme langsam wieder in Bewegung.

Ich stelle ... meine Frage anders.

Auch wenn ich mich wiederhole: Wer zum Teufel seid Ihr?

Verdammt, was mache ich nur?

Kerosin verflüchtigt sich so gut wie gar nicht.

...

Wir sind ...

... Geldverleiher.

Dann hatte er also Geldprobleme ...?

Ja, so ähnlich.

Ihr habt doch ... ein Foto von Yamada, stimmt's?

Gebt es mir.

Woher sollen wir ein Foto von ihm haben?

Das ist alles hier oben abgespeichert.

Dann erzähl mir alles ...

... was du über Yamada weißt.

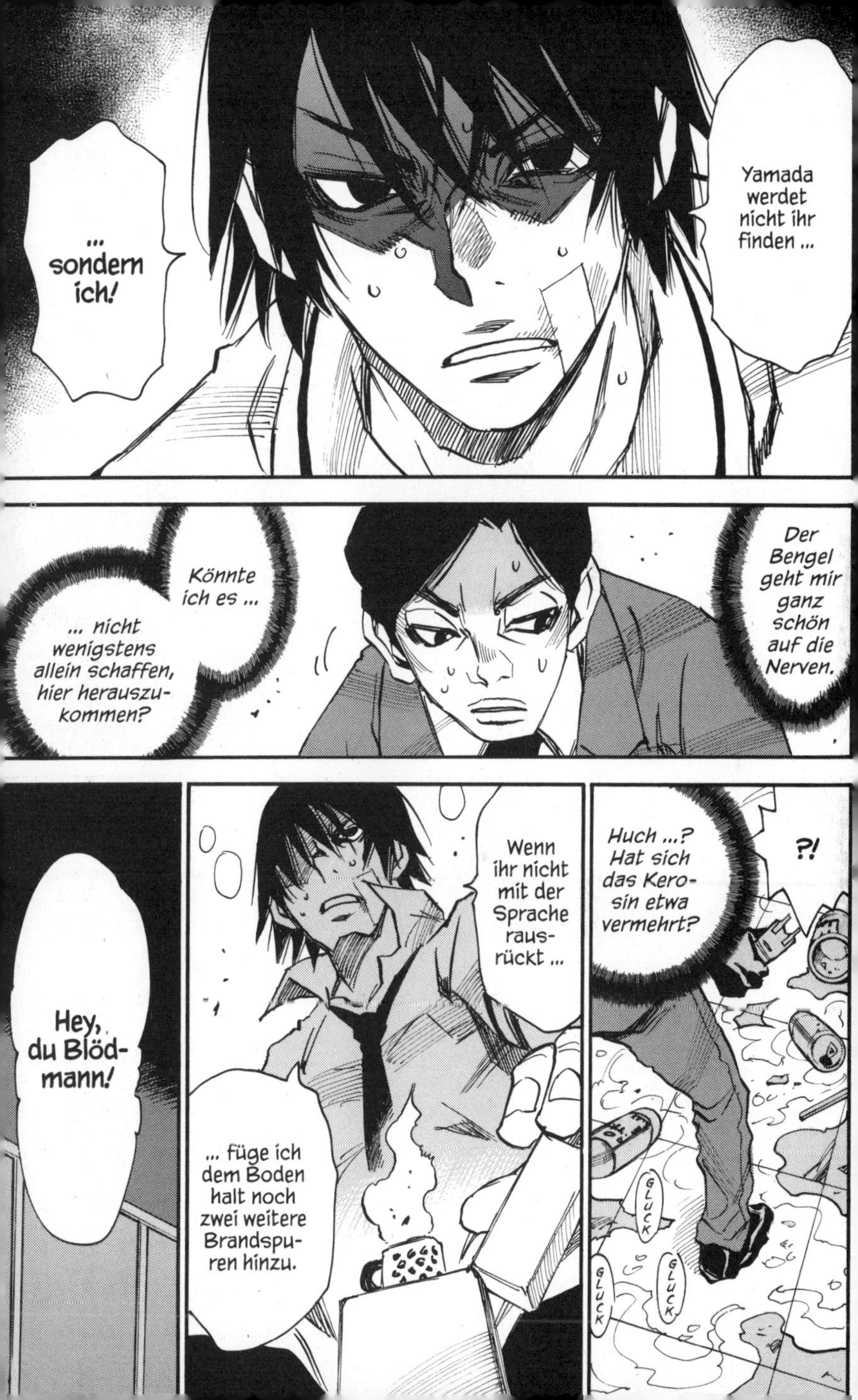

Yamada werdet nicht ihr finden ...

... sondern ich!

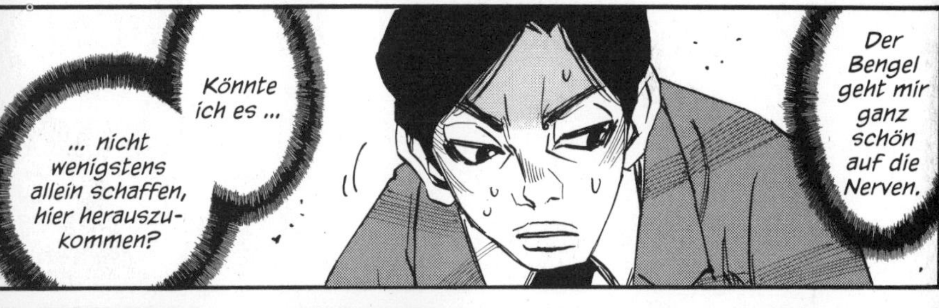

?!

Huch ...? Hat sich das Kerosin etwa vermehrt?

GLUCK

GLUCK

GLUCK

Wenn ihr nicht mit der Sprache rausrückt ...

... füge ich dem Boden halt noch zwei weitere Brandspuren hinzu.

Hey, du Blödmann!

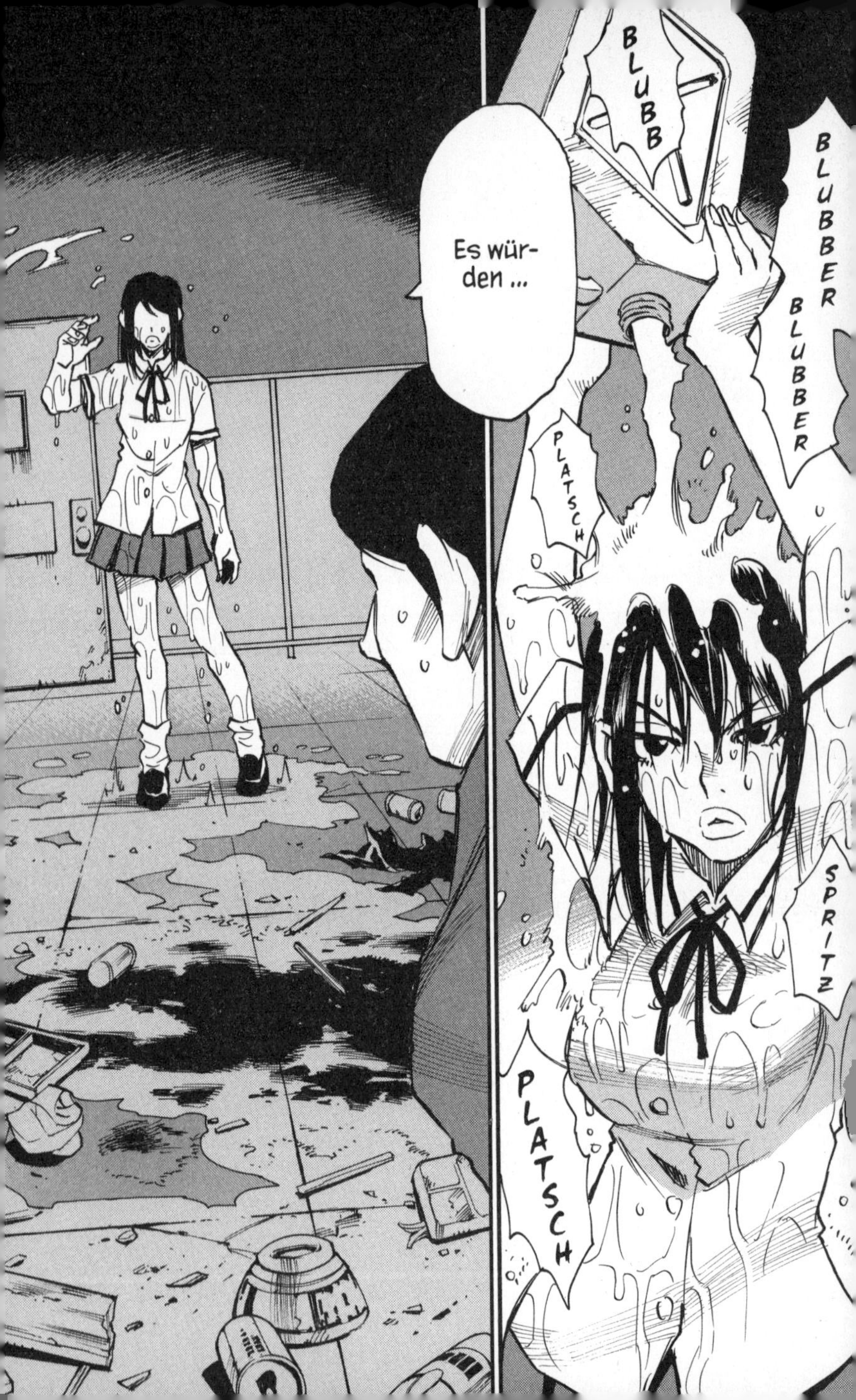
BLUBB
BLUBBER BLUBBER
Es wür-
den ...
PLATSCH
SPRITZ
PLATSCH

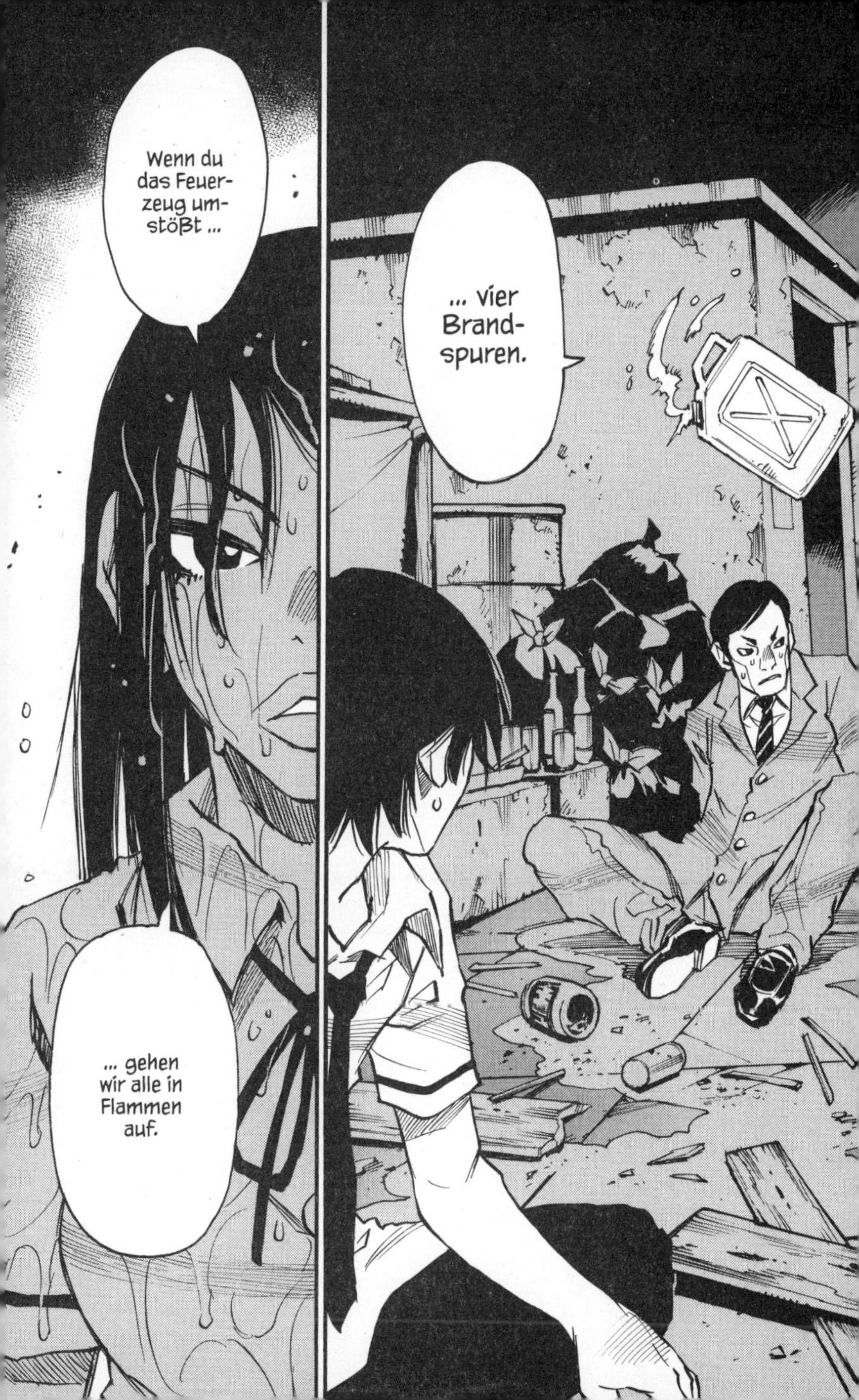
... vier Brandspuren.
Wenn du das Feuerzeug umstößt ...
... gehen wir alle in Flammen auf.

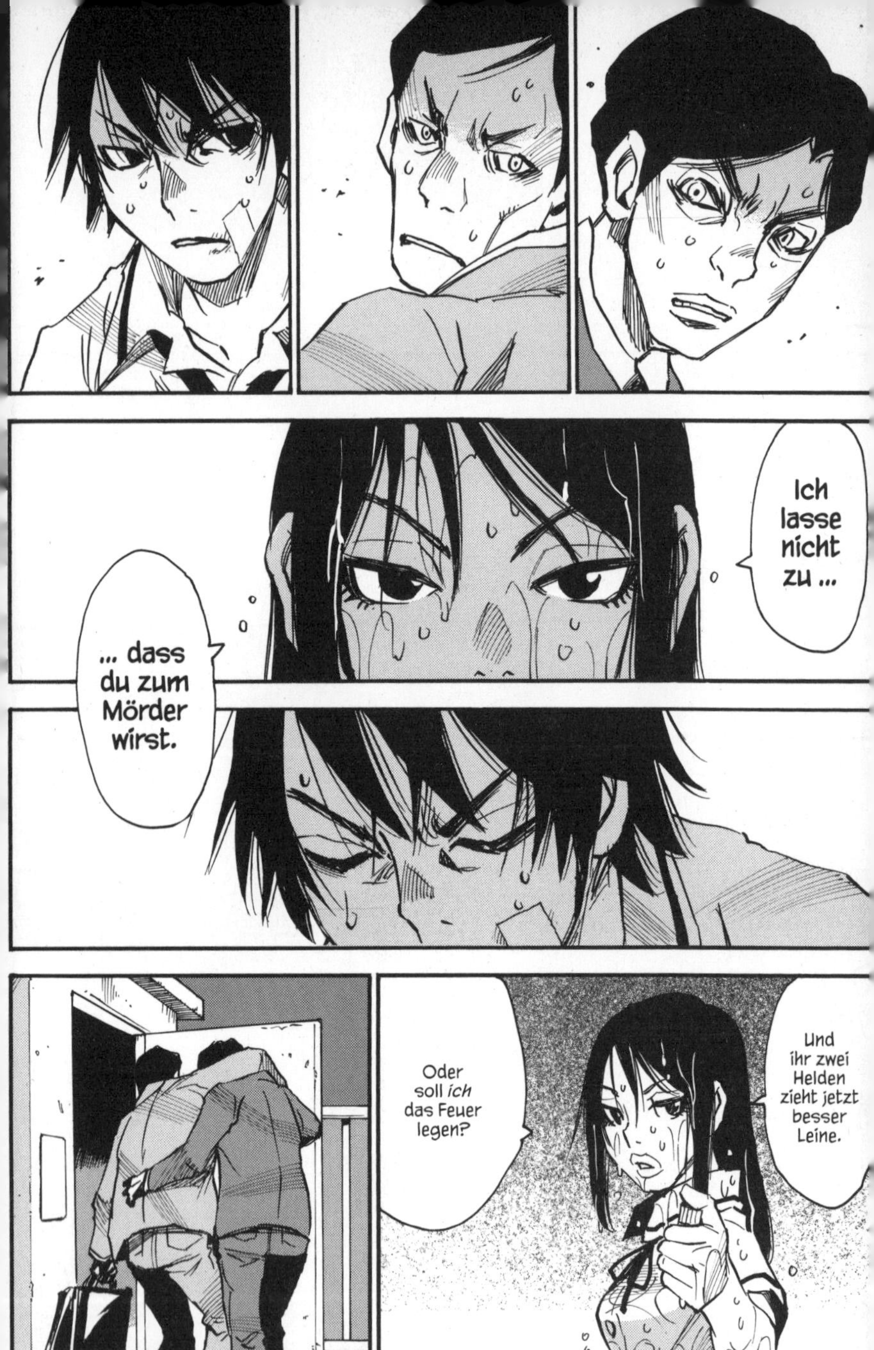
Ich lasse nicht zu ...
... dass du zum Mörder wirst.
Und ihr zwei Helden zieht jetzt besser Leine.
Oder soll *ich* das Feuer legen?

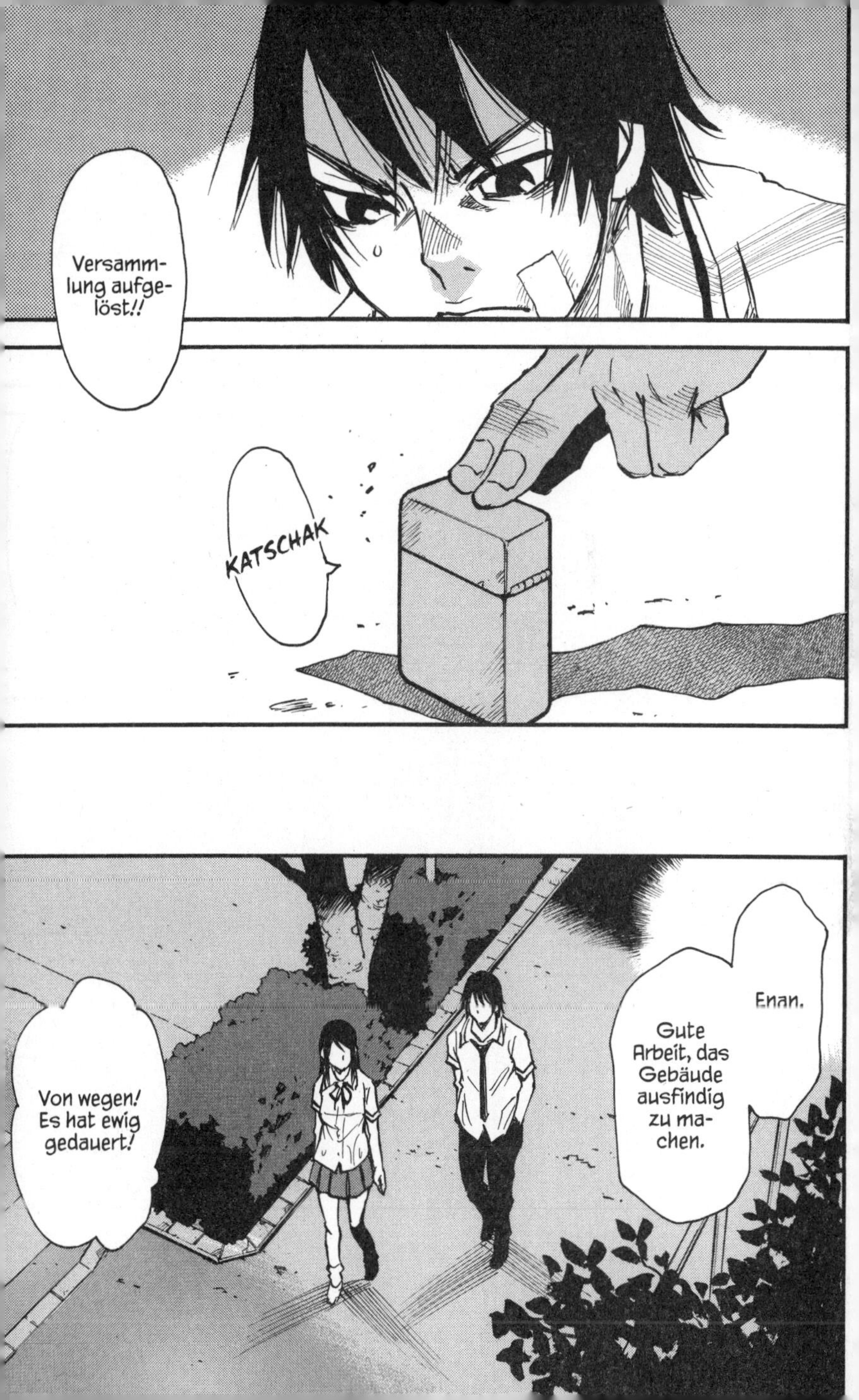

Versammlung aufgelöst!!

KATSCHAK

Enan.

Gute Arbeit, das Gebäude ausfindig zu machen.

Von wegen! Es hat ewig gedauert!

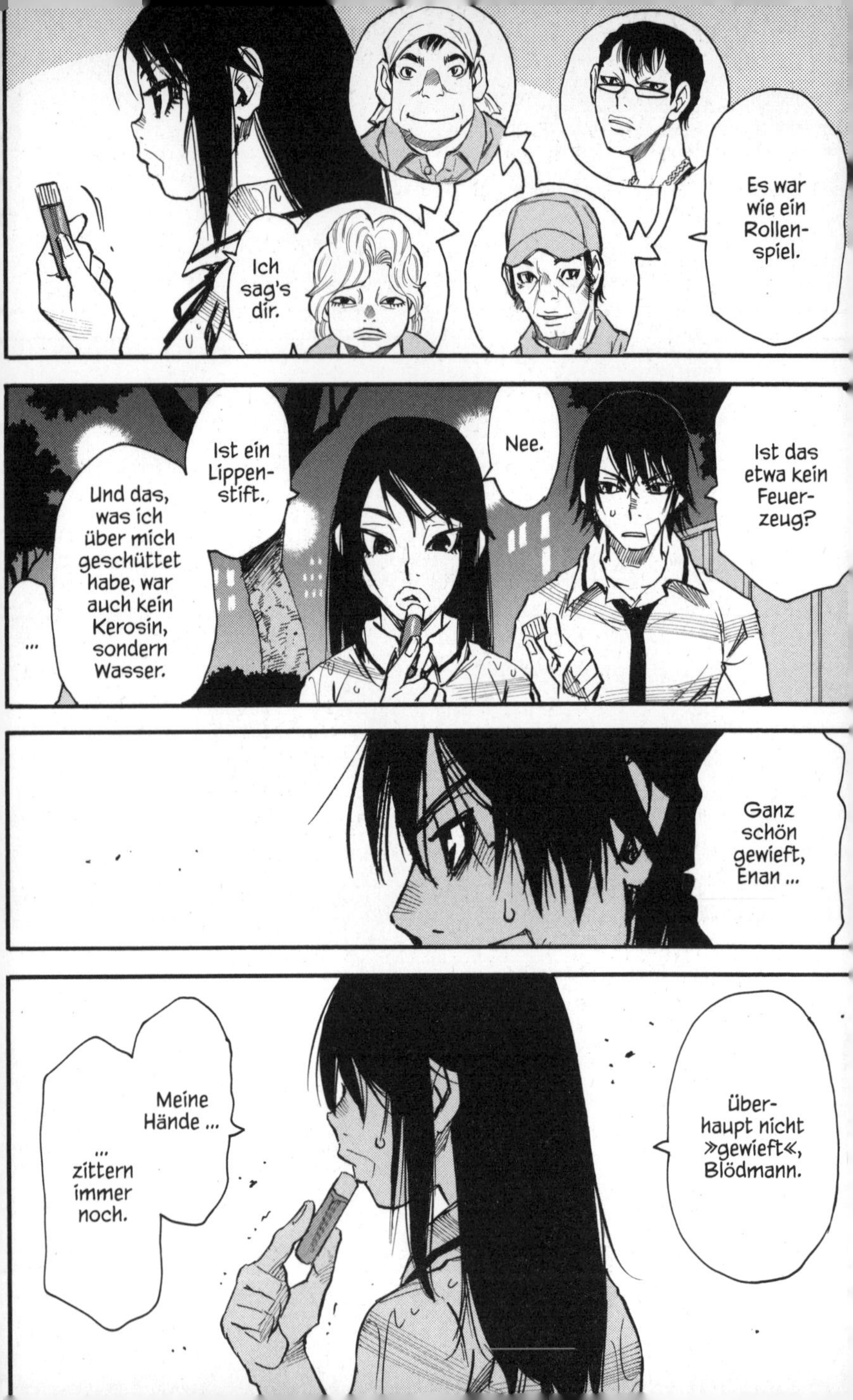

Es war wie ein Rollenspiel.

Ich sag's dir.

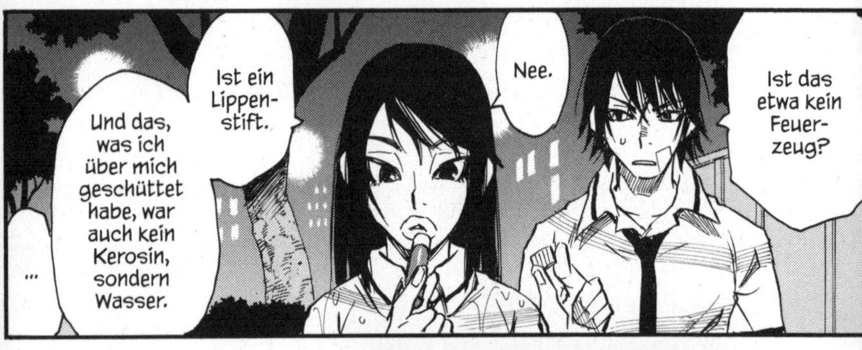

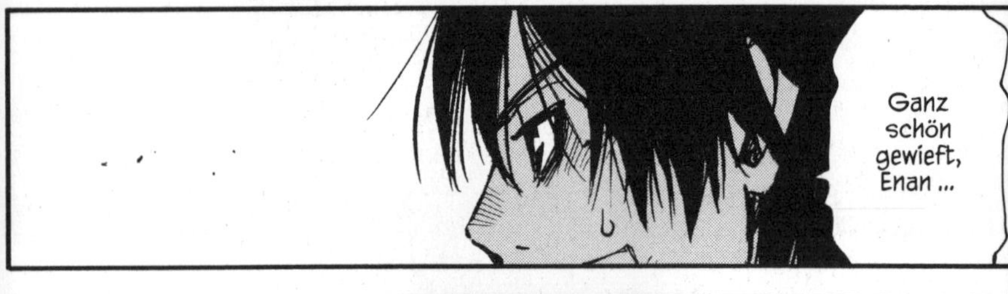

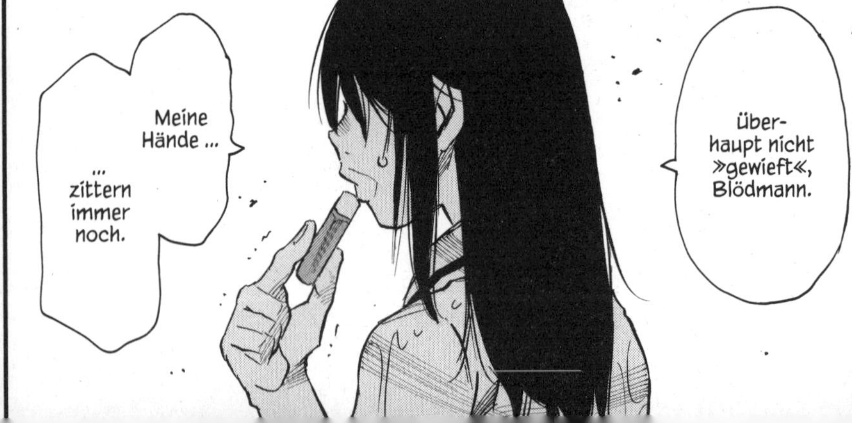

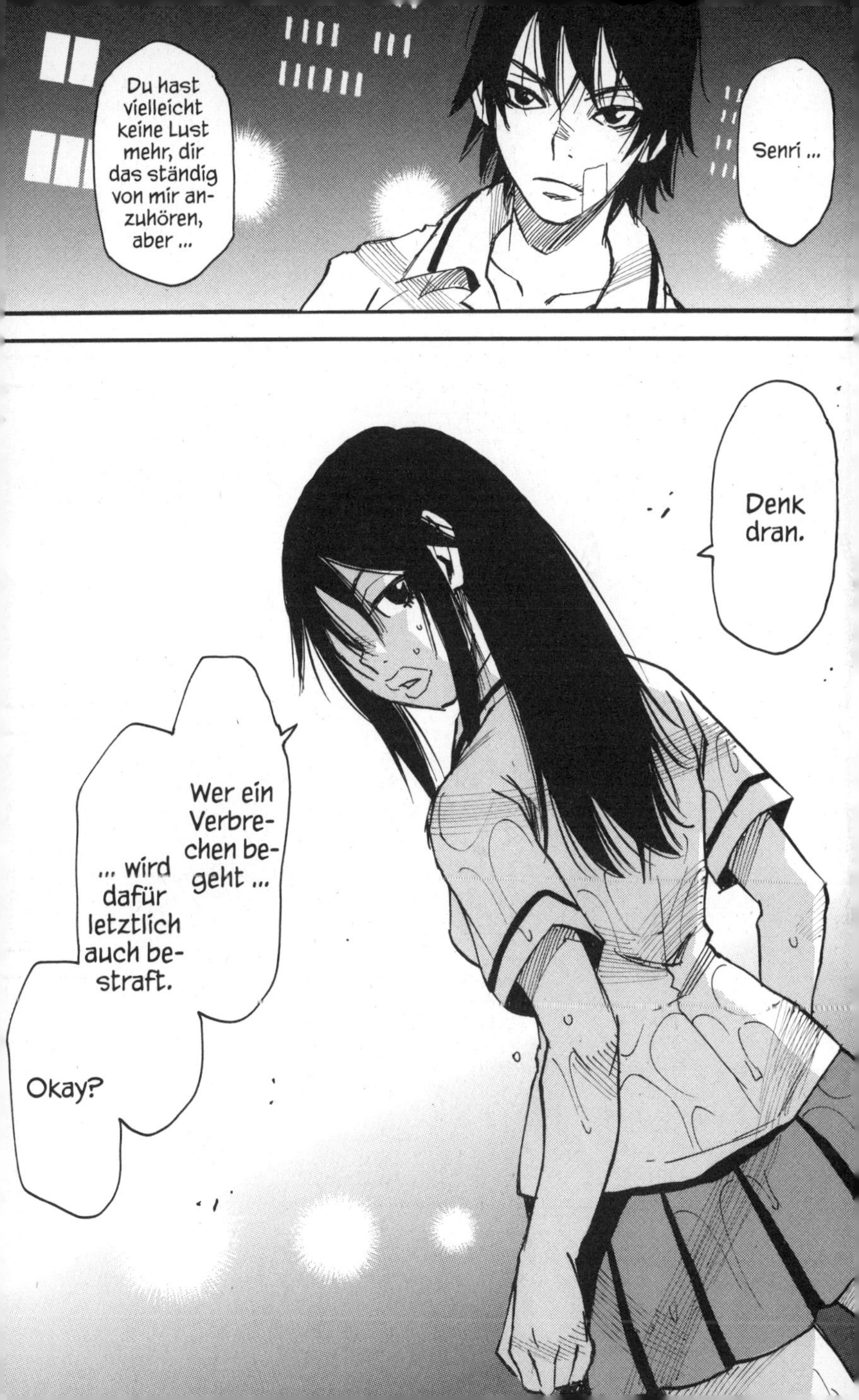

Senri ...

Du hast vielleicht keine Lust mehr, dir das ständig von mir anzuhören, aber ...

Denk dran.

Wer ein Verbrechen begeht ...

... wird dafür letztlich auch bestraft.

Okay?

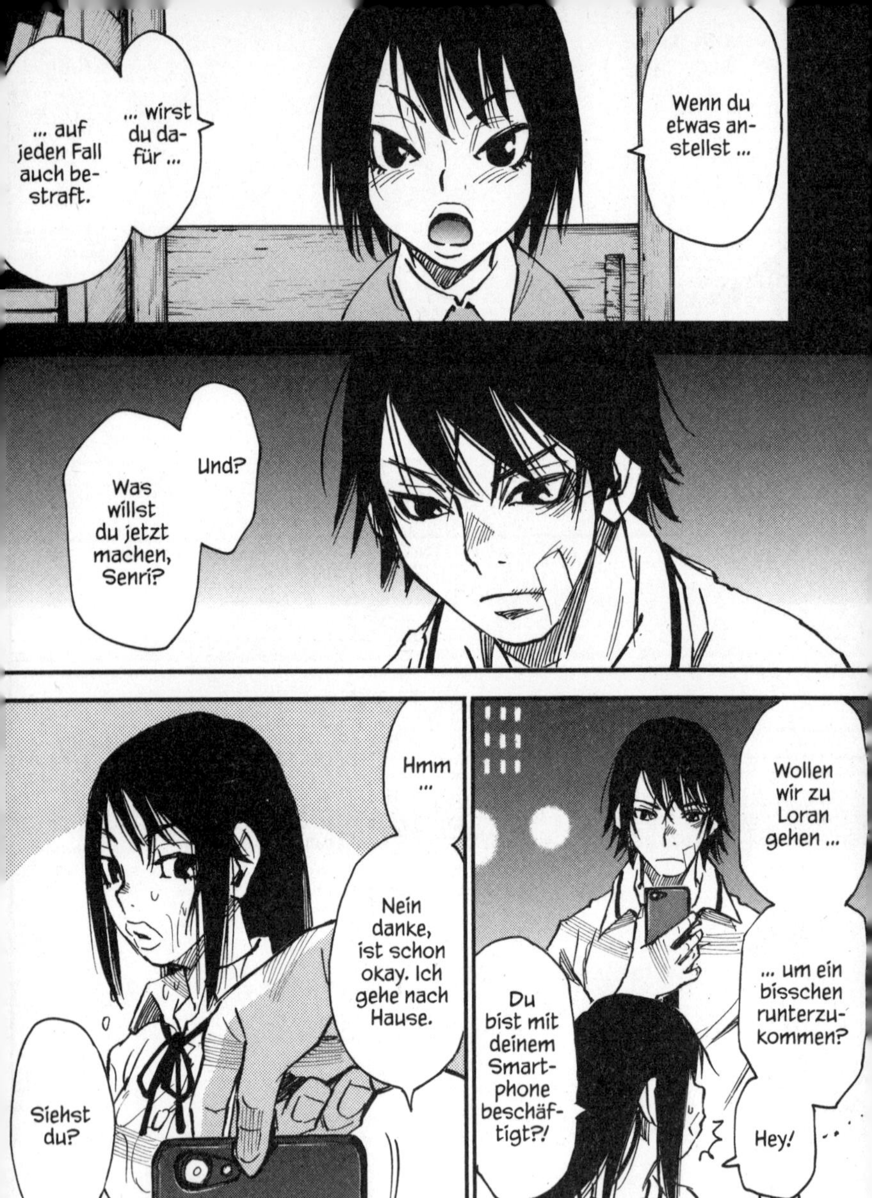
Wenn du etwas anstellst ...
... wirst du dafür ...
... auf jeden Fall auch bestraft.
Und?
Was willst du jetzt machen, Senri?
Wollen wir zu Loran gehen ...
... um ein bisschen runterzukommen?
Hey!
Du bist mit deinem Smartphone beschäftigt?!
Hmm ...
Nein danke, ist schon okay. Ich gehe nach Hause.
Siehst du?

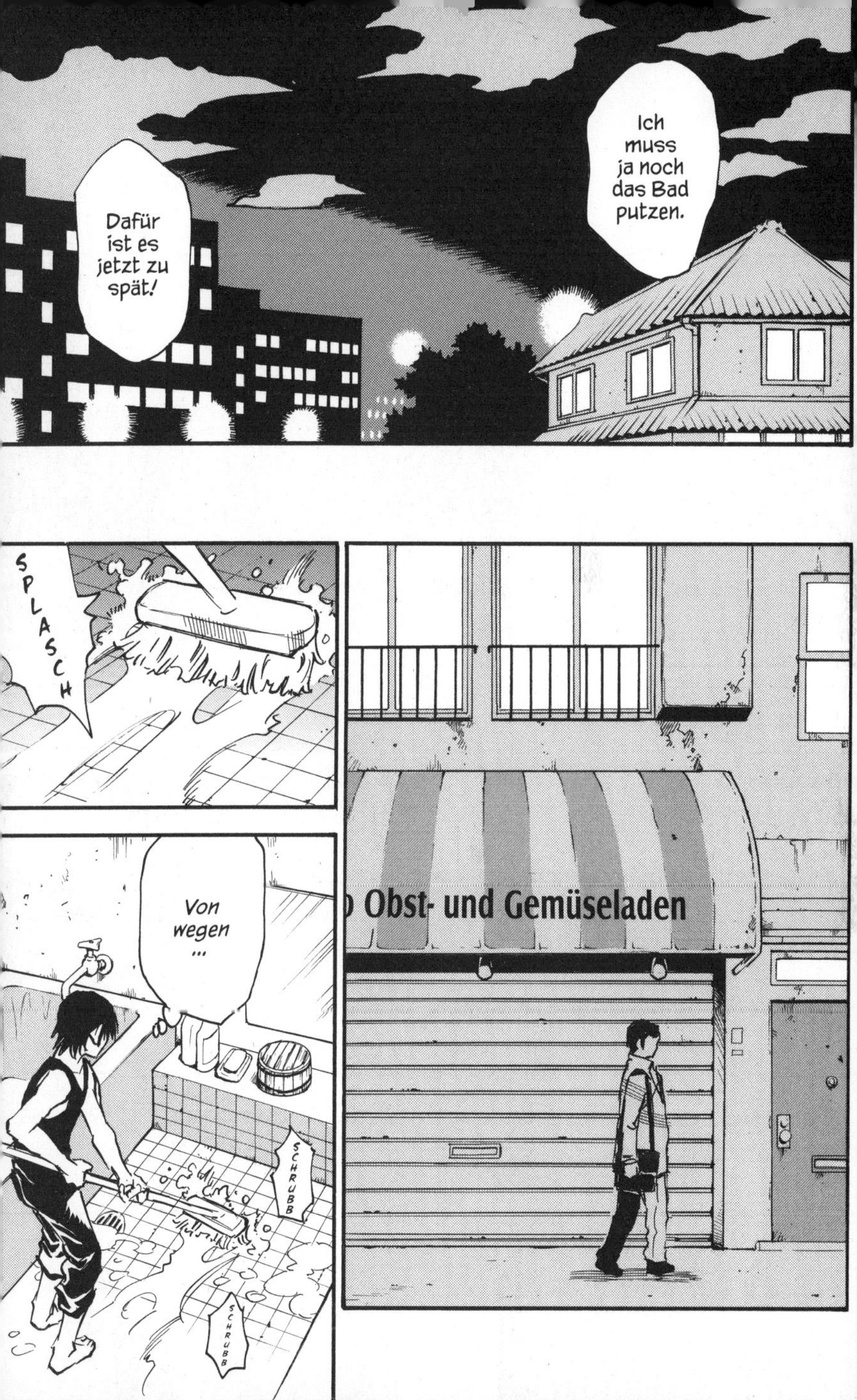

Ich muss ja noch das Bad putzen.

Dafür ist es jetzt zu spät!

Obst- und Gemüseladen

SPLASCH

Von wegen ...

SCHRUBB

SCHRUBB

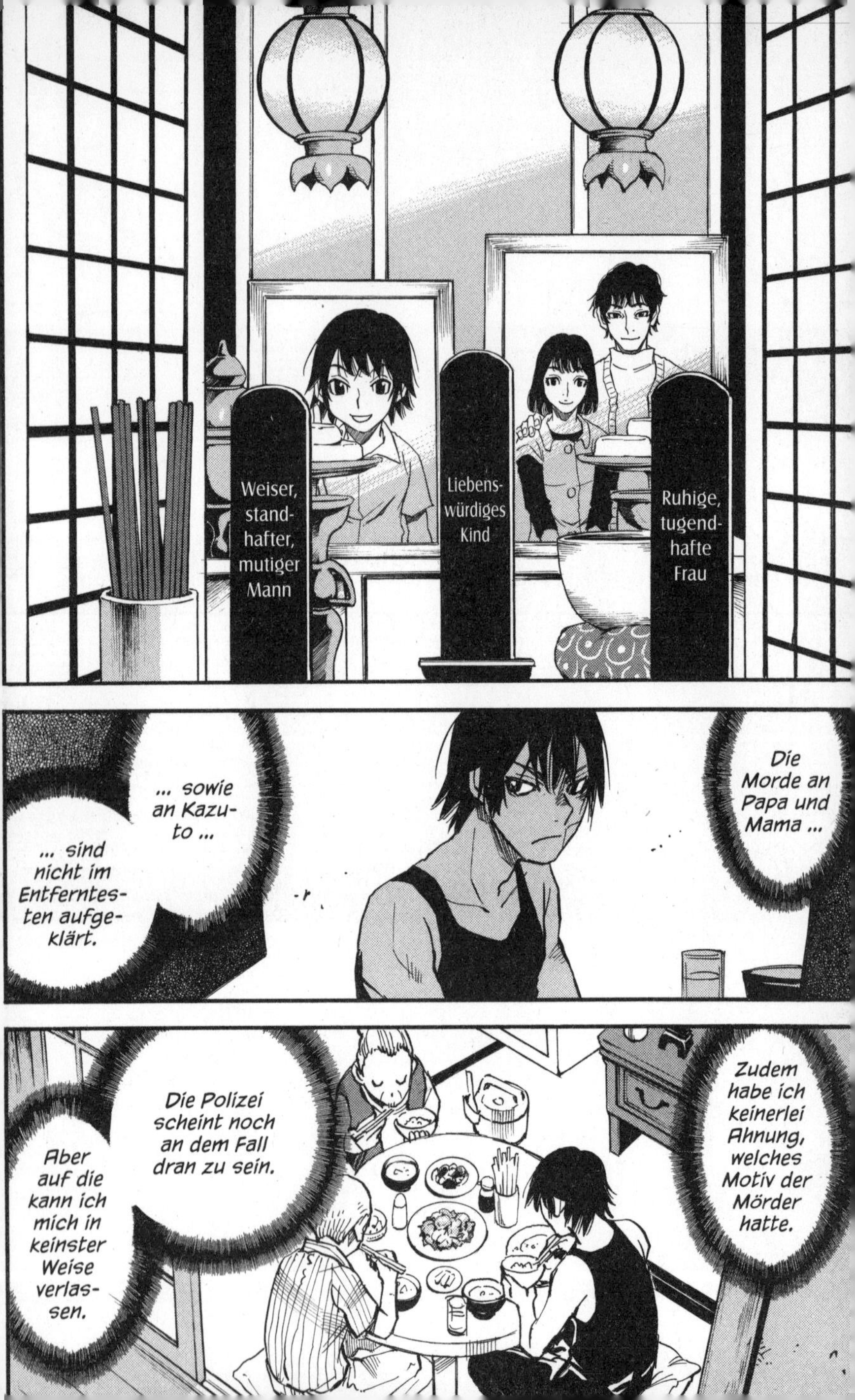

Ruhige, tugendhafte Frau

Liebenswürdiges Kind

Weiser, standhafter, mutiger Mann

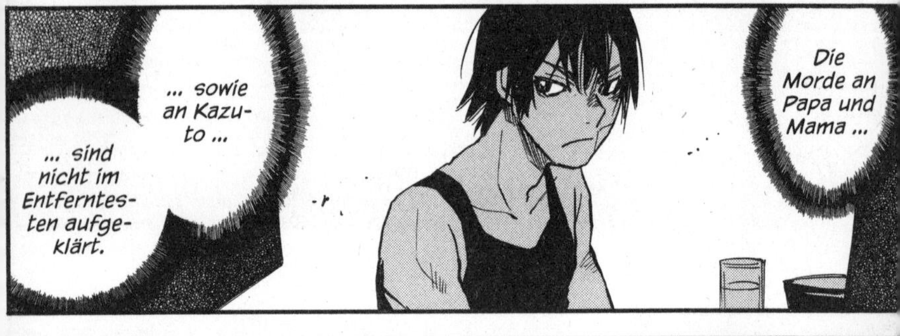

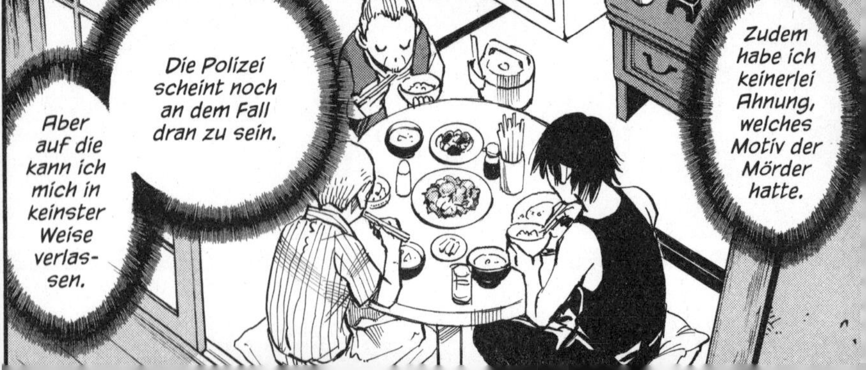

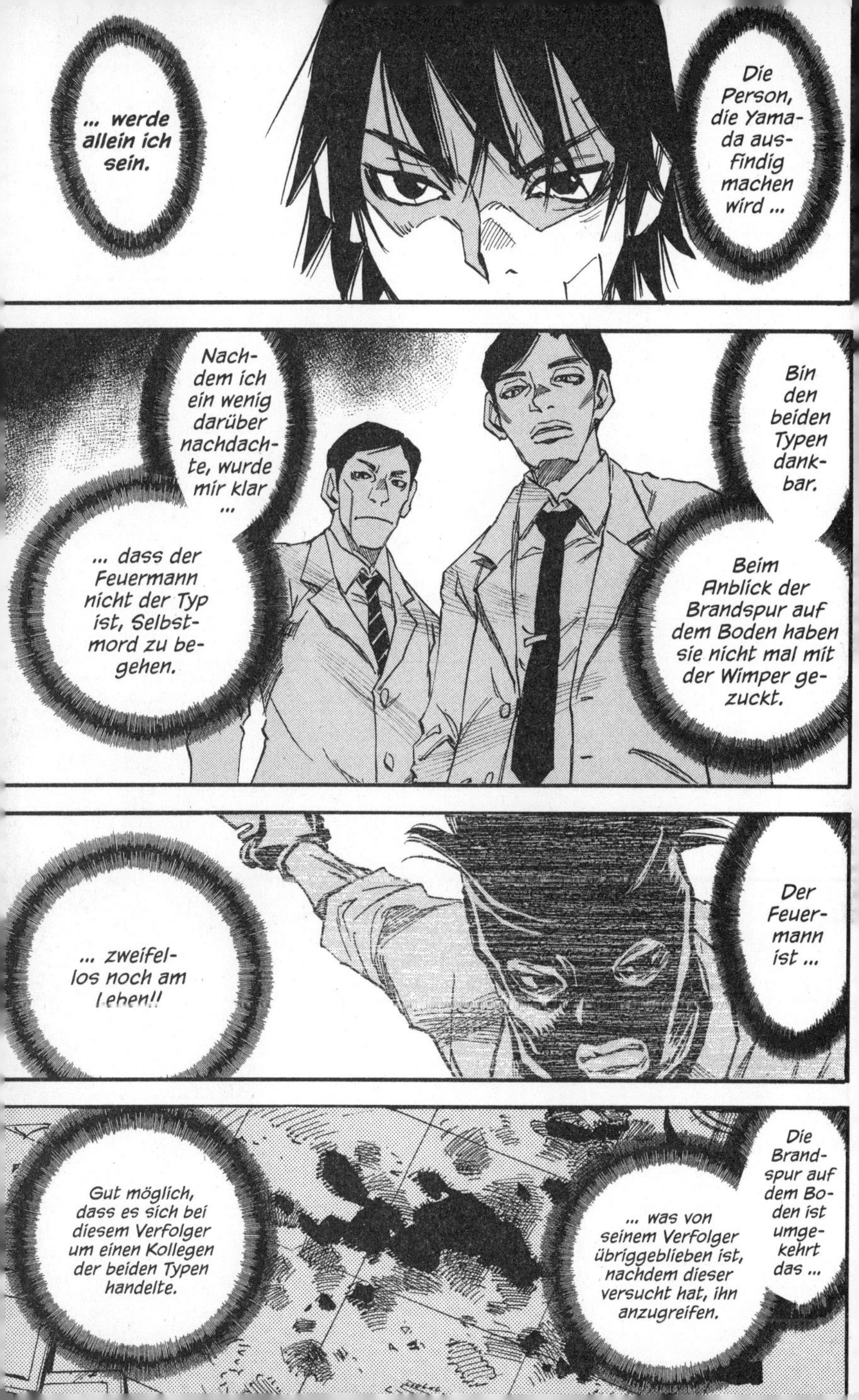

Die Person, die Yamada ausfindig machen wird ...
... werde allein ich sein.

Bin den beiden Typen dankbar.
Beim Anblick der Brandspur auf dem Boden haben sie nicht mal mit der Wimper gezuckt.
Nachdem ich ein wenig darüber nachdachte, wurde mir klar ...
... dass der Feuermann nicht der Typ ist, Selbstmord zu begehen.

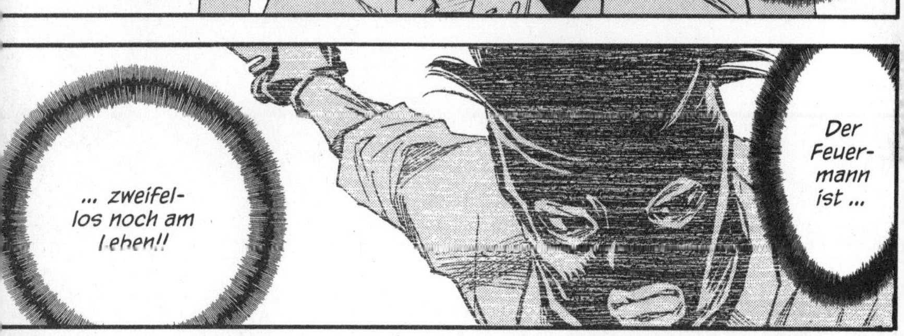

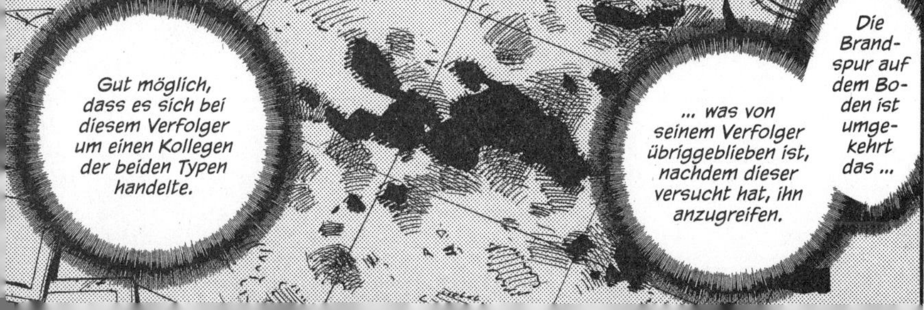

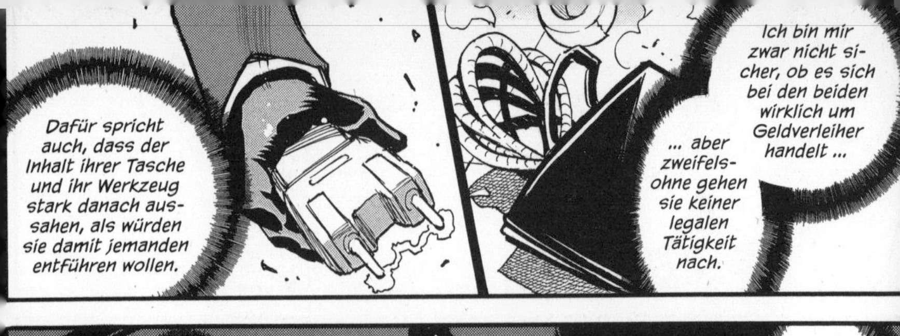
Ich bin mir zwar nicht sicher, ob es sich bei den beiden wirklich um Geldverleiher handelt ...
... aber zweifelsohne gehen sie keiner legalen Tätigkeit nach.
Dafür spricht auch, dass der Inhalt ihrer Tasche und ihr Werkzeug stark danach aussahen, als würden sie damit jemanden entführen wollen.

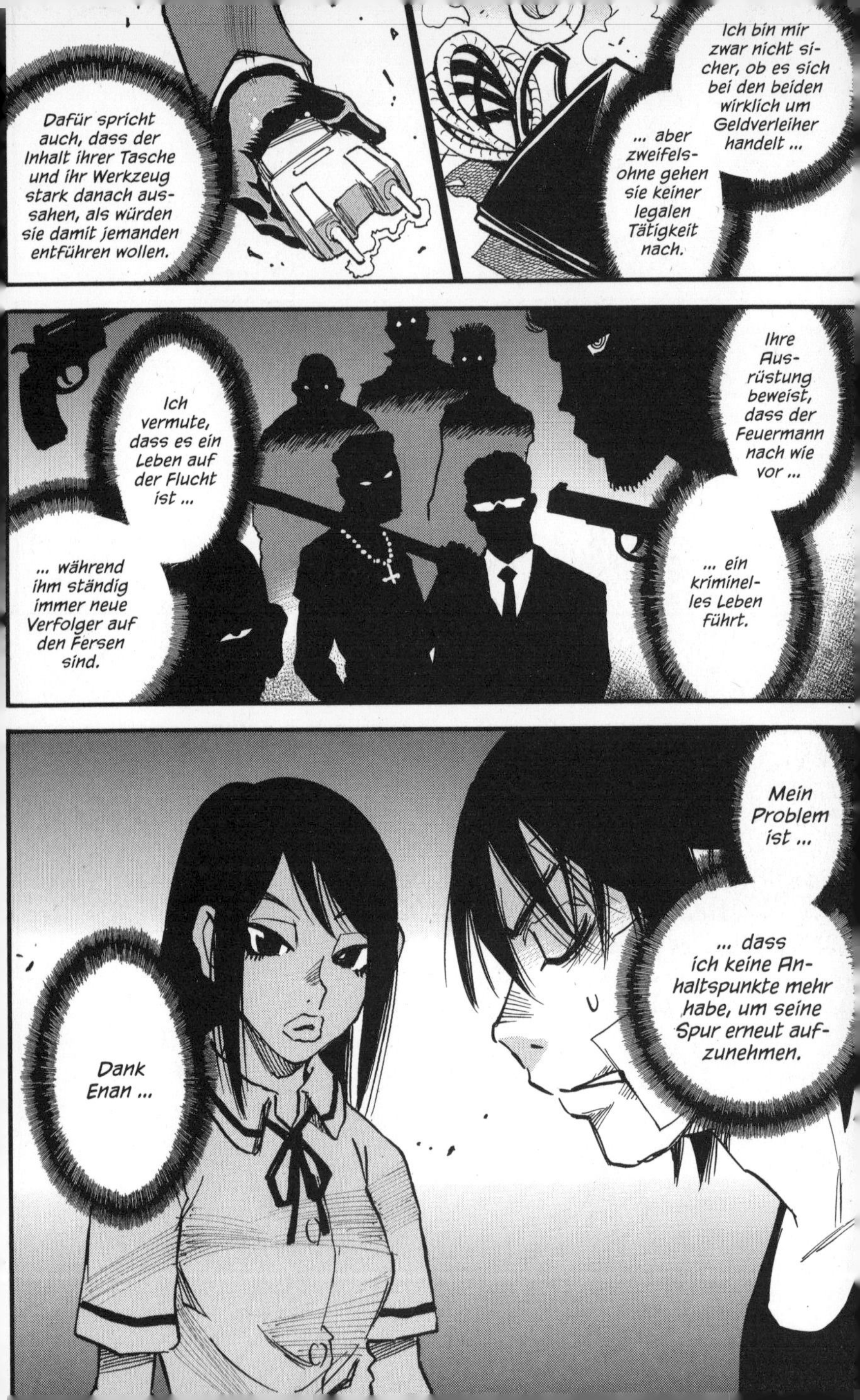

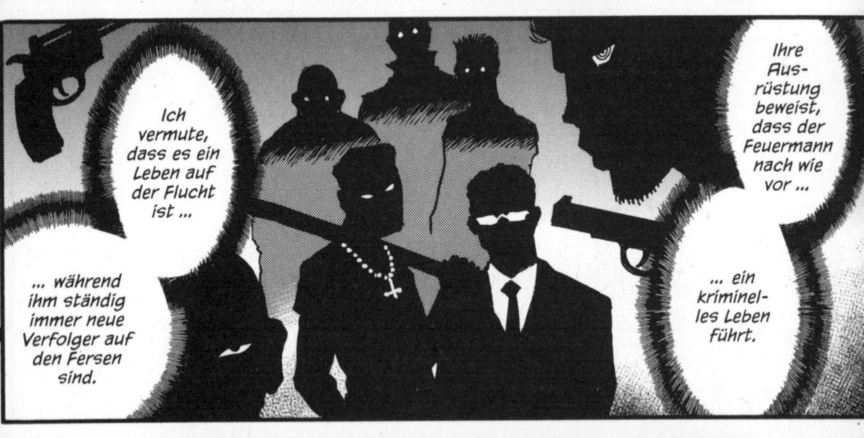
Ihre Ausrüstung beweist, dass der Feuermann nach wie vor ...
... ein kriminelles Leben führt.
Ich vermute, dass es ein Leben auf der Flucht ist ...
... während ihm ständig immer neue Verfolger auf den Fersen sind.

Mein Problem ist ...
... dass ich keine Anhaltspunkte mehr habe, um seine Spur erneut aufzunehmen.
Dank Enan ...

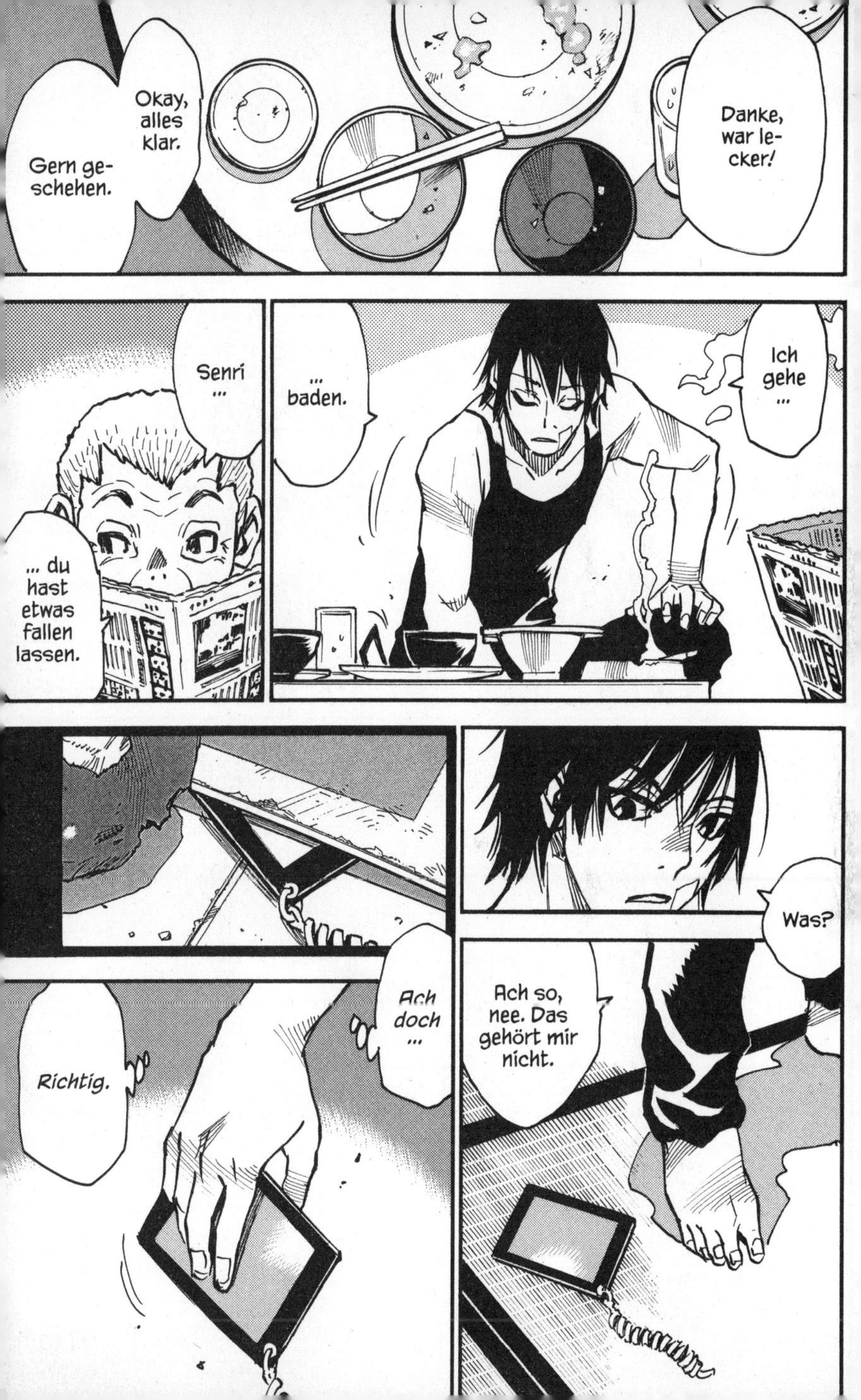

Danke, war lecker!

Okay, alles klar.

Gern geschehen.

Ich gehe ...

... baden.

Senri ...

... du hast etwas fallen lassen.

Was?

Ach so, nee. Das gehört mir nicht.

Ach doch ...

Richtig.

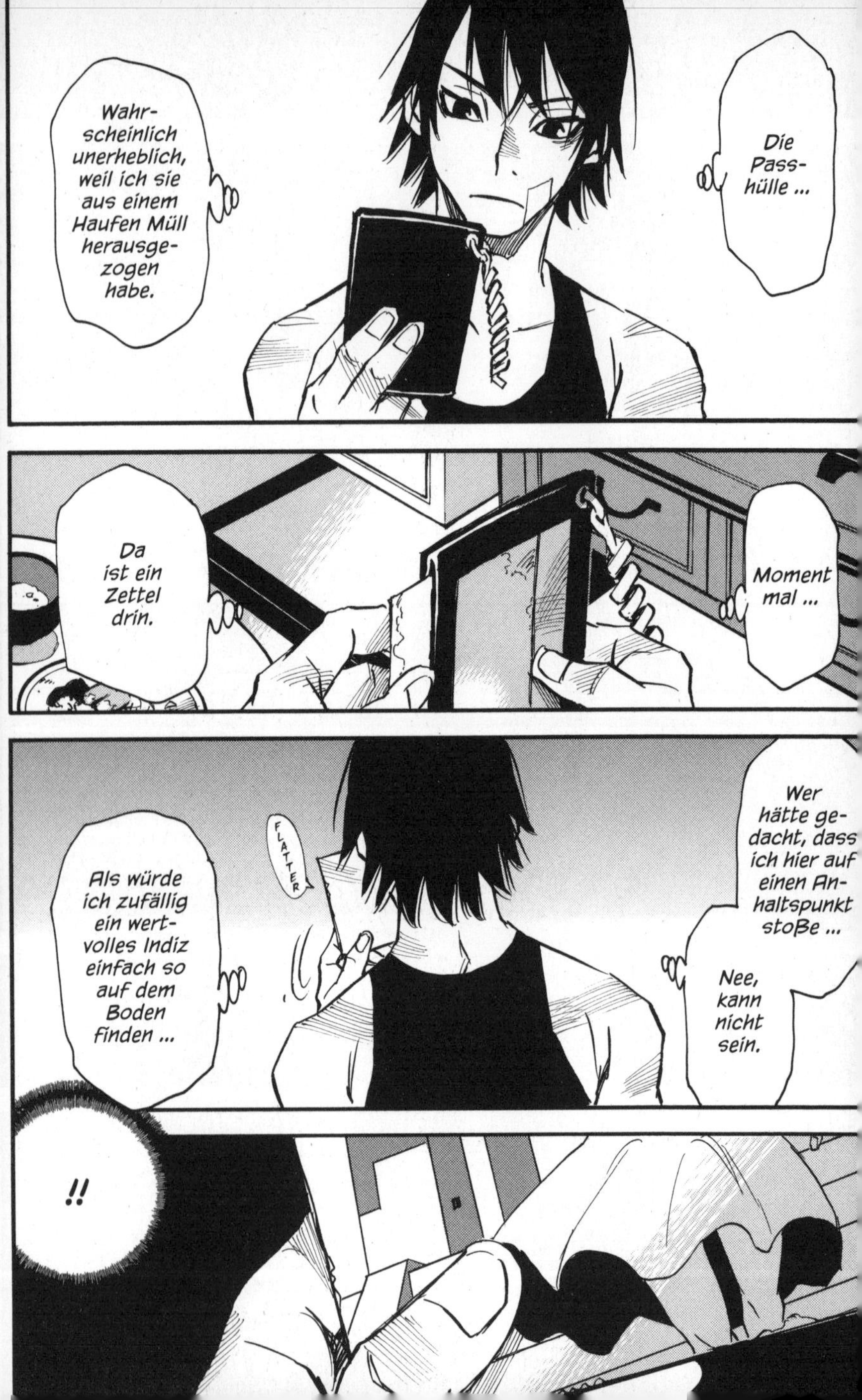

Die Passhülle ...
Wahrscheinlich unerheblich, weil ich sie aus einem Haufen Müll herausgezogen habe.
Moment mal ...
Da ist ein Zettel drin.
FLATTER
Wer hätte gedacht, dass ich hier auf einen Anhaltspunkt stoße ...
Nee, kann nicht sein.
Als würde ich zufällig ein wertvolles Indiz einfach so auf dem Boden finden ...
!!

Unmöglich. Das kann nicht sein.

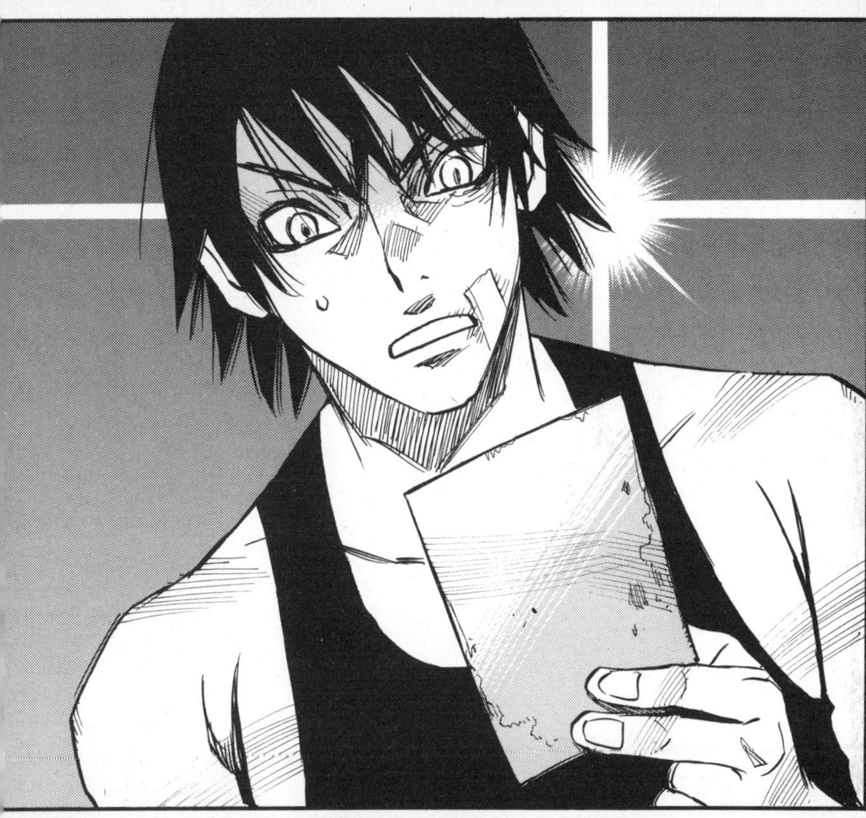

Das hier ... muss definitiv ...

... dem Feuermann gehört haben!!

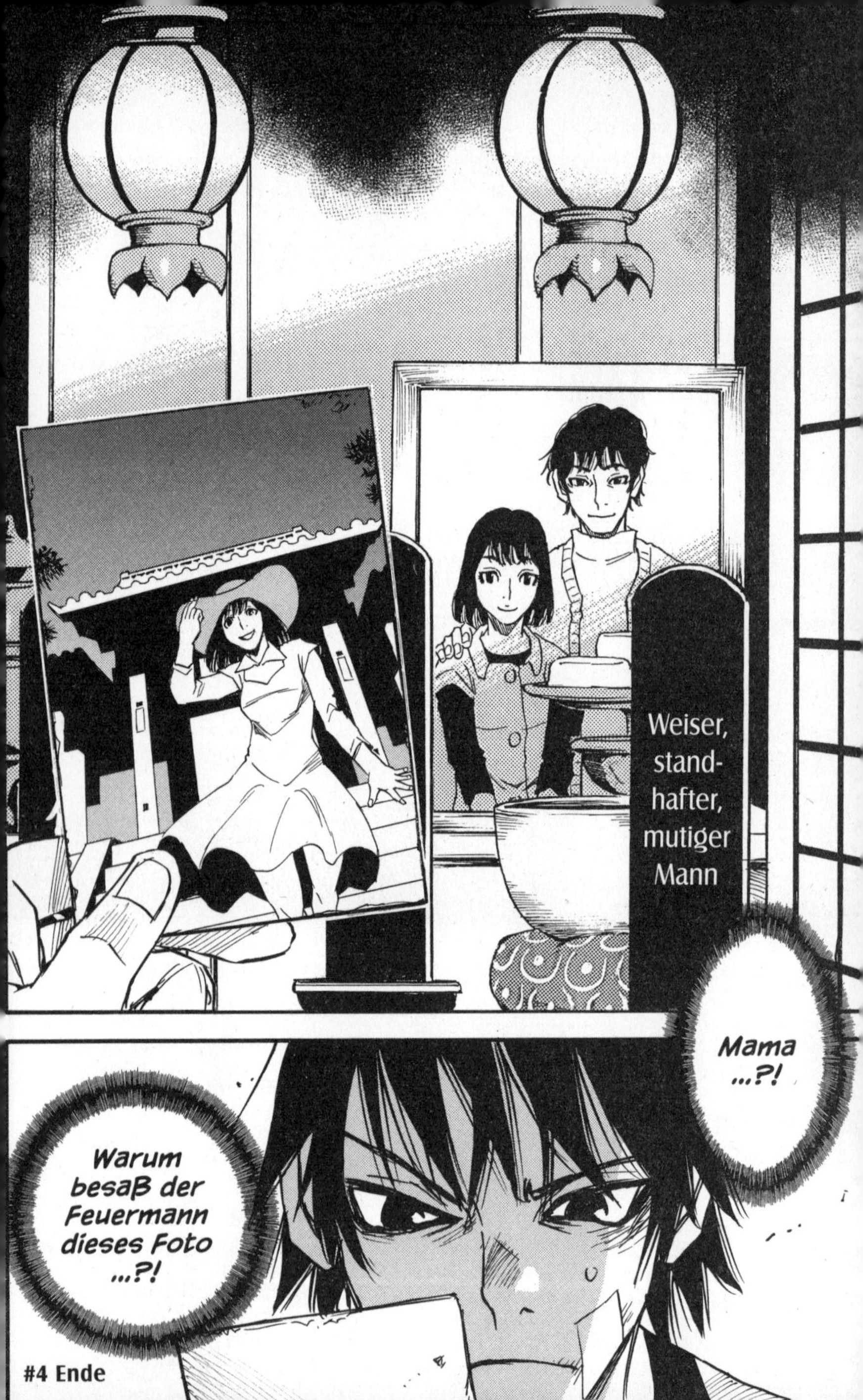
Weiser, standhafter, mutiger Mann
Mama ...?!
Warum besaß der Feuermann dieses Foto ...?!
#4 Ende

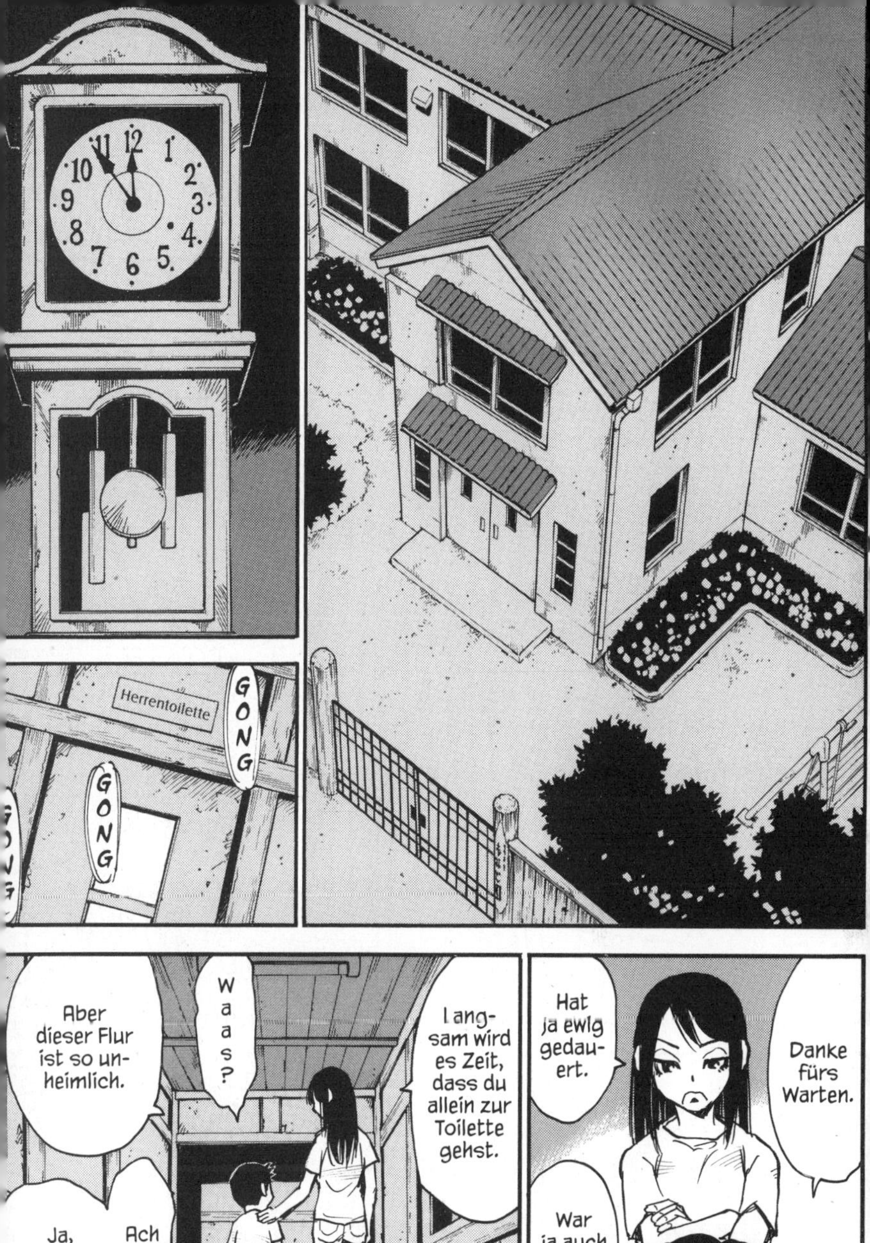

Herrentoilette
GONG
GONG
Danke fürs Warten.
Hat ja ewig gedauert.
War ja auch ein großes Geschäft.
Langsam wird es Zeit, dass du allein zur Toilette gehst.
Waas?
Aber dieser Flur ist so unheimlich.
Ach so.
Ja, als Kind fand ich das auch, glaube ich.
KRIEK
KRIEK
KRIEK

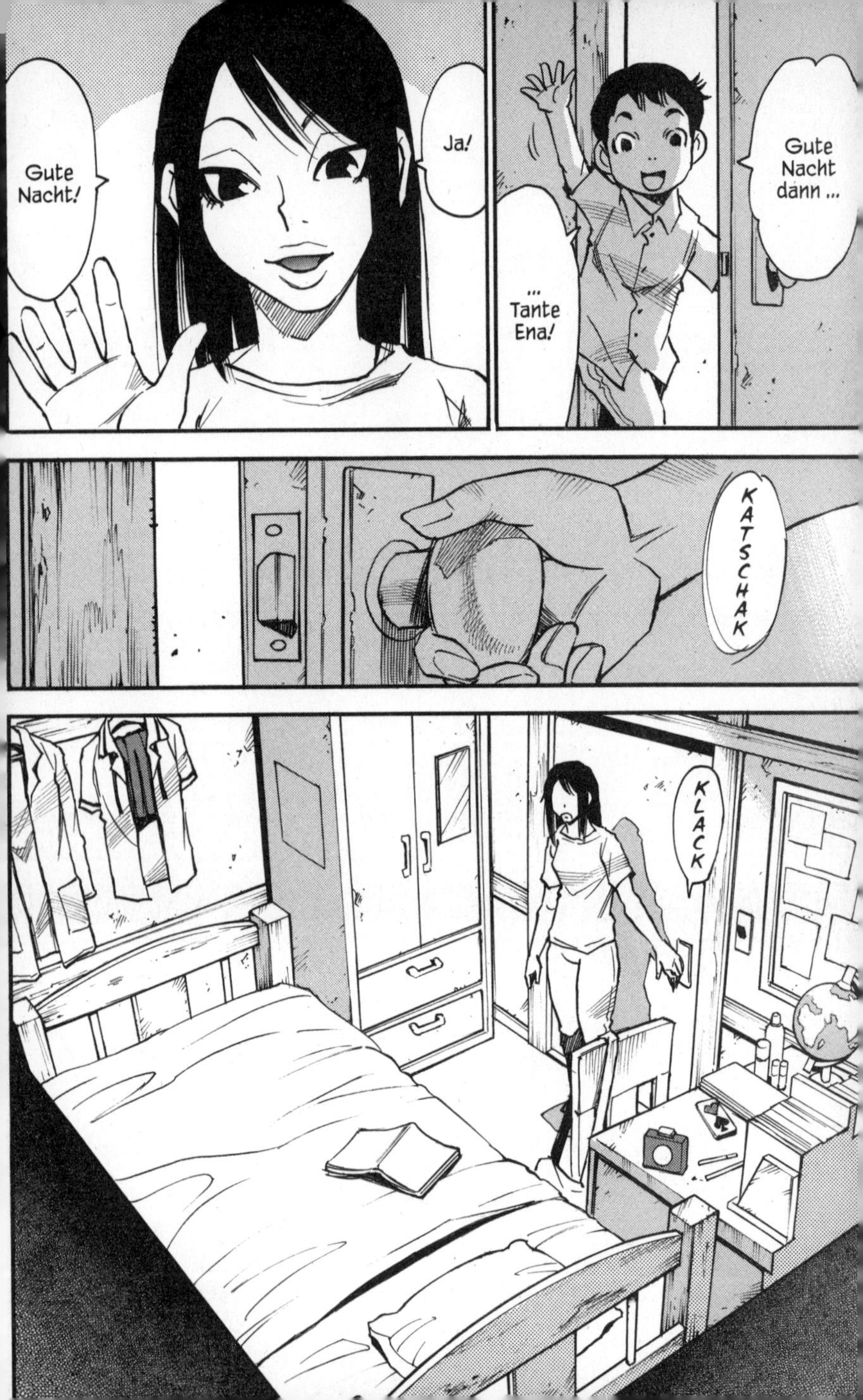
Gute Nacht dann ...
... Tante Ena!
Ja!
Gute Nacht!
KATSCHAK
KLACK

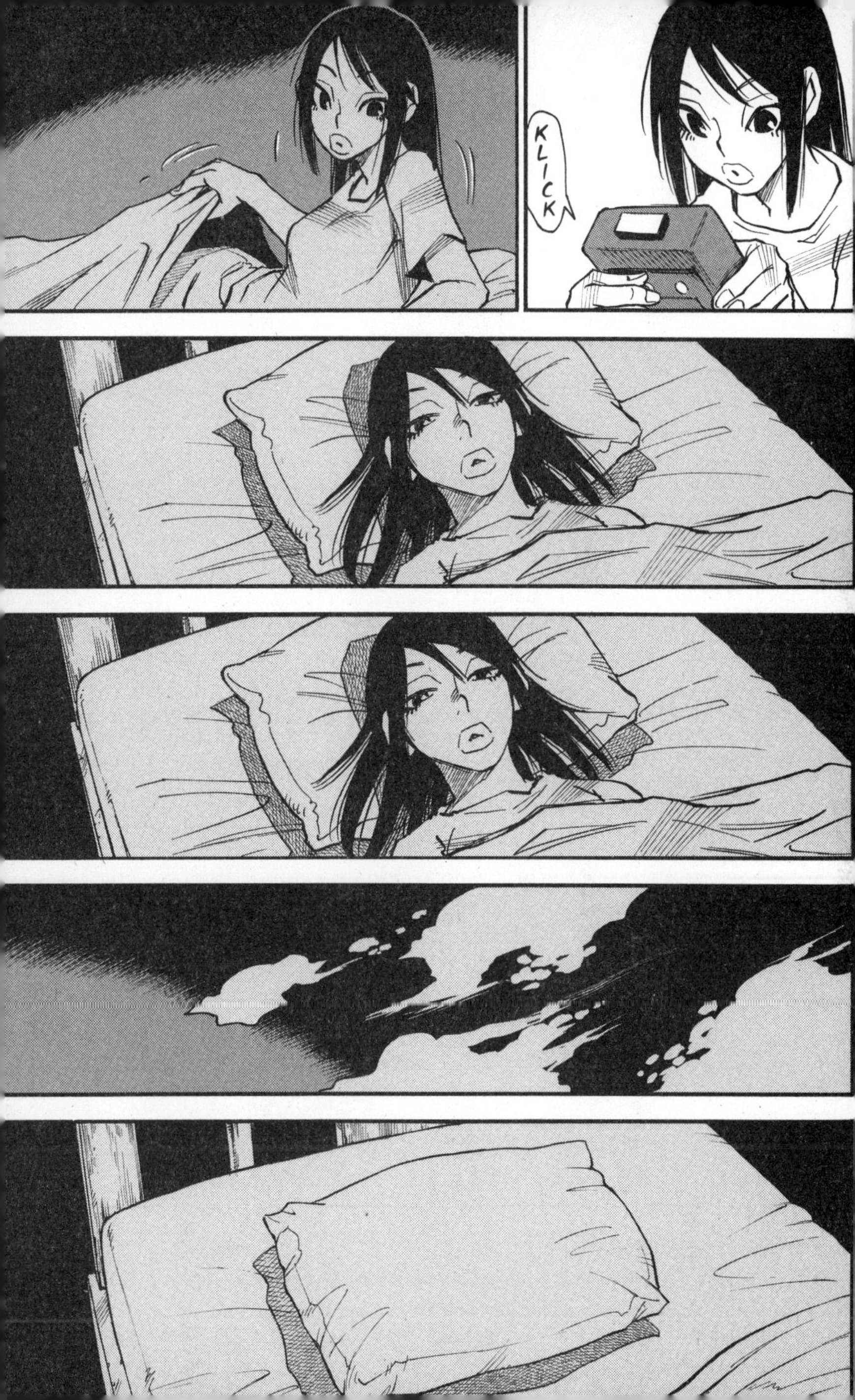
KLICK

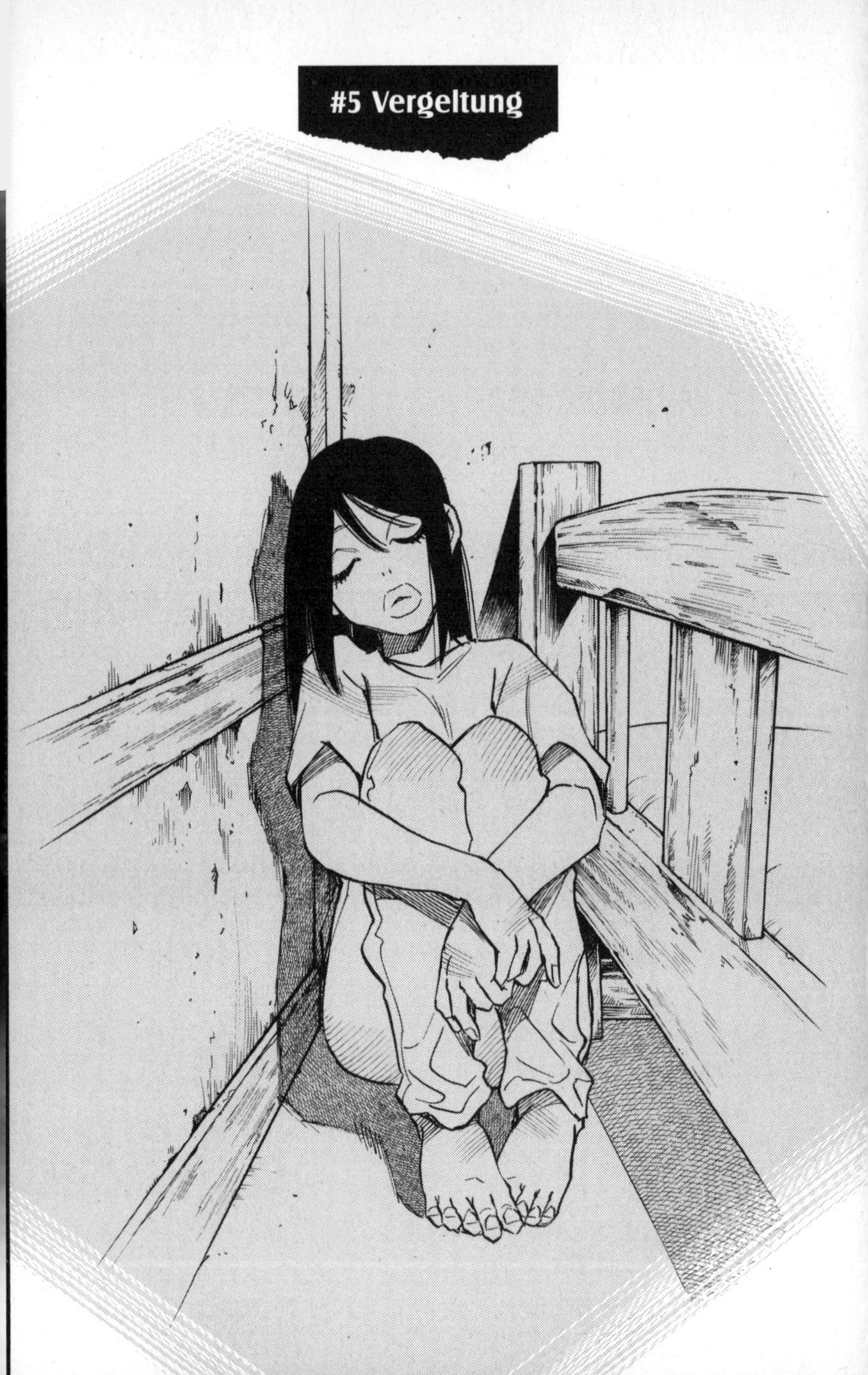
#5 Vergeltung

ord an Hausfrau in Suginami verhaftet

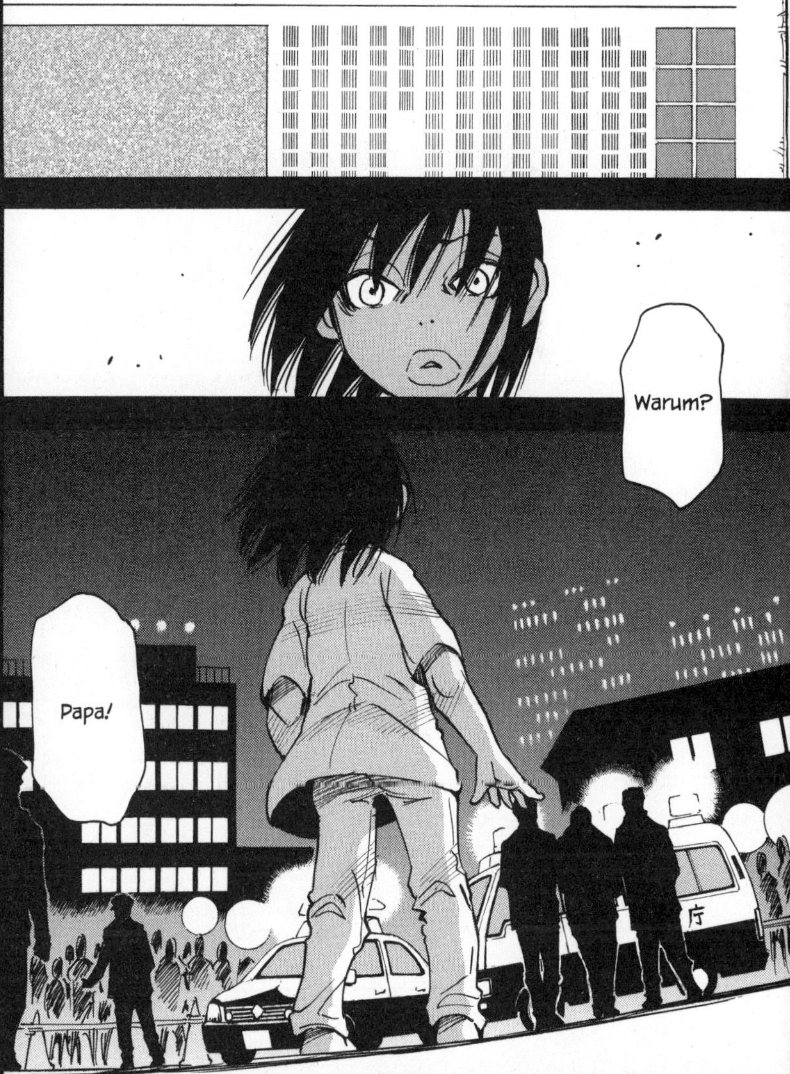

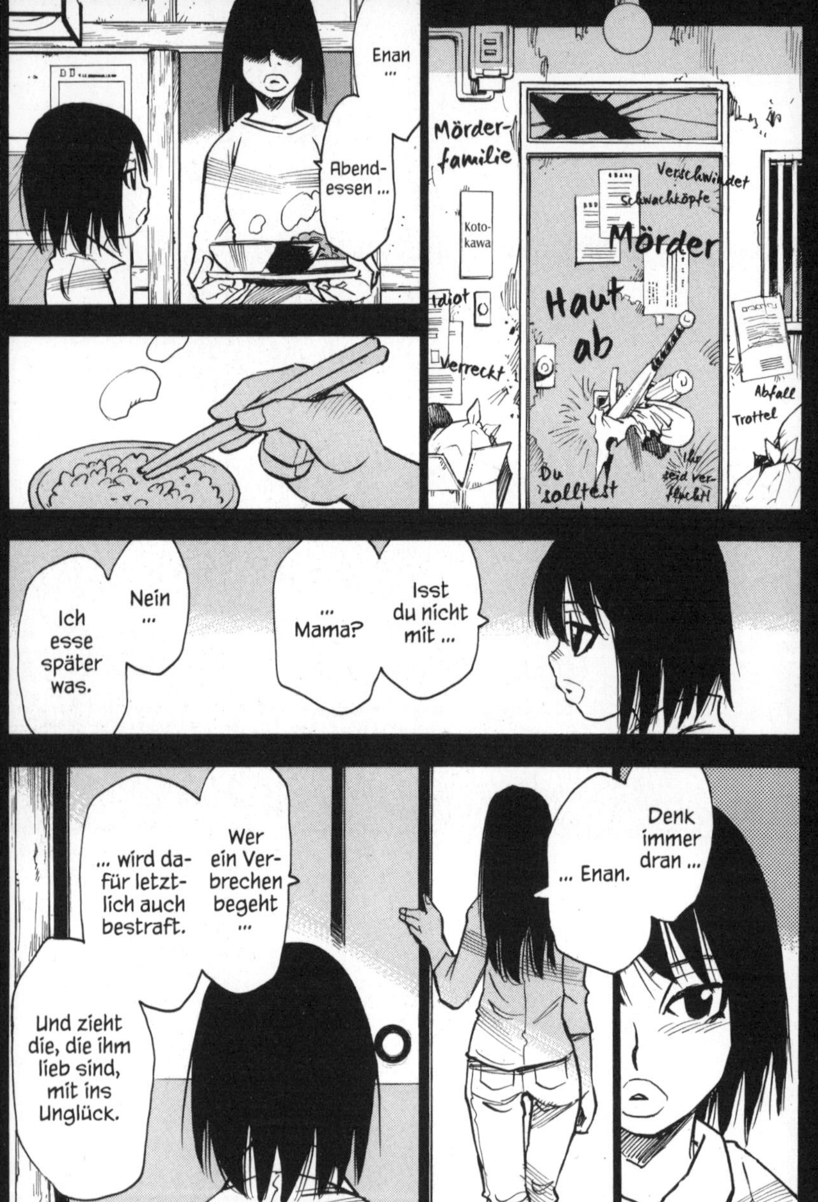

Mörder-familie
Kotokawa
Verschwindet
Schwachköpfe
Mörder
Haut ab
Idiot
Verreckt
Abfall
Trottel
Ihr seid verflucht!
Du solltest
Enan ...
Abend-essen ...
Isst du nicht mit ...
... Mama?
Nein ...
Ich esse später was.
Denk immer dran ...
... Enan.
Wer ein Verbrechen begeht ...
... wird dafür letztlich auch bestraft.
Und zieht die, die ihm lieb sind, mit ins Unglück.

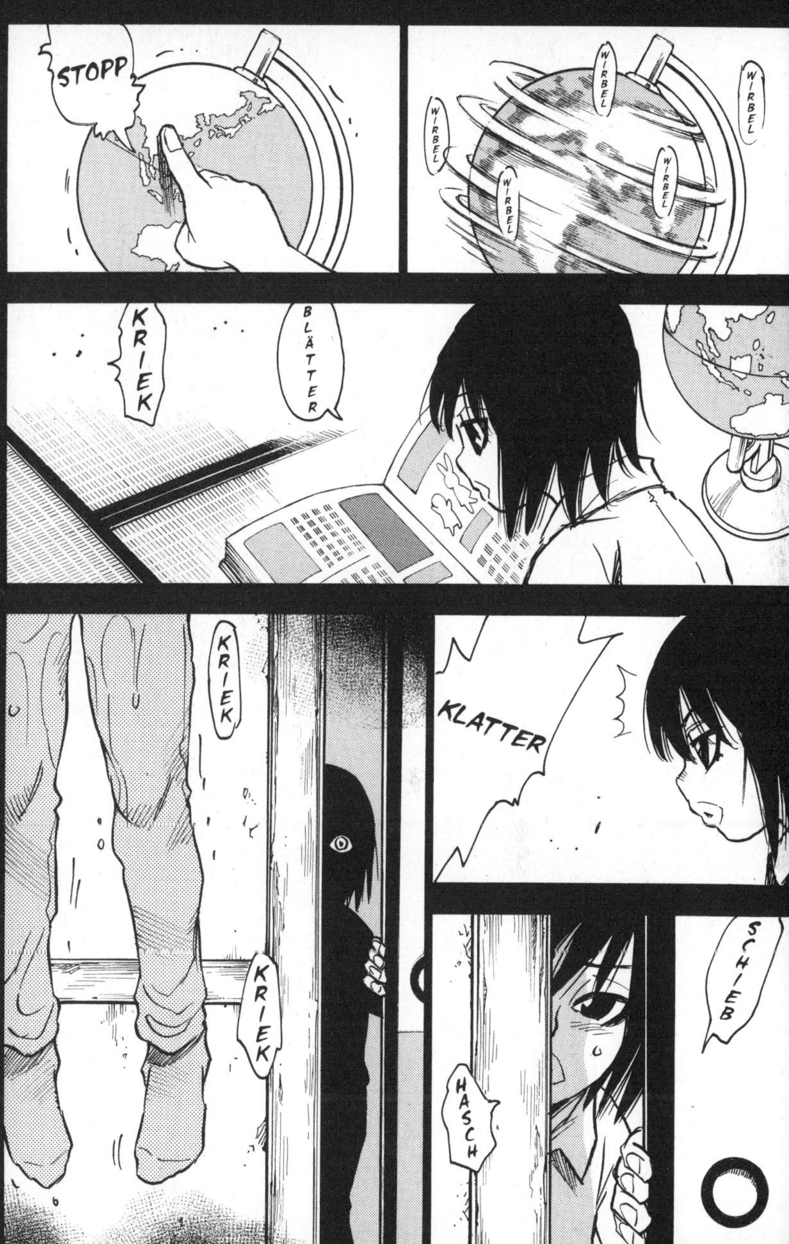
WIRBEL
WIRBEL
WIRBEL
WIRBEL
WIRBEL
STOPP
BLÄTTER
KRIEK
KLATTER
KRIEK
KRIEK
SCHIEB
HASCH

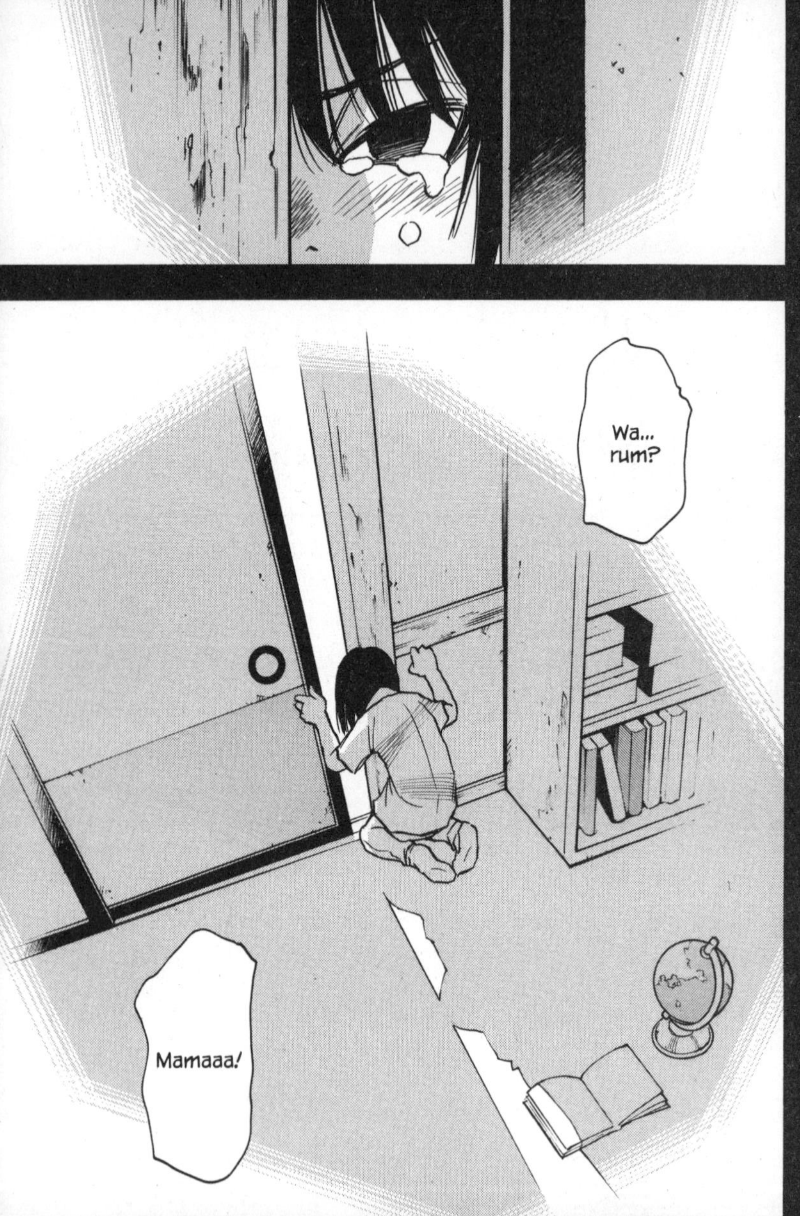
Wa... rum?
Mamaaa!

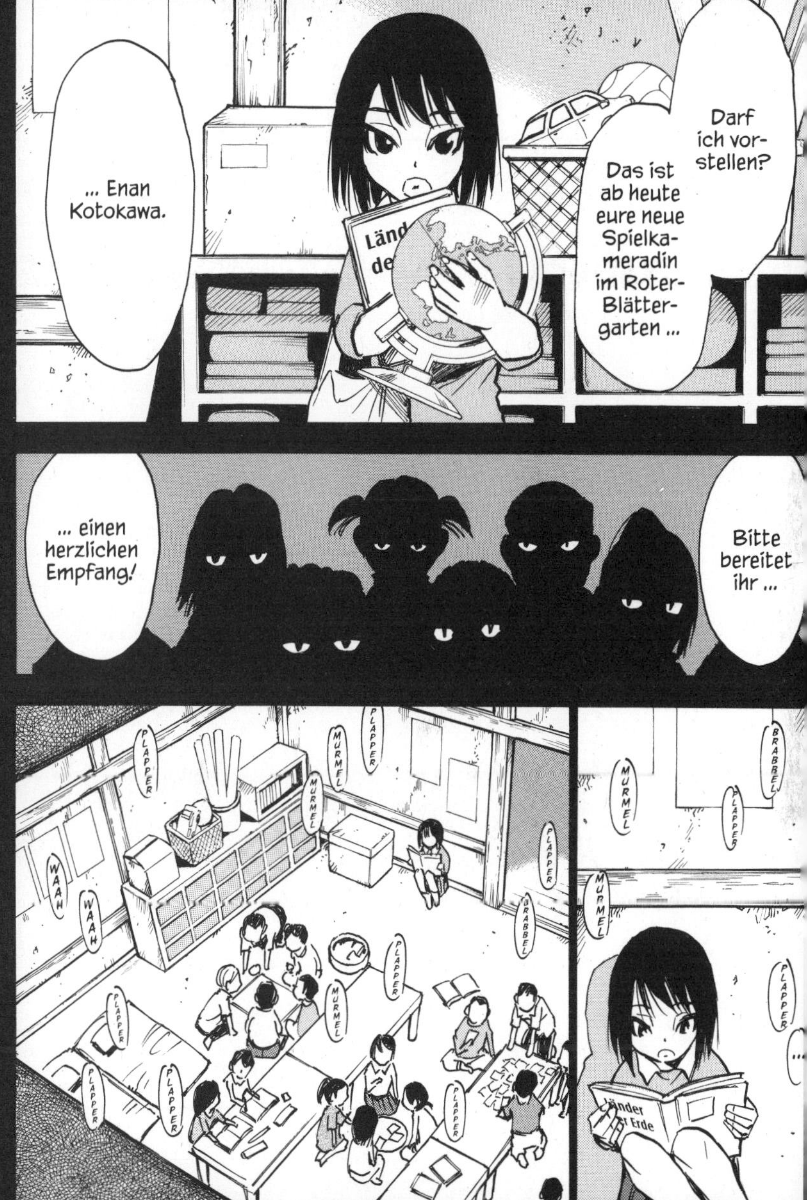
Darf ich vorstellen?
Das ist ab heute eure neue Spielkameradin im Roter-Blättergarten ...
... Enan Kotokawa.
Bitte bereitet ihr ...
... einen herzlichen Empfang!
BRABBEL
PLAPPER
MURMEL
MURMEL
PLAPPER
...
PLAPPER
MURMEL
PLAPPER
BRABBEL
PLAPPER
MURMEL
PLAPPER
PLAPPER
WAAH
WAAH
PLAPPER
PLAPPER
PLAPPER

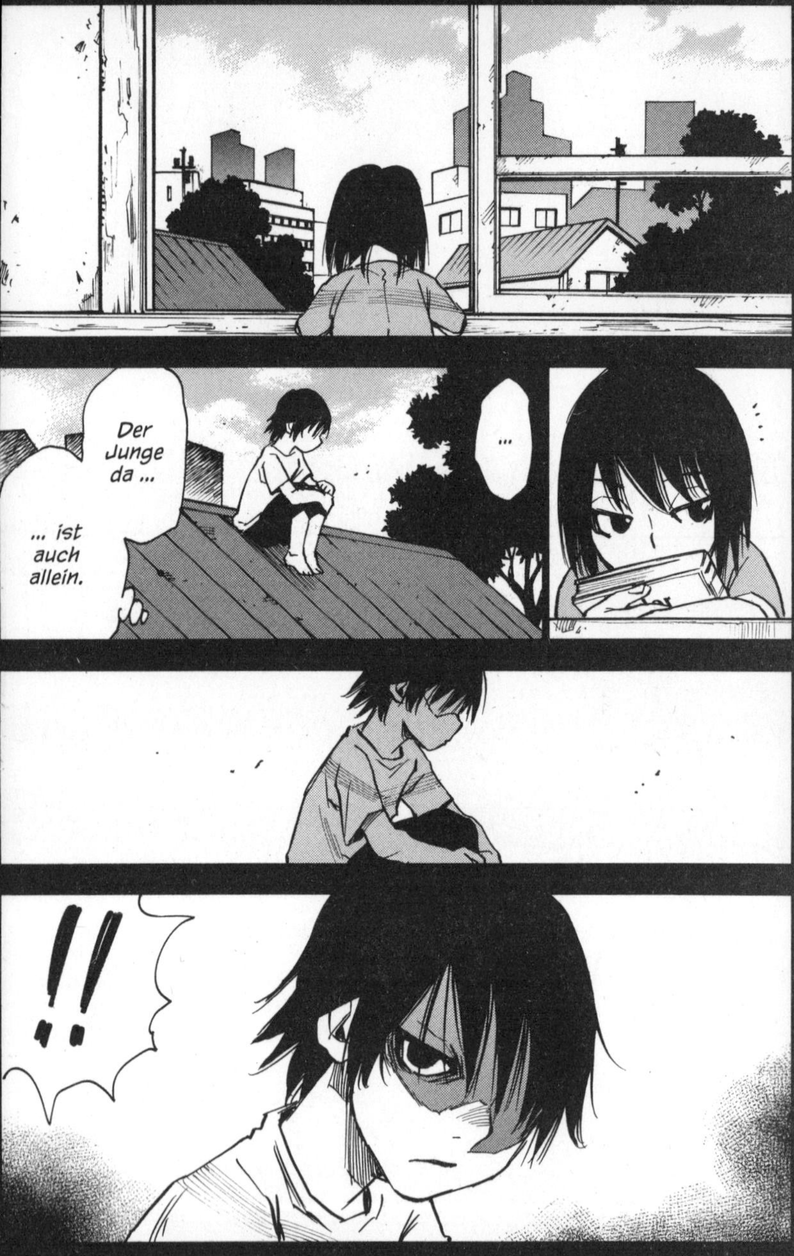

…

Der Junge da …

… ist auch allein.

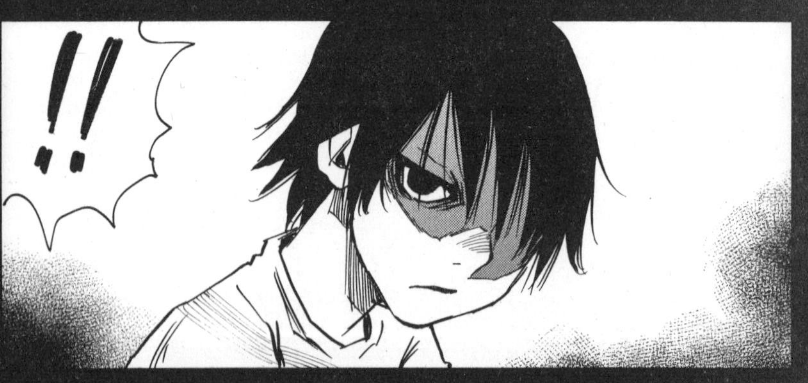

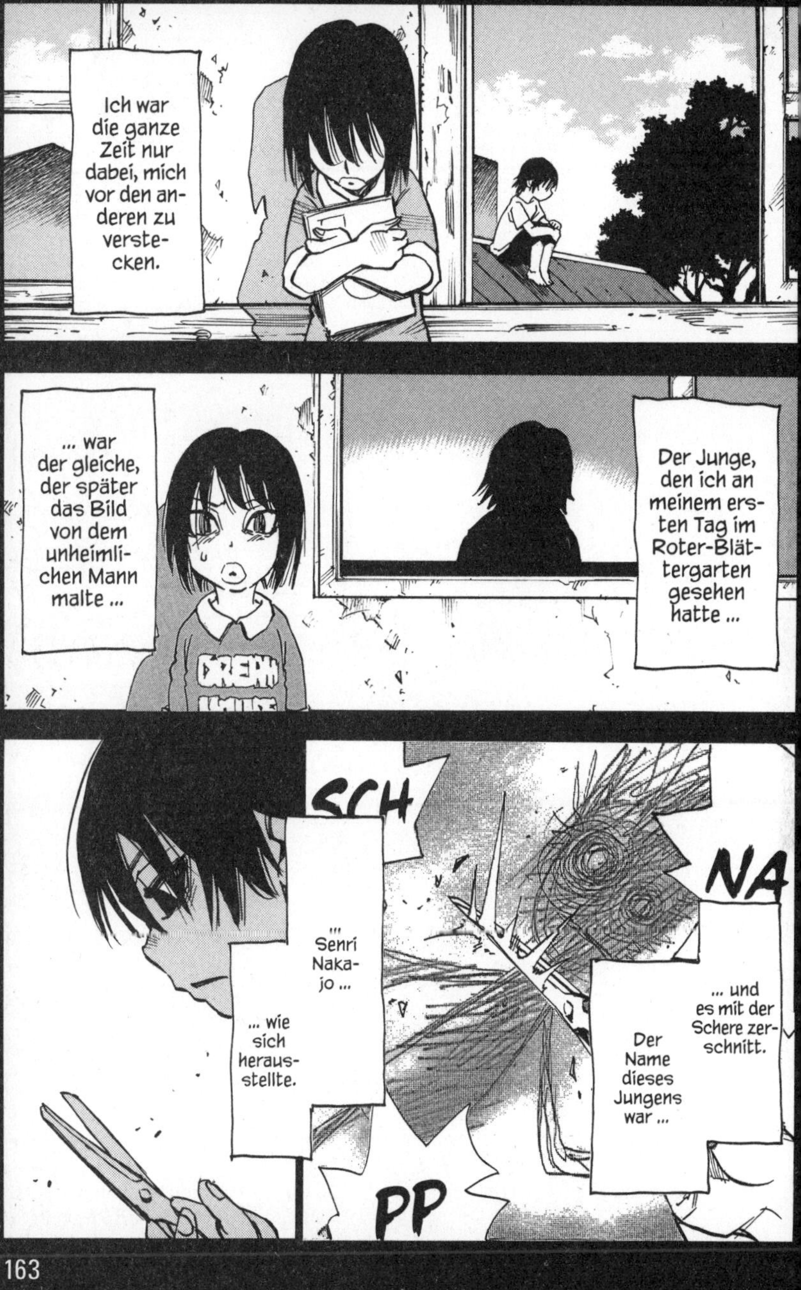

Ich war die ganze Zeit nur dabei, mich vor den anderen zu verstecken.

Der Junge, den ich an meinem ersten Tag im Roter-Blättergarten gesehen hatte ...

... war der gleiche, der später das Bild von dem unheimlichen Mann malte ...

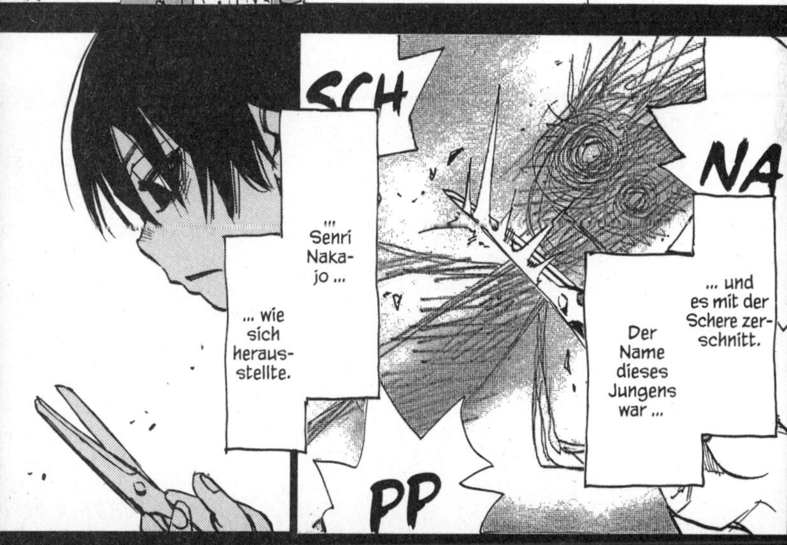

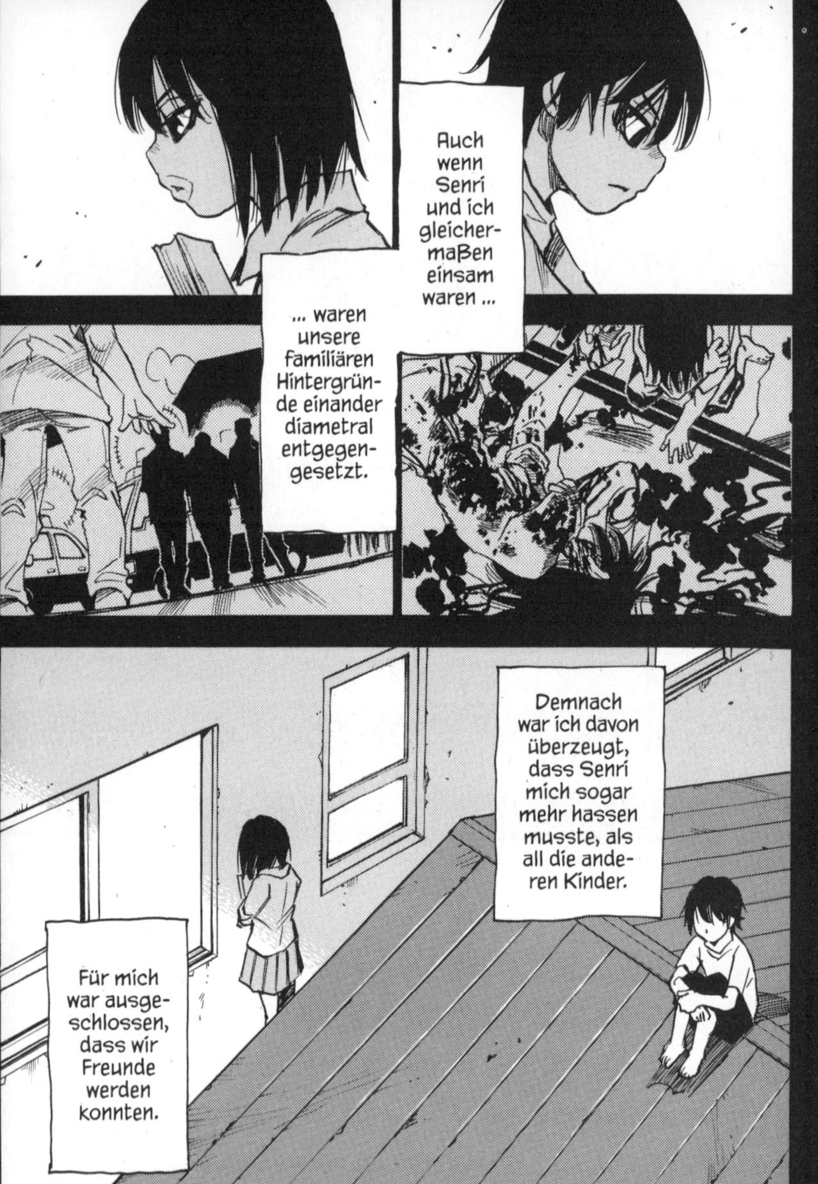
Auch wenn Senri und ich gleicher-maßen einsam waren ...
... waren unsere familiären Hintergrün-de einander diametral entgegen-gesetzt.
Demnach war ich davon überzeugt, dass Senri mich sogar mehr hassen musste, als all die ande-ren Kinder.
Für mich war ausge-schlossen, dass wir Freunde werden konnten.

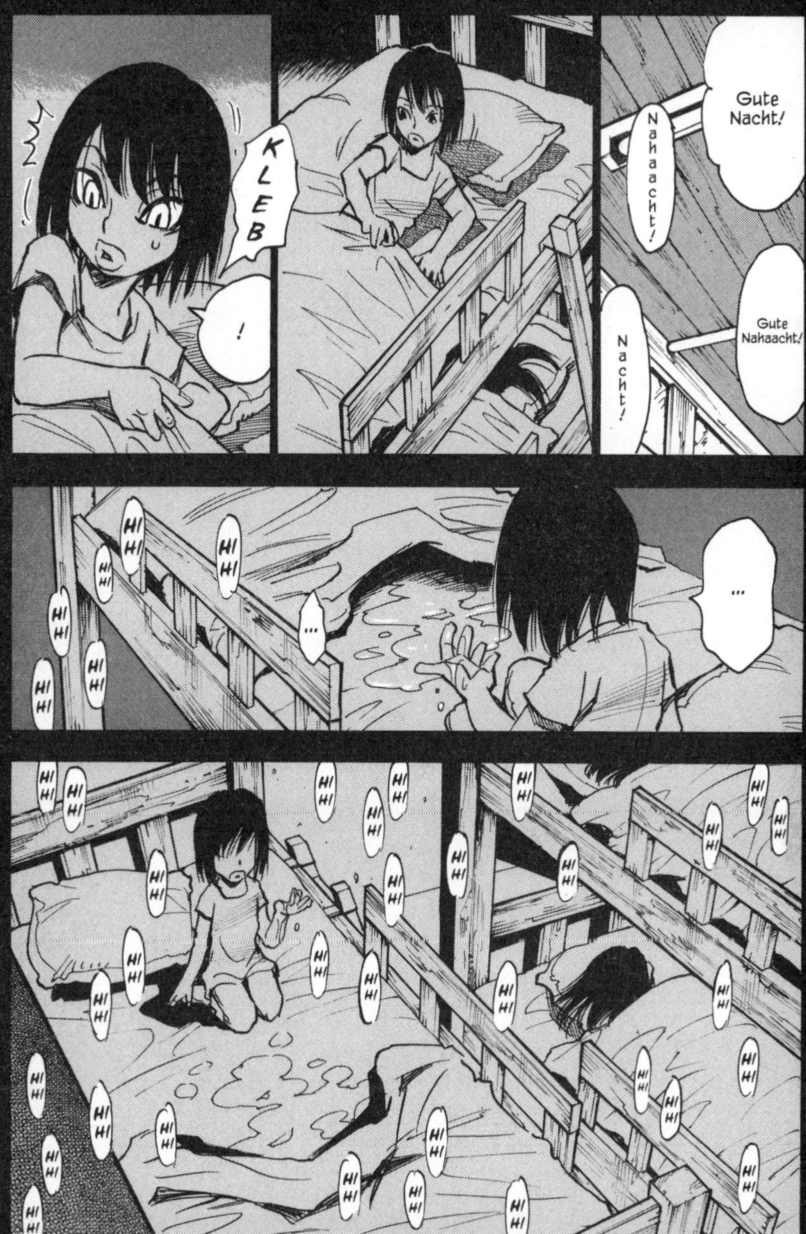
Gute Nacht!
Nahaacht!
Gute Nahaacht!
Nacht!
KLEB
!
...
...
HI HI

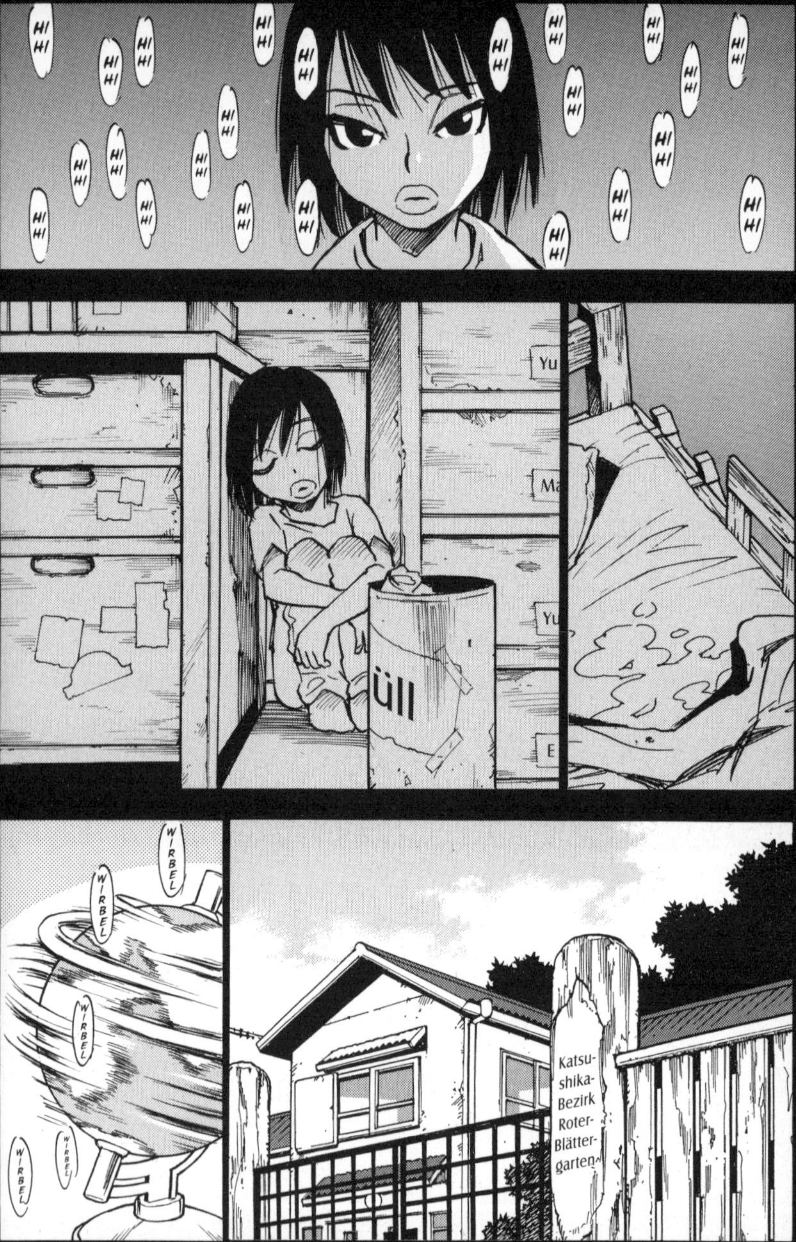

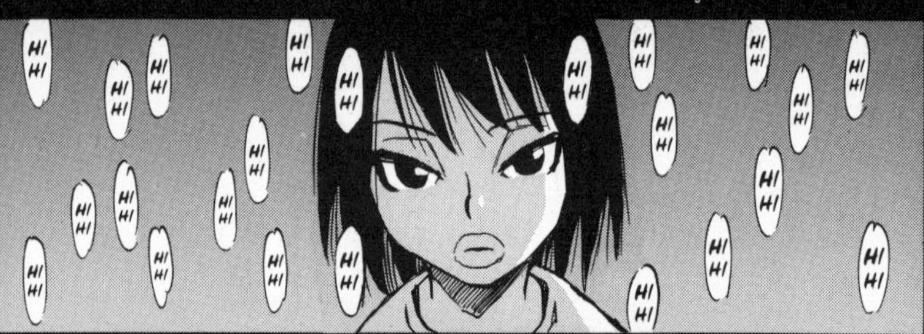
HI HI
HI HI
HI HI
HI HI
HI HI
HI HI
HI HI
HI HI
HI HI
HI HI
HI HI
HI HI
HI HI
HI HI
HI HI
HI HI
HI HI
HI HI
HI HI
HI HI
HI HI
HI HI
HI HI
HI HI
HI HI

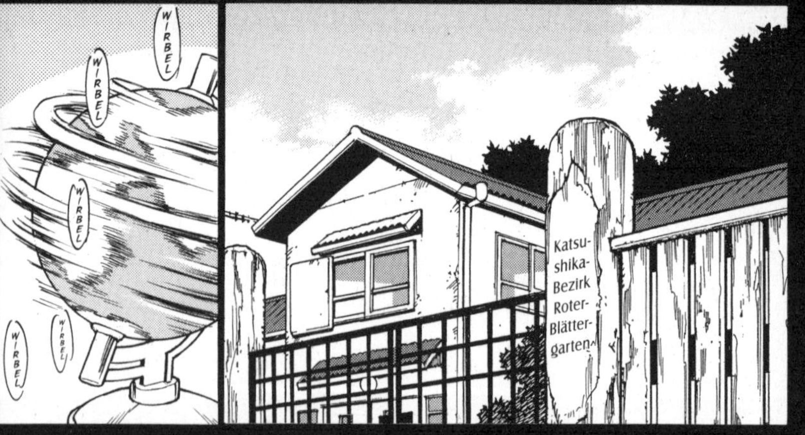
Katsu-shika-Bezirk Roter-Blätter-garten
WIRBEL
WIRBEL
WIRBEL
WIRBEL
WIRBEL

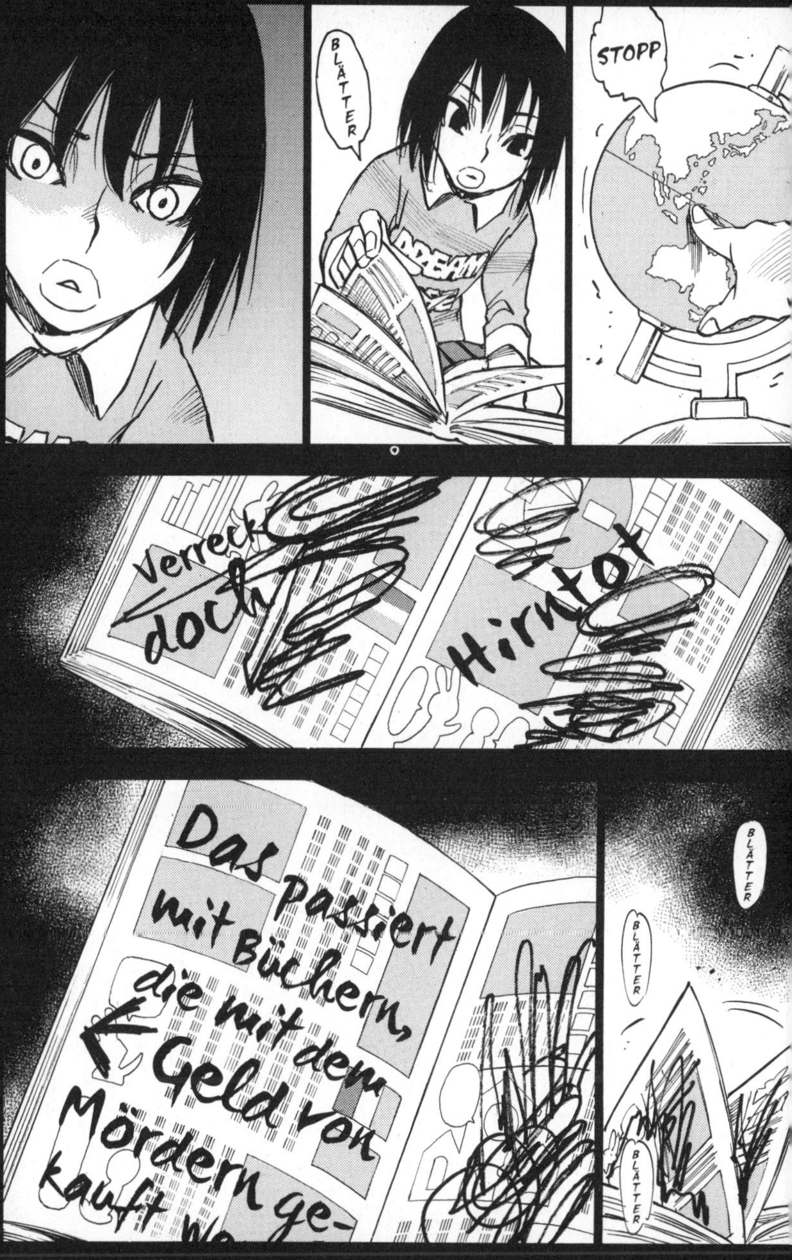

STOPP

BLÄTTER

Hirntot

Verreck doch

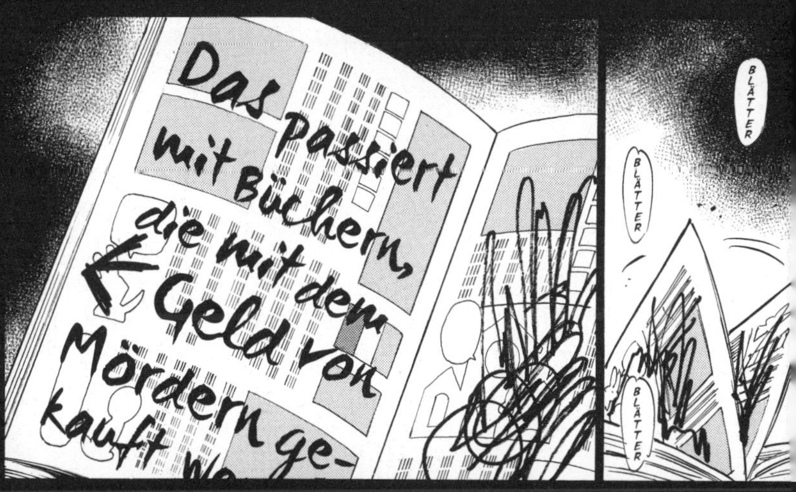

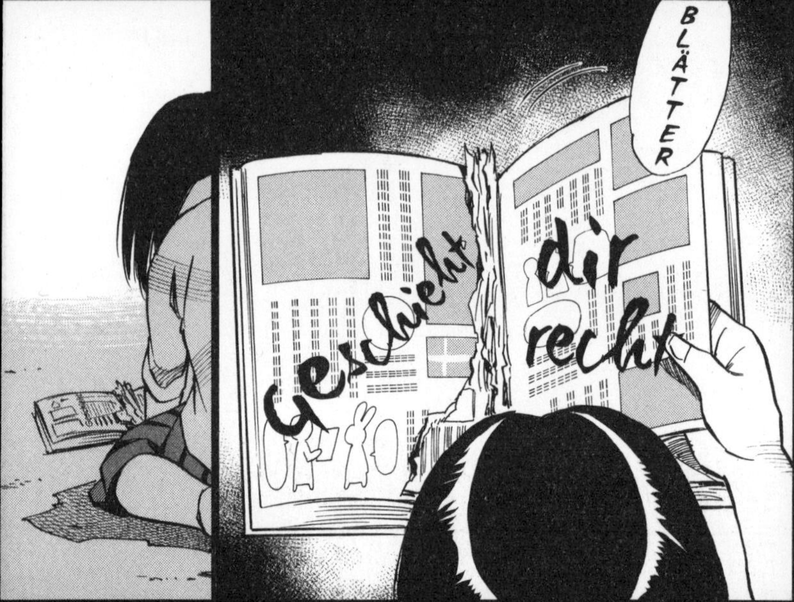

BLÄTTER

Geschieht dir recht

»Wer ein Verbrechen begeht, wird dafür letztlich auch bestraft. Und zieht die, die ihm lieb sind, mit ins Unglück.«

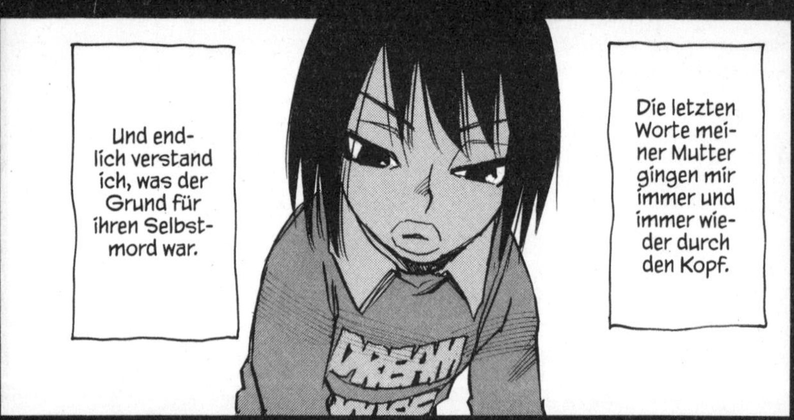

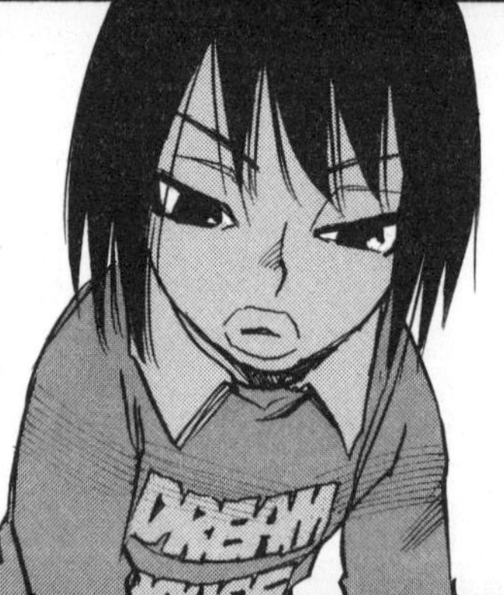

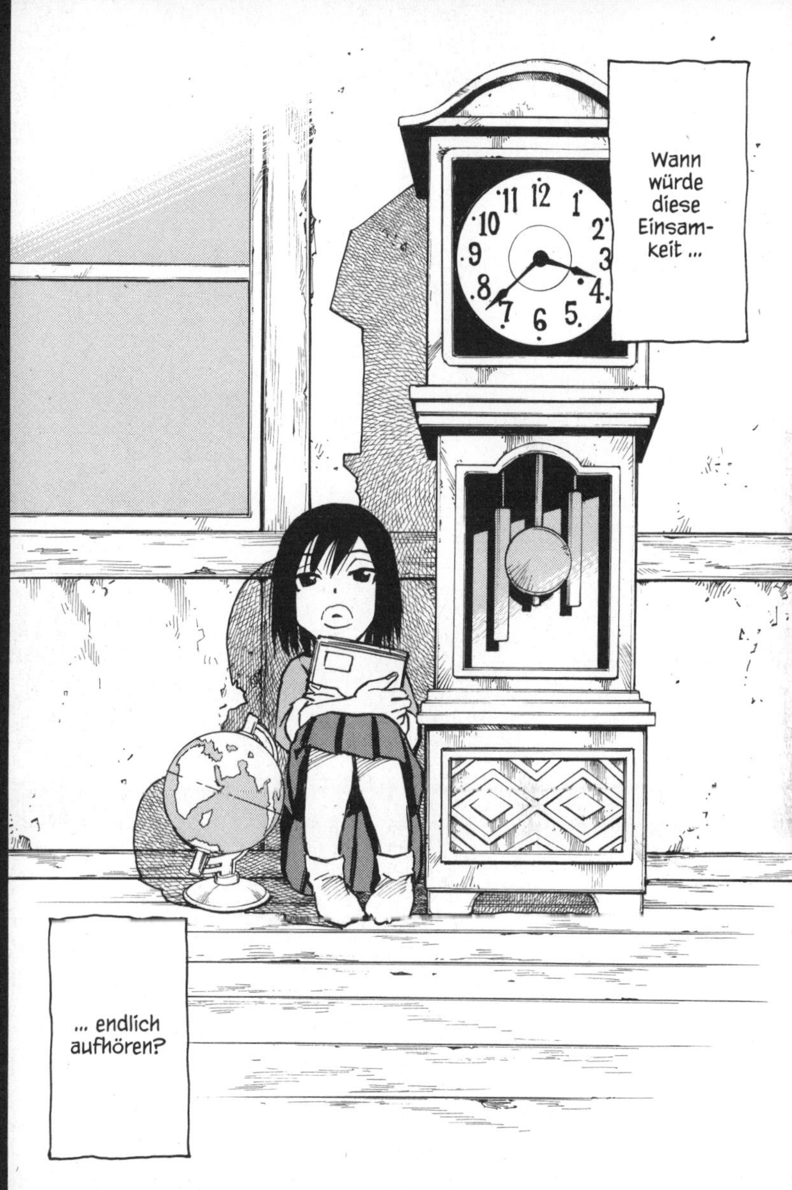
Wann würde diese Einsamkeit ...
... endlich aufhören?

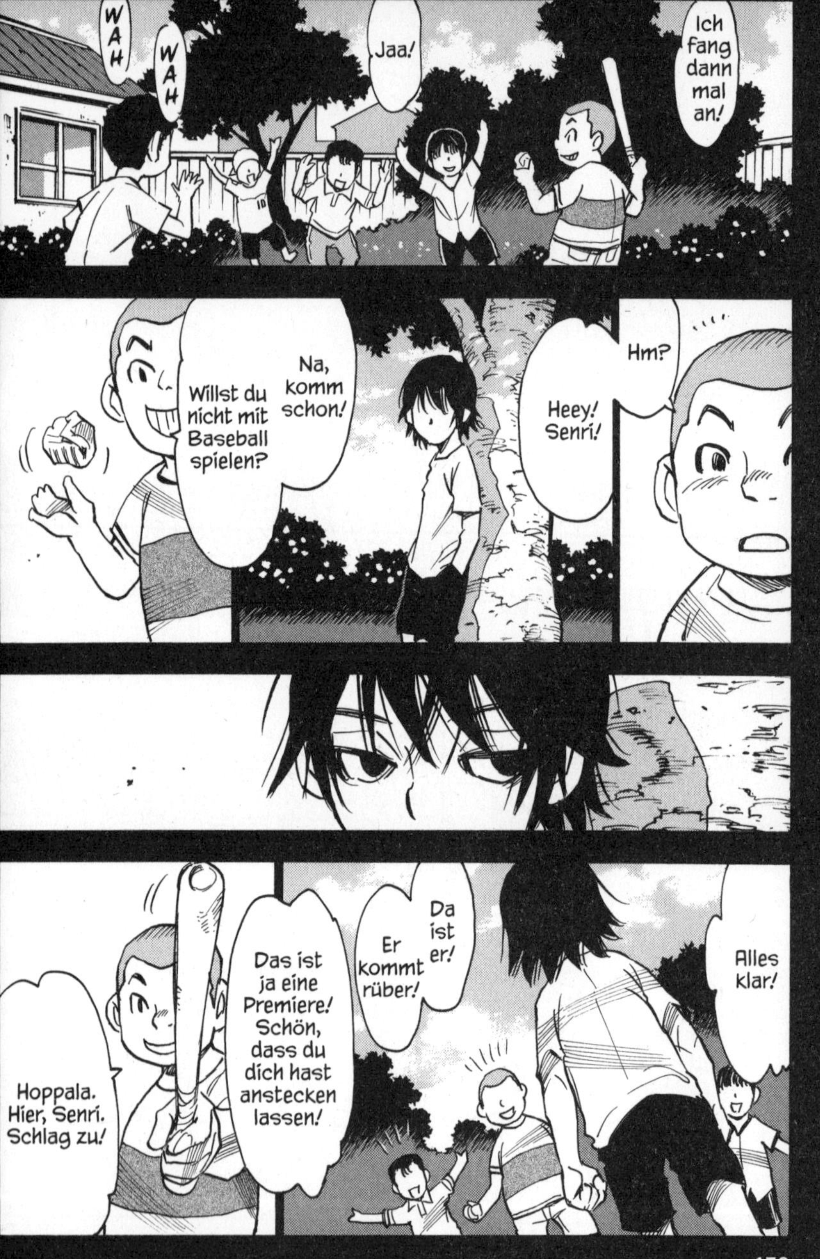
Ich fang dann mal an!
Jaa!
WAH
WAH
Heey! Senri!
Hm?
Na, komm schon!
Willst du nicht mit Baseball spielen?
Alles klar!
Da ist er!
Er kommt rüber!
Das ist ja eine Premiere! Schön, dass du dich hast anstecken lassen!
Hoppala. Hier, Senri. Schlag zu!

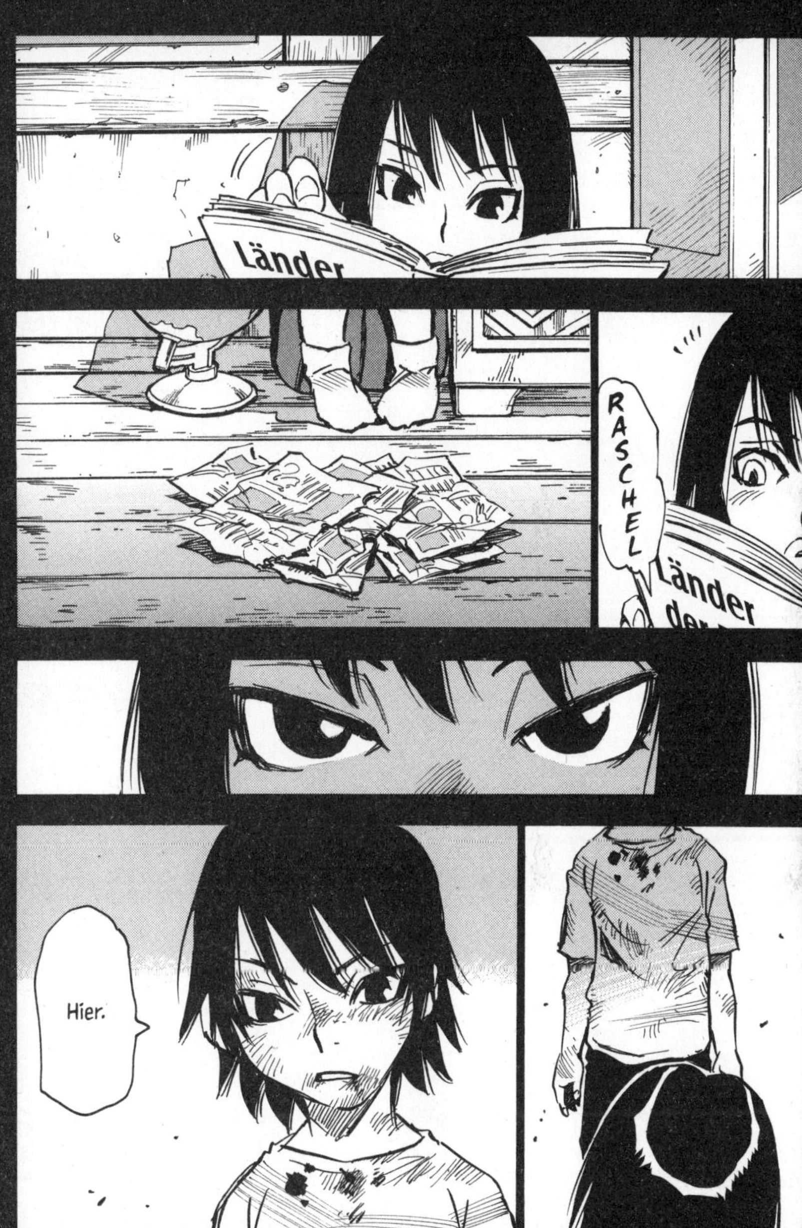
Länder
RASCHEL
Länder der
Hier.

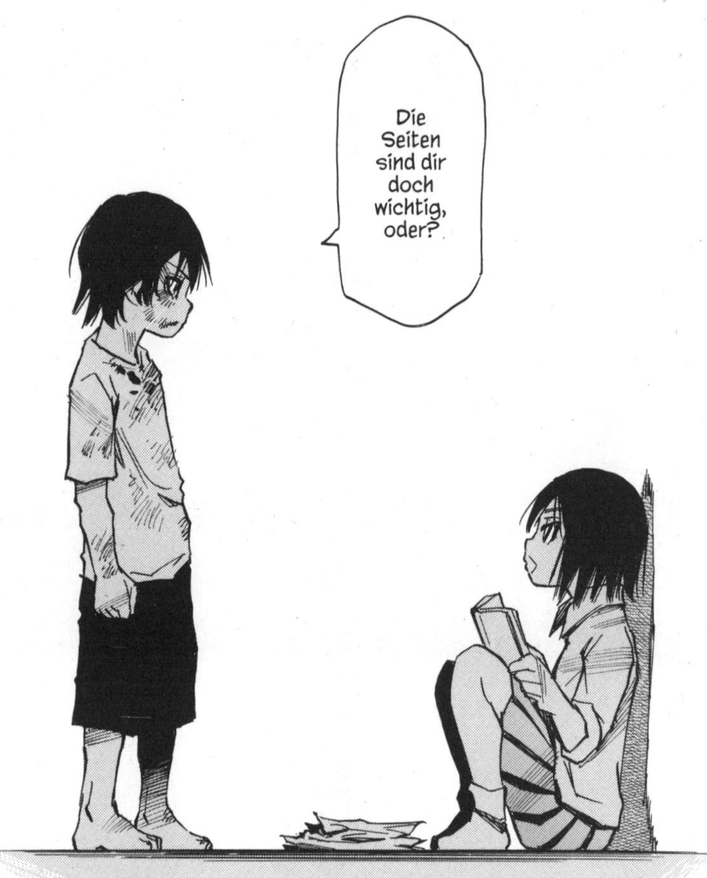
Die Seiten sind dir doch wichtig, oder?

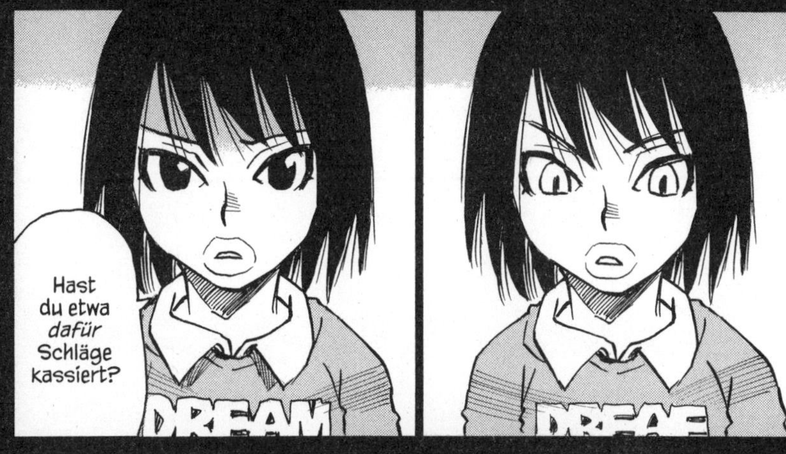
Hast du etwa *dafür* Schläge kassiert?

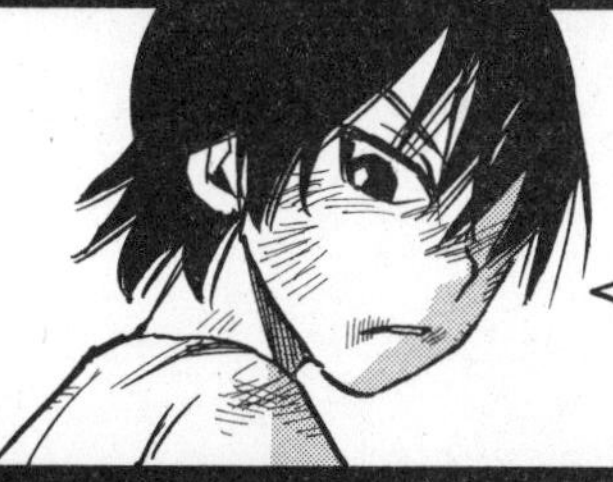
Na und?
Schläge zu kriegen ...
... muss nicht immer ganz und gar schlecht sein.

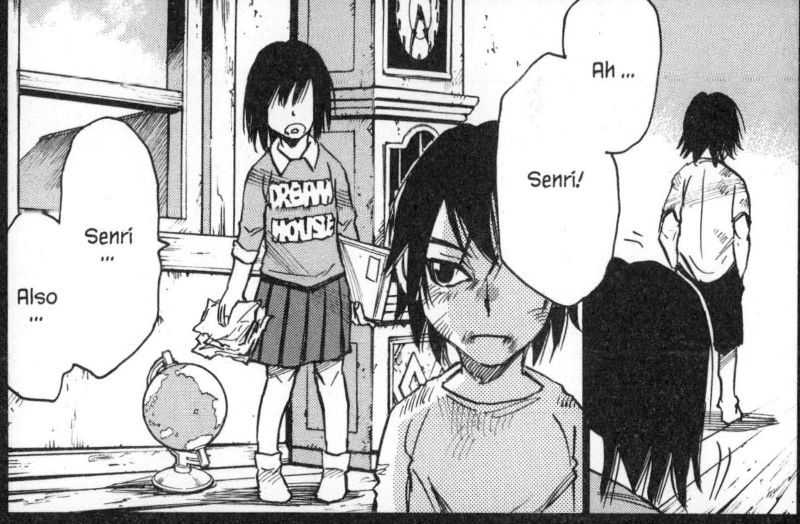
Ah ...
Senri!
Senri ...
Also ...

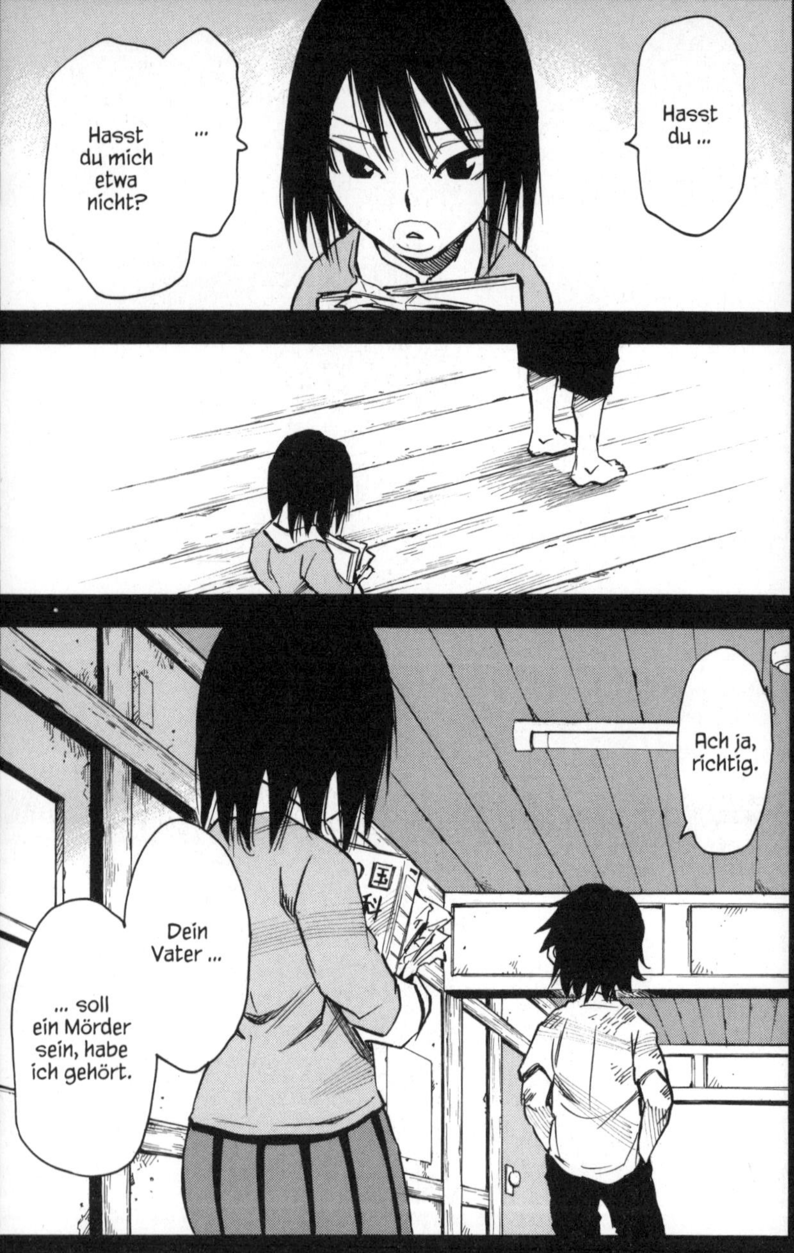

Hasst du ...

... Hasst du mich etwa nicht?

Ach ja, richtig.

Dein Vater ...

... soll ein Mörder sein, habe ich gehört.

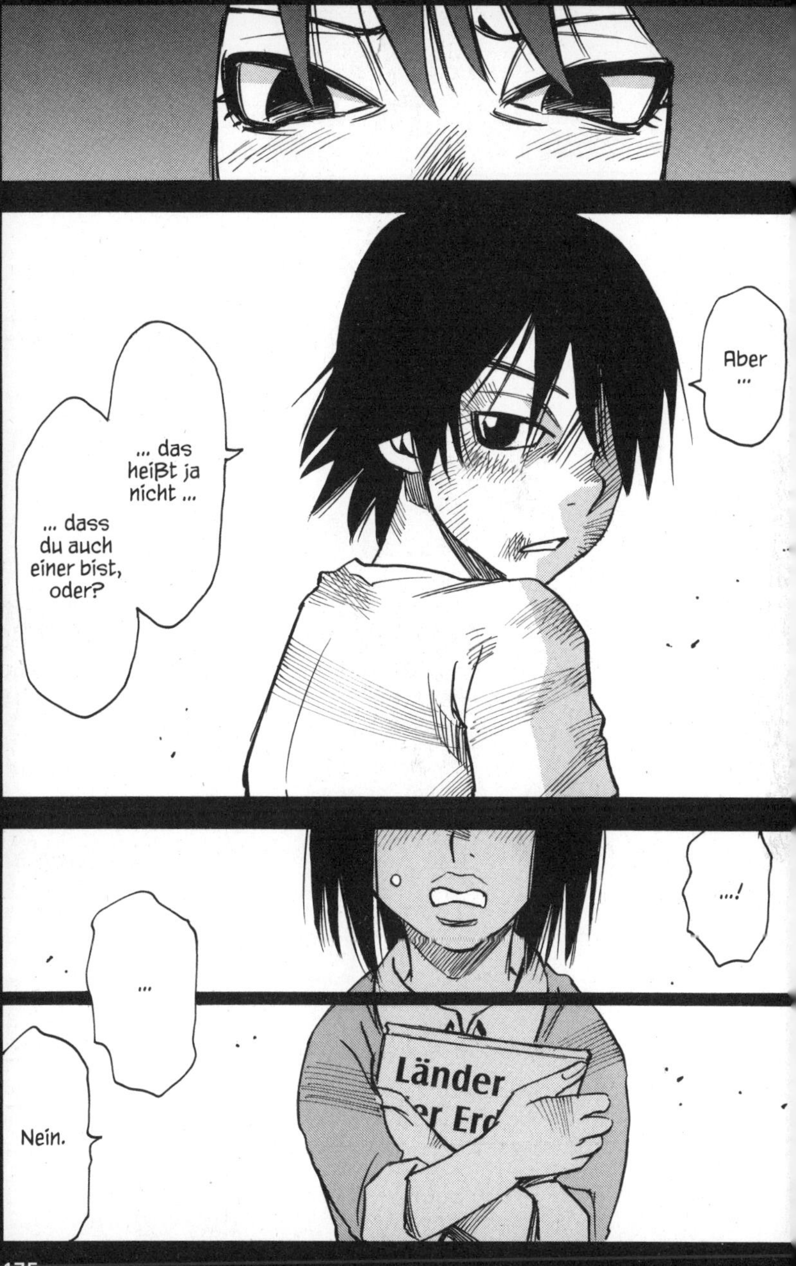

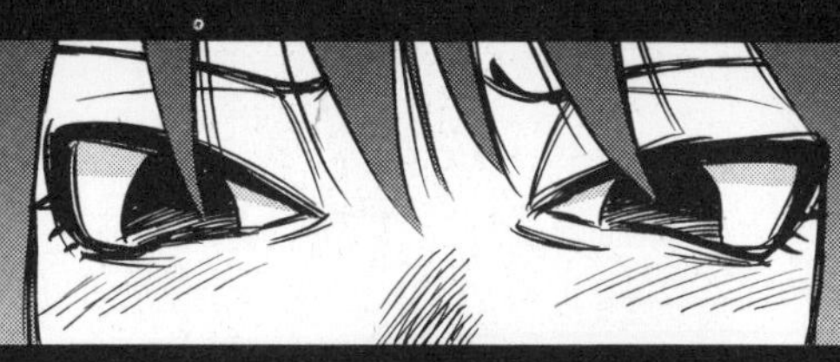

Aber ...

... das heißt ja nicht ...

... dass du auch einer bist, oder?

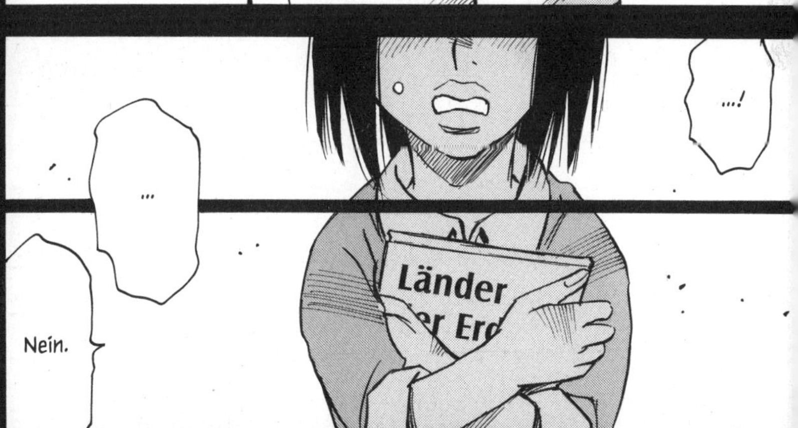

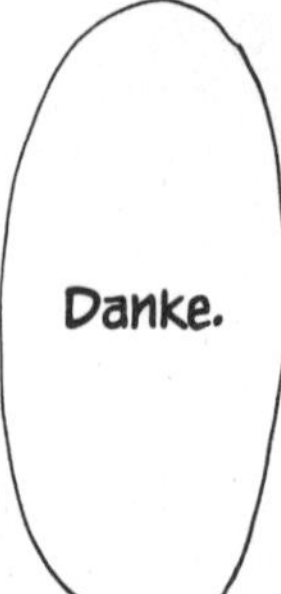
Danke.

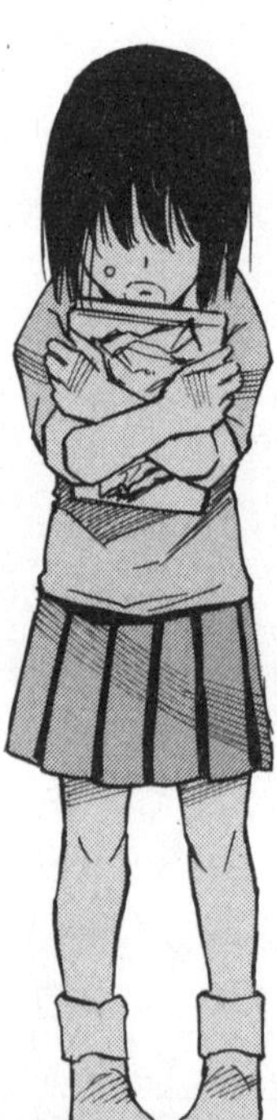

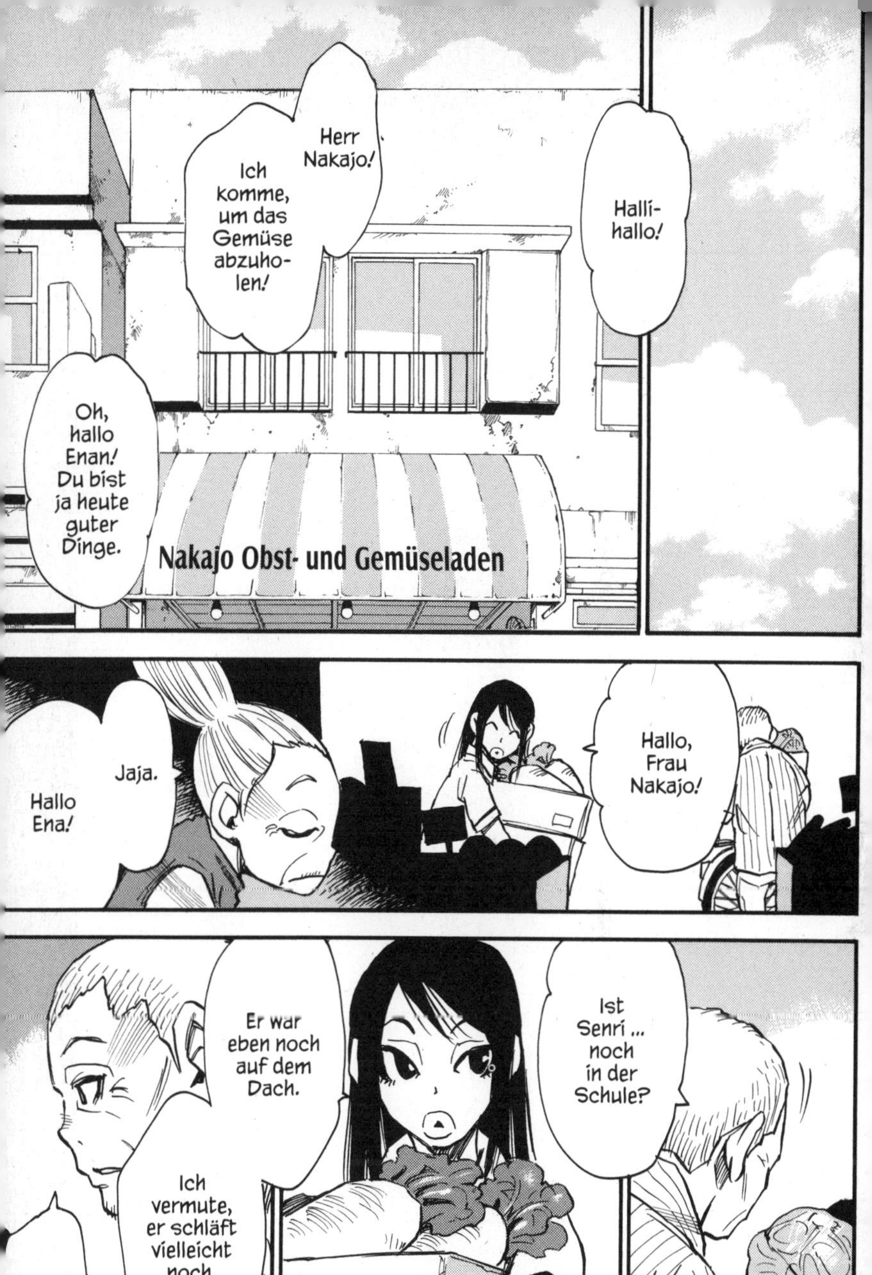
Halli-hallo!
Herr Nakajo!
Ich komme, um das Gemüse abzuholen!
Nakajo Obst- und Gemüseladen
Oh, hallo Enan! Du bist ja heute guter Dinge.
Hallo, Frau Nakajo!
Jaja.
Hallo Ena!
Ist Senri ... noch in der Schule?
Er war eben noch auf dem Dach.
Ich vermute, er schläft vielleicht noch.
Aha.

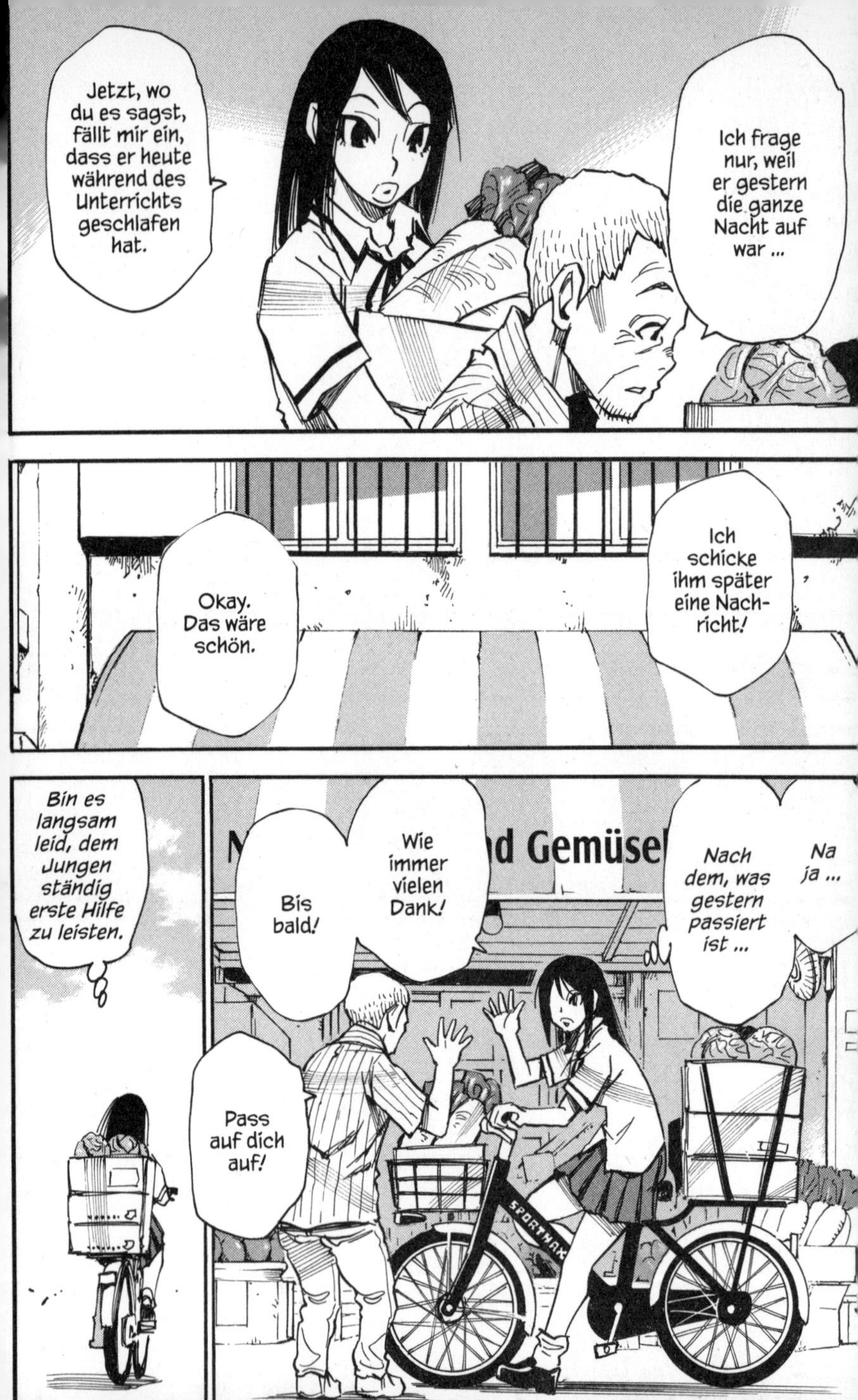
Ich frage nur, weil er gestern die ganze Nacht auf war ...
Jetzt, wo du es sagst, fällt mir ein, dass er heute während des Unterrichts geschlafen hat.
Ich schicke ihm später eine Nachricht!
Okay. Das wäre schön.
Na ja ...
Nach dem, was gestern passiert ist ...
Wie immer vielen Dank!
Bis bald!
Pass auf dich auf!
Bin es langsam leid, dem Jungen ständig erste Hilfe zu leisten.

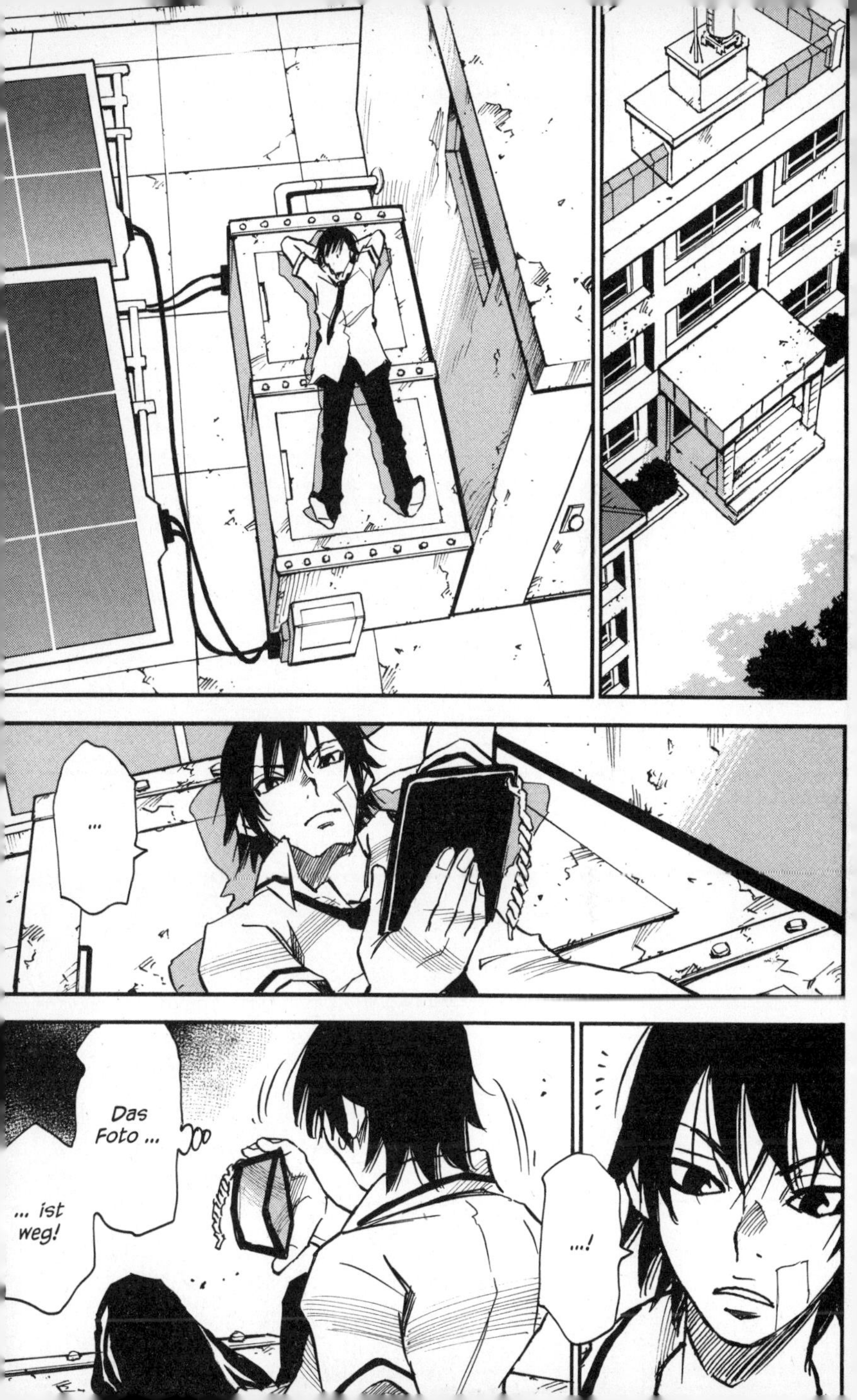

...

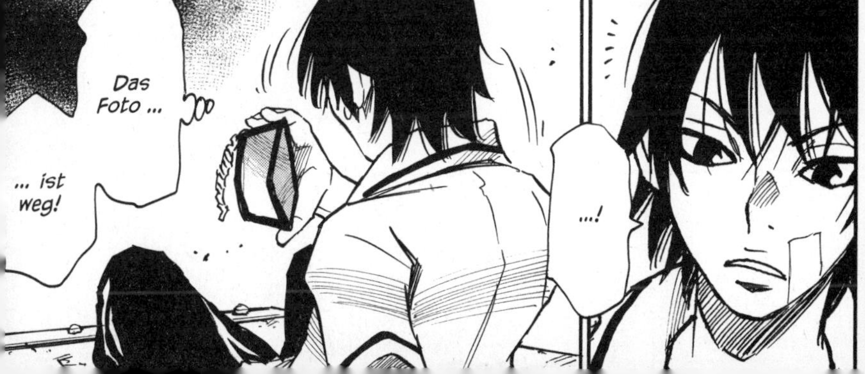

...!
Das Foto ...
... ist weg!

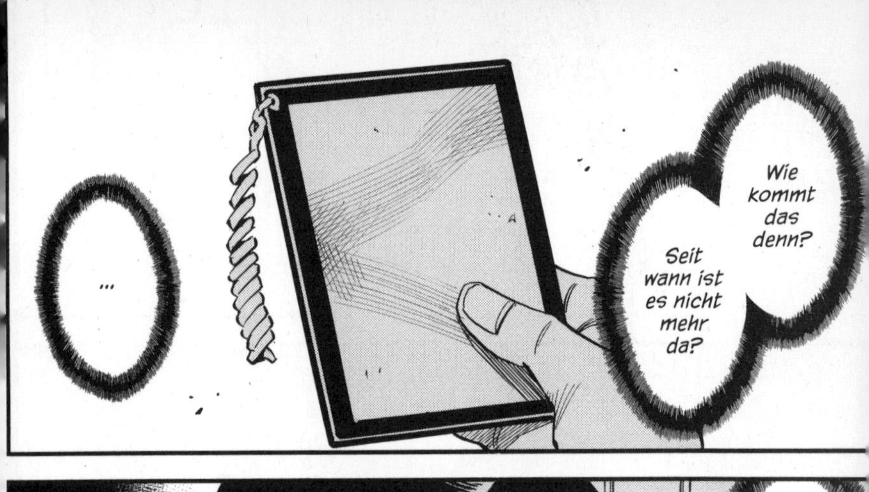
Wie kommt das denn?
Seit wann ist es nicht mehr da?
...

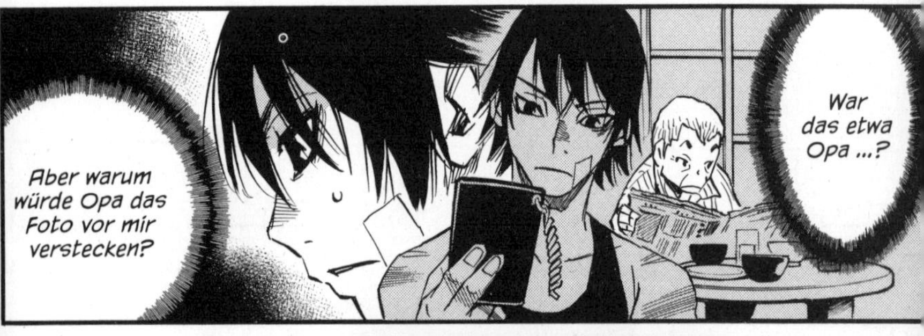
War das etwa Opa ...?
Aber warum würde Opa das Foto vor mir verstecken?

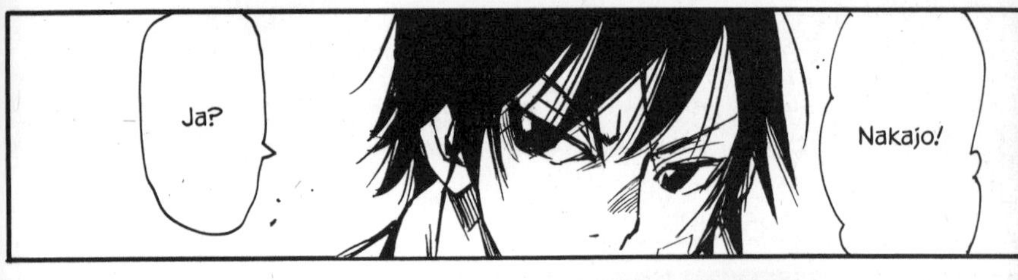
Nakajo!
Ja?

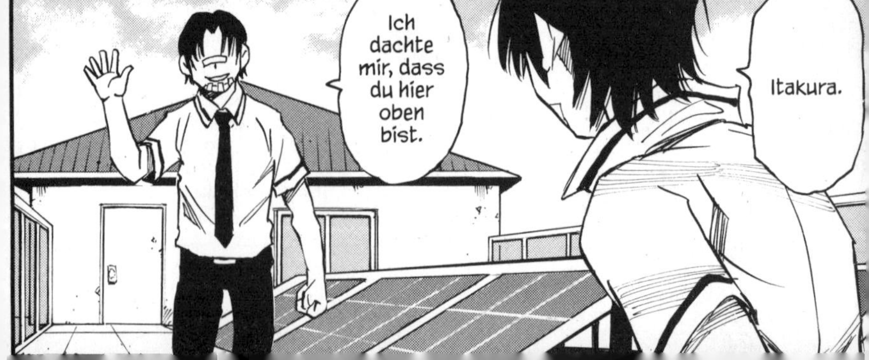
Itakura.
Ich dachte mir, dass du hier oben bist.

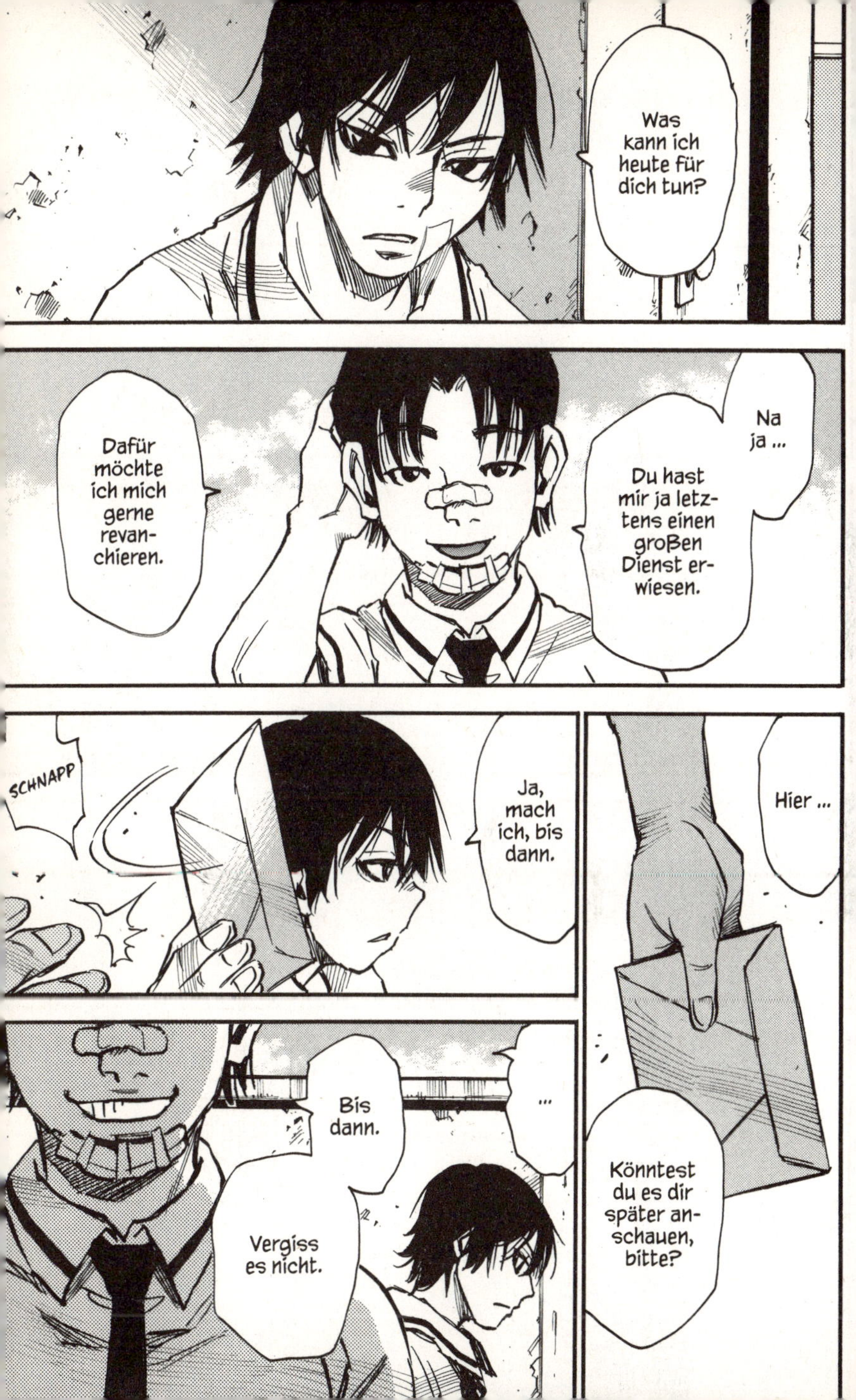
Was kann ich heute für dich tun?
Na ja ...
Du hast mir ja letztens einen großen Dienst erwiesen.
Dafür möchte ich mich gerne revanchieren.
Hier ...
Könntest du es dir später anschauen, bitte?
Ja, mach ich, bis dann.
SCHNAPP
...
Bis dann.
Vergiss es nicht.

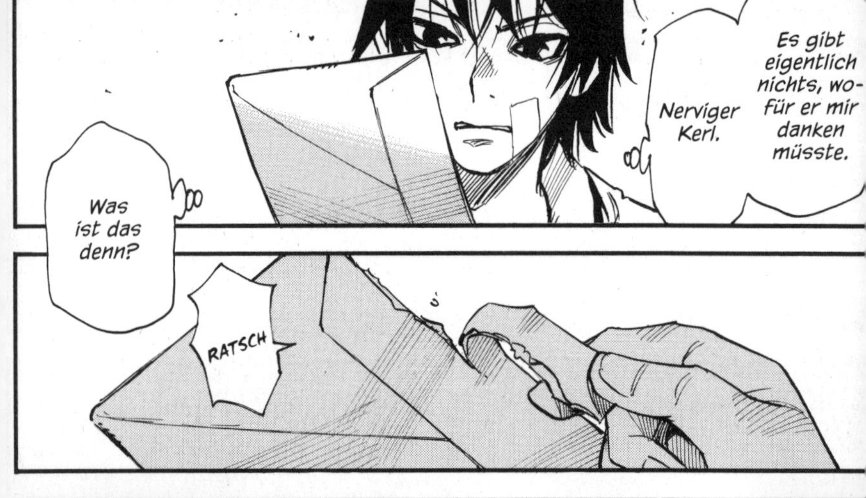
Es gibt eigentlich nichts, wofür er mir danken müsste.
Nerviger Kerl.
Was ist das denn?
RATSCH

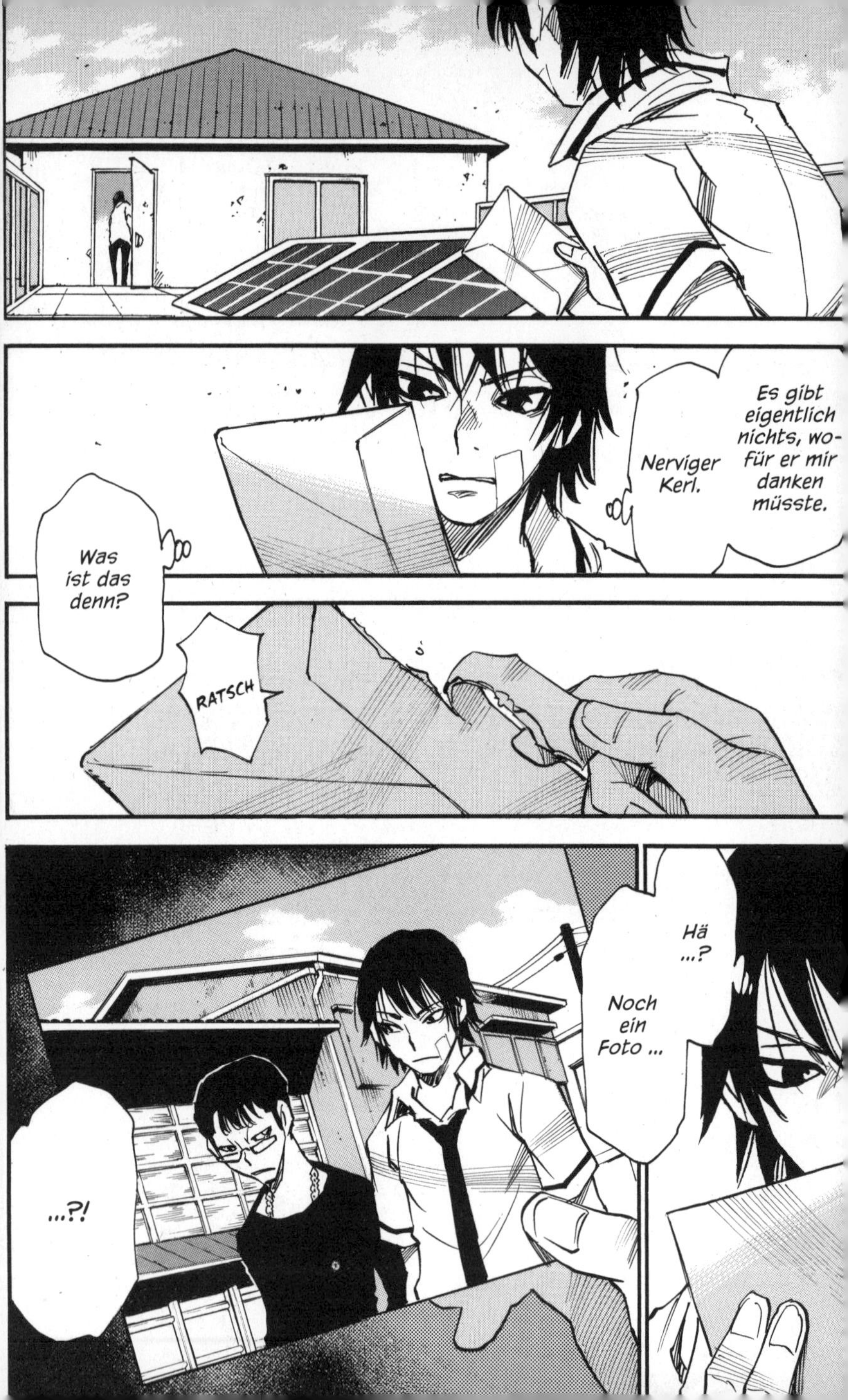

Hä ...?
Noch ein Foto ...
...?!

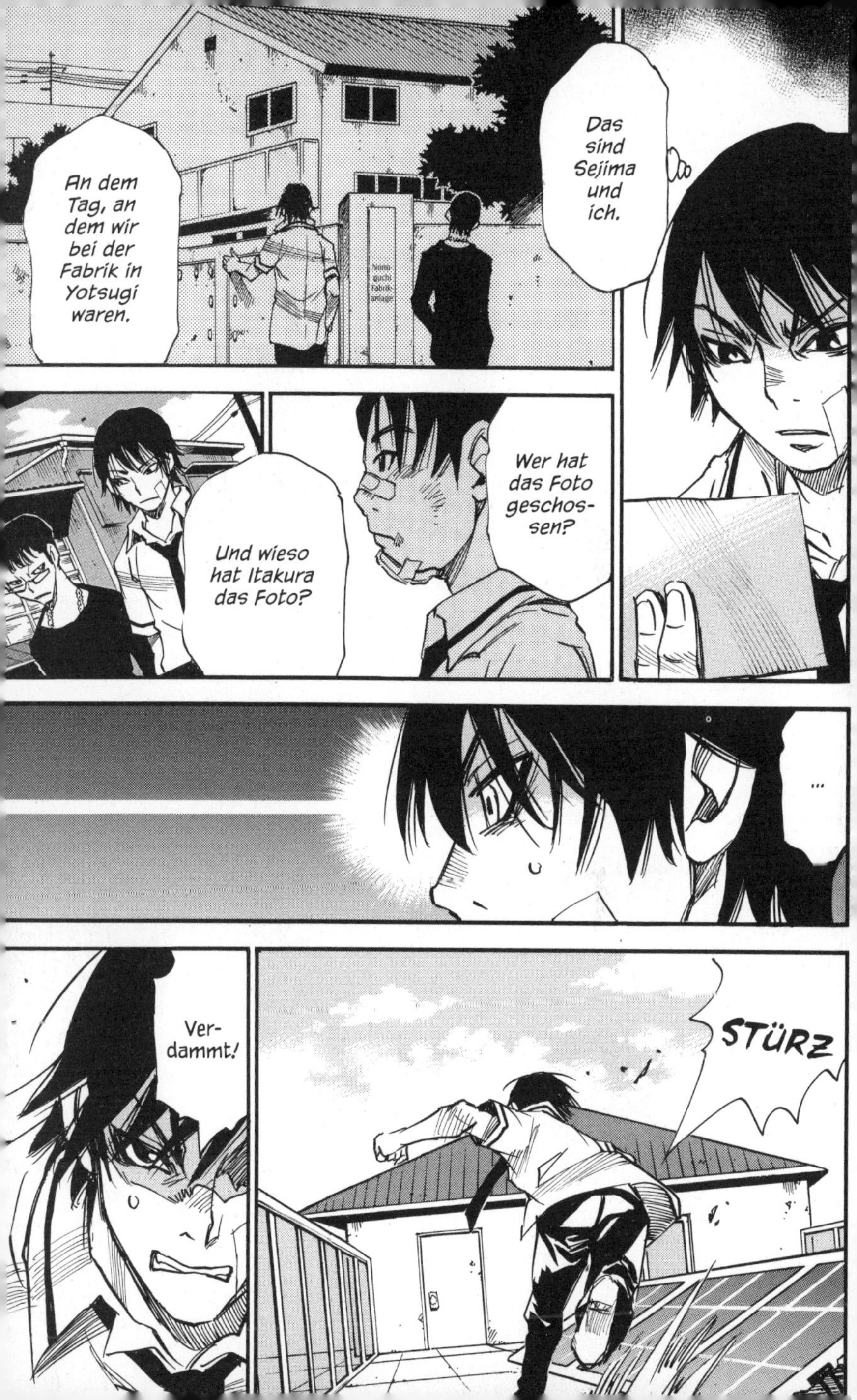

Das sind Sejima und ich.

An dem Tag, an dem wir bei der Fabrik in Yotsugi waren.

Wer hat das Foto geschossen?

Und wieso hat Itakura das Foto?

...

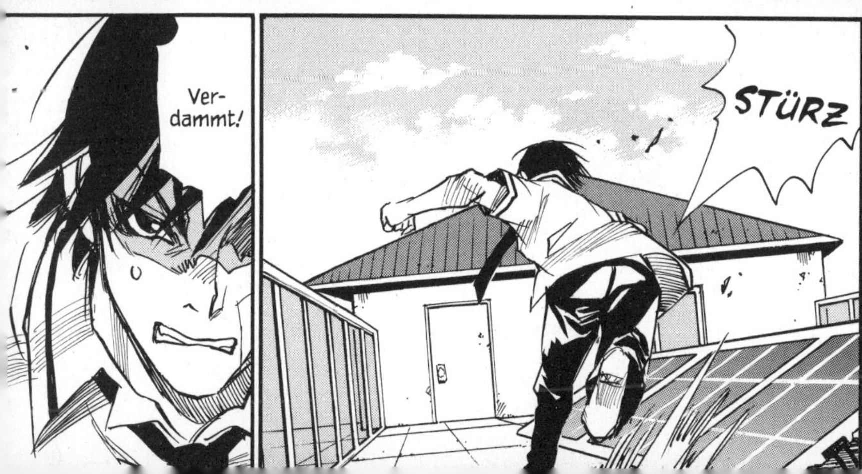

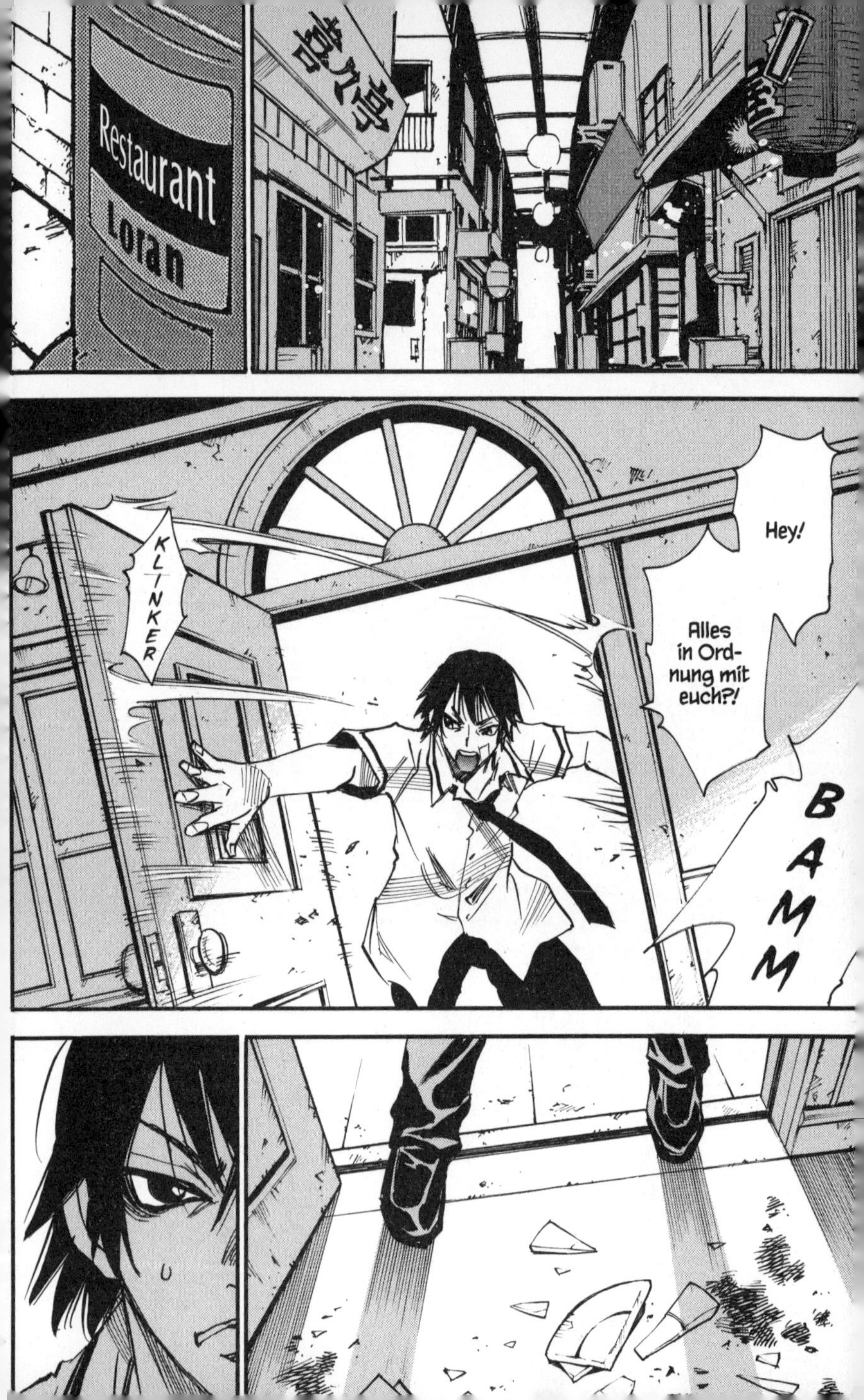

Restaurant
Loran

Hey!

Alles in Ordnung mit euch?!

BAMM

KLINKER

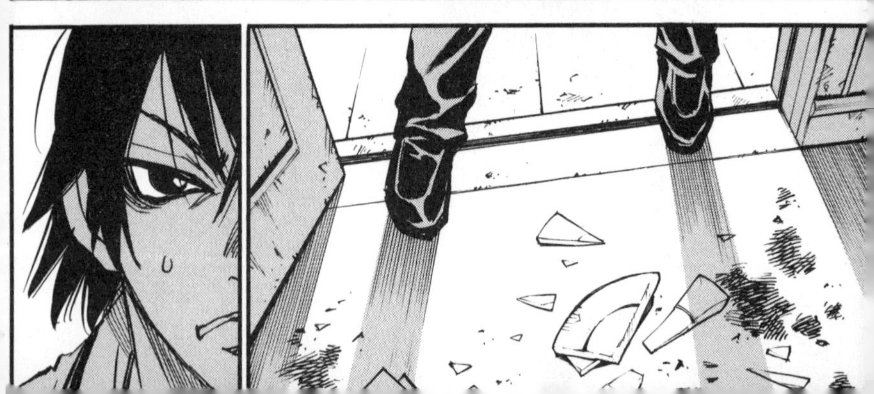

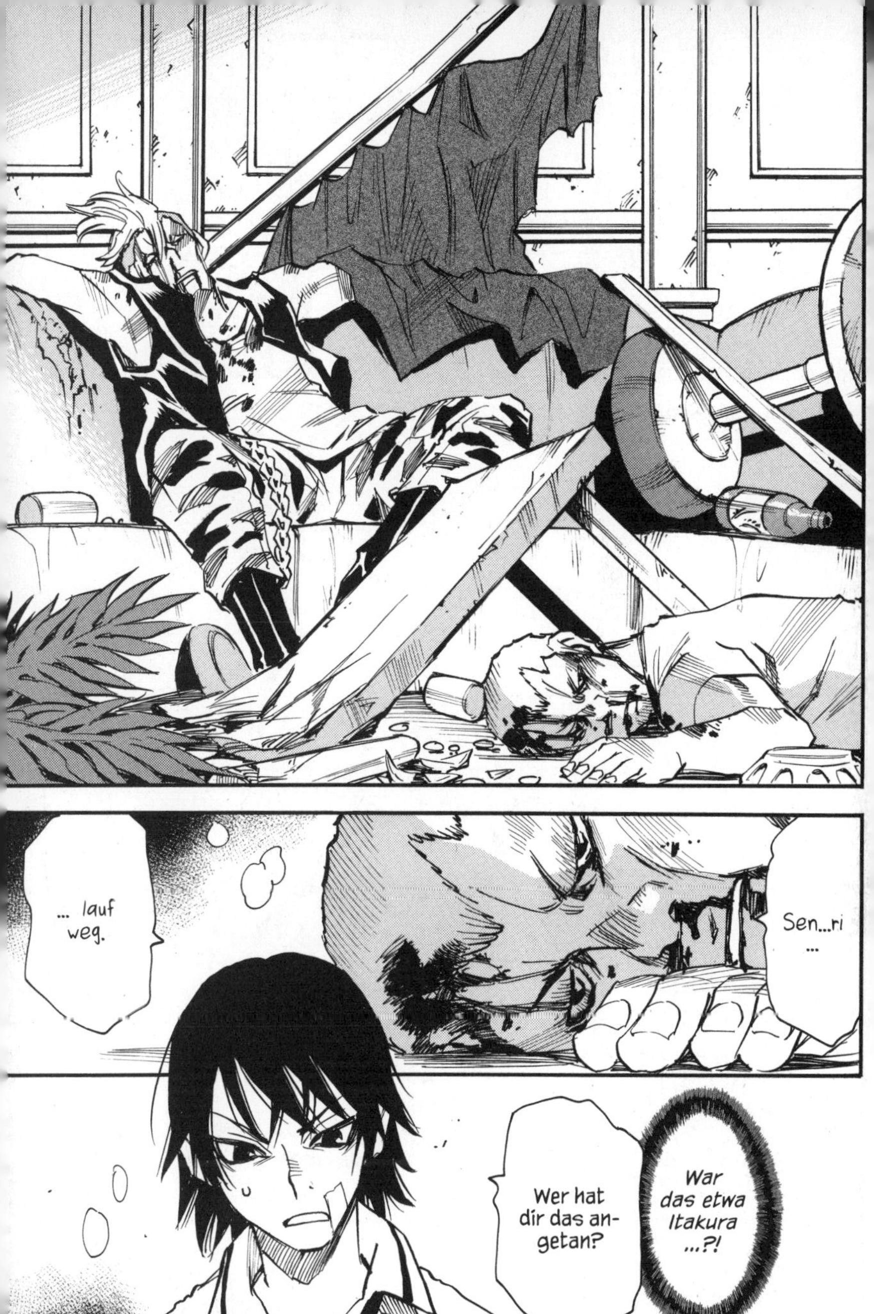
Sen...ri ...
... lauf weg.
War das etwa Itakura ...?!
Wer hat dir das angetan?

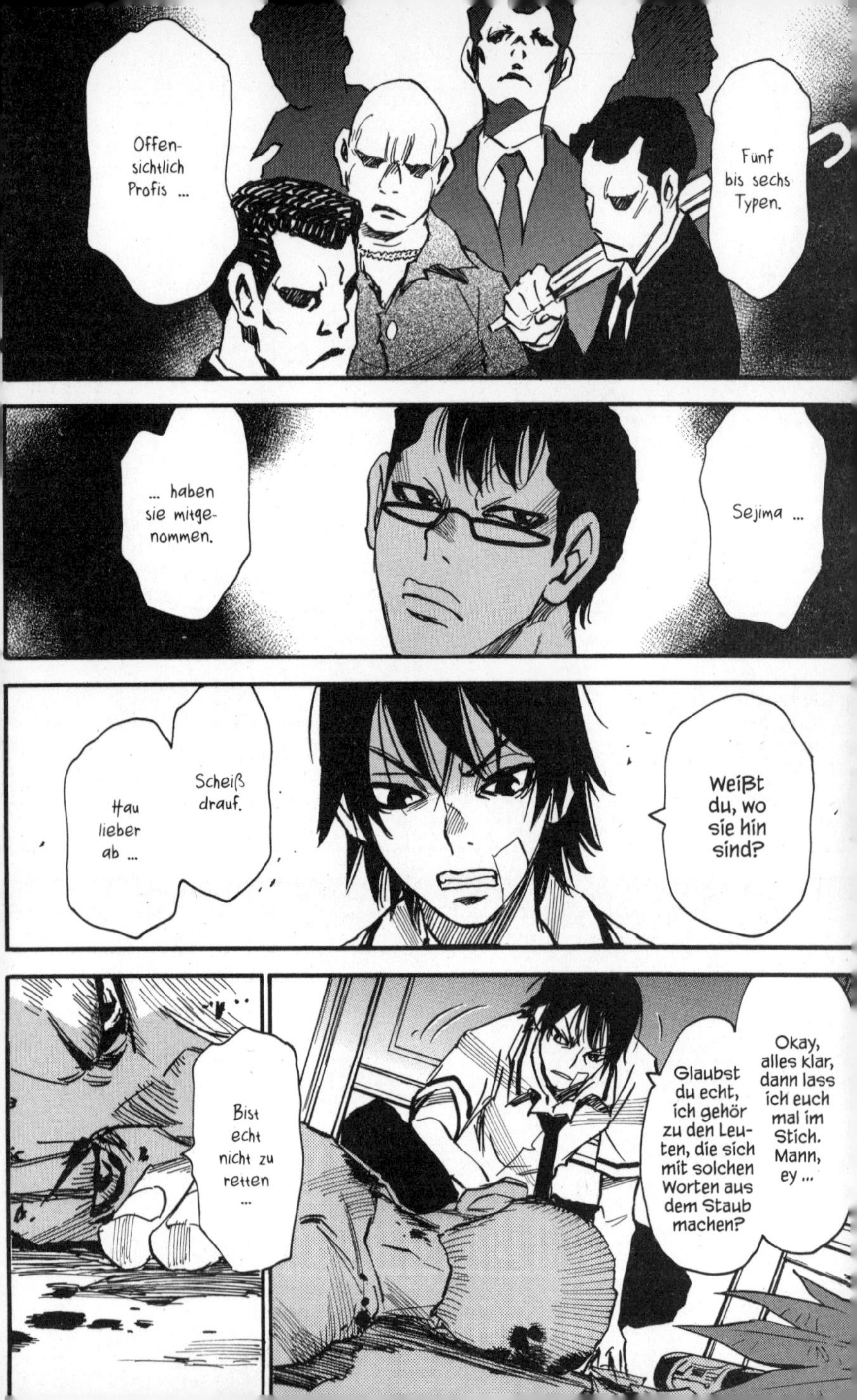

Fünf bis sechs Typen.
Offensichtlich Profis ...
Sejima ...
... haben sie mitgenommen.

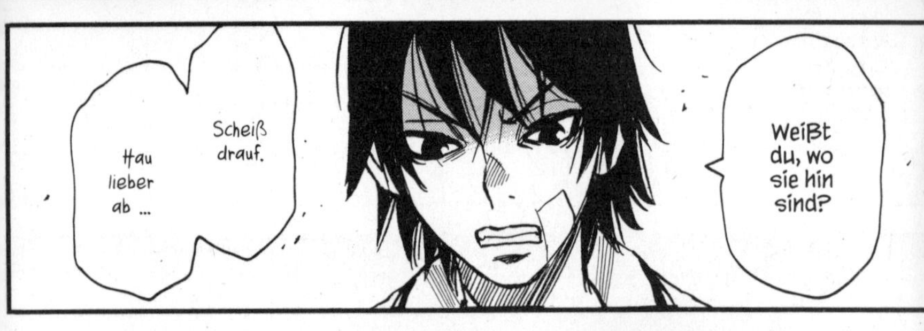

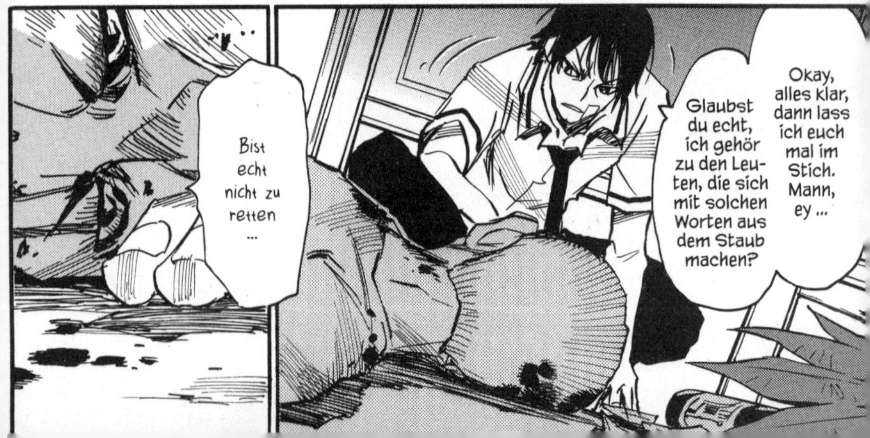

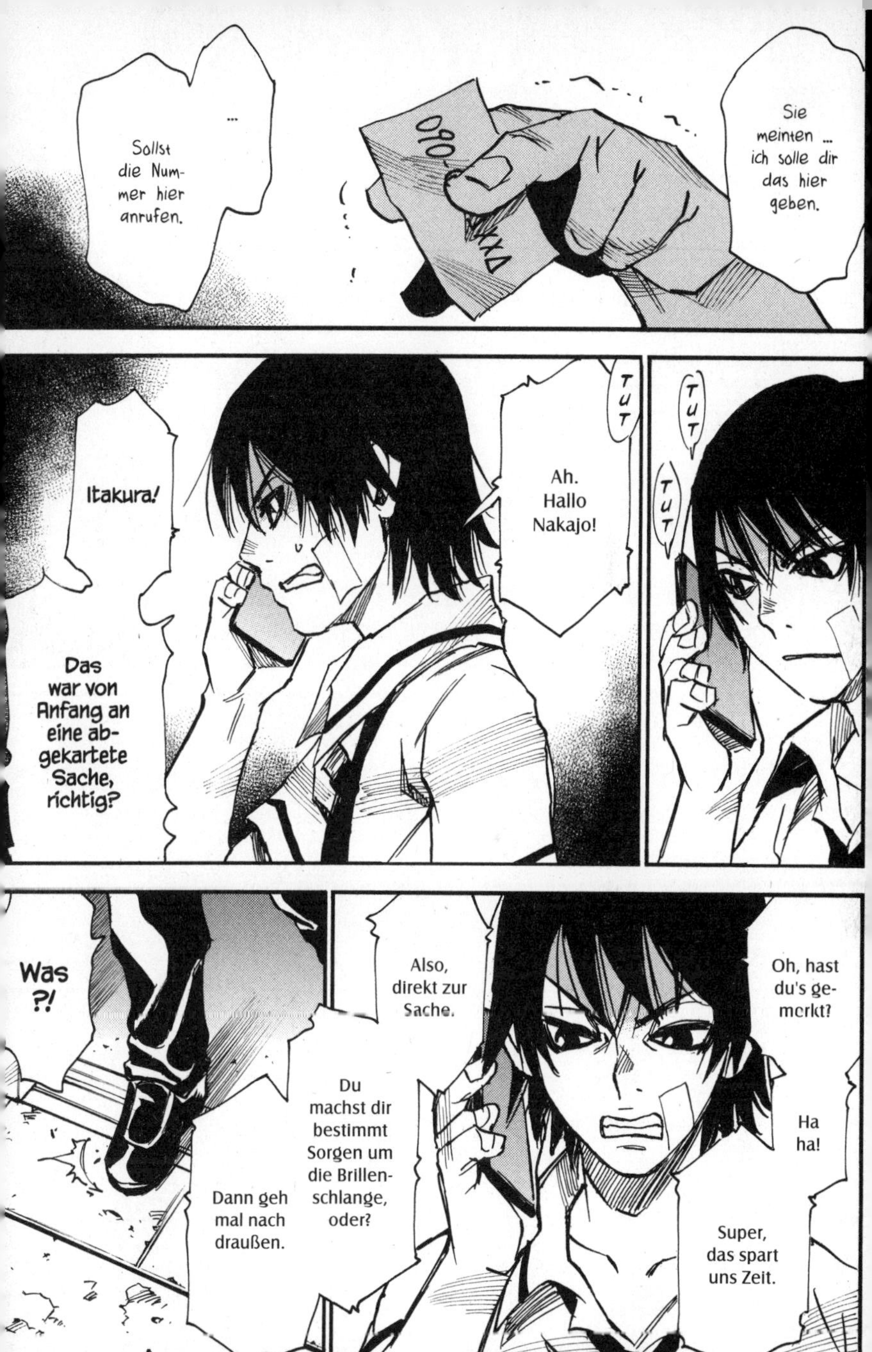

Sie meinten ... ich solle dir das hier geben.
...
Sollst die Nummer hier anrufen.
TUT TUT
TUT TUT
TUT
Ah. Hallo Nakajo!
Itakura!
Das war von Anfang an eine abgekartete Sache, richtig?
Oh, hast du's gemerkt?
Ha ha!
Super, das spart uns Zeit.
Also, direkt zur Sache.
Du machst dir bestimmt Sorgen um die Brillenschlange, oder?
Dann geh mal nach draußen.
Was ?!

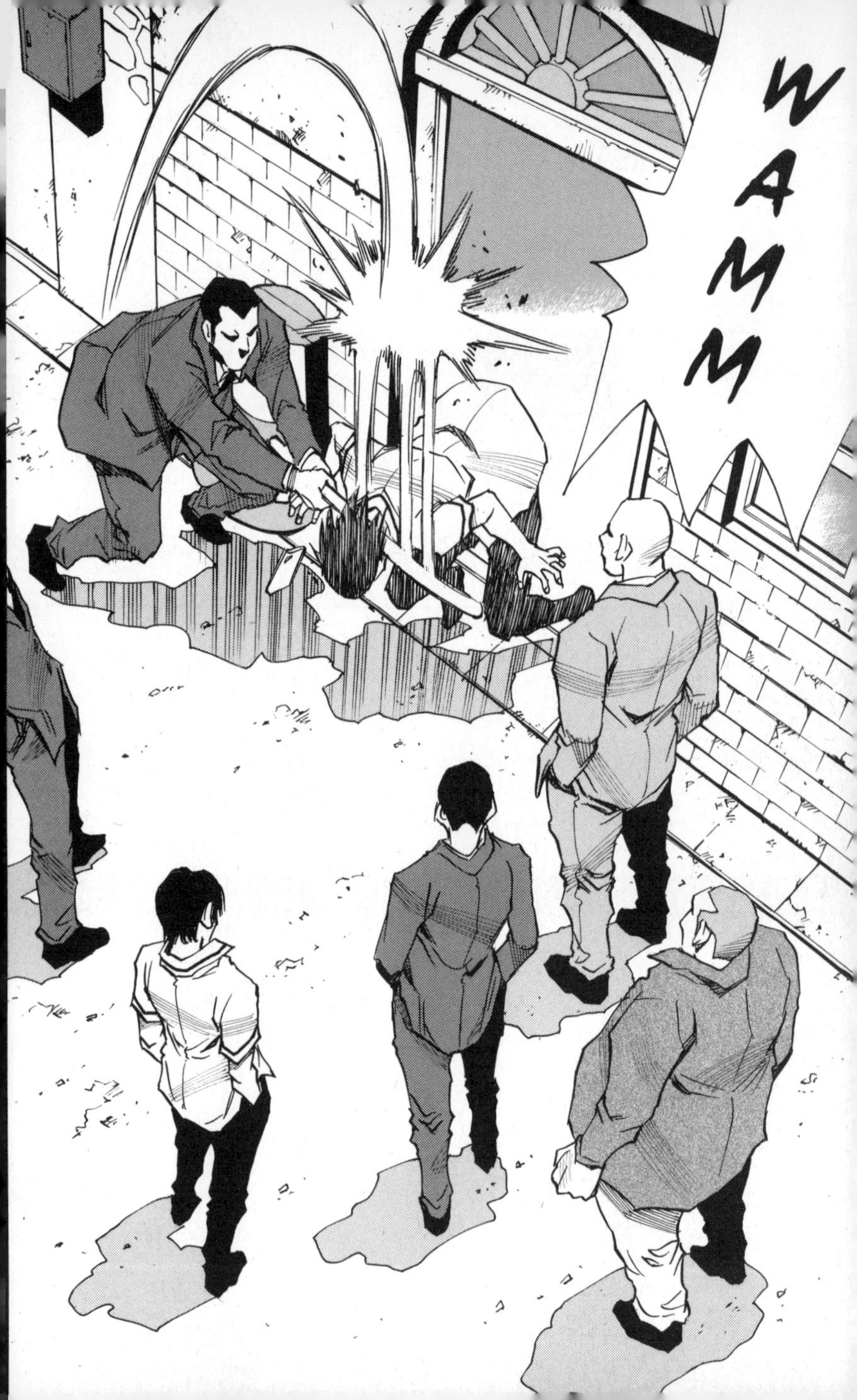
WAMM

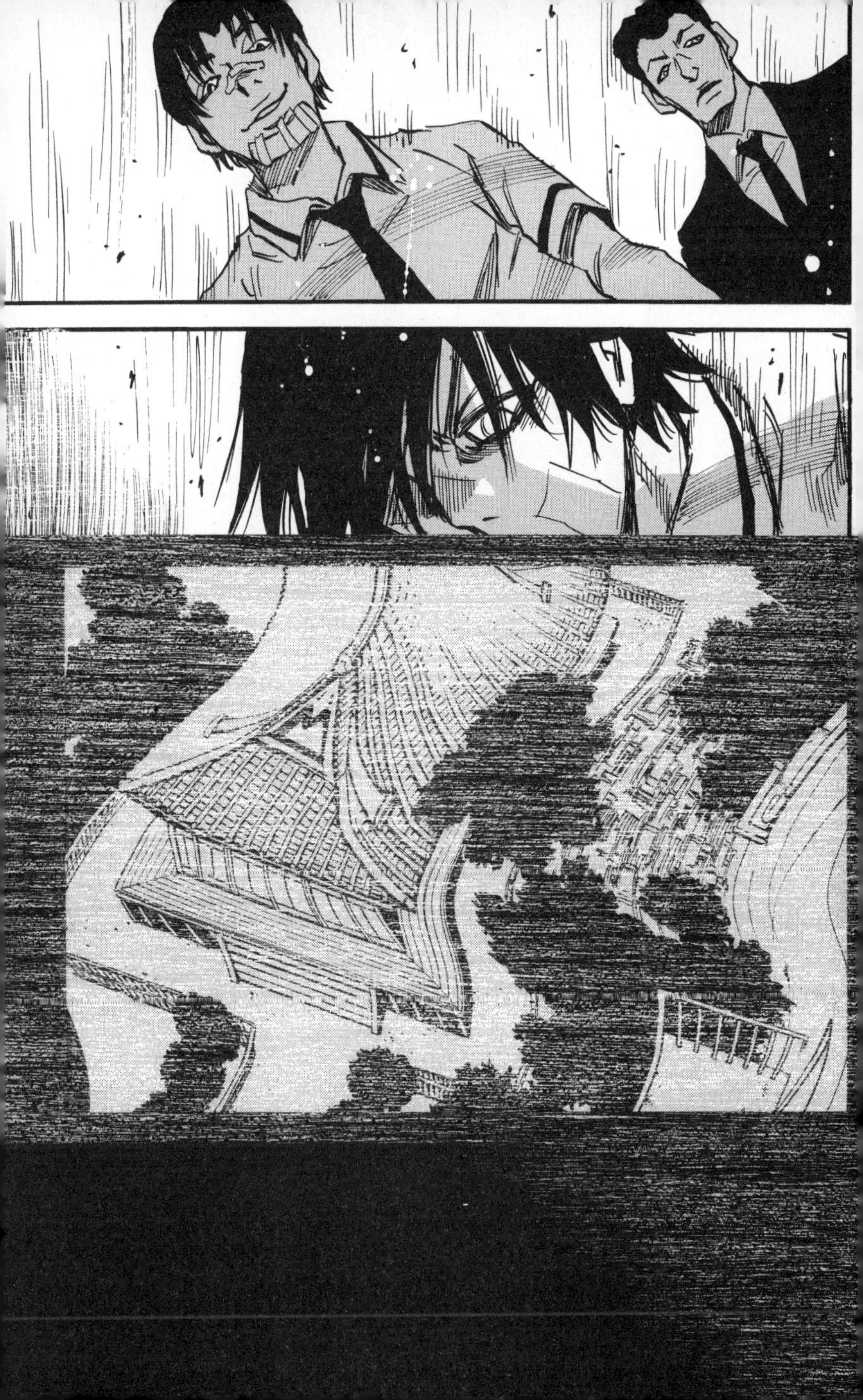

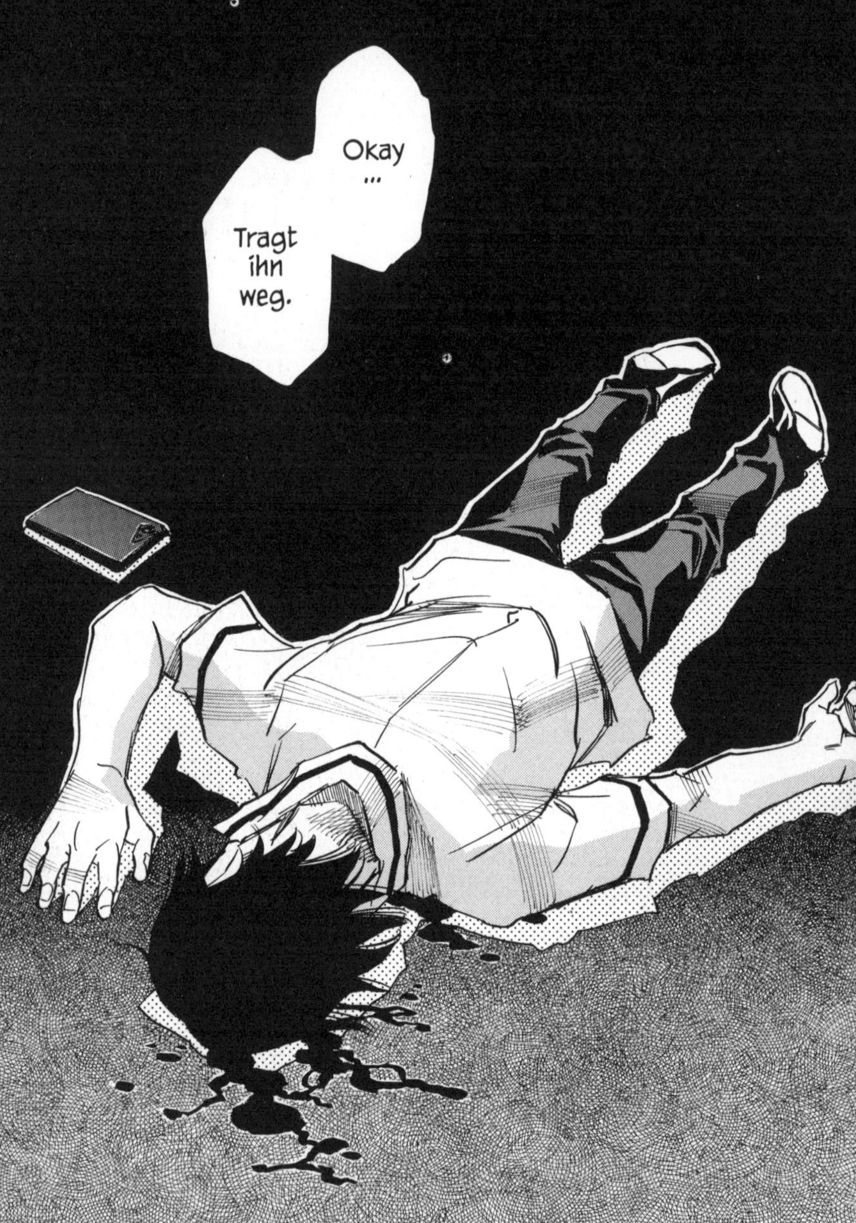

Das Kind, das ich in meinen Träumen sah Band ① Ende

Mitarbeiter

Kei Sanbe

Yoichiro Tomita
Manami, 18 Jahre
Koji Kikuta

Keishi Kanesada

Assistenz
Materialrecherche und Fotoaufnahmen
Kunikazu Toda

Buch-Design
Yukio Hoshino
VOLARE Inc.

Redaktion (Japan)
Yosuke Matsumiya

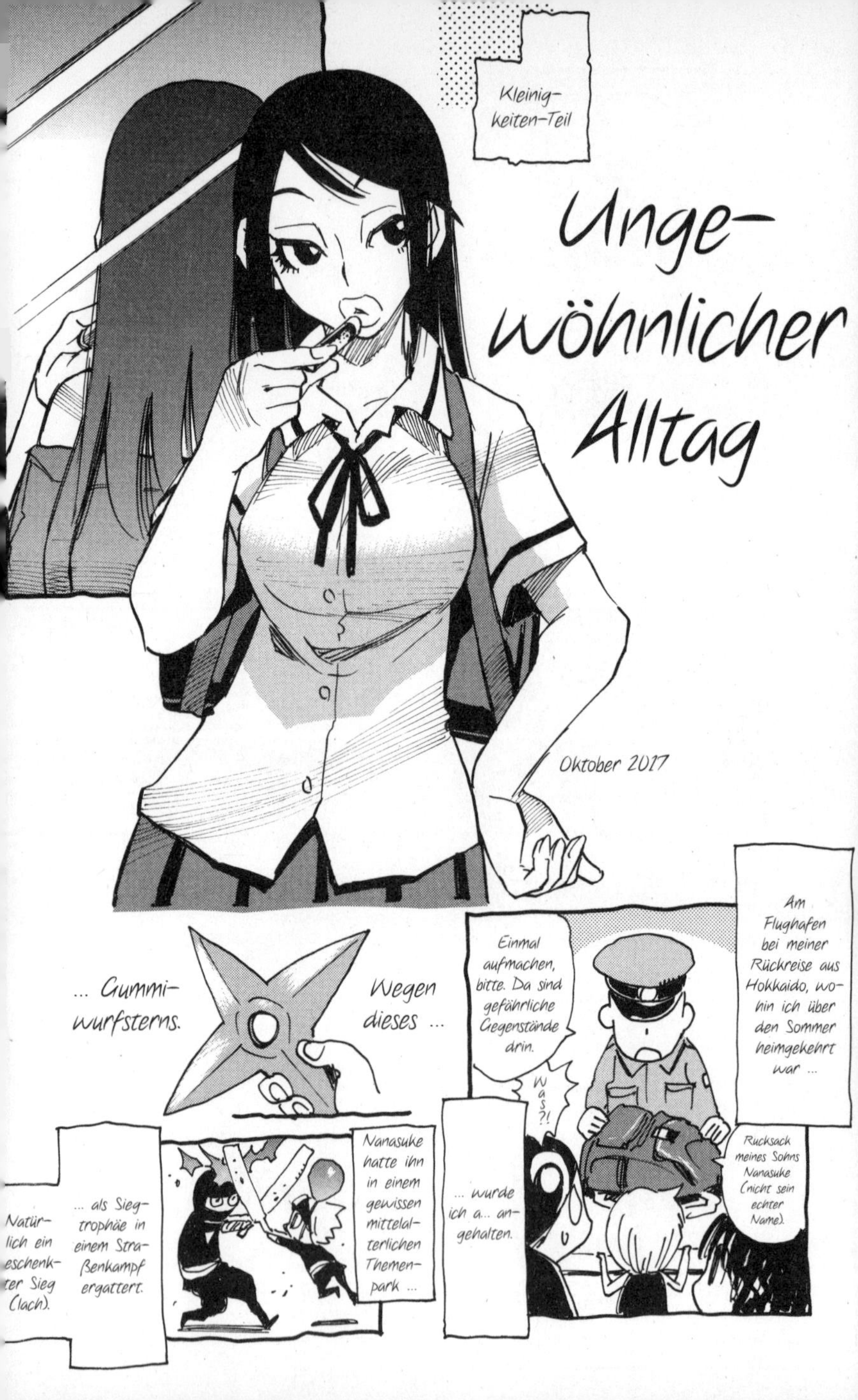
Kleinigkeiten-Teil
Ungewöhnlicher Alltag
Oktober 2017
Am Flughafen bei meiner Rückreise aus Hokkaido, wohin ich über den Sommer heimgekehrt war …
Einmal aufmachen, bitte. Da sind gefährliche Gegenstände drin.
Was?!
Rucksack meines Sohns Nanasuke (nicht sein echter Name).
… wurde ich a… angehalten.
Wegen dieses …
… Gummiwurfsterns.
Nanasuke hatte ihn in einem gewissen mittelalterlichen Themenpark …
… als Siegtrophäe in einem Straßenkampf ergattert.
Natürlich ein eschenkter Sieg (lach).

Eines Tages …

… erspähte ich einen älteren Mann, der von einer Brücke aus mit einem ultragigantischen Teleobjektiv das Meer fotografierte.

Oh! Ist das riesig.

Das Teleobjektiv war dermaßen groß, dass ich neugierig wurde und beschloss, es mir aus der Nähe anzusehen.

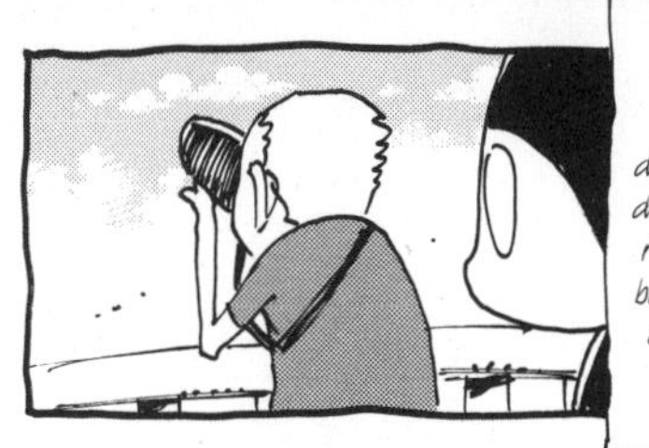

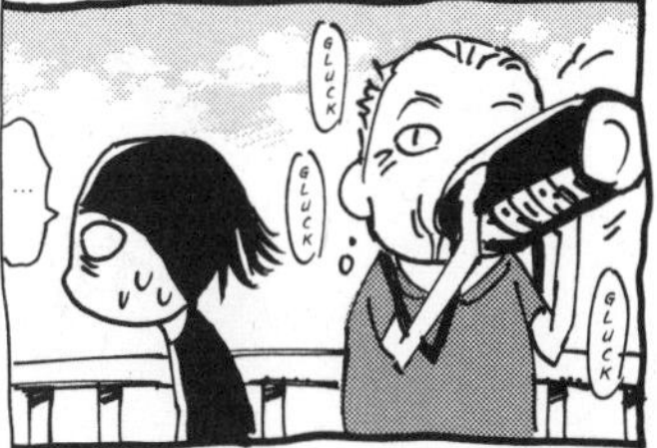

Nur um festzustellen, dass der ältere Mann lediglich dabei war, Wasser aus einer schwarzen Thermoskanne zu trinken.

Wer kommt denn auf so was?

Eines Tages, als ich Pione-Trauben aß, entdeckte ich, dass zwei Beeren zu einer zusammengewachsen waren.

Oh! Ein Herz!

Nein. Definitiv Pobacken.

Ich pflückte sie ab, um der Sache auf den Grund zu gehen.

Da. Findest du nicht auch? Pobacken.

Urteil?

Pobacken. Ganz klar.

Eines Tages wurde ich am ganzen Körper von Mücken gestochen, woraufhin ich großzügig meine Lieblingsheilsalbe auf die betroffenen Stellen auftrug.

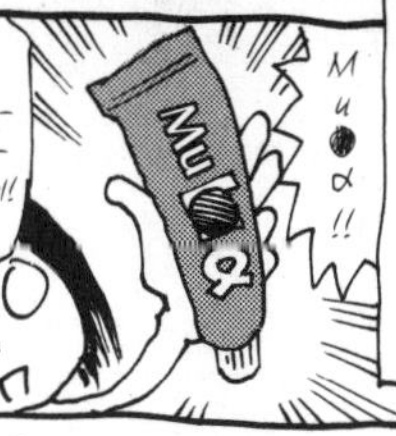

Nur um daraufhin sofort zur Toilette zu stürzen …

STECH

……

… um dort vor Schmerzen ohnmächtig zu werden.

*Nach dem Gebrauch immer schön die Hände waschen.

An meinem Geburtstag ging ich Shabu Shabu* essen …

Der Reiskuchen steht senkrecht!!

Das bringt Glück!

Das bringt Glück?

Mit diesem glücklichen Ende verabschiede ich mich.

Bis zum nächsten Mal!

*Brühfondue

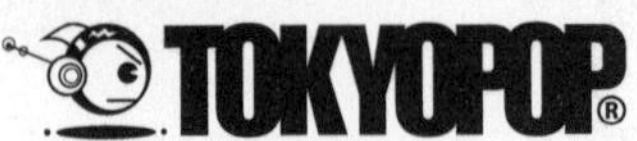

TOKYOPOP GmbH
Hamburg

TOKYOPOP
1. Auflage, 2022
Deutsche Ausgabe/German Edition

Aus dem Japanischen von Maria Römer

YUME DE MITA ANOKO NO TAMENI 1

First published in Japan in 2017
by KADOKAWA CORPORATION, Tokyo.
German translation rights arranged
with KADOKAWA CORPORATION, Tokyo.
through TUTTLE-MORI AGENCY, INC., Tokyo.

Redaktion: Natalie Tonak
Lettering: Vibrant Publishing Studio
Herstellung: Rita Geers
Druck und buchbinderische Verarbeitung:
CPI–Clausen & Bosse GmbH, Leck
Printed in Germany

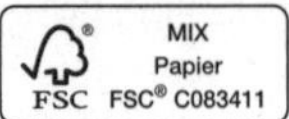

Wir achten auf die Umwelt.
Dieses Produkt besteht aus FSC®-zertifizierten und anderen kontrollierten Materialien.

ISBN 978-3-8420-7939-7

www.tokyopop.de

GUTE NACHT, PUNPUN

Inio Asano

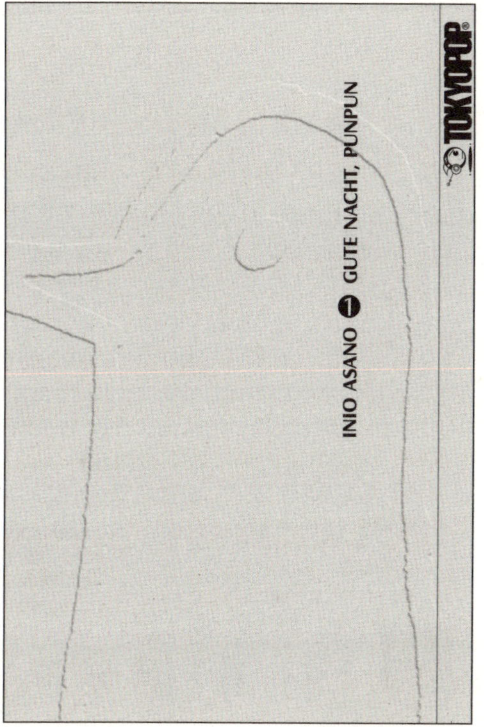

Schlaf, Punpun, schlaf ...

Punpun ist Grundschüler und in einer Spirale aus Pubertät, Wissbegierde, Einsamkeit und unendlich vielen Fragen gefangen. Hilfe erhofft er sich vergeblich von seinem gewalttätigen Vater. Imaginäre Freunde oder sein Schwarm Aiko sind auch eher Hindernisse als Helfer. Punpun ist allein mit sich und seinen Gedanken, die in seinem Kopf umherwabern und nicht davor haltmachen sein Gehirn in Grütze aufzulösen ...

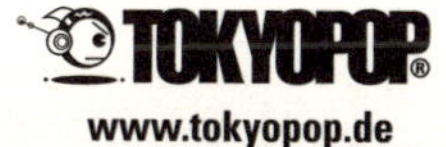

www.tokyopop.de

STOPP!

**Dies ist die letzte Seite des Buches!
Du willst dir doch nicht den Spaß verderben
und das Ende zuerst lesen, oder?**

Um die Geschichte unverfälscht und originalgetreu mitverfolgen zu können, musst du es wie die Japaner machen und von rechts nach links lesen. Deshalb schnell das Buch umdrehen und loslegen!

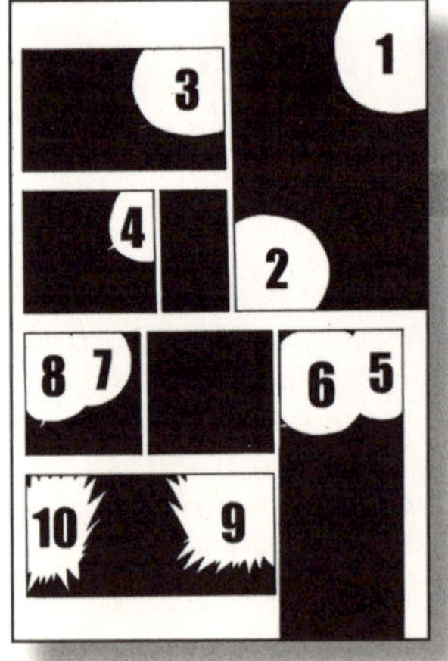

So geht's:

Wenn dies das erste Mal sein sollte, dass du einen Manga in den Händen hältst, kann dir die Grafik helfen, dich zurechtzufinden: Fang einfach oben rechts an zu lesen und arbeite dich nach unten links vor.
Viel Spaß dabei wünscht dir TOKYOPOP®!